Arbeitsbuch Office 2010
Ausgabe für berufsbildende Schulen

Microsoft® Office 2010
class in a box

Word, Excel, Access, Outlook, PowerPoint
für kaufmännische Anwendungen

Manfred Scharffe
Udo Grunewald

Bildnachweis:
S. 36 zur Ergonomie: Cornelsen Archiv

Projektleitung: Vicente Arioli
Verlagsredaktion: Vicente Arioli und Peter Andreas Sidro
Kapitelillustrationen: Christian Nusch
Umschlaggestaltung: klein & halm
Technische Umsetzung: zweiband.media, Berlin

http://www.cornelsen.de/classinabox
http://classinabox.veritas.at

Die Links zu externen Webseiten Dritter, die in diesem Lehrwerk angegeben sind, wurden
vor Drucklegung sorgfältig auf ihre Aktualität geprüft. Der Verlag übernimmt keine Gewähr
für die Aktualität und den Inhalt dieser Seiten oder solcher, die mit ihnen verlinkt sind.

1. Auflage, 4. Druck 2011

© 2010 Cornelsen Verlag, Berlin

Veröffentlicht in Zusammenarbeit mit der Microsoft® GmbH, Unterschleißheim

Druck: CS-Druck CornelsenStürtz, Berlin

ISBN 978-3–06-090004-6

 Inhalt gedruckt auf säurefreiem Papier aus nachhaltiger Forstwirtschaft.

Inhalt

Inhalt

Kapitel 1

ALLFIT Sportartikel GmbH & Microsoft® Office Professional 2010

Allzeit fit

Wir begrüßen Sie recht herzlich als neue Mitarbeiterin bzw. neuen Mitarbeiter unserer ALLFIT Sportartikel GmbH in Köln, einem Großhandelsunternehmen für Sportartikel. Wir beliefern bundesweit Kaufhäuser sowie den Sportfachhandel mit unserem Sortiment, das aus den vier Warengruppen „Fitnessartikel", „Schläger", „Bälle" und „Sporttextilien" besteht. In einem Wachstumsmarkt haben wir uns mittlerweile eine gute Marktstellung erarbeitet und einen hohen Bekanntheitsgrad erreicht.

Nur, die Konkurrenz schläft nicht

Um in dem größer gewordenen europäischen Markt konkurrenzfähig zu bleiben, müssen wir ständig nach Kosten senkenden Maßnahmen suchen. Gefragt sind rationelle Möglichkeiten, Geschäftsbriefe zu schreiben, Rechnungen zu erstellen, Statistiken auszuwerten sowie Ergebnisse überzeugend zu präsentieren. Großhandelsunternehmen sind absatzorientiert. Der enge Kontakt mit Lieferanten und Kunden ist daher von besonderer Bedeutung.
Für die Erledigung vieler Tätigkeiten gibt es Computerprogramme, die Sie als Werkzeug nutzen können.

Die Programme sind eigentlich dumm

Diese Programme tun aber nur das, was Sie in den Rechner eingeben, ihre Handhabung müssen Sie also erlernen.
Bei der ALLFIT GmbH wird das Datenverarbeitungsprogramm „Microsoft Office 2010" eingesetzt. Dieses Programmpaket enthält verschiedene Programme, die die Arbeit im Unternehmen erleichtern und beschleunigen können.

Dies gilt es zu untersuchen

Sie sollen helfen, die Abteilungen unserer Unternehmung zu durchforsten und den sinnvollen Einsatz der Textverarbeitung **Word**, der Tabellenkalkulation **Excel**, des Präsentationsprogramms **PowerPoint**, des E-Mail-Programms **Outlook** und des Datenbankprogramms **Access** zu prüfen.
Machen Sie sich also auf den Weg. Wir wünschen Ihnen viel Spaß bei der Arbeit, der Erfolg stellt sich dann von selbst ein.

Manfred Scharffe
Udo Grunewald

Start

Informieren Sie sich auf den folgenden Seiten zuerst über die wirtschaftliche Situation Ihres „Arbeitgebers".

Beginnen Sie dann Ihre Einarbeitung mit **Word** oder **Excel**. Viele der Grundfunktionen von Datenverarbeitungsprogrammen lernen Sie im Kapitel zu Word kennen. Diese werden in den anderen Office-Programmen – **Access** und **PowerPoint** – ebenfalls benötigt, dort aber nicht mehr ausdrücklich erklärt.

In jedem Kapitel dieses Heftes finden Sie **betriebliche Problemstellungen der ALLFIT GmbH**, für die Sie Lösungen mit Hilfe von Office 2010 erarbeiten sollen. Die erworbenen Kenntnisse helfen Ihnen bei der Bearbeitung der Aufgaben in den einzelnen Kapiteln.

Aufgaben bieten Ihnen die Möglichkeit, das Gelernte anzuwenden und Ihre Kenntnisse zu vertiefen. Die Arbeitsvorlagen dafür finden Sie auf der beiliegenden Übungs-CD-ROM.

Hilfen zur Programmbedienung finden Sie im Anschluss an die Aufgaben.

Ziel

- **Word:** Formgerecht Briefe schreiben, Dokumente formatieren und gestalten, Kopf- und Fußzeilen nutzen, Tabellen und Grafiken einbinden, Serienbriefe schreiben.

- **Excel:** Tabellen erstellen, kaufmännische Berechnungen mit Formeln durchführen, Funktionen für komplexere betriebliche Analysen nutzen, WENN()-Funktion einsetzen, Suchfunktionen nutzen, mit Pivot-Tabellen Datenreihen auswerten, mit Makros automatisieren.

- **Access:** Daten der ALLFIT-Datenbank verwalten, Datenbanken selbst entwerfen, Daten in Abfragen zusammenführen, Formulare und Berichte gestalten und anwenden.

- **PowerPoint:** Unternehmensergebnisse professionell in Text und Bild aufbereiten und präsentieren.

- **Outlook:** Adressen, Termine und Aufgaben verwalten.

Zahlenspiegel

Amtsgericht Köln						HR B 45673
Nr. der Eintra- gung	a) Firma b) Sitz c) Gegenstand des Unterneh- mens	Grund- oder Stamm- kapital	Vorstand, persönlich haftende Gesellschafter, Geschäftsführer	Prokura	Rechtsverhältnisse	a) Tag der Eintra- gung und Unterschrift b) Bemerkungen
1	2	3	4	5	6	7
1	a) ALLFIT Sport- artikel GmbH b) Köln c) Die Vermitt- lung, der Erwerb und Verkauf von Sportartikeln und Freizeit- artikeln aller Art	175.000,00	Udo Grunefeld Marc Schade	Jochen Mehlwald	Gesellschaft mit beschränkter Haftung Gesellschaftsvertrag vom 15.9.1992. Ist nur ein Geschäftsführer vorhanden, so vertritt die- ser die Gesellschaft allein. Sind mehrere Geschäfts- führer vorhanden, so wird die Gesellschaft jeweils von zwei Geschäftsführern gemeinsam oder von einem Geschäftsführer in Gemeinschaft mit einem Prokuristen vertreten.	a) 20. September 1992 *Lehr* b) Ges. Vertrag Bl. 8 f

Vereinfachte Bilanz der letzten zwei Jahre (in Euro):

	Jahr -2	Vorjahr	aktuelles Jahr
Grundstücke und Gebäude	1.500.000	1.800.000	1.800.000
technische Anlagen/Maschinen und Fuhrpark	1.290.000	1.440.000	1.580.000
Betriebs- und Geschäftsausstattung	310.000	280.000	260.000
Warenbestände	660.000	730.000	870.000
Forderungen a. LL	410.000	398.000	422.000
Kassenbestand	30.000	39.000	43.000
Bankguthaben	130.000	108.000	101.000
Summe der Aktiva	**4.330.000**	**4.795.000**	**5.076.000**
gezeichnetes Stammkapital	175.000	175.000	175.000
Gewinnrücklagen	3.213.000	3.405.000	3.620.000
Hypotheken	370.000	600.000	600.000
Darlehen	135.000	170.000	204.000
Umsatzsteuerverbindlichkeiten	45.000	43.000	42.000
Verbindlichkeiten a. LL	392.000	402.000	435.000
Summe der Passiva	**4.330.000**	**4.795.000**	**5.076.000**

Vereinfachte Gewinn- und Verlustrechnung der letzten zwei Jahre (in Euro):

	Jahr -2	Vorjahr	aktuelles Jahr
Umsatzerlöse	6.560.860,00	6.906.170,00	7.383.896,00
Mieterträge		78.000,00	79.184,00
Summe Erträge	**6.560.860,00**	**6.984.170,00**	**7.463.080,00**
Aufwendungen für Waren	4.495.080,00	4.710.610,00	5.062.320,00
Fremdinstandhaltung	61.610,00	85.600,00	90.110,00
Löhne und Gehälter	1.300.600,00	1.340.700,00	1.410.300,00
Soziale Aufwendungen	255.080,00	268.500,00	281.110,00
Abschreibungen	**142.000,00**	**171.410,00**	**180.500,00**
Büromaterial	49.300,00	49.880,00	52.700,00
Aufwendungen für Werbung	79.080,00	72.720,00	74.800,00
Betriebliche Steuern	57.810,00	60.850,00	63.000,00
Zinsaufwendungen	25.300,00	31.900,00	33.240,00
Summe der Aufwendungen	**6.465.860,00**	**6.792.170,00**	**7.248.080,00**
Gewinn	**95.000,00**	**192.000,00**	**215.000,00**

Auszug aus den Personalstammdaten

Pers.-Nr.	0011	0012	0013	0014	0015
Name	**Hinrichs**	**Wassen**	**Stein**	**Classen**	**Kreuter**
Vorname	Simon	Sandra	Theresa	David	Denis
Geburtsdatum	19.10.19..	02.03.19..	23.08.19..	07.07.19..	24.09.19..
Alter	24	27	31	41	18
Kreditinstitut	Kreissparkasse Köln	Deutsche Bank Berg. Gladbach	Stadtsparkasse Köln	Bensberger Volksbank	Commerzbank
Konto-Nr.	2 323 231 11	3 203 215 15	5 002 501 25	3 706 661 23	3 202 301 01
Bankleitzahl	370 502 99	370 700 60	370 501 00	370 691 24	370 400 00
Abteilung	Einkauf	Einkauf	Verkauf	Buchhaltung	
Berufsausbildung	Großhandelskaufmann	Bürokauffrau	Großhandelskauffrau	Bürokaufmann	Auszubildender
Steuerklasse	I	V	IV	III, 2,0	I
Steuerfreibetrag		100,00 EUR		150,00 EUR	
Tarifgruppe	III im 3. und 4. Jahr	IV im 5. Jahr	ab 6. Jahr	V nach dem 4. Jahr	1. Ausbildungsjahr
Gehalt	1.804,14 EUR	2.087,52 EUR	2.356,44 EUR	3.024,66 EUR	640,00 EUR
AG-Anteil zur VL	28,00 EUR	28,00 EUR	28,00 EUR	28,00 EUR	28,00 EUR
Sparrate zur VL	28,00 EUR	28,00 EUR	40,00 EUR	40,00 EUR	28,00 EUR
Jahresurlaub	30 Tage	30 Tage	30 Tage	30 Tage	30 Tage

Betriebsvereinbarung in Anlehnung an einen Tarifvertrag für Groß- und Außenhandel 2010

In Sachen Sport und Freizeit

Klein aber fein ist das Sortiment der ALLFIT Sportartikel GmbH. Besonderen Bekanntheitsgrad bei den Endverbrauchern haben mittlerweile die Tennisschläger erreicht, die unter unserem eigenen Markennamen „AS" angeboten werden.

Besonders durch die Einführung des eigenen Markenzeichens, mit dem unsere Artikel teilweise auch bedruckt werden, konnte unser Bekanntheitsgrad insgesamt gesteigert und unsere Marktposition weiter gefestigt werden.

Wegen des großen Erfolgs unserer Tennisschläger hat das Management entschieden, die Abhängigkeit von Zulieferern zu reduzieren und eine eigene Produktion für diese Artikel einzurichten. „Make or buy" ist in solchen Fällen die Frage. Das von den Gesellschaftern neu gegründete Unternehmen firmiert unter dem Namen „ALLFIT Sportartikel GmbH".

Firmendaten:

Adresse:

ALLFIT Sportartikel GmbH
Bayenthalgürtel 28
50968 Köln

Tel. 0221/17985
Fax: 0221/17988
E-Mail: sportartikel@allfit.de

Bankverbindung:

Stadtsparkasse Köln
BLZ 370 501 00   Kto. 6 645 54

Deutsche Bank Köln
BLZ 370 600 02   Kto. 5 522 23

Preisliste der Allfit Sportartikel GmbH

Produktbereich	Artikelnummer	Artikelbezeichnung	Bezugspreis (Euro)	Listenpreis netto (Euro)
Fitnessartikel	100100	Hanteln	35,87	69,82
	100200	Expander	13,02	25,34
Schläger	200300	Wickelband	1,72	3,19
	200400	Tennisschläger	57,64	112,20
	200500	Schutzhüllen	6,39	11,89
	200600	TT-Schläger	23,64	43,96
	200700	Nylonbespannung	3,00	5,58
	200800	Badmintonschläger	17,80	33,10
Bälle	300900	Ballpumpe	6,06	11,80
	301000	Fußball	30,28	58,96
	301100	Ventilset	2,39	4,66
	301200	Tennisbälle	8,33	16,22
	301300	Federbälle	1,20	2,33
	301400	TT-Bälle	1,13	2,20
Sporttextilien	401500	Tennissocken	5,64	10,97
	401600	T-Shirt	8,36	16,28
	401700	Sweatshirt	19,92	38,78
	401800	Jogginghose	28,42	55,33

Sorgentelefon

Eigentlich können Sie jetzt mit Ihrer Arbeit beginnen: Mit diesem Arbeitsbuch steht Ihnen eine umfangreiche Lösungshilfe für die Bewältigung Ihrer betrieblichen Aufgabenstellungen mit Office 2010 zur Verfügung.

Was aber, wenn Sie weitergehende Fragen zur Programmbedienung haben, die Ihnen das Arbeitsbuch nicht beantwortet und für die auch sonst kein „DV-Freak" in der ALLFIT Sportartikel GmbH zu Verfügung steht?

Keine Sorge, wenn Sie wollen, informiert Office 2010 Sie ständig mit Hilfe von Infos auf dem Bildschirm. Außerdem arbeitet es mit einem eingebauten „Sorgentelefon". Dies ist die integrierte Hilfe, die in Office 2010 enthalten ist und Ihnen bei allen Sorgen mit Rat und Tat zur Seite steht.

Die **Hilfe**funktionen stehen Ihnen in gleicher Form in allen Programmen der Office-Anwendungen (Applikationen) zur Verfügung.

* Klicken Sie in der Symbolleiste den Schalter ![icon] an – diese Schalter nennt man übrigens auch „Icons" – oder drücken Sie die Taste „F1".

* Jetzt öffnet sich das Fenster *Word-Hilfe* mit seinen umfangreichen Suchfunktionen. Es hilft Ihnen, wichtige Informationen zu finden.

* Geben Sie im Eingabefeld den Begriff ein, zu dem Sie Informationen bzw. Hilfestellungen suchen, und klicken Sie mit der Maus *Suchen* an!

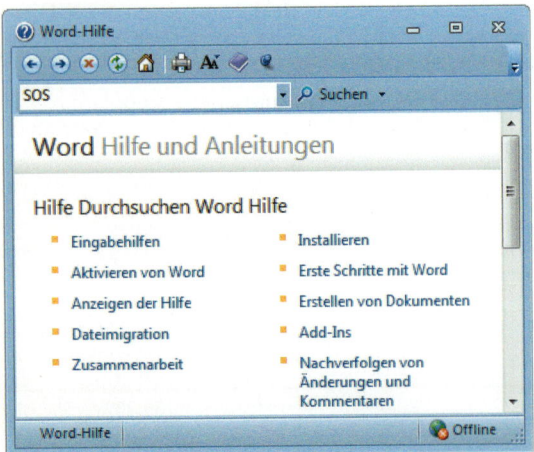

Das QuickInfo-Format

In allen Programmen besteht die Möglichkeit, Hilfe und Informationen zu den einzelnen Befehlen direkt über den Bildschirm zu erhalten.

QuickInfos sind kleine Fenster, in denen erklärender Text angezeigt wird, wenn Sie den Mauszeiger über einen Befehl oder ein Steuerelement halten.

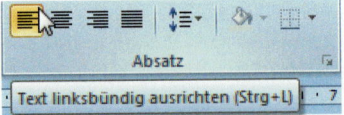

Erweiterte QuickInfos sind größere Fenster, in denen mehr erklärender Text (**Featurebeschreibungen**) als bei QuickInfos angezeigt wird.

Um diese Hilfestellung und viele andere Einstellungen verfügbar zu machen oder später einmal abzuschalten, nutzen Sie die so genannte **Backstage**-Ansicht.

Wählen Sie dazu die **Registerkarte „Datei"**. Hier verwalten und speichern Sie Ihre Dokumente und bestimmen auch die grundsätzlichen Einstellungen des jeweiligen Programms.

![Optionen] Durch einen Klick auf die Schaltfläche öffnet sich je nach Programm das Fenster *Word-Optionen* bzw. *Excel-Optionen* usw., um weitergehende Einstellungen vorzunehmen.

In der Gruppe *Allgemein* stellen Sie neben anderen Optionen beispielsweise das QuickInfo-Format entsprechend Ihren Wünschen ein.

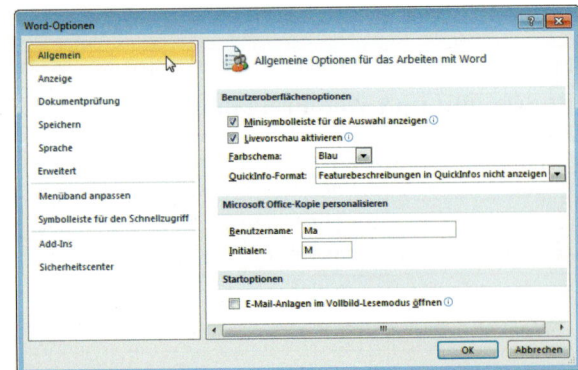

Livevorschau aktivieren

Office 2010 stellt Ihnen über das Menüband mit seinen
Registerkarten erschlagend viele Formatierungsbefehle
und farbliche Gestaltungsmöglichkeiten zur Verfügung.
Besonders bei der Layout-Gestaltung von aufwändigen
Dokumenten und für übersichtliche Tabellen ist die
Livevorschau sinnvoll und sehr produktiv einsetzbar.

Zur Beurteilung der Auswirkung auf das Layout der Dokumente führen Sie die Maus über einen der Formatbefehle oder über eine der Farben in der Multifunktions-
leiste. Sie sehen die Veränderungen sofort „live" auf
dem Bildschirm. Erst ein Klick mit der Maus führt den
Befehl dann endgültig aus.

Um die Vorschau ein- oder auszuschalten, nutzen Sie
wieder die Schaltfläche „*Datei*" und dann *Optionen*.

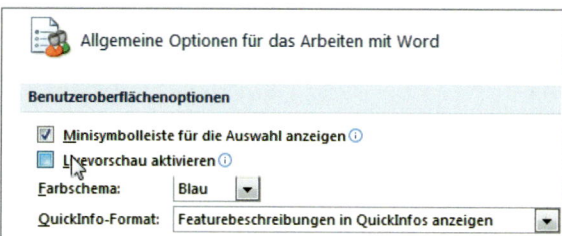

Besondere Assistenten

Bei besonders komplexen Vorgängen (z.B. der
Diagrammerstellung in Excel oder bei Serienbriefen
in Word) bietet Office einen Assistenten mit Schritt-für-
Schritt-Anweisungen, der Sie unterstützt.

Lesen Sie grundsätzlich alle Informationen sorgfältig
durch und nehmen Sie Schritt für Schritt die notwendigen Einstellungen vor, bevor Sie mit dem Befehl
Fertigstellen die Aufgabe endgültig ausführen.

Sharepoint und Web-Freigaben

Teamwork wird in jedem Unternehmen, natürlich auch
in der ALLFIT Sportartikel GmbH großgeschrieben.
Dazu ist es notwendig, jederzeit auf gemeinsame Daten
zugreifen zu können und Ergänzungen und Änderungen für die anderen Teammitglieder verfügbar zu
machen.
Um die Zusammenarbeit zu ermöglichen, lassen sich in
allen Office-Programmen Daten problemlos zentral auf
einem Speicherplatz im Netz ablegen und verwalten.
Über den Online-Dienst „Office Live" werden die Daten
freigegeben und auch weiter bearbeitet. Dazu ist allerdings eine Anmeldung und die Einrichtung eines Arbeitsbereiches mit Zugriffsberechtigungen im Netz notwendig.

- Die Anmeldung erfolgt über die Adresse
  http://www.officelive.com.

- Nach der Eingabe von Mailadresse, Name und Kenn-
  wort schickt Microsoft an die angegebene Mailadresse einen Bestätigungs-Link.
- Mit diesem Link kann man den neu eingerichteten
  Office-Workspace öffnen und entsprechend den eigenen Bedürfnissen neue Arbeitsbereiche einrichten.
- Arbeitsbereiche oder einzelne Dateien gibt man für
  weitere Nutzer frei, indem man deren E-Mail-Adres-
  sen in eine Liste einträgt. Die Nutzer erhalten eine
  Mail mit einem Link zum Arbeitsbereich.
- Auch die Mitbenutzer müssen angemeldet sein. Wer
  noch nicht registriert ist, kann sich mit seiner eigenen E-Mail-Adresse registrieren.

Die Skydrive-Ordner können direkt in Office 2010-An-
wendungen eingebunden und auch für andere freigegeben werden. Allerdings ist ein direktes Zusammen-
arbeiten nur zwischen Office-2010-Nutzern möglich.
Sie können in Word 2010, Excel 2010, PowerPoint 2010
und in OneNote 2010 gemeinsam an Dateien arbeiten.

❓ Aufgaben

Wenn Sie jetzt neugierig auf das Office-Sorgentelefon
sind und es einmal testen wollen, starten Sie bitte das
von Ihnen gewünschte Programm und teilen Sie ihm
Ihre Sorgen mit.

 Ein Klick, und das
Hilfefenster bleibt ständig im Vordergrund.

1. Probieren Sie unterschiedliche Einstellung in der
   Backstage-Ansicht unter der Schaltfläche *Optionen*.

2. Testen Sie die **Zusammenarbeit online**, soweit Ihr
   System dafür eingerichtet ist.

Programm-Puzzle

Das Startmenü von Windows zeigt Ihnen direkt oder aber unter *Alle Programme* im Ordner *Microsoft Office* die einzelnen auf Ihrem Rechner verfügbaren Programme von Office 2010.

Mit einem Klick auf ein Icon starten Sie das gewünschte Programm.

Grundsätzlich ist es möglich, mehrere Programme gleichzeitig zu starten und mit Hilfe der Task-Leiste unten auf dem Bildschirm zwischen den Anwendungen zu wechseln.

 Word

Textverarbeitungsprogramm
Geschäftskorrespondenz bearbeiten, Faxe und Hausmitteilungen schreiben, Serienbriefe verfassen, Dokumentationen und Prospekte erstellen.

 Excel

Tabellenkalkulationsprogramm
Umfangreiche Berechnungen mit betrieblichen Daten automatisiert durchführen, Preise kalkulieren, Zahlen analysieren und auswerten, übersichtliche Grafiken aus Zahlenreihen erstellen.

 Access

Datenbankprogramm
Geschäftspartneradressen und Aufträge erfassen und verwalten, Daten für betriebliche Entscheidungen verknüpfen und neu zusammenstellen, Ergebnisse analysieren und aufbereiten.

 PowerPoint

Präsentationsprogramm
Vorträge durch Texte und Bild auf dem Bildschirm illustrieren, Auswertungsergebnisse präsentieren.

 Outlook

Informationsmanagement
Kontakte und Adressen verwalten, Termine planen und überwachen, E-Mails versenden und empfangen.

 Aufgabe

1. Schalten Sie bitte Ihren PC an und beobachten Sie den ersten Startvorgang. Office meldet sich zum Dienst.

   Das Büro ist geöffnet!

   Beginnen Sie nun Ihre Einarbeitung mit Hilfe der Textverarbeitung. Da alle Anwendungen weitgehend mit einheitlichen Funktionen und Symbolen versehen sind, erleichtern Ihnen die bei Word gesammelten Erfahrungen auch den Umgang mit den anderen Programmen.

Kapitel 2

Microsoft® Word – in Wort und Bild

2.1 Ein kleines Gedicht – Grundfunktionen von Word

Ansichtssache

Eigentlich hatten wir uns vorgenommen, uns nicht lange mit Theorie aufzuhalten, und Fachchinesisch ist bei der Arbeit mit Office-Programmen ohnehin nicht notwendig. Eine Tastatur kennt fast jeder. Eine Besonderheit der PC-Arbeit ist, dass alle Zeichen und Symbole auf dem Bildschirm Objekte sind, die man mit der Maus oder über das Touchpad mit Touchpad-Tasten des Notebooks „anfassen" kann und die veränderbare Eigenschaften haben.

Tastatur

Deshalb ist es für Anwender ohne Vorkenntnisse notwendig, einige der in diesem Heft sehr häufig benutzten Tasten- bzw. Mausbefehle vorab kurz kennen zu lernen.

Pfeiltasten
bewegen die Schreibmarke (Cursor) in einer Datei.

Return-Taste
Manuelle Zeilenschaltung oder Bestätigung bzw. „OK" für die Ausführung eines Befehls

<Esc>-Taste
Ein begonnener Vorgang wird abgebrochen (**Escape**).

Tabulator-Taste
Sprungtaste. Texte werden eingerückt; in Tabellen gelangt man zur nächsten Zelle.

Rücktaste
Zeichen vor der Schreibmarke werden gelöscht.

<Entf>-Taste
Zeichen hinter der Schreibmarke werden gelöscht (**Entfernen**).

<Alt Gr>-Taste
In Verbindung mit dieser Taste werden z.B.
- das @-Symbol für eine E-Mail-Adresse,
- das €-Symbol als Währungszeichen oder
- der Backslash \ in Dateipfaden gesetzt.

Mausbedienung / Touchpad-Bedienung

Mit dem Mauszeiger können die verschiedenen Bildschirmelemente (Schaltflächen, Befehle, Texte) angesteuert bzw. ausgewählt werden. Befindet sich der Zeiger über dem Text einer Seite oder über dem Eingabefeld eines Dialoges, so ist er als senkrechter Strich sichtbar und steuert die Schreibmarke (Cursor). Befindet sich der Mauszeiger über Symbolleisten oder Menükästen hat er die Form eines Pfeils.
Bei einem Notebook übernimmt das Touchpad mit den Touchpad-Tasten die Mausfunktionen.

Anklicken

Durch Drücken der **linken** Maus- bzw. Touchpad-Taste (Mausklick) wird ein Befehl ausgeführt, ein Schalter der Menüleiste aktiviert oder im Text der Cursor an die gewünschte Stelle gesetzt. Er ist dann als blinkender Strich erkennbar. Jetzt kann dort Text eingegeben werden.

Doppelklicken

Durch das schnelle zweimalige Klicken der linken Taste können Befehle direkt ausgeführt oder ein **Wort markiert** werden.

Ziehen

Dazu setzen Sie den Mauszeiger an die gewünschte Stelle, drücken und halten die linke Taste und bewegen die Maus bzw. Ihren Finger auf dem Touchpad bis zu dem gewünschten Endpunkt. Wenn Sie jetzt die Taste lösen, ist der **Textbereich** unterlegt, d.h. **markiert**.

Kontextmenü

Durch Klicken der **rechten** Taste öffnet Word (sowie die anderen Office- Programme) ein so genanntes Kontextmenü, das eine Reihe von Befehlen und Optionen anbietet, die für die konkrete Arbeitssituation (z.B. Einfügen von kopiertem Text) relevant sind.

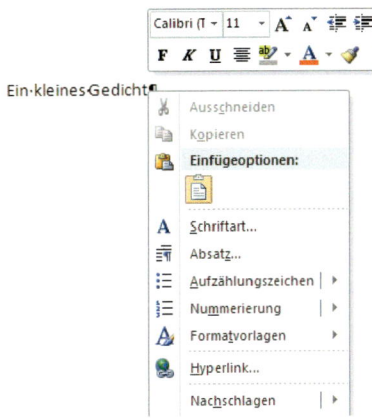

Das virtuelle Papier

Die Erfindung des Papiers, wie wir es heute nutzen, wird dem Chinesen T'Jsai Lin zugeschrieben. Er war um 105 n. Chr. chinesischer Ackerbauminister. Zu dieser Zeit wurde erstmalig Papier für Schriften aus Rohfasern hergestellt.

Grundsätzlich gibt es keinen wirklichen Unterschied: genauso wie ein Papierdokument beschrieben wird, so können Sie auch mit Word Dokumente schreiben und das Layout gestalten. Es ist eben nur virtuelles Papier.

Es gilt, die Übersicht zu behalten für eine kreative und zielgerichtete Arbeit.

Sie kennen sicher aufwändig gestaltete Dokumente, Einladungsbriefe und andere Schriftstücke, die Ihnen von anderen vorgelegt wurden. Das Geheimnis solcher Ergebnisse liegt unter anderem in der Kenntnis über die grundsätzliche Struktur eines Word-Dokumentes:

- Seite
- Seitenränder
- Kopf- und Fußzeile
- Abschnitte (Bereiche)

Diese Informationen über das virtuelle Papier sollten Sie als Nachschlagewerk sehen, auf das Sie bei der weiteren Bearbeitung für ein besseres Verständnis zurückgreifen können.

Aufgabe

1. Untersuchen Sie das virtuelle Papier mit Hilfe der Registerkarte *Seitenlayout* unter *Seite einrichten* und in der Registerkarte *Ansicht*.

Hilfen

Seite

Beim Öffnen des Word-Bildschirmes oder über das Register *Datei – Neu – Leeres Dokument* steht Ihnen eine neue leere Seite zur Bearbeitung zur Verfügung.

Seitenränder

Seitenränder sind die Leerräume an den Außenseiten eines Dokumentes. Text und Grafiken werden normalerweise im Bereich zwischen den Seitenrändern einge-

fügt. Dabei wird der über die Tastatur eingegebene Text durch das Programm automatisch in die nächste Zeile oder – wenn die Seite voll ist – auf die nächste Seite umgebrochen. Eine Zeilenschaltung durch den Anwender ist nicht notwendig.

Bei Bedarf können Sie bestimmte Elemente auch in den Randbereichen platzieren, z. B. Kopf- und Fußzeilen oder Seitenzahlen. Dazu aber später mehr.

Die Seitenränder eines Dokumentes werden standardmäßig mit der Installation des Programms gemäß einer vordefinierten Mustervorlage festgelegt. Die Seitenausrichtung (Orientierung) erfolgt im Hochformat.

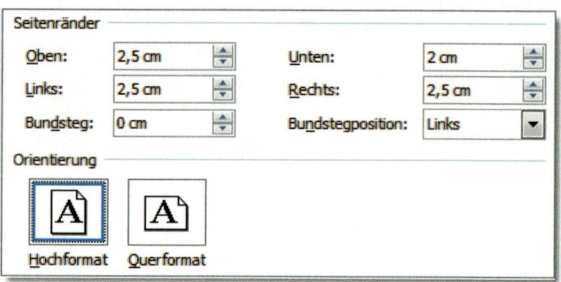

Entsprechend Ihren Vorstellungen können Sie später eigene Maße für die Seitenränder festlegen oder auch die Ausrichtung ändern.

Kopf- und Fußzeilen

Kopf- und Fußzeilen sind Bereiche, die sich oben und unten in den Rändern einer jeden Seite eines Dokuments befinden (im Bild blau).

Sie können in Kopf- und Fußzeilen Text bzw. Grafiken einfügen (z. B. Seitenzahl, Datum, Firmenlogo, Titel des Dokuments usw.), die dann oben und unten auf jeder Seite eines Dokumentes entsprechend gedruckt werden. Kopf- und Fußzeilen werden speziell angesteuert und bearbeitet; die Arbeit im Dokument bleibt davon unberührt.

Bei einem Seitenumbruch werden die Kopf- und Fußzeilen automatisch mit auf die neue Seite übernommen.

Abschnitte und Abschnittsumbrüche

Abschnitte sind durch den Anwender definierte Bereiche, die das Dokument für das Textverarbeitungsprogramm unterteilt. Die punktierten Doppellinien in der Abbildung symbolisieren die Abschnittsumbrüche.

Mit Hilfe von *Abschnitten* können Sie unterschiedliche Layouts innerhalb einer Seite oder für verschiedene Seiten einrichten. So können Sie z. B. in einem Bericht einen einspaltigen Abschnitt für die Einleitung und einen zweispaltigen Abschnitt für den Textkörper einrichten.

Im Register *Seitenlayout* finden Sie neben Seiten- und Spaltenumbruch verschiedene Arten von Abschnittsumbrüchen, die von Ihnen in ein Dokument eingefügt werden können.

Kurze Beschreibungen erklären die Auswirkung auf das Dokument.

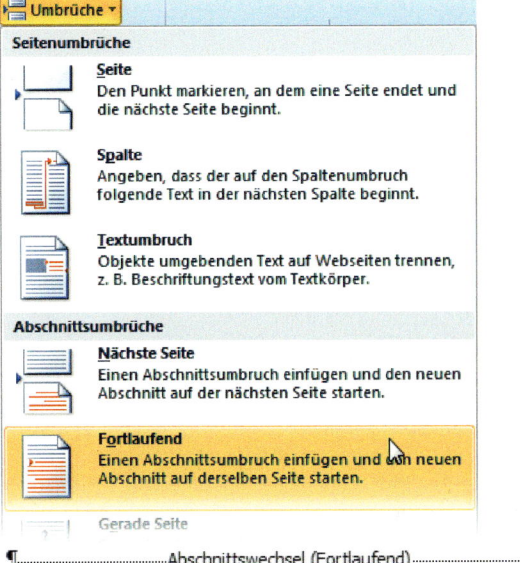

Das Register Ansicht

Die Registerkarte *Ansicht* hilft Ihnen, die Bildschirmeinstellung Ihres virtuellen Dokumentes ganz nach Ihren Wünschen einzustellen. Das Ergebnis sehen Sie auf dem Bildschirm.

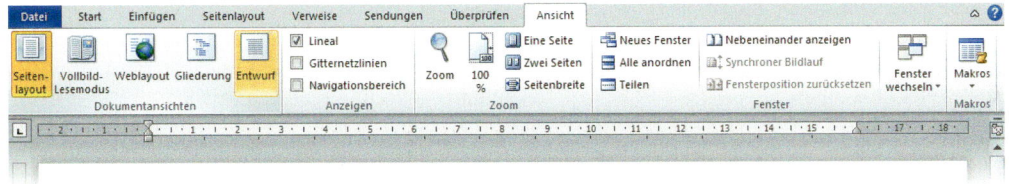

Die wichtigsten Einstellungen:

Seitenlayout: sieht aus wie gedruckt.

Vollbild-Lesemodus: diese Einstellung spart Kosten für den Augenarzt.

Entwurfsansicht: schlicht und übersichtlich als Fließtext ohne Layout, besonders geeignet für Text- und Rechtschreibkorrekturen.

Lineal: hilft, die Position von Text oder Bild auf der Seite schnell zu erkennen.

Zoom: die Bildgröße stufenlos einstellen, um die Lesbarkeit am Bildschirm zu verbessern.

Zwei Seiten: wenn Sie sich einmal einen größeren Überblick verschaffen wollen.

Spalten- oder Seitenumbruch

Bei Erreichen des voreingestellten unteren Seitenrandes wird Word automatisch eine neue Seite bzw. Spalte beginnen. Der automatische Umbruch führt zu keiner Anzeige auf dem Bildschirm.

Der vom Autor selbst bestimmte Spaltenumbruch oder Seitenumbruch erfolgt über das Register *Seitenlayout* und nur dieser wird an der gesetzten Stelle angezeigt.

Wenn nicht anders festgelegt, werden dabei eingerichtete Kopf- und Fußzeilen automatisch mit auf die neue Seite übertragen.
Die unten angezeigten Umbrüche für Spalten oder Seiten werden aber selbstverständlich nicht mitgedruckt. Über die Absatzmarke lassen sich Umbrüche auf dem Bildschirm anzeigen oder ausschalten.

T'Jsai Lin hätte seine wahre Freude an dem neuen „Papier".

Genau betrachtet

Mit diesem Bildschirm (siehe rechts) erwartet Word Ihre Texteingaben und Befehle. Er bietet Hilfen und Informationen.

Machen Sie sich anhand der Erklärungen auf dieser Seite mit dem Bildschirmaufbau vertraut. Schlagen Sie später auf diesen Seiten nach, wenn Ihnen bei der Aufgabenbearbeitung entfallen sein sollte, was beispielsweise mit „Menüband", „Schnellstartleiste", „Bildlaufleiste", oder „Kontextmenü" gemeint ist.

Registerkarte „Datei"
Ein Klick auf die Datei-Schaltfläche führt Sie zu der Backstage-Ansicht. Zahlreiche Befehle für die Informationsverarbeitung stehen zur Verfügung: Beschaffung, Sicherung, Ausgabe und Weitergabe von Dokumenten. Hier können Sie auch zahlreiche Anwendungsoptionen festlegen.

Schnellzugriff über Schnellstartleiste
Über die Pfeiltaste lassen sich Tools für einen schnellen Zugriff auf gängige Befehle auswählen. Ein Mausklick gibt die Anwendungen frei. Ein Klick mit der rechten Maustaste auf ein Tool des Menübandes fügt den Befehl der Schnellstartleiste ebenfalls hinzu.

Registerkarten mit Menüband
Hinter den Begriffen der Registerkarten verbergen sich Befehlsgruppen in einem Menüband mit den gängigsten Befehlen. Die Voreinstellung *Start* zeigt die wichtigsten Bearbeitungselemente für die ersten Schritte mit Word.

Befehlsgruppen mit Schnellzugriffen
Die Befehlsgruppe einer gewählten Registerkarte enthält Schalter (Icons) für häufig verwendete Programmbefehle. Wenn Sie den Mauszeiger (ohne Klick) auf die einzelnen Icons halten und kurze Zeit warten, wird die Funktion der Schalter angezeigt (Quickinfo). Durch Anklicken des Icons mit der linken Maustaste wird der Befehl ausgeführt.

Dialogfeld für „Spezialfälle"
Einige Icons sind als Multifunktionsbefehle mit Pfeilen ausgelegt. Das Anklicken führt zu einem Dialogfeld mit Anwendungsvarianten zu dem gewählten Befehl.

Komplexe Befehlsgruppen besitzen, zusätzlich zugänglich über den Pfeil in der Unterschrift, alle Einstellungsmöglichkeiten zu der jeweiligen Gruppe.

Schreibmarke (Cursor)
 Der blinkende Strich, der sich beim Schreiben mitbewegt, ist der Cursor. Die Eingaben oder Textbearbeitung über die Tastatur erfolgt an dieser Stelle. Mit einem Mausklick auf eine beliebige Stelle eines Textes oder mit den Pfeiltasten wird die Schreibmarke versetzt.

Aufgaben

Richten Sie die Schnellstartleiste mit den gängigen Befehlen ein (siehe Bildschirm nächste Seite). Probieren Sie danach die folgenden Befehle aus. Keine Angst vor Fehlern, es geht nichts kaputt und mit der <Esc>-Taste der Tastatur können Sie begonnene Befehle abbrechen.

1. Üben Sie das Verkleinern (Darstellung als kleineres Fenster) bzw. die Maximierung von Dokumenten (Darstellung als Vollbild) anhand der entsprechenden Fenster-Schaltflächen im Programmrahmen.

   Bei Betätigung der Minimierungstaste wird Ihr Dokument vom Bildschirm in die Taskleiste unter „Word" abgelegt.

2. Schreiben Sie einzelne Worte und ganze Sätze. Beobachten Sie die Schreibmarke und benutzen Sie die Return-Taste.

3. Bewegen Sie die Schreibmarke in Ihrem Text mit Hilfe der Pfeiltasten. Löschen Sie Textteile mit der Rücktaste oder der <Entf>-Taste.

4. Schließen Sie das Dokument (nicht Word) über die Registerkarte *Datei*. Die Speicherfrage des Programms beantworten Sie getrost mit „Nicht speichern". Die wichtigen Dinge kommen ja noch.

5. Erstellen Sie ein neues leeres Dokument über das Icon der Schnellstartleiste oder über die Registerkarte *Datei*.

6. Öffnen Sie über die Schaltfläche *Start* (in der Taskleiste) – *Programme* – *Zubehör* die Anwendung *Paint*. Wechseln Sie zwischen der Anwendung und dem Worddokument.

7. Schließen Sie das Programm Word über die Schaltflächen im Programmrahmen.

Registerkarte *Datei*
(führt zum Backstage-Bereich)

Schnellstartleiste *Office*

Registerkarte *Start*

Menüband des Registers *Start*

Befehlsgruppe *Schriftart*

Dialogfeld *Schriftarten*

Programmrahmen
Der Rahmen zeigt in allen Office-Anwendungen das Programm an, mit dem augenblicklich gearbeitet wird.
Die Schnellstartleiste zeigt den Schnellzugriff auf gängige Tools an.
Zusätzlich wird der Name des geöffneten Dokumentes (Datei) vorangestellt.
Solange die Datei noch unter keinem bestimmten Namen gespeichert wurde, steht hier Dokument1, Dokument2 usw.
(Das Suffix docx deutet auf ein Worddokument (doc) in der Version ab 2007 (x) hin.)

Dokument ausblenden/minimieren

Fenstergröße Verkleinern/Maximieren

Ein-/Ausblenden von Linealen

Programm beenden/schließen

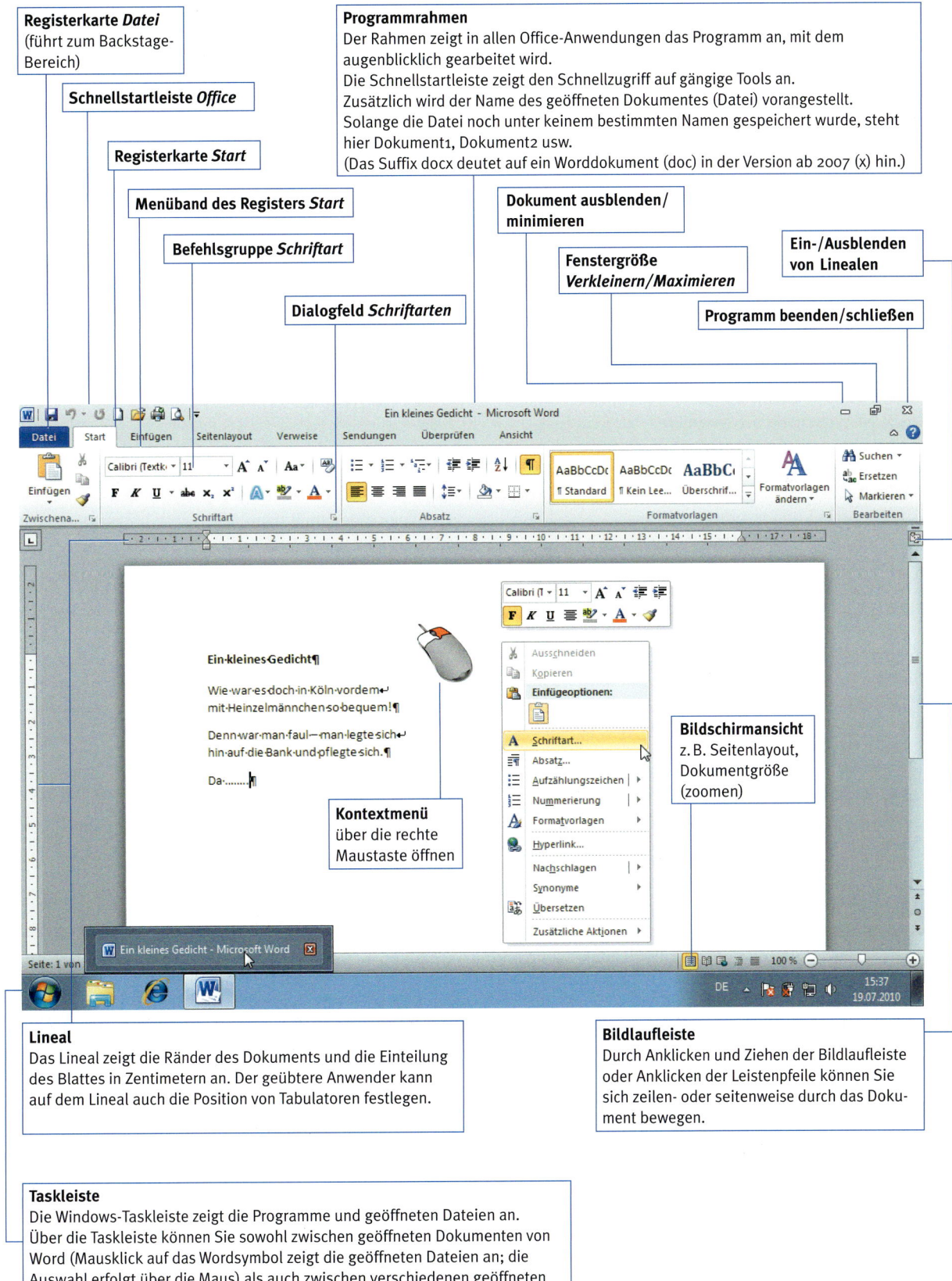

Bildschirmansicht
z. B. Seitenlayout, Dokumentgröße (zoomen)

Kontextmenü
über die rechte Maustaste öffnen

Lineal
Das Lineal zeigt die Ränder des Dokuments und die Einteilung des Blattes in Zentimetern an. Der geübtere Anwender kann auf dem Lineal auch die Position von Tabulatoren festlegen.

Bildlaufleiste
Durch Anklicken und Ziehen der Bildlaufleiste oder Anklicken der Leistenpfeile können Sie sich zeilen- oder seitenweise durch das Dokument bewegen.

Taskleiste
Die Windows-Taskleiste zeigt die Programme und geöffneten Dateien an.
Über die Taskleiste können Sie sowohl zwischen geöffneten Dokumenten von Word (Mausklick auf das Wordsymbol zeigt die geöffneten Dateien an; die Auswahl erfolgt über die Maus) als auch zwischen verschiedenen geöffneten Anwendungen von Office (Word, Excel usw.) wechseln.
Über das Start-Symbol haben Sie Zugriff auf die Programme Ihres Rechners.

Erst die Arbeit, dann das Vergnügen

Ein kleines Gedicht

(aus: „Die Heinzelmännchen zu Köln"
von August Kopisch)

Wie war zu Köln es doch vordem
mit Heinzelmännchen so bequem!
Denn war man faul – man legte sich
hin auf die Bank und pflegte sich:
Da kamen bei Nacht,
eh' man's gedacht,
die Männlein und schwärmten
und klappten und lärmten
und rupften
und zupften
und hüpften und trabten
und putzten und schabten,
und eh' ein Faulpelz noch erwacht,
war all sein Tagewerk bereits gemacht!

So gut wie seinerzeit mit den Heinzelmännchen haben Sie es mit Word zwar nicht – die wesentliche Arbeit der Dateneingabe erledigt sich nicht von selbst –, aber mit der richtigen Programm-Einstellung und gezielten, konzentrieren Handgriffen Ihrerseits werden die verschiedenen Textverarbeitungs-Aufgaben von Ihnen leicht bewältigt.

Anhand einer festgelegten Grundeinstellung hat das Programm Word Richtlinien für das Aussehen und den Platzbedarf Ihrer Schriftstücke vorgegeben. Sie können jedoch auch selbst vorab für jedes neue Dokument Voreinstellungen, beispielsweise für die Schriftart oder die Schriftgröße, festlegen. Auch die Grundeinstellung lässt sich ändern.

Aber keine Sorge, auch im Nachhinein ist noch alles machbar – kann man fast jede Veränderung noch durchführen.

Überhaupt sollten Sie zu Beginn und auch während Ihrer Arbeit nicht allzu viel Zeit auf Formatierungs- und Korrekturarbeiten verwenden. Am ökonomischsten ist es nach wie vor, alle Anpassungen am Ende der Eingabe durchzuführen.

Dann beginnt das Vergnügen der Textgestaltung.

Aufgaben

1. Schreiben Sie zuerst das „kleine Gedicht" ab.
   - Sichern Sie Ihr Gedicht in Ihrem Dateiordner für eine spätere Bearbeitung.
   - Drucken Sie Ihr erstes Arbeitsergebnis aus.

2. Öffnen Sie eine neue leere Seite.
   - Wählen Sie als Voreinstellung für das Dokument die Schriftart Arial und den Schriftgrad von 14 pt aus.
   - Tippen Sie jetzt noch einmal das Gedicht ab. Vergleichen Sie die beiden Ergebnisse. Bitte anschließend wieder speichern.

Hilfen

Einstellung von Schriftart und Schriftgrad

Die Grundeinstellung beim Start von Word wird im Register *Start* in der Befehlsgruppe *Schriftart* angezeigt:

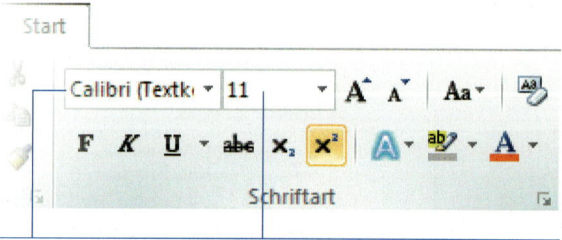

Die Listenfelder bieten Ihnen eine Vielzahl von Schrifttypen und Schriftgraden an, aus denen Sie per Mausklick auswählen können.

Schriftart: Die als Standardeinstellung vorgegebene Schrift Calibri 11 ist ein klassischer Schrifttyp, mit dem Sie sich sicher schnell anfreunden können. Probieren Sie aber auch weitere Schriftarten aus – vielleicht gefällt Ihnen eine andere noch besser.

Schriftgrad: Er gibt die Größe der Buchstaben und Ziffern der gewählten Schriftart in Punkt (pt) an. Sie steuern die Schriftgröße über das Dialogfeld (Ziffer angeben) oder über die Icons *Schriftart vergrößern* oder *Schriftart verkleinern* (stufenweise Veränderung).

Vorsicht! Übertreiben Sie Ihre Kreativität nicht. Vor allem bei der geschäftlichen Korrespondenz gilt: Weniger ist mehr. Zu viele verschiedene Schriftarten in einem Dokument wirken schnell unprofessionell.

Sofortkorrekturen

Haben Sie sich bei der Eingabe Ihres Gedichtes vertippt? Kein Problem! Sie können alles sofort korrigieren.

 Mit der Rücktaste (Backspace) entfernen Sie die Zeichen links des Cursors.

 Mit der <Entf>-Taste entfernen Sie jede Eingabe rechts des Cursors.

Der richtige Buchstabe findet danach schnell seinen richtigen Platz im Text.

Rückgängig / Wiederherstellen

Über diese Schaltflächen der Schnellstart-leiste können Sie Eingaben und Befehle rückgängig machen oder wiederherstellen. Mit der Maus bestimmen Sie den Schritt oder die Anzahl der Schritte insgesamt, die Sie rückgängig machen bzw. wiederherstellen wollen. So gelangen Sie umgehend zum „Urzustand" Ihres Textes zurück. Bis zu 100 Arbeitsschritte kann Word zurückverfolgen.

Drucken

Über das Register *Datei* und mit dem Befehl *Drucken* können Sie Ihren Text mit der Ausführung des Befehls per Mausklick drucken.
Vergessen Sie nicht, Ihren Drucker vorher einzuschalten und über die Schaltfläche *Drucker* Ihren Drucker zu aktivieren!

Über die Registerkarte *Drucken* lassen sich zusätzlich noch genauere Angaben zum Ausdruck festlegen (Anzahl der Exemplare, Druck von Einzelseiten usw.). Dazu aber später.

Schnelldruck

 Der einfachste und schnellste Weg, an einen Ausdruck Ihres Textes zu kommen, geschieht über das Drucksymbol in der Schnellstartleiste, falls Sie diese Funktion eingerichtet haben. Ihr Standarddrucker muss dafür aktiviert sein.

Speichern

Das **Sichern** von Texten geschieht per Klick auf das Speichern-Icon (Disketten-Symbol) der Schnellstartleiste.
Wird der Text zum ersten Mal gespeichert, öffnet sich ein Dialogfenster. Geben Sie Ihrem Dokument unter *Dateinamen* einen sinnvollen Titel, der Ihnen hilft, die Datei leicht wiederzufinden. Das Dokument wird unter *Eigene Dateien* auf Ihrem Rechner abgelegt, nachdem Sie *Speichern* betätigt haben. Natürlich können Sie Ihr Dokument auch an einem anderen Ort ablegen.

Klicken Sie später erneut auf das Speichern-Icon, wird der veränderte Text unter dem gleichen Namen gespeichert und das alte Dokument dabei überschrieben.

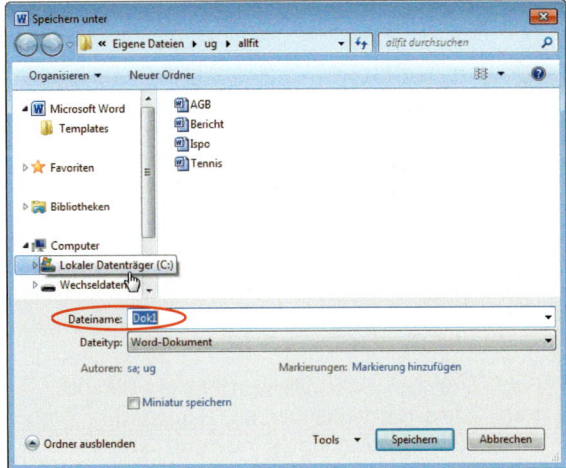

Neues Dokument

Über die Schaltfläche *Neu* der Registerkarte *Datei* und einem Doppelklick auf **Leeres Dokument** erhalten Sie einen neuen leeren Word-Bildschirm.

Eine neue Arbeit kann beginnen!

Der Türöffner

Gerade als Sie sich in aller Ruhe um die Einarbeitung in die Textverarbeitung bemühen, kommt Herr Anders, einer der Außendienstmitarbeiter, in Ihr Büro. Wie so häufig ist er sehr in Eile, denn er ist mal wieder auf dem Weg zu einem wichtigen Kunden, den er nicht warten lassen möchte.

Den Bericht seines gestrigen Besuches bei dem Kunden Intersport GmbH in Lübeck hat er unterwegs auf seinem Notebook erstellt – leider aber mit sehr vielen Fehlern. Das Zehn-Finger-System scheint ihm noch nicht sehr vertraut zu sein!

Er drückt Ihnen also einen USB-Stick mit seinen Ausführungen in die Hand und steht dann auch schon wieder in der Tür: „Morgen um 10 Uhr ist die Besprechung der Verkaufsabteilung, da muss der Bericht fertig sein. Es sollen in dieser Sitzung neue Absatzstrategien besprochen werden."

Demnach bleibt Ihnen nicht sehr viel Zeit für die Korrektur!

 Trotzdem sollten Sie sich zuerst in der Registerkarte *Datei* unter *Hilfen* die Handhabung von Word informieren.

Aufgaben

Bearbeiten Sie den Besuchsbericht:

- Laden Sie den Text auf Ihren Bildschirm. 🖫 *Bericht*
- Korrigieren Sie ihn, indem Sie die verschiedenen Korrekturmöglichkeiten anwenden.
- Verschieben Sie den Absatz „Vereinbarungen" an das Ende des Berichts.
- Sichern Sie Ihr Arbeitsergebnis. 🖫 *Bericht*

Beim Korrekturlesen von Texten werden handschriftliche Korrekturzeichen benutzt, z. B.

| | Einsetzen fehlender Buchstaben

Γ Einsetzen eines fehlenden Wortes

ㄴ Getrenntschreibung

Π Verstellen von Buchstaben

ПЛ Verstellen von Worten

✄ Löschen eines Wortes

Diese Korrekturzeichen sind standardisiert, um den Produktionsprozess von Schriftstücken (Prospekte, Werbebroschüren ...) zu vereinfachen. Informieren Sie sich (z. B. im Duden unter „Satz- und Korrekturanweisungen").

Auszug aus Besuchsbericht:

Frau Wittemann, Einkaufsleiterin Intersport GmbH
Herr Anders, Kundenbetruer ALLFIT Sportartikel GmbH | re
Anlass: Strategieplanung der Intersport GmbH

Vereinbarungen: Es wird die Möglichkeit des Kaufs auf Abruf in Aussicht gestellt. Eine Bonusgewährung Bonusgewährung soll einen Kaufanreiz bieten; die genaue Höhe ist noch zu kalkulieren. Blitzinformationen zu Trends und Entwicklungen sollen per Fax mitgeteilt werden. Es erfolgt jeweils eine rechtzeitige Fachmessen Einladung zu den. Bei Werbeaktionen zur Sicherung des Absatzes von Markenartikeln unseres Sortiments wird eine Untrestützung mit entsprechenden Zeitungsdruckvorlagen zugesagt. Es ist eine Mitarbeiterschulung über das Sortiment der ALLFIT Sportartikel GmbH gepalnt. Es wird dadurch eine gewisse Preisstabilität erwartet. Ort und Zeit müssen noch abgestimmt wrden.

Marktdaten: Für das kommende Jahr rechnet die Intersport GmbH mit einer Zunahme Zunahme der realen privaten Konsumausgaben, die sich überdurchschnittlich im ...

Hilfen

Öffnen einer Datei

Die Registerkarte *Datei* öffnet das folgende Dialogfeld:

Über das Fenster *Zuletzt verwendete Dokumente* oder *Zuletzt besuchte Orte* ist ein Schnellzugriff auf aktuelle Dokumente oder Ordner möglich.

Steuern Sie gesuchte Dateien oder Ordner im Dialogfenster an und bestätigen Sie Ihre Auswahl durch Mausklick.

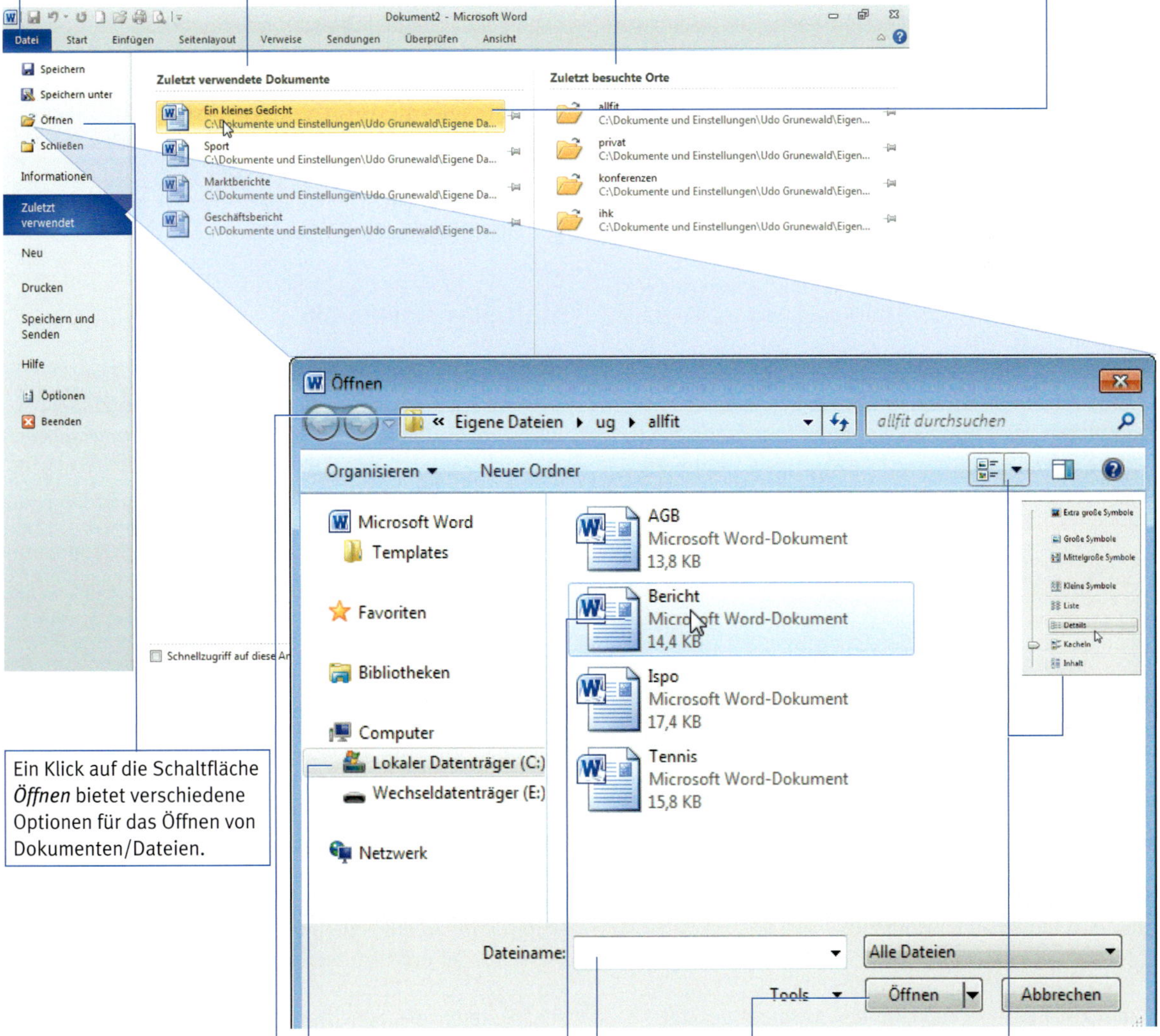

Ein Klick auf die Schaltfläche *Öffnen* bietet verschiedene Optionen für das Öffnen von Dokumenten/Dateien.

Öffnen Sie mit dem Pfeil die Auswahlliste der möglichen Datenträger oder wählen Sie einen Ordner im Listenfeld.
Bestimmen Sie mit der Maus das Laufwerk oder öffnen Sie das Verzeichnis, auf dem die gewünschte Datei abgelegt ist.

Wählen Sie eine Datei durch Doppelklick aus oder geben Sie den Dateinamen ein und bestätigen Sie mit *Öffnen*.

Bestimmen Sie über die Peiltaste die Anzeige Ihrer Dateien oder Ihres Ordners, indem Sie Ihren Wunsch anklicken oder mit dem Schieber ansteuern.

Ihr Dokument erscheint auf dem Bildschirm und kann wieder weiterbearbeitet werden.

Aktion Sorgenfrei

Sie haben den Besuchsbericht zur Korrektur auf Ihren Bildschirm geladen. Die anstehende Arbeit kann nur an den Stellen im Dokument erfolgen, die Sie mit der Maus / dem Touchpad angesteuert und markiert haben.

Erst das **Markieren** eröffnet eine Vielzahl von Gestaltungs- und Bearbeitungsmöglichkeiten. Befehle und Zeichenformatierungen betreffen immer nur den gerade markierten Bereich.

Hilfen

Markieren von Text

Die Korrektur einzelner Buchstaben während der Texteingabe ist Ihnen ja bereits bekannt (siehe „Sofortkorrekturen" Seite 23).

Wollen Sie einen Teil eines Wortes, ganze Wörter, Zeilen oder gar Absätze bearbeiten, so müssen Sie diese zuerst markieren. Der markierte Textteil wird durch das Programm farbig hinterlegt und so kenntlich gemacht.

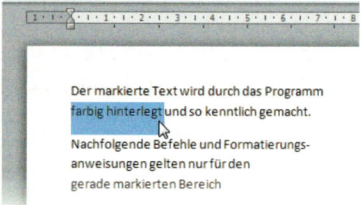

Allgemeines Verfahren

Üblicherweise werden Textstellen mit der Maus bzw. über das Touchpad markiert:

- Der Cursor wird an den Anfang des zu korrigierenden Wortes, der Zeile oder des Absatzes gesetzt,
- dann wird mit der linken Maustaste geklickt und diese anschließend gedrückt gehalten,
- durch Ziehen der Maus über den gewünschten Textabschnitt wird dieser markiert,
- nach Loslassen der linken Maustaste ist der Text markiert, er erscheint hinterlegt.

Spezielle Verfahren

Die Markierungsmöglichkeit durch Ziehen mit der Maus erfordert einige Übung und ist oft etwas umständlich. Als Alternative können Sie folgende Möglichkeiten zur Markierung von Textstellen verwenden:

Markierung eines Wortes: Setzen der Schreibmarke (Cursor) auf eine beliebige Stelle im Wort und Doppelklicken mit linker Maustaste

Markierung von Zeilen: Setzen des Mauszeigers links neben dem Zeilenanfang auf den Seitenrand des Blattes und Klicken

Markierung von Absätzen: Setzen des Mauszeigers an eine beliebige Stelle vor dem Absatz auf den Seitenrand des Blattes und Doppelklicken oder Positionieren des Zeigers an einer beliebigen Stelle im Absatz und dreifacher Klick

Multiples Markieren

Dank dieses Markierungsverfahrens können Sie auch Textstellen, die nicht zusammenhängen, „einsammeln". Mit gedrückter <Strg>-Taste markieren Sie nacheinander, wie oben ausgeführt, einzelne Worte, Zeilen oder Absätze.

Die ausgewählten Stellen können anschließend gemeinsam weiterbearbeitet werden.

Alles Markieren

Das Markieren Ihres gesamten aktuellen Dokumentes geschieht über die Registerkarte *Start*. Rechts wählen Sie unter *Bearbeiten – Markieren – Alles markieren*.

Zeilenschaltung und Absatz

Beim Erstellen eines neuen Dokumentes orientiert sich Word bei der ersten Gestaltung an einem im Programm voreingestellten Layout, einer Dokumentvorlage. Hier sind Seitengröße, Schriftart, Seitenränder usw. erst einmal vorgegeben, können für Ihr Dokument aber individuell verändert werden.
Bei der Arbeit ist es daher möglich und auch sinnvoll, Ihren Text ohne weitere Einstellungen als so genannten Fließtext einzugeben. Lassen Sie die Zeilenumbrüche am Seitenrand vom Programm automatisch durchführen.
Häufig soll aber eine bewusste „Unterbrechung" im Text vorgenommen werden, also ein neuer Absatz beginnen oder aber eine oder mehrere Leerzeilen in den Text eingefügt werden.

Diese **Absatzmarke** wird über die Return-Taste (Eingabe) gesetzt. Der Absatz ist damit abgeschlossen; es beginnen eine neue Zeile und ein neuer Absatz. Ein Absatz ist also eine beliebige Menge von Text und/oder auch Grafiken, die sich zwischen zwei Absatzmarken befindet.

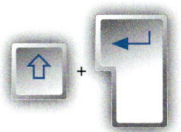

Die·Absatzmarke·wird·über·die·Return-Taste·
(Eingabe-Taste)·gesetzt.·Der·Absatz·ist·damit·
abgeschlossen·und·es·beginnt·eine·neue·Zeile¶

in·einem·neuen·Absatz·...¶

Ist innerhalb eines Absatzes eine neue Zeile erforderlich, ohne dass ein neuer Absatz beginnen soll, drücken Sie gleichzeitig die Hochstelltaste und die Return-Taste. Der Zeilenumbruch wird auf dem Bildschirm durch einen geknickten Pfeil angezeigt.

Werden·die·Hochstell-Taste·und·die·Return-Taste↵
gleichzeitig·gedrückt,·entsteht·innerhalb·des↵
Absatzes·eine·neue·Zeile.¶

Nicht druckbare Bildschirmzeichen

¶ Durch Anklicken dieser Schaltfläche **der Registerkarte** *Start* können Sie sich Leerzeichen, Absatzmarken, Tabulatorsprünge usw. auf dem Bildschirm anzeigen (einblenden) bzw. wieder verschwinden lassen (ausblenden).

Machen Sie gegebenenfalls die unsichtbaren Formatierungszeichen auf dem Bildschirm sichtbar. Das hilft Ihnen, die Arbeitsschritte besser zu verfolgen.

Lieber·Udo,¶
deinen·Hilferuf·habe·ich·erhalten.·Ich·kann·dich·↵
aber·beruhigen.·Die·„seltsamen·Zeichen"·auf↵
deinem·Bildschirm·sind·keine·Viren.·Sie·zeigen↵
dir·an,·wo·sich·im·Text·**nicht·druckbare·Zeichen**↵
befinden:¶
¶
• → Leerzeichen·--·..¶
• → Absatzmarken·(gezielte·Zeilenschaltungen)¶
• → Tabulatorsprünge → → ¶
¶
Die·Zeichen·dienen·der·besseren·Orientierung·im↵
Text,·werden·aber·nicht·gedruckt.·Durch·den↵
Schalter·„Henkelmann"·im·Register·*Start*·unter↵
der·Befehlsgruppe·*Absatz*·kannst·du·die↵
Darstellung·ein-·(farbig·hinterlegt)·und·wieder↵
ausschalten.¶

Bearbeitung markierter Texte

Für die Bearbeitung markierter Textstellen stehen Ihnen der Anwendungskatalog der Registerkarte *Start* und das Kontextmenü (Anklicken des markierten Textes mit der rechten Maustaste) zur Verfügung.

Ausschneiden: Der markierte Text wird entfernt und in die Zwischenablage gelegt. Er kann an einer beliebigen Stelle im Text neu platziert werden.

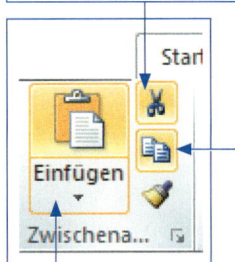

Kopieren: Der markierte Text wird vervielfältigt, er bleibt also auch an seinem ursprünglichen Ort. Diese Funktion bietet sich z. B. bei häufigen Wiederholungen oder schwierigen Wortgebilden an. Sie lässt sich zudem zum Einfügen von Inhalten in andere Dokumente oder Anwendungen verwenden.

Einfügen: Über diesen Befehl wird der Text aus der Zwischenablage an eine andere mit dem Cursor markierte Stelle transportiert.

Entfernen löscht einzelne Worte oder Textabschnitte ganz.

„Drag and Drop": Dies ist eine Methode, Bildschirmelemente zu verschieben, in der Wirkung ähnlich dem Ausschneiden und Einfügen.
- Zunächst wird der zu verschiebende Textteil markiert.
- Lassen Sie anschließend die Maustaste kurz los und klicken Sie die Markierung mit der linken Maustaste erneut an. Halten Sie die Taste gedrückt.
- Jetzt können Sie bei gedrückter Maustaste den Textteil durch Ziehen über die Bildschirmfläche an eine beliebige andere Textstelle „transportieren".

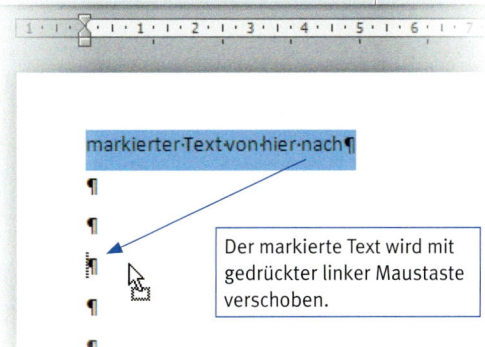

Der markierte Text wird mit gedrückter linker Maustaste verschoben.

- Die neue Textstelle wird mit der Einfügemarke (punktierte senkrechte Linie) angesteuert, durch Loslassen der Maustaste wird der Text einfügt.

Security

Sicherheit ist großgeschrieben an Ihrem Arbeitsplatz in der ALLFIT Sportartikel GmbH. Schließlich hat der Gesetzgeber eine Aufbewahrungspflicht von zehn Jahren für geschäftliche Dokumente vorgesehen.

Aufgaben

1. Sichern Sie den korrigierten Text 🖫 *Bericht* über „Schnellspeichern".

2. Schreiben Sie bitte den Hilferuf (vorherige Seite) ab, bringen Sie einige Textstellen in die Zwischenablage, speichern Sie den richtigen Text in Ihrer Endablage.

Hilfen

Sichern von Texten

Wenn Sie einen neuen Text erstellen oder eine bereits gespeicherte Datei neu bearbeiten, befinden sich alle Daten im Arbeitsspeicher Ihres Computers. Die alte Version einer Datei befindet sich so lange noch auf der Festplatte, bis Sie den Befehl zum Speichern geben.

Schnellspeichern

🖫 Falls Sie den korrigierten Text unter demselben Dateinamen speichern wollen (was meist der Fall ist, denn was wollen Sie schon mit fehlerhaftem Text anfangen), kann dies über das entsprechende Icon in der Schnellzugriffsleiste erfolgen.

Bei dieser Form des Speicherns wird der ursprüngliche Text durch den korrigierten Text ersetzt.

Gehen Sie über die Registerkarte *Datei* und das Menü *Speichern unter*, werden Sie gefragt, ob der ursprüngliche Inhalt durch den neuen ersetzt werden soll.

Zwischenspeichern

Es ist sinnvoll, bei der Arbeit am PC regelmäßig den aktuellen Bearbeitungsstand zu speichern und so vor Verlust (Stromausfall, Systemfehler u. a.) zu schützen. Klicken Sie dazu auf die *Speichern*-Schaltfläche. Word sieht zwar in der Programmeinstellung eine Sicherung Ihrer Daten alle 10 Minuten vor. Diese automatische Speicherung ist allerdings kein Ersatz für den Befehl *Speichern.*

Zwischenablage

Durch den Befehl *Kopieren* oder *Ausschneiden* werden markierte Textteile in die Office-Zwischenablage eingefügt, die sich im Register *Start* über den Pfeil rechts neben *Zwischenablage* auf dem Bildschirm ein- und ausblenden lässt.

Bis zu 24 Elemente, dargestellt mit Anwendungssymbol und Kurzinhalt, finden dort Platz und stehen dann zum späteren Einfügen zur Verfügung. Sie können nicht nur Teile aus einem Word-Dokument „sammeln", sondern auch Elemente aus unterschiedlichen Dateien oder Office-Anwendungen, z. B. Excel.

An einer angesteuerten Stelle im Text lassen sich die gesammelten Elemente **einfügen**:

Einzeln einfügen über Anklicken in gewünschter Reihenfolge oder über die Pfeiltaste des jeweiligen Elementes

Insgesamt einfügen über die Eingabetaste in der Reihenfolge der abgelegten Elemente

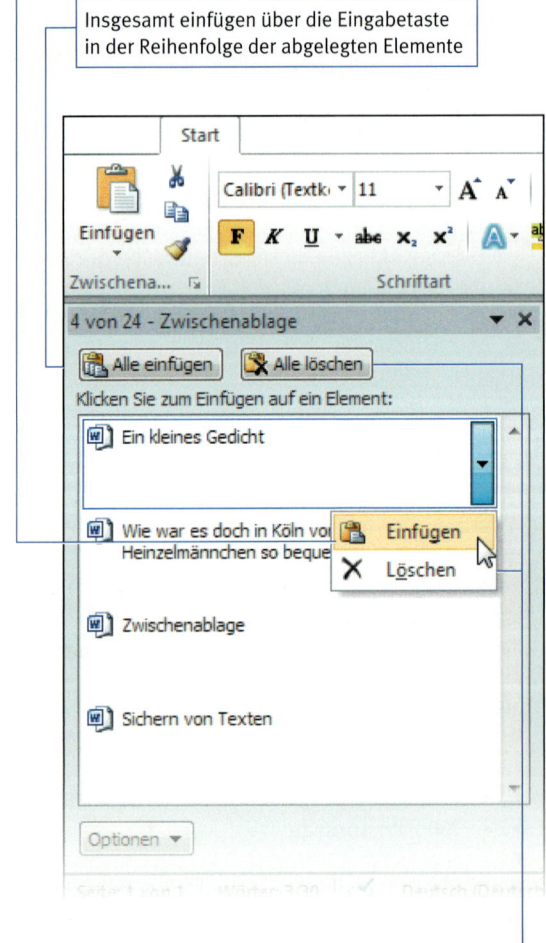

Löschen können Sie in der Zwischenablage einzelne Elemente ebenfalls mit Hilfe der jeweiligen Pfeiltaste oder den gesamten Inhalt über die entsprechende Befehlstaste.

Endablage

1. Die Registerkarte *Datei* öffnet das folgende Dialogfeld mit *Informationen* zu dem Dokument.

2. Ein Klick auf die Schaltfläche *Speichern unter* bietet verschiedene Optionen für das Speichern von Dokumenten/Dateien.

Im Backstage-Bereich stehen Ihnen sämtliche Informationen zu den Eigenschaften Ihres Dokuments zur Verfügung.
Daneben bestehen Optionen für eine „spezielle Behandlung" Ihres Dokumentes.
Bitte nur anschauen – noch nichts machen!

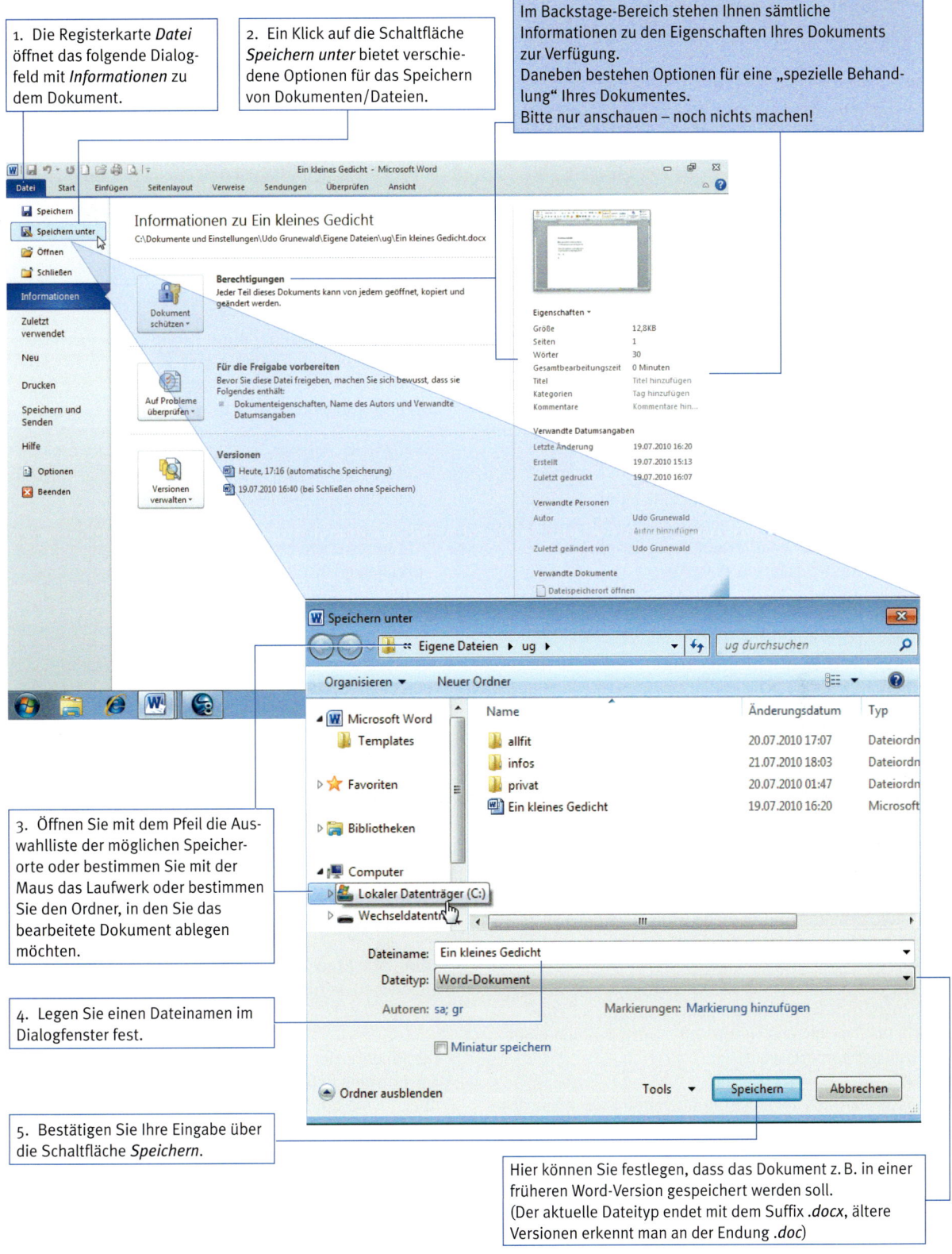

3. Öffnen Sie mit dem Pfeil die Auswahlliste der möglichen Speicherorte oder bestimmen Sie mit der Maus das Laufwerk oder bestimmen Sie den Ordner, in den Sie das bearbeitete Dokument ablegen möchten.

4. Legen Sie einen Dateinamen im Dialogfenster fest.

5. Bestätigen Sie Ihre Eingabe über die Schaltfläche *Speichern*.

Hier können Sie festlegen, dass das Dokument z. B. in einer früheren Word-Version gespeichert werden soll.
(Der aktuelle Dateityp endet mit dem Suffix *.docx*, ältere Versionen erkennt man an der Endung *.doc*)

Ihr Dokument wird im gewählten Speicherort unter dem festgelegten Dateinamen sicher aufbewahrt.

In Form bringen

Der Besuchsbericht von Herrn Anders war für betriebsinterne Zwecke bestimmt. Mit den von Ihnen vorgenommenen Korrekturen reicht er sicher für die Abteilungsbesprechung aus, auch wenn er nicht besonders aufwändig gestaltet ist.

Allerdings können Sie durch eine ansprechendere Textgestaltung oft stärker beeindrucken, als wenn „nur der Inhalt" stimmt. Oft entscheidet der erste Eindruck, und der wird leider wesentlich vom Äußeren geprägt. Die Optik macht's.

Die Abteilungsbesprechung im Verkauf hat u. a. zu dem Ergebnis geführt, wesentliche allgemein gültige Bedingungen der Kaufverträge in so genannten „Allgemeinen Geschäftsbedingungen" (AGB) zusammenzufassen und diese zum Vertragsbestandteil zu machen.

Diese Inhalte müssen dann nicht bei jedem Verkaufsgespräch neu mit dem Kunden verhandelt werden und auch die interne Bearbeitung kann auf diese Festlegungen hin ausgerichtet werden.

Zu den Kaufvertragsbedingungen zählen u. a. die Lieferungs- und Zahlungsbedingungen, eventuelle Eigentumsvorbehalte, der Erfüllungsort und der Gerichtsstand. Es sollten auch Gewährleistungsverpflichtungen gegenüber den Kunden aufgeführt werden, die von der gesetzlichen Regelung über die Schlechtlieferung abweichen.

Eine umfangreiche Auflistung des Inhaltes der Allgemeinen Geschäftsbedingungen hat Ihnen der Verkauf zur Verfügung gestellt, und weil man von Ihrem ersten Arbeitsergebnis sehr angetan ist, erhalten Sie zur „Belohnung" den Auftrag, diese Geschäftsbedingungen zu überarbeiten und in eine ansprechende Form zu bringen.

Jetzt kommt es also auf die Gestaltung an, denn dieses Schriftstück ist für die Kunden bestimmt, und die ALLFIT Sportartikel GmbH soll natürlich einen guten Eindruck hinterlassen!

Lassen Sie sich also nicht lumpen und zeigen Sie, dass Sie gut in Form sind für die Form!

Aufgaben

1. Gestalten Sie die AGB (Allgemeine Geschäftsbedingungen) nach Ihren Vorstellungen.

   • Die Vorgaben des Verkaufs finden Sie unter 🖫 *AGB*.

   • Prüfen Sie den Inhalt der AGB auf Vollständigkeit und nehmen Sie gegebenenfalls Ergänzungen vor.

   • Probieren Sie auf dem Bildschirm verschiedene Gestaltungsformen aus und entscheiden Sie sich für Ihre beste Lösung!

   • Sichern ist bestimmt mittlerweile zur Selbstverständlichkeit geworden, oder? 🖫 *AGB*

   • Drucken Sie die AGB aus.

2. Nehmen Sie sich noch einmal den Besuchsbericht vor (🖫 *Bericht*) und versuchen Sie, ihn über Einzüge etwas übersichtlicher zu gestalten.

3. Prüfen Sie nach, ob aus 🖫 *Gedicht* auch noch etwas zu machen ist. Vielleicht sieht es zentriert ausgerichtet und mit größerem Schriftgrad besser aus? Experimentieren Sie!

4. Überlegen Sie, wo sich Absatzformatierungen in einem Text einsetzen lassen.

Hilfen

In der Regel ist es bei der Bearbeitung von Texten sinnvoll, diese zunächst im Standardformat zu erfassen und im Nachhinein den eigenen Erfordernissen oder Vorstellungen anzupassen.

Für die nachträgliche Bearbeitung gilt grundsätzlich:

• **Ohne Markieren läuft gar nichts!** Es muss immer angegeben werden, für welchen Textteil die anschließende Formatierung gelten soll.

• Die Eingabe der Formatierungen ist über das Register *Start* mittels Befehlsgruppen des Menübandes sowie über Tastenkombinationen möglich. Kurzbefehle mit der Tastatur nennt man übrigens „**Shortcuts**". Sie werden bei Positionierung des Mauszeigers auf ein bestimmtes Icon angegeben.

Veränderung des Schriftbildes

Die Auswahl von Schrifttyp und Schriftgröße über die Befehlsgruppe *Schriftart* ist Ihnen über die Voreinstellung bereits bekannt. Auch nachträglich ist eine Änderung noch jederzeit möglich. Das Dialogfeld bietet eine große Auswahl.

Hervorhebungen bestimmter Textbestandteile sind über die Icons der Befehlsgruppe durch Mausklick am schnellsten zu erreichen:

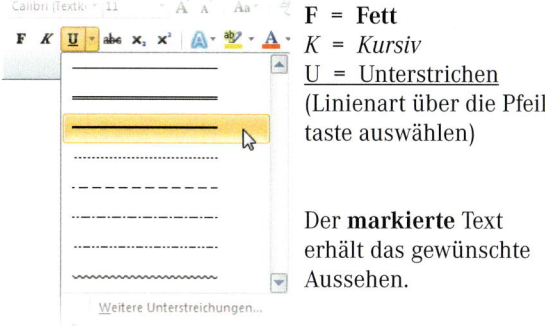

F = **Fett**
K = *Kursiv*
U = Unterstrichen
(Linienart über die Pfeiltaste auswählen)

Der **markierte** Text erhält das gewünschte Aussehen.

Ausrichtung von Texten

Die Ausrichtung von Texten wird über die Befehlsgruppe *Absatz* des Registers *Start* vorgenommen.

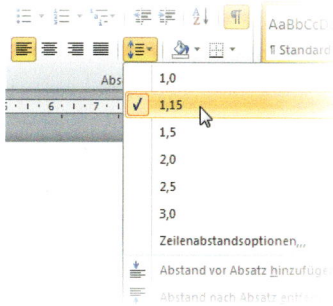

Weil es sich um ein Absatzformat handelt, reicht es, die Schreibmarke im jeweiligen Absatz zu platzieren! Dabei gilt:

Linksbündig: Der geschriebene Text wird am linken Seitenrand ausgerichtet = Standardeinstellung.

Zentriert: Der geschriebene Text wird an der Seitenmitte ausgerichtet.

Rechtsbündig: Der geschriebene Text wird am rechten Seitenrand ausgerichtet.

Blocksatz: Der geschriebene Text wird vom linken bis zum rechten Seitenrand ausgerichtet; es entstehen u.U. größere Lücken im Text, da die Wortabstände entsprechend variieren.

Zeilenabstand: Durch Anklicken der Pfeiltaste für den Zeilenabstand lässt sich der Abstand zwischen den einzelnen Zeilen festlegen; die Standardeinstellung liegt bei 1. Mit Ihrer Auswahl kann der Text ein neues Erscheinungsbild erhalten, z.B. übersichtlicher werden.

Aufzählungen

Aufzählungen von Textbestandteilen lassen sich ebenfalls mit Hilfe der Befehlsgruppe *Absatz* einfügen:

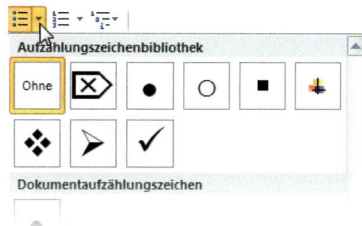

Steht der Text in einer sachlogischen Reihenfolge, wählen Sie mit der Maus am besten die numerische Aufzählung. Liegt dagegen lediglich eine Auflistung vor, bietet sich eine Aufzählung mit Aufzählungszeichen (z.B. Punkten) an.

• Der aufgezählte Text verschiebt sich nach rechts hinter die Aufzählungszeichen.

Achtung! Die Aufzählung beginnt und endet jeweils an einer Absatzmarkierung.

Mit Hilfe der Pfeiltasten bei *Aufzählungszeichen und Nummerierung* können Sie Ihre Auswahl von Aufzählungszeichen bzw. Nummerierungsformaten treffen. Weitere Details Ihrer Aufzählung erhalten Sie jeweils über den Befehl *Neues Aufzählungszeichen definieren* bzw. *Neues Zahlenformat definieren*.

Einzüge und Abstände

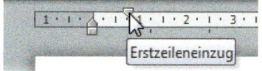 Absätze lassen sich über die Icons der Befehlsgruppe *Absatz* nach rechts (Einzug vergrößern) oder links (Einzug verkleinern) einrücken.

Die Voreinstellung der Einzüge kann über die Pfeilsymbole des Zeilenlineals angepasst werden (Erstzeileneinzug für die erste Zeile, hängender Einzug für die übrigen Zeilen eines jeweiligen Absatzes).

Die Befehlsgruppe *Absatz* lässt im Dialogfeld eine individuellere Anpassung markierter Absätze zu. Eine Vorschau zeigt das Ergebnis an.

Druck erzeugen

Sie haben Ihren Text mittlerweile in Form gebracht und möchten sich sicher den Erfolg Ihrer Arbeit ansehen. Dazu lässt sich schnell ein Ausdruck über die entsprechende Schaltfläche der Schnellstartleiste erstellen.

Aber halt! Bevor Sie übereilt einen „Probeausdruck" erstellen, sollten Sie Ihr Arbeitsergebnis über eine Layout-Kontrolle am Bildschirm überprüfen. Das spart Zeit, Druckkosten und schont die Umwelt. Word arbeitet im WYSIWYG-Modus (what you see is what you get), d.h., der Bildschirm zeigt in der Layout-Ansicht an, was ausgedruckt wird.

Mit der Seitenansicht *Ansicht* werden die Seiten ganz auf dem Bildschirm angezeigt. Sie können jetzt kontrollieren:

- die **Seitenränder** (wichtig z.B. für das Abheften der Schriftstücke),

- die **Seitenumbrüche** (bei Schriftstücken über mehrere Seiten sollten Sie die Positionen für den Beginn einer neuen Seite ggf. selbst festlegen),

- das **Seitenformat** (manchmal sind Texte im Querformat für den Leser übersichtlicher).

Achtung! Verstellen Sie bitte nicht die Voreinstellungen des Menüs *Seite einrichten* (*Format* oder *Standard*).

Aufgaben

1. Öffnen Sie 🖫 *AGB* und verbreitern Sie den linken Seitenrand.

2. Legen Sie fest, wo ein Seitenumbruch sinnvoll erscheint, und fügen Sie ihn ein.

3. Für Ihre Ablage, die Geschäftsleitung und die Abteilungsleitung benötigen Sie jeweils eine Kopie der AGB. Bestimmen Sie über das Menü die Anzahl der Ausdrucke.

4. Prüfen Sie auch in Ihren anderen Texten die Seitenränder und Umbrüche.

Hilfen

🔍 Über das Symbol *Seitenansicht und Drucken* der Schnellstartleiste (falls eingerichtet) oder die Registerkarte *Datei – Drucken* können Sie sich einen Überblick über die Seitenaufteilung Ihres Textes machen. Dies wird in der rechten Bildschirmhälfte angezeigt.

Eine weitere Bearbeitung des Textes ist erst nach dem Schließen der Seitenansicht möglich.

Seitenränder anpassen

Mit Hilfe des **Lineals** links und oberhalb des Dokumentes lassen sich die Seitenränder anpassen. Platzieren Sie Ihren Mauszeiger an die Endpunkte des Lineals (weißer Bereich). Der Zeiger wird zu einem Doppelpfeil. Mit gedrückter linker Maustaste kann der jeweilige Rand durch Ziehen über das Lineal verändert werden.

Über das Register *Seitenlayout* ist über den Pfeil neben der Befehlsgruppe *Seite einrichten* eine genauere Festlegung der Seitenränder über das Dialogfeld möglich. Dort sind die Seitenränder definiert, die Sie durch Eingabe eines Wertes oder Betätigen der Pfeiltasten per Maus je nach Wunsch vergrößern oder verkleinern können. Die Vorschau zeigt, wie sich das Aussehen des Dokuments verändert.

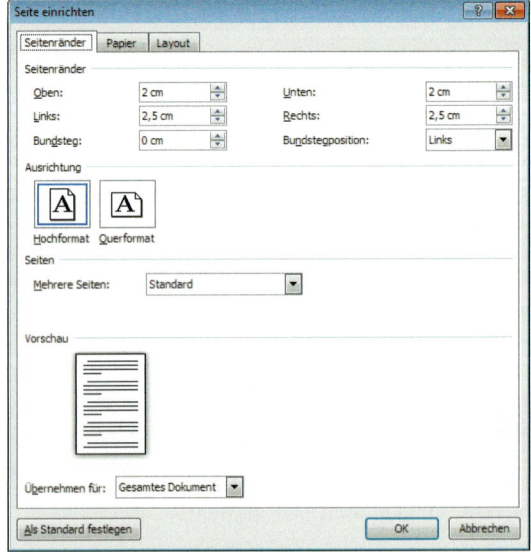

Seitenumbruch

Umfasst Ihr Text mehrere Seiten, sollten Sie in jedem Fall die automatisch eingefügten Seitenumbrüche überprüfen. Oft wird durch den von Word vorgenommenen Umbruch der Zusammenhang des Textes zerrissen.

Wünschen Sie deshalb einen Seitenumbruch an anderer Stelle vorzunehmen, so platzieren Sie den Cursor an dem gewünschten Ort im Dokument und aktivieren Sie über das Register *Seitenlayout – Umbrüche* den Seitenumbruch.

Über dieses Dialogfenster fügen Sie auch manuelle Spaltenwechsel (bei mehrspaltigem Satz) oder Abschnittswechsel ein, die wiederum fortlaufend oder mit einem Seitenwechsel verbunden definiert werden können.

Als Anregung für die Gestaltung eines Dokumentes sollten Sie diese Funktionen einmal testen.

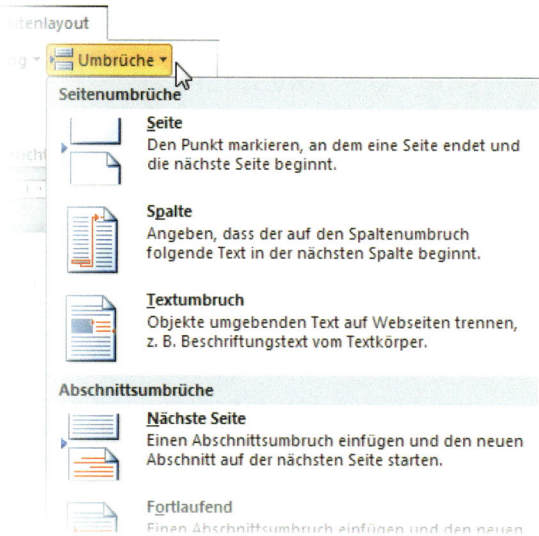

Info: Ein Abschnitt ist eine Untereinheit eines Dokuments. Das Einfügen von Abschnitten erlaubt, innerhalb eines Dokuments z. B. die Seitenränder oder auch die Spaltenanzahl zu variieren. (siehe Seite 19)

Druckexemplare

Durch Anklicken der Registerkarte *Datei – Drucken* erhalten Sie mit der Ausführung des Befehls *Drucken* lediglich einen einfachen Ausdruck des gesamten Dokumentes.

Haben Sie für das Drucken Ihres Textes Spezialwünsche, wählen Sie unter *Einstellungen* die weiteren Optionen über die entsprechenden Pfeiltasten aus.

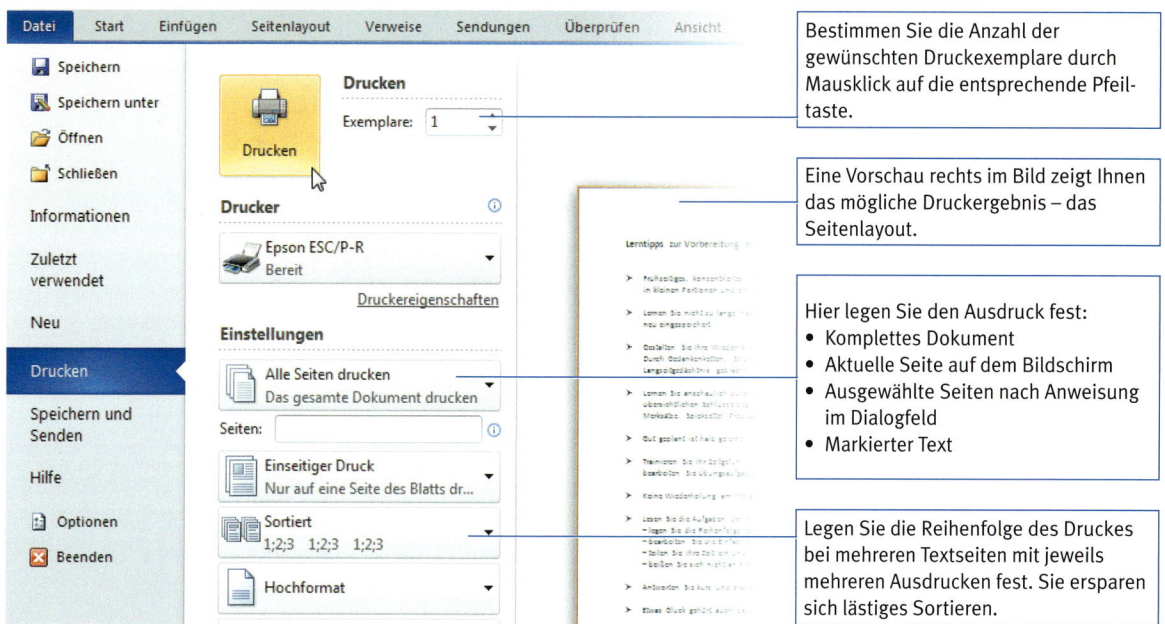

Bestimmen Sie die Anzahl der gewünschten Druckexemplare durch Mausklick auf die entsprechende Pfeiltaste.

Eine Vorschau rechts im Bild zeigt Ihnen das mögliche Druckergebnis – das Seitenlayout.

Hier legen Sie den Ausdruck fest:
- Komplettes Dokument
- Aktuelle Seite auf dem Bildschirm
- Ausgewählte Seiten nach Anweisung im Dialogfeld
- Markierter Text

Legen Sie die Reihenfolge des Druckes bei mehreren Textseiten mit jeweils mehreren Ausdrucken fest. Sie ersparen sich lästiges Sortieren.

Der Hausmeister

In der Zwischenzeit haben Sie einige Texte bearbeitet und auf Ihrer Festplatte oder einem anderen Speichermedium gespeichert. Sie ahnen auch schon, dass aus den verschiedenen Abteilungen der ALLFIT Sportartikel GmbH neue Aufgaben auf Sie zukommen werden. Das Auffinden, Ablegen und Ordnen von Schriftstücken kann da leicht unübersichtlich werden.

So, wie Sie für Ihren „Papierkram" entsprechende Ordner anlegen und innerhalb der Ordner Ihre Ablage sortieren (z. B. Ordner Angebote, abgelegt nach Kundennamen), so werden Sie auch auf Ihrem elektronischen Datenträger sinnvolle Verzeichnisse (Ordner) mit dazugehörigen Dateien (Schriftstücke) anlegen.

Von Zeit zu Zeit werden Sie Ihre „Ablage" überdenken und den veränderten Gegebenheiten anpassen wollen oder müssen. Bei der Umstrukturierung müssen Sie Ihre bisherigen Verzeichnisse oder Dateien umbenennen oder neu zuordnen.

Es ist also langsam an der Zeit, den „Haushalt" von Word in Ordnung zu bringen.

Aufgaben

1. Sehen Sie sich Ihre bisher gespeicherten Dateien in der Vorschau an und suchen Sie nach sinnvollen Ordnern bzw. Verzeichnissen (Oberbegriffen) für Ihre bisherigen Schriftstücke.
   Prüfen Sie auch andere Ansichten Ihrer Dateien; welche gibt Ihnen die besten Informationen?

2. Legen Sie die entsprechenden Ordner/Verzeichnisse an und ordnen Sie diesen die dazugehörigen Dateien (Schriftstücke) zu. Ändern Sie die Ordner- oder Dateinamen.

3. Legen Sie für jede betriebliche Abteilung ein Verzeichnis an, um zukünftige Arbeiten sinnvoll ablegen zu können.

4. Denken Sie auch an ein Verzeichnis für private Post.

5. Kopieren Sie eine vorhandene Datei auf einen externen Datenträger (z. B. einen USB-Speicherstick, eine CD oder in Ihren Web-Speicherplatz von Office Live).

 **Hilfen**

Auffinden

Falls Sie bei der Fülle der gespeicherten Dateien nicht mehr genau wissen, was sich hinter einem bestimmten Dateinamen verbirgt, lassen Sie sich den Inhalt der Datei in einer Vorschau anzeigen. Dies kann manchmal sinnvoller als das Öffnen der Datei sein.

Über das Register *Datei – Öffnen* lässt sich über die Pfeiltaste *Ansicht ändern – Weitere Optionen* und die entsprechende Auswahl z. B. *Große Symbole* oder die Vorschau aktivieren. Im Dialogfeld erscheint die gewünschte Information über die Datei.

Fenstertechnik

Über das Icon in der Schnellstartleiste und das Register *Datei – Öffnen* können beliebig viele bereits vorhandene Dateien geöffnet werden. Sie stehen Ihnen dann zur Bearbeitung im Arbeitsspeicher zur Verfügung.

Jede geöffnete Datei lässt sich über
- die Task-Leiste und
- das Register *Ansicht – Fenster wechseln*

durch Anklicken der gewünschten Datei zur weiteren Bearbeitung auf den Bildschirm holen.

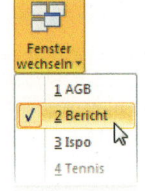

Die aktuell geöffnete Datei wird durch ein Häkchen gekennzeichnet.

Ablegen und neu ordnen

Die nachfolgenden Aktionen lassen sich über Start in der Taskleiste ausführen.
Durch Klick mit der rechten Maustaste auf *Start* wählen Sie *Windows Explorer öffnen*.

Ziellaufwerk/Ordner festlegen
1. Öffnen Sie über die Pfeilsymbole den entsprechenden Datenträger oder Ordner.
2. Wählen Sie durch Mausklick das Laufwerk und/oder durch Doppelklick den Ordner aus, z. B. im Datenträger C den Ordner *Eigene Dateien* der ALLFIT Sportartikel GmbH.

Ordner anlegen
3. Legen Sie über die Schaltfläche *Neuer Ordner* Ihren Ordner an.
   Der so angelegte Ordner wird durch ein Ordnersymbol mit der Bezeichnung „Neuer Ordner" angezeigt.
   Vergeben Sie daher besser einen geeigneten Ordnernamen und bestätigen Sie die Eingabe.

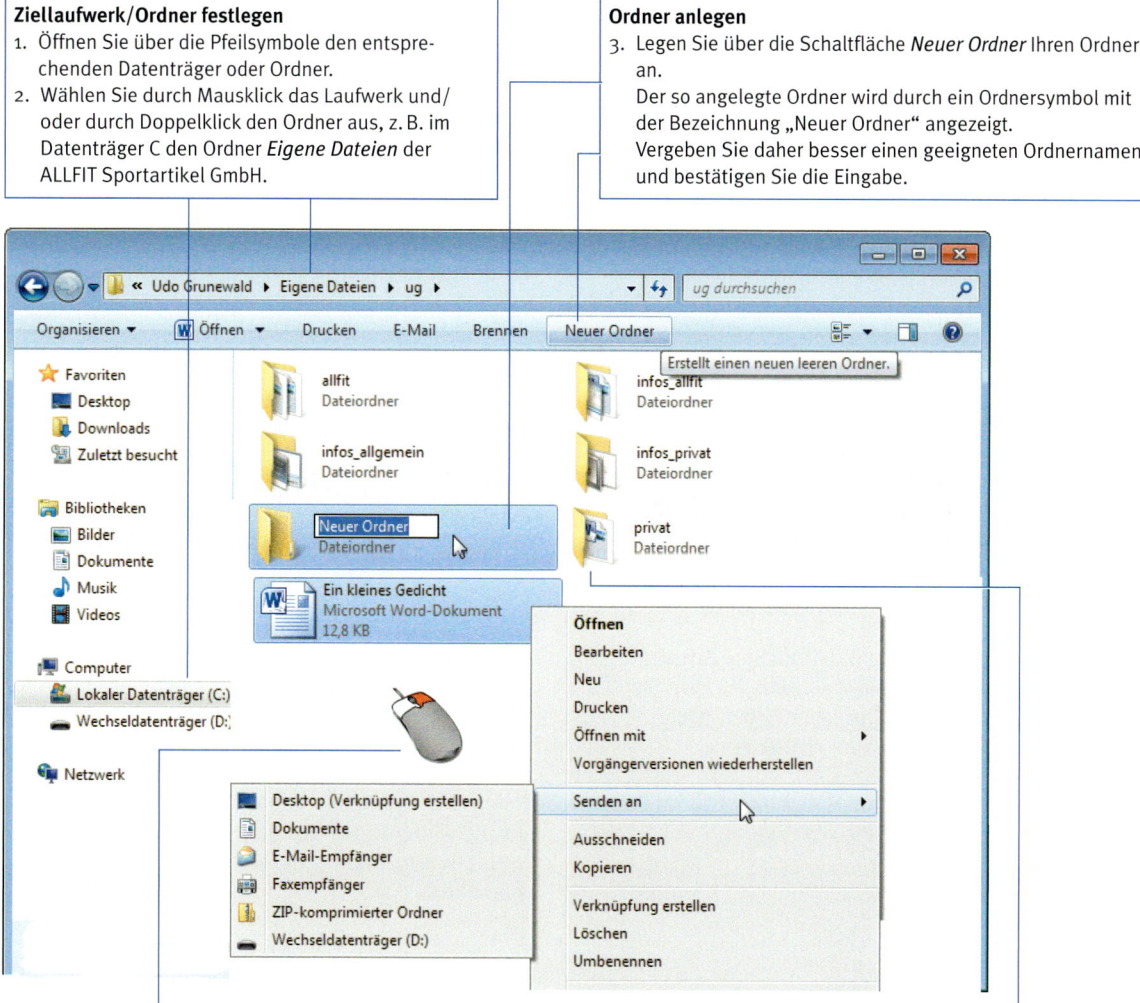

Ordnen (Löschen, Umbenennen, Verlegen, Versenden)
1. Markieren Sie mit der Maus den Ordner oder die Datei, die Sie bearbeiten wollen.
2. Betätigen Sie die rechte Maustaste. Das Kontextmenü bietet folgende Bearbeitungsmöglichkeiten:
- Über den Befehl *Löschen* flattert das Dokument in den Papierkorb.
- Über *Umbenennen* können Sie jederzeit Ihr Ordnungssystem verändern, ohne dass Ihre ursprünglichen Daten verloren gehen. Der Ordner oder die Datei wird in einen Bearbeitungsrahmen gesetzt und kann mit dem neuen Ordner- oder Dateinamen überschrieben werden.
- Mit dem Befehl *Kopieren* lassen sich Dateien vervielfältigen und in einem anderen Laufwerk oder Ordner einfügen.
- Wenn Sie *Senden an* aktivieren, können Sie einzelne Dateien oder Ordner auf einem Datenträger speichern oder an einen -E-Mail-Empfänger verschicken.
  Über das Register *Datei Speichern und Senden* stehen Ihnen im Backstage-Bereich spezielle Anwendungen zum Versenden und Sichern Ihrer Daten zur Verfügung.
  Dateien und Ordner können auch im **Drag and Drop-Verfahren** an einen anderen Speicherplatz verschoben werden.

Ansicht
Befinden sich in einem Ordner bereits Dateien, so ist der Ordner gefüllt.
Der neue Ordner ist logischerweise noch leer.

Ablegen
Die „Ablage" im Ordner erfolgt durch die Vergabe eines Dateinamens (bis zu 255 Zeichen) für Ihr Dokument. Die Dateien werden in alphabetischer Reihenfolge mit dem Wordsymbol im Ordner aufgelistet.

Haltung bewahren

Wie lange haben Sie jetzt mittlerweile am Rechner zugebracht?

Manch einem wird vielleicht schon der Rücken schmerzen, die Halsmuskulatur etwas verspannt sein oder es gibt die ersten Krämpfe in den Händen.

Nach Angaben der Betriebskrankenkassen liegen bei über 30 % aller Krankmeldungen Muskel- und Skeletterkrankungen der Arbeitnehmerinnen und Arbeitnehmer vor. Dies ist auch auf eine falsche Haltung bei der Arbeit an Bildschirmarbeitsplätzen zurückzuführen. Bei Fehlverhalten treten besonders Unterarmschmerzen auf, das RSI-Syndrom (repetetive strain injury).

Ein deutlicher Beweis dafür, dass **Ergonomie** „ein Thema" ist.

Der Gesetzgeber hat daher die EU-Richtlinie 90/270 „Arbeit an Bildschirmgeräten" in die „Verordnung über Sicherheit und Gesundheitsschutz bei der Arbeit an Bildschirmgeräten" (BildschArbV) umgesetzt.

Der Arbeitsplatz muss an die individuellen körperlichen Gegebenheiten angepasst werden. Richten Sie sich also Ihren Arbeitsplatz vor jeder Arbeit nach ergonomischen Gesichtspunkten richtig ein.

Die Abbildung unten kann Ihnen hier eine Hilfestellung geben.

 Aufgaben

1. Auf die richtige Haltung der Arme und Hände bei der Arbeit mit der Tastatur ist zu achten. Machen Sie regelmäßig Finger-Gymnastik.

2. Durch regelmäßige Arbeitspausen, in denen der Blick vom Bildschirm genommen wird, werden die Augen während der Arbeit entlastet.

3. Machen Sie sich mit dem Zehn-Finger-Schreiben vertraut. Gewöhnen Sie sich schnell das Zwei-Finger-Suchsystem ab. Dies ist einerseits gut für die Arbeitsgeschwindigkeit und andererseits für Hals und Rücken! Bekannte Hersteller bieten Tastaturen an, die dem Schreibverhalten des PC-Nutzers angepasst sind. Informieren Sie sich bitte!

4. Verwenden Sie bei häufiger Eingabe von Zahlen (z. B. in der Tabellenkalkulation mit Excel) den Nummernblock auf der rechten Seite der Tastatur. Schalten Sie über die Taste *Num* über der Ziffer 7 die Zahleneingabefunktion ein. (Ist diese nicht aktiviert, kann der Nummernblock wie die Pfeiltasten verwendet werden.)

5. Aus ergonomischen Gründen platzieren Sie die Maus in unmittelbarer Reichweite Ihrer Hand am Arbeitsplatz. Die Maus sollte der Handgröße angepasst sein und für Rechtshänder oder Linkshänder ausgewählt werden.

6. Weitere Informationen unter:
   • http://www.ergo-online.de
   • http://www.gesumag.de/ergonomie-am-arbeits platz-88/

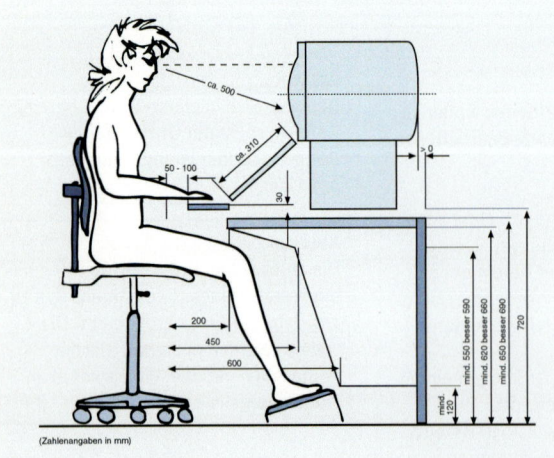

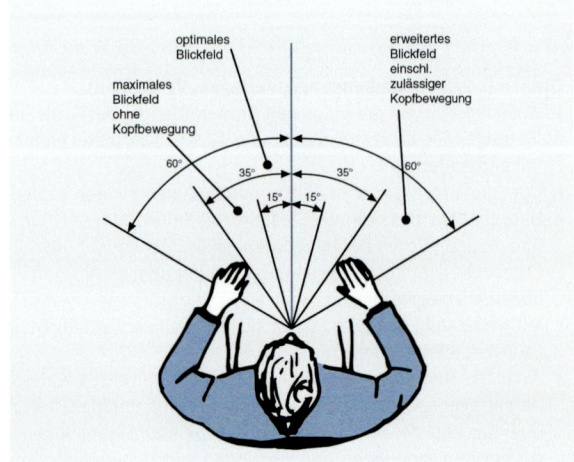

2.2 Die Visitenkarte des Unternehmens – Erstellung und Gestaltung eines Geschäftsbriefes

Von Kopf bis Fuß

Von unserem Kunden Birkenstock GmbH liegt Ihnen ein Schreiben mit der Bitte um eine Preisliste vor.

Eine der obersten Devisen der ALLFIT Sportartikel GmbH heißt „Kundenorientierung". Entsprechend wollen Sie dem Kunden nicht nur eine unpersönliche Preisliste zusenden. In einem persönlichen Anschreiben soll der Kunde nochmals auf unser Sortiment aufmerksam gemacht und auf die Vorzüge unserer ALLFIT Sportartikel GmbH hingewiesen werden.

Es ist also ein „offizieller" Geschäftsbrief zu erstellen.

Geschäftsbriefe gelten als die „Visitenkarte" der Unternehmung. Das betrifft sowohl die äußere Form als auch den sachgerechten Inhalt mit Sprache, Rechtschreibung und Zeichensetzung.

Der Brief der Birkenstock GmbH macht unter diesen Gesichtspunkten einen recht guten Eindruck auf Sie. Da ohnehin die gesamte Geschäftskorrespondenz der ALLFIT Sportartikel GmbH auf Word umgestellt werden soll, möchten Sie Ihren ersten Brief ebenso gut hinbekommen.

Stellen Sie sich also für die nächste Zeit von Kopf bis Fuß auf den Geschäftsbrief ein.

Wichtig für Sie ist dabei die grundlegende Kenntnis der DIN 676 und DIN 5008:

- Die **DIN 676** regelt die allgemeine Nutzung eines DIN-A4-Blattes für einen Geschäftsbrief.

- Die **DIN 5008** „Schreib- und Gestaltungsregeln für die Textverarbeitung" enthält Regelungen zu den einzelnen Briefbestandteilen.

Die Gestaltung von Geschäftsbriefen nach festgelegten Normen

- führt zur Vollständigkeit erforderlicher Geschäftsbriefangaben,

- erleichtert den Zugriff auf Informationen im Geschäftsbrief,

- erleichtert Entscheidungen in angrenzenden Bereichen, z. B. bei der Gestaltung von Fensterbriefumschlägen.

Ein Geschäftsbrief enthält danach:
1. den **Briefkopf** mit Firmenangabe, Anschriftenfeld, Bezugszeichen und Kommunikationsformen,
2. den **Briefkern** mit Betreff, Anrede, Text und Grußformel,
3. den **Brieffuß** mit den Geschäftsangaben.

Die nachfolgende Erarbeitung orientiert sich an der wohl am häufigsten verwendeten Form für die Geschäftsbriefgestaltung – dem Typ B; andere Formen entnehmen Sie bitte den DIN-Normen.

Der Briefkopf

Für die Firmenangabe stehen 4,5 cm im oberen Seitenrand zur Gestaltung zur Verfügung.

Das **Anschriftenfeld** enthält eine Zeile für die Absenderangaben in Schriftgrad ca. 8–10 pt (damit kann bei Fensterbriefumschlägen der Absender erkannt werden) und neun Zeilen für die Empfängerangaben. In der Breite stehen 8,5 cm zur Verfügung.

Der Informationsblock

Die Bezugszeichen zum Schriftverkehr und die Firmendaten zu den vielfältigen Kommunikationsformen werden in einem Informationsblock rechts neben dem Anschriftenfeld aufgeführt. Hier stehen Telefon- und Faxverbindungen, E-Mail-Adresse sowie Website-Angaben.

Die **Bezugszeichen** enthalten Kurzhinweise zum Geschäftsbrief. In Schriftgrad 8 pt werden die Vorgaben gemacht, der jeweils einzufügende Text wird im normalen Schriftgrad für Geschäftsbriefe (12 pt) geschrieben.

Der Brieffuß

Im vorzusehenden Brieffuß sind alle wesentlichen Firmenangaben des Absenders aufgeführt. Er wird in Schriftgrad 8 pt erstellt.

 Aufgabe

1. Besorgen Sie sich die für den Geschäftsbrief erforderlichen DIN-Vorschriften 676 und 5008 und benutzen Sie diese als Informationsquelle für Ihre weitere Arbeit. (Normenausschuss Bürowesen (Nbü) im DIN Deutsches Institut für Normung e. V., 10772 Berlin oder suchen Sie unter DIN 5008 im Internet.)

Label	Content

Seitenrand links 2,41 cm

Briefkopf Seitenrand 4,5 cm Kopfzeile Abstand 1,0 cm

Birkenstock GmbH

Absenderangabe Schriftgrad 8 pt

Birkenstock GmbH · Am Wassergraben 2 · 53721 Siegburg

Adressfeld 9 Zeilen, 8,5 cm Breite

ALLFIT
Sportartikel GmbH
Bayenthalgürtel 28
50968 Köln

Informationsblock Schriftgrad 8 pt

Ihr Zeichen	
Ihre Nachricht vom	
Unser Zeichen	EK/MÜ
UnserXchricht vom	
☎ Name: 022 41 564-0	132 Münz
Fax: 02241 564-534	
E-Mail: Einkauf@birkenstock.de	
Internet: www.birkenstock.de	
Datum	12. 04. 2010

Leerzeichen

Betreff — **Preisliste**

Anrede — Sehr geehrte Damen und Herren,

Briefkern (Brieftext) Schriftgrad z. B. 12 pt

durch Ihre Anzeige in der Verbandszeitschrift des Landessportbundes sind wir auf Ihr Sortiment aufmerksam geworden. Wir sind eines der führenden Fachgeschäfte für Sportartikel in Siegburg und sind sehr an einer Erweiterung unseres Angebotes für unsere Kunden interessiert.

Wir bitten Sie daher, uns Produktbeschreibungen, Preisliste und Ihre Allgemeinen Geschäftsbedingungen zuzusenden.

Damit Sie sich ein Bild über unser Unternehmen machen können, erhalten Sie als Anlage unsere Zeitschrift zum 25-jährigen Firmenjubiläum.

Grußformel und Briefschluss — Mit freundlichen Grüßen

A. Münz

Münz

Anlage

Brieffuß Seitenrand 1,5 cm Abstand Fußzeile 1,0 cm

Geschäftsführer	Amtsgericht Siegburg	Bankverbindung Raiffeisenbank Siegburg
Rainer Schievelkamp	HRB 3321	BLZ 370 646 00
		Kto. 346454

Aufgaben

Erstellen Sie für die ALLFIT Sportartikel GmbH Ihren ersten Geschäftsbrief entsprechend dem Muster. (Die erforderlichen Firmendaten finden Sie auf S. 11.)

1. Bereiten Sie die Seite vor.
   Richten Sie bitte die Seitenränder ein. Diese können für Text oder Grafik genutzt werden. Die Größe des unteren Seitenrandes richtet sich auch nach den Druckergegebenheiten und wird u. U. automatisch angepasst.

2. Erstellen Sie für den Geschäftsbrief die Kopf- und Fußzeile.
   • Richten Sie jeweils einen Abstand der Kopf- und Fußzeile vom Rand von 1,0 cm ein.
   • Aktivieren Sie die Kopfzeile und fügen Sie in der ersten Zeile den Firmennamen, z. B. in 48 pt, in der zweiten Zeile den Firmenzusatz, z. B. in 20 pt, ein. Zentriert? Rot? Was gefällt Ihnen besser?
   • Wechseln Sie zur Fußzeile und richten Sie dort eine Tabelle mit Spalten und Zeilen ein. Die Anzahl der Spalten und Zeilen richtet sich nach der Menge der Angaben für die Fußzeile.

3. Erstellen Sie für das Anschriftenfeld und den Informationsblock eine Tabelle mit vier Spalten und 10 Zeilen (Spaltenbreite erste Spalte: 8,5 cm, zweite: 1,0 cm, dritte: 4,5 cm, vierte: 3,5 cm).

   Die erste Zeile der ersten Spalte dient der Angabe des Absenders. Trennen Sie diese durch eine Rahmenlinie von den übrigen Zeilen des Anschriftenfeldes.

   Die folgenden neun Zeilen sind vorgesehen für:
   1 leer
   2 leer
   3 Sendungsart (z. B. Einschreiben)
   4 Anrede
   5 Name
   6 Straße bzw. Postfach
   7 Postleitzahl und Ortsangabe
   8 Bestimmungsland
   9 leer

   Falls die Anrede entfällt, rücken die übrigen Angaben jeweils eine Zeile hoch.
   Setzen Sie die Angaben des Info-Blocks über das Kontextmenü *Zellausrichtung* auf *Unten links ausrichten*.

4. Speichern Sie Ihr Ergebnis unter 🖫 *Formular*.

 **Hilfen**

Kopf- und Fußzeile

Seite einrichten

Bevor Sie Briefkopf und -fuß bearbeiten, bereiten Sie bitte die Seitenränder des Dokumentes für den Geschäftsbrief nach DIN-Norm vor.

Ein Mausklick auf das Register *Seitenlayout* öffnet über die Pfeiltaste neben *Seite einrichten* das entsprechende Dialogfeld (siehe Seite 18).

oben: 4,5 cm   unten: 1,5 cm

links: 2,41 cm   rechts: 1,0 cm (möglich: 2,0–0,81 cm)

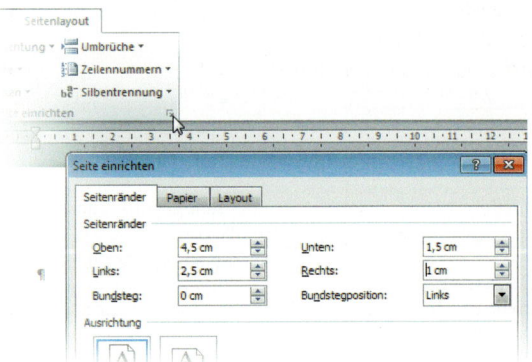

Briefkopf

Über das Register *Einfügen* gelangen Sie über *Kopf- und Fußzeile* per Mausklick zu den jeweiligen Listenfeldern. Wählen Sie *Leer* für Ihre Eingabe oder ignorieren Sie die Vorlagen und wählen Sie *Kopfzeile bzw. Fußzeile bearbeiten*.

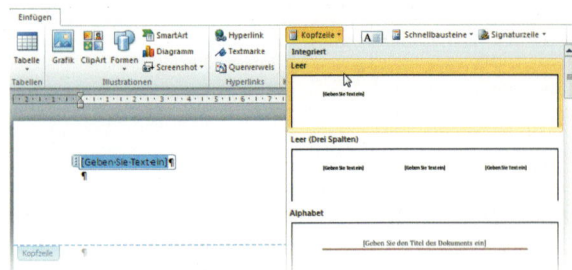

Mit Hilfe der kontextbezogenen Registerkarte *Kopf- und Fußzeilentools* richten Sie Ihren Brief ein, z. B. Position der Kopfzeile von oben 1,0 cm und der Fußzeile von unten 1,0 cm. Für die Briefkopfgestaltung stehen Ihnen jetzt 3,5 cm zur Verfügung.

Brieffuß

Über *Navigation* können Sie während Ihrer Arbeit zur *Kopf- und Fußzeile* wechseln.

Über *Schließen* gelangen Sie zum Dokument zurück; das geht auch mittels Doppelklick im Dokument.

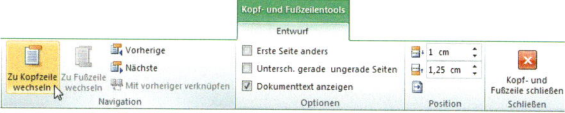

Mit Tabellen arbeiten

Über das Register *Einfügen – Tabelle* können Sie in einem Dialogfeld über den Mauszeiger bis zu zehn Zeilen und acht Zeilen auswählen.

Die Anzahl von gewünschten Zeilen und Spalten ist mit der Maus zu markieren, anzuklicken und die Tabelle wird an die markierte Position im Dokument gesetzt.

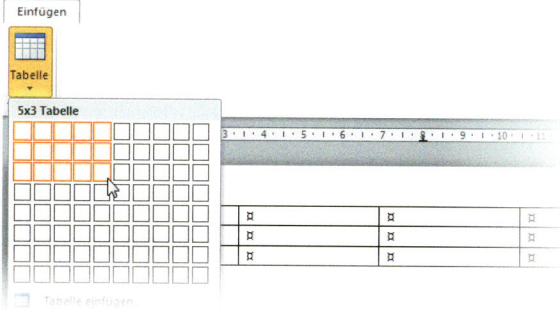

Über den Befehl *Tabelle einfügen* lassen sich Spalten-anzahl, Zeilenanzahl und bevorzugte Spaltenbreite für eine Tabelle durch Anklicken der jeweiligen Pfeil-symbole festlegen. Bestätigen Sie Ihre Auswahl mit *OK*. Die Tabelle wird dort eingefügt, wo der Cursor gesetzt war. Sie wird auf dem Bildschirm und später im Druck **mit Rahmenlinien** abgebildet.

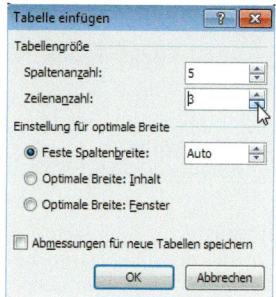

Die Texteingabe in Tabellenfeldern erfolgt durch Setzen des Cursors mittels Mausklick oder kann über die Ta-bulator-Taste gesteuert werden. Geben Sie in eine Zelle

einen längeren Text ein, führt Word automatisch einen Zeilenumbruch durch und vergrößert entsprechend die Zeilenhöhe.

Auf diese Weise wird z. B. auch bei der Eingabe in der Fußzeile die Größe nach oben hin angepasst.

Also keine Sorge, Sie kommen nicht über den unteren Seitenrand hinaus.

Die **Spaltenbreite** können Sie bei Bedarf auch mit der Maus verändern und **anpassen**. Platzieren Sie den Mauszeiger auf die Spaltentrennlinie. Der Mauszeiger verändert sich zu einem Doppelpfeil. Ziehen Sie mit gedrückter linker Maustaste die Trennlinie an die ge-wünschte Position.

Genauer geschieht dies über das Kontextmenü *Tabellen-eigenschaften*. Hier setzen Sie Spaltenbreiten exakt in cm-Angaben.

Rahmen setzen

Über die kontextbezogene Registerkarte *Tabellentools* gelangen Sie zu Vorlagen für Ihren Rahmen oder über das Listenfeld *Entwurf Rahmen* zu einer Auswahl von verschiedenen Liniensetzungen für Ihre neue Tabelle.

Da Sie z. B. das Anschriftenfeld **ohne Rahmenlinien** gedruckt haben möchten, wählen Sie *Kein Rahmen*.

Es werden jetzt nur noch die Rahmenlinien gedruckt, die Sie ausdrücklich ausgewählt haben.

Wenn Sie in den *Tabellentools – Rahmen – Rasterlinien anzeigen* wählen, werden die nicht druckbaren Gitterli-nien der Tabelle im Dokument angezeigt. Diese Einstel-lung erlaubt ein übersichtlicheres Arbeiten in den Ta-bellen.

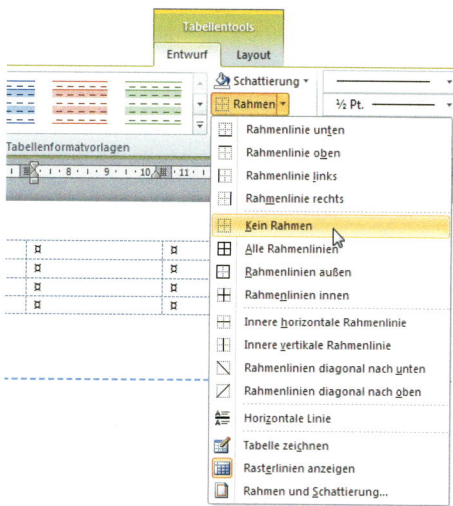

Im Mittelpunkt

Ihr Brief hat jetzt einen klugen Kopf und steht auf festen Füßen, aber im Mittelpunkt eines Geschäftsbriefes steht der **Briefkern**.

Die Birkenstock GmbH wartet ja noch auf eine Antwort auf Ihre Anfrage nach einer Preisliste.

Während Sie sich gerade Gedanken machen über gute Formulierungen für den Briefkern, fällt Ihr Blick auf den Jahresterminkalender der ALLFIT Sportartikel GmbH. Dabei fällt Ihnen siedend heiß ein, dass Sie ja noch die Einladungen für die nächste FIBO vorbereiten müssen. Die FIBO in Essen, die Internationale Leitmesse für Fitness, Wellness und Gesundheit, ist neben der ISPO, the international sports buisiness network, in München für uns die wichtigste Fachmesse für unsere Sportartikel. Wir präsentieren unser breites Sortiment dem Fachhandel auf der FIBO in Halle 3 auf Stand 7; für die ISPO des nächsten Jahres haben wir in Halle A5 den Stand 3 reserviert.

Da die Birkenstock GmbH Interesse an unserem Sortiment zeigt, wäre hier eine gute Gelegenheit, auf die beiden Messetermine hinzuweisen.

Mit dieser Idee haben Sie den Nagel auf den Kopf getroffen. Der Brief ist jetzt schnell geschrieben und zur Unterschrift bereit.

Zunächst gibt der **Betreff** in kurzgefasster Form (meist nur ein Stichwort) den wesentlichen Inhalt des Briefes wieder.

Als allgemeine **Anrede** hat sich „Sehr geehrte Damen und Herren" als üblich herausgebildet, es sei denn, der Empfänger des Briefes ist namentlich bekannt. Die Anrede endet in der Regel mit einem Komma, danach geht es im Text klein weiter.

Der **Brieftext** folgt meist einer bestimmten Bearbeitungsabfolge, die als Orientierungshilfe für den Briefinhalt dienen soll:

1. **Kontaktaufnahme** mit dem Empfänger, z.B. Bezugnehmen auf ein Schreiben oder einen Vorgang,
2. Darstellung des **Anliegens** in kurzer Form,
3. **Begründung** oder **Erklärung** des Anliegens,
4. **Konsequenzen**, die sich daraus ergeben,
5. **Abschlussformulierung**.

Der Text eines Geschäftsbriefes soll kurze Sätze mit genauen Angaben enthalten. Vermeiden Sie deshalb „Schachtelsätze" oder umständliche Formulierungen wie z.B. häufige Wiederholungen gleicher Wörter. Es gibt bestimmt sprachlichen Ersatz dafür.

Zwischen den verschiedenen Absätzen befindet sich jeweils eine Leerzeile.

Die übliche Grußformel bei Geschäftsbriefen lautet „Mit freundlichen Grüßen", wobei Sie allerdings je nach Inhalt des Briefes ruhig auch andere Formen verwenden können.

Bevor Sie Ihren Geschäftsbrief versenden, sollten Sie diesen noch einmal eingehend überprüfen:

• Versetzen Sie sich am besten in die Lage des Empfängers und fragen sich, ob Sie mit dem Brief jetzt Klarheit bezüglich des Anliegens erhalten.

• Prüfen Sie nochmals Rechtschreibung und Zeichensetzung.

Nichts ist schlimmer als ein fehlerhafter Geschäftsbrief; lässt er doch Rückschlüsse auf die Arbeitsweise in der ALLFIT Sportartikel GmbH zu.

Tipp! Nach DIN 5008 gelten folgende Vorgaben:

Datum:	23.08.2010 oder 2010-08-23
(ausgeschriebene Form:	23. August 2010)
Uhrzeit:	08:15
Euro-Beträge:	12.400,00
Tel.Nr. :	0221 17985-(Durchwahl)

Aufgaben

1. Benutzen Sie Ihr 💾 *Formular* und schreiben Sie den Geschäftsbrief an die Birkenstock GmbH in Siegburg bezüglich der gewünschten Preisliste.

   • Rücken Sie für den Hinweis auf die beiden Fachmessen Textstellen in Ihrem Brief ein.
   • Prüfen Sie Ihren Brief vor dem Versand auf Rechtschreibung, Ausdruck, Erscheinungsform.
   • Speichern Sie ihn unter 💾 *Birkenstock* ab.

2. Erstellen Sie einen Einladungsbrief zur nächsten FIBO in Essen. Der Brief kann später als Serienbrief an unsere Kunden verschickt werden. Speichern Sie ihn daher unter 💾 *FIBO*.

   Termine und Informationen zu den Messen finden Sie unter www.fibo.de und www.ispo.de.

Hilfen

Einrückungen

Auch ohne ausdrückliches Setzen von Tabulatoren (siehe Seite 49) lassen sich Text, Grafiken usw. schnell in einem leeren Dokumentenbereich platzieren. Dazu setzen Sie den Cursor durch Doppelklick an die gewünschte Position und fügen anschließend Ihren Text bzw. das Element ein.

Absatzmarkierungen, Tabulatorstopps und Textausrichtungen werden automatisch vorgenommen.

Silbentrennung durchführen

Besonders bei der Arbeit im Spaltenformat „flattert" das Zeilenende leicht. Um dies zu verhindern, setzen Sie über das Register *Seitenlayout – Seite einrichten* die *Silbentrennung* als Trennungsmöglichkeiten in Word ein. Wählen Sie über die Pfeiltaste *Automatisch* an.

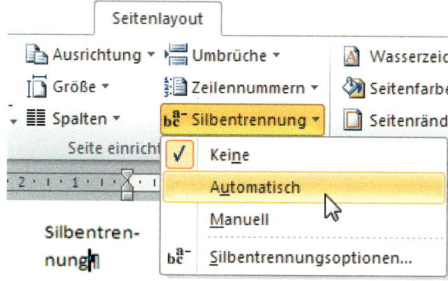

In Ihrem Text wird automatisch eine Trennung der Wörter vorgenommen, sodass der Text anschließend besser über die Zeilen verteilt wird.

Achtung! Die richtige Sprache muss ggf. vorher im Register *Überprüfen* unter *Sprache* eingestellt werden.

Rechtschreib- und Grammatikprüfung

Word zeigt bei entsprechender Voreinstellung Rechtschreib- und Grammatikfehler durch eine Wellenlinie unter dem fehlerhaften Wort an. Die Prüfung der Richtigkeit Ihrer Schreibweise nach aktueller Rechtschreibung lässt sich über das Register *Überprüfen – Dokumentprüfung – Rechtschreibung und Grammatik* oder die Funktionstaste <F7> vornehmen.

Im Dialogfeld erscheint im oberen Fenster Ihre markierte falsche Schreibweise und im unteren Fenster Vorschläge zur Verbesserung. Entscheiden Sie über *Ändern*!

Sie können alternativ ein im Text rot markiertes Wort mit der rechten Maustaste anklicken und im Kontextmenü die richtige Schreibweise auswählen.

Achtung: Auch hier muss vorher die Sprache eingestellt sein.

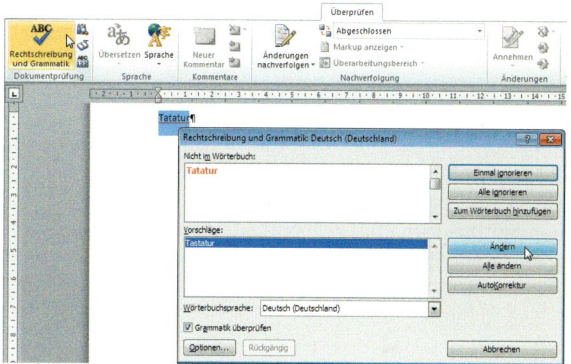

Thesaurus nutzen

Die Benutzung ständig gleicher Worte ist sprachlich nicht geschickt. Setzen Sie den Cursor auf das auszutauschende Wort, öffnen das Kontextmenü mit der rechten Maustaste und lassen sich Synonyme anzeigen.

Durch Anklicken Ihrer Wahl kann das markierte Wort sofort ersetzt werden.

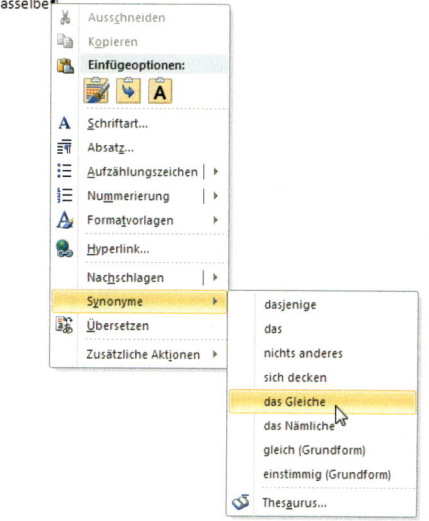

Noch genauer, aber nicht so schnell geht dies über das Register *Überprüfen – Thesaurus* bei *Dokumentprüfung*. Das Auswahlmenü *Recherchieren* erscheint am rechten Bildschirmrand. Setzen Sie den Mauszeiger auf das gewünschte Ergebnis; über die Pfeiltaste und den Befehl *Einfügen* gelangt das Synonym an die markierte Stelle. Schließen Sie danach das Thesaurus-Fenster.

Der Designer

Ihre Preisliste und die Einladung zur FIBO sind ohne Fehl und Tadel; sie sind mit einem schönen Schrifttyp und fehlerfrei geschrieben, die Einrückungen sind über Tabulatoren gut platziert aber dennoch – sie wirken vielleicht ein wenig langweilig weil zu textlastig.

Eyecatcher lenken die Aufmerksamkeit auf das Schriftstück und führen eher zum gewünschten Erfolg.

Peppen Sie deshalb Ihre Texte mit angemessenen Bildern auf, der Leser wird es Ihnen danken.

 Aufgaben

1. 🔲 Öffnen Sie Ihr Geschäftsbriefmuster.
   - Fügen Sie eine zweispaltige Tabelle (Zeilenhöhe 3 cm) für den Firmennamen und das Firmenlogo ein.
   - Fügen Sie den Firmennamen in die linke und das Firmenlogo in die rechte Tabellenzelle des Briefkopfes der ALLFIT Sportartikel GmbH ein (🔲 *As-Symbol*, siehe Verzeichnis 🗀 BILDER).
   - Sichern Sie Ihr Dokument wieder.

2. Öffnen Sie das Dokument 🔲 *FIBO*.
   - Fügen Sie die 🔲 *Grafik* in den Text ein.
   - Bestimmen Sie die Bildgröße.
   - Binden Sie das Bild in Ihren Text ein.

 **Hilfen**

Grafiken einfügen

1. Wählen Sie im Register *Einfügen* unter *Illustrationen* die Schaltfläche *Grafik* aus. Es öffnet sich das Dialogfeld **Grafik einfügen**.

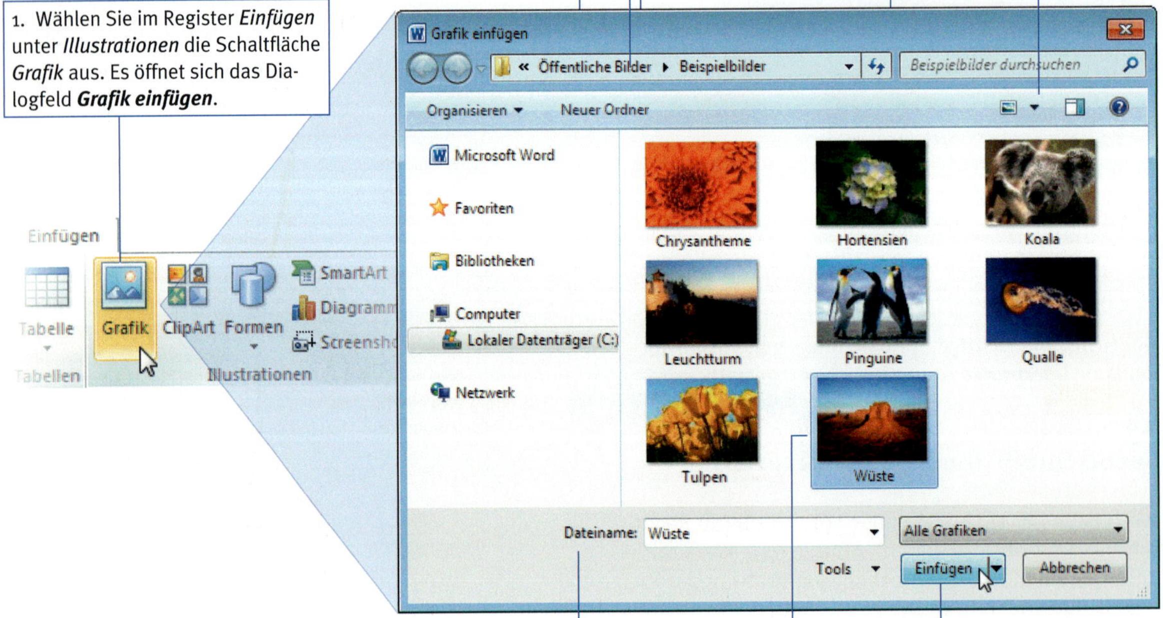

2. Wählen Sie das **Laufwerk** oder den Ordner aus, auf dem sich Ihre Grafiken befinden.

Unter **Ansicht ändern** können Sie bei Auswahl von *Große Symbole* Ihre Grafik in einer Vorschau sehen. Gleiches gilt bei der Wahl des Vorschaufensters.

3. **Markieren** Sie die gewünschte Datei oder geben Sie den **Dateinamen** ein.

4. **Bestätigen** Sie mit *Einfügen* oder mit Doppelklick auf das gewählte Bild.

Die Grafik wird an der Stelle im Text eingefügt, an der Sie den Cursor positioniert haben.

Grafiken formatieren

Sie können die Grafik nach der Einbindung in Ihren Text in der Größe individuell verändern und **skalieren**. Steuern Sie das Bild per Mausklick an und ziehen Sie die Ränder an den Markierungspunkten in die gewünschte Richtung.

Das Verschieben einer Grafik auf dem Bildschirm geschieht durch Ziehen mit gedrückter linker Maustaste („Drag & Drop"-Verfahren).

Weitere Formatierungshinweise erhalten Sie über die Registerkarte *Bildtools*, die bei der Arbeit an Bildern im Menüband erscheint.

Word arbeitet dabei im WYSIWYG-Modus – der Mauszeiger auf dem angewählten Befehl zeigt eine Vorschau unmittelbar auf dem Bildschirm.

Eine verzerrungsfreie Veränderung der Grafik erreichen Sie z. B. im Kontextmenü *Grafik formatieren*. Wählen Sie *Größe*. Im Dialogfeld passen Sie das Bild absolut oder prozentual Ihren Wünschen an.

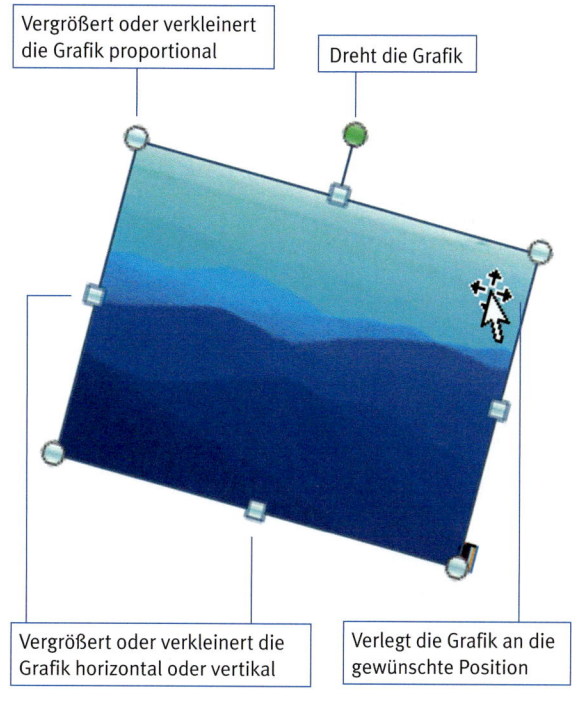

Vergrößert oder verkleinert die Grafik proportional

Dreht die Grafik

Vergrößert oder verkleinert die Grafik horizontal oder vertikal

Verlegt die Grafik an die gewünschte Position

Grafiken in den Text einbinden

Eine ausgewählte Grafik lässt sich über das kontextbezogene Register *Bildtools* an eine bestimmte Stelle im Dokument positionieren und mit einem Text verbinden.

Über *Position* legen Sie fest, an welcher Stelle im Dokument Ihre Grafik positioniert werden soll.

Über *Zeilenumbruch* bestimmen Sie, wie Ihr Text die Grafik umschließen soll.

Eine geöffnete Grafik, die in einen Text eingebunden werden soll, sollte nicht irgendwo im Dokument „herumfliegen", sondern bewusst an eine bestimmte Stelle platziert werden. Der Text muss sich dabei an das Bild anpassen. Sie sorgen dafür, dass Grafik und Text so miteinander verbunden werden, dass das Dokument ein ansprechendes Erscheinungsbild zeigt.

Maskenball

Die Gestaltung Ihres ersten Geschäftsbriefes ist Ihnen sicher gut gelungen.

Aber Sie wissen auch, dass Ihre guten Leistungen im Betrieb weitere Anforderungen nach sich ziehen. In Zukunft soll die gesamte Geschäftskorrespondenz mit Word erstellt werden. Dies ist eine besondere Herausforderung für Sie. Es gilt, die Textverarbeitung rationell einzusetzen und sich weiter in der ALLFIT Sportartikel GmbH zu profilieren.

Bei Ihren Überlegungen stellen Sie schnell fest, dass Briefkopf und Brieffuß bei allen Geschäftsbriefen identisch sind und sich jeweils nur der Briefkern ändert. Gerade dort, wo Routinetätigkeiten anfallen, liegt der Hauptanwendungsbereich der elektronischen Datenverarbeitung.

Ihnen ist schnell klar, dass es sinnvoll wäre, für die Geschäftskorrespondenz eine Vorlage (Briefmaske) zu erstellen, die sich dann für alle Vorgänge nutzen und individuell anpassen lässt.

Legen Sie also eine flotte Maske aufs Parkett!

Aufgaben

1. Erstellen Sie für die ALLFIT Sportartikel GmbH eine Vorlage für Geschäftsbriefe. Überarbeiten Sie noch einmal 🖫 *Formular*.
   - Bestimmen Sie alle Inhalte, die in jedem Geschäftsbrief identisch sind.
   - Legen Sie die Feldfunktionen/Ansprungpunkte für die erforderlichen Eintragungen fest. (Ansprungpunkte sind Markierungen im Textfeld, in die stets an gleicher Stelle Informationen einzutragen sind.)
   - Speichern Sie die neu erstellte leere Briefmaske nach eingehender Prüfung als Formatvorlage für Ihre gesamte zukünftige Geschäftskorrespondenz ab.

2. Schreiben Sie mit der Formatvorlage eine Anfrage an die ATLETICO GmbH, Hassler Straße 8 in 89073 Ulm. Wir benötigen dringend Tennisschläger. Speichern Sie unter 🖫 *Atletico*.

3. Erstellen Sie eine Liste weiterer sinnvoller Formatvorlagen in der ALLFIT Sportartikel GmbH. Ihnen fällt dazu bestimmt eine Menge ein, oder?

Hilfen

Arbeiten mit Feldfunktionen – Ansprungpunkte

Das **Setzen** von Feldfunktionen für Texteingaben (Ansprungpunkte) geschieht über die Tastenkombination *‹Strg›+‹F9›*. An der Cursor-Position entsteht eine geschweifte Klammer.

Innerhalb dieser Klammer können zur besseren Orientierung **Beschriftungen** vorgenommen werden (z. B. für das Anschriftenfeld). Um Fehlermeldungen des Systems zu vermeiden, muss diese Beschriftung mit einer Zahl beginnen oder mit einem Schrägstrich enden (z. B. „3Ort"; „Ort /").

Feldfunktionen werden auf dem Bildschirm **sichtbar oder unsichtbar** gemacht über die Tastenkombination *‹Alt›+‹F9›* oder über das Kontextmenü *Feldfunktionen ein/aus.* Sie werden nicht mitgedruckt. (Sehen Sie sich die Seitenansicht an.)

Nutzen Sie die rechte Maustaste, um die Feldfunktionen im Kontextmenü zu bearbeiten.

Mit der Funktionstaste ‹F11› lassen sich die Ansprungpunkte im Text ansteuern. Der Cursor springt dabei in der Reihenfolge der gesetzten Feldfunktionen. Mit *Shift (Hochstelltaste)+ ‹F11›* können Sie sich auch rückwärts im Dokument bewegen.

Sie gelangen damit schnell zu den immer wiederkehrenden Eingabefeldern.

Allfit·GmbH·•·Bayenthalgürtel·28·•·50968·Köln¤	¤	
{·1·}¤		**Setzen**
{·2·}¤		‹Strg› + ‹F9›
{·3Versendevermerk·}¤	¤	
{·4Anrede·}¤	¤	
{·5Name·}¤	¤	
{·6Straße·}¤	¤	
{·7Postleitzahl·und·Ort·}¤	¤	
{·8Bestimmungsland·}¤		
{·9·}¤		**Ansteuern**
¶		‹F11›
¶		
{·Betreff/·}¶		**Anzeigen**
¶		‹Alt› + ‹F9›
¶		

Anlegen von Dokumentvorlagen

1. Das Sichern eines Dokuments als Vorlage beginnt wie alle Speichervorgänge über das Register *Datei – Speichern unter*.

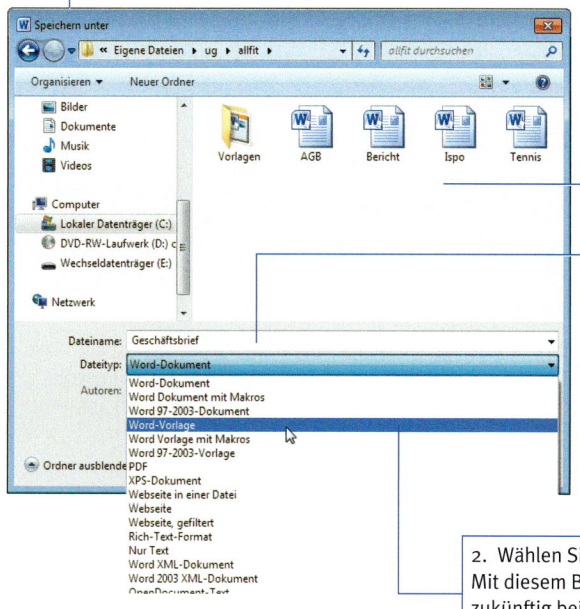

3. Richten Sie auf Ihrem Datenträger einen Ordner für Ihre Vorlagen ein, vergeben Sie einen passenden Dateinamen und schließen Sie den Vorgang mit der Eingabetaste oder *Speichern* ab.

Die **neue Vorlage** wird als „Microsoft Word-Vorlage" angezeigt (mit dem Suffix **.dotx**). Dieser Dateityp definiert eine Musterdatei, die bei jedem neuen Dokument als Vorlage gewählt werden kann, selbst aber nicht verändert wird.

2. Wählen Sie im Dialogfeld *Dateityp* die *Word-Vorlage* aus. Mit diesem Befehl legt Word eine Musterdatei an, die Ihnen zukünftig beim Bearbeiten eines Dokuments als Vorlage zur Verfügung steht.

Nutzung von Dokumentvorlagen

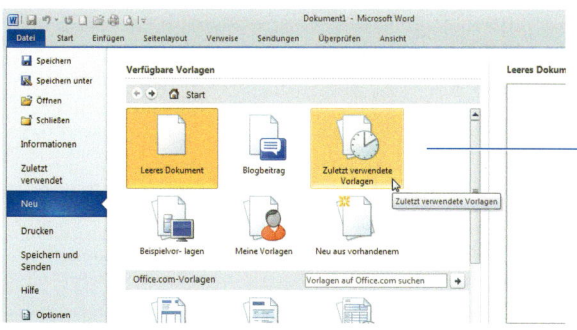

Über die *Registerleiste Datei – Neu* erhalten Sie im Fenster *Verfügbare Vorlagen* neben einer Vielzahl von Beispielvorlagen eine Schnellauswahl Ihrer zuletzt verwendeten Vorlagen mit entsprechender Miniaturansicht.
Öffnen Sie Ihre Vorlage im Aufgabenbereich durch Doppelklick.

Über das Register *Datei Öffnen* und der Auswahl des Dateityps *Word-Vorlage* können Sie Ihre Vorlagen auch in bekannter Weise öffnen.
Wählen Sie per Mausklick aus.

Die Vorlage (**.dotx**) steht für die Bearbeitung zur Verfügung. Nach Fertigstellung wird das Schriftstück als Word-Dokument (**.docx**) in einem ausgewählten Ordner gespeichert. Die Vorlage bleibt dagegen unverändert für weitere Bearbeitungen an ihrem ursprünglichen Speicherplatz.

Beauty-Farm

Ihre Erfahrungen aus dem Marketingbereich haben Ihnen gezeigt, wie wichtig es für die ALLFIT Sportartikel GmbH ist, für das Sortiment eine hohe Aufmerksamkeit zu erzielen. Nur so lässt sich ein guter Umsatz erreichen.

Die Werbung legt bei Ihren Überlegungen die **AIDA**-Formel zu Grunde:

Attention (Aufmerksamkeit für das Produkt erzielen)
Interest (Interesse an dem Produkt wecken)
Desire (Wunsch nach dem Produkt erzeugen)
Action (Kaufaktion für das Produkt erreichen)

Auch für die Gestaltung Ihrer Geschäftskorrespondenz gelten diese Marketing-Erkenntnisse, d.h., bereits mit dem Briefkopf kann Aufmerksamkeit für die Unternehmung erzielt werden. Über ein eindrucksvolles Firmenlogo mit interessanter Farbgebung soll eine Identifikation mit der ALLFIT Sportartikel GmbH erzielt werden. Wagen Sie also mit Ihren Dokumenten einen Ausflug auf die Schönheitsfarm. Die Gestaltung sollte dabei dem Unternehmungszweck angemessen und nicht überzogen sein.

Aufgaben

1. Genügen die Firmenangaben des Briefkopfes der Formatvorlage noch Ihren Vorstellungen?

   Wählen Sie:
   • eine geeignete Farbgebung
     (ein Farbdrucker wäre jetzt gut),
   • eine sinnvolle Schriftgestaltung (linke Spalte),
   • ein geeignetes Firmenlogo (rechte Spalte).

   Es bietet sich an, dafür eine Tabelle mit zwei Spalten (Breite 9,5 und 8,0 cm) und einer Zeile (Höhe 3,0 cm) einzurichten.

   Fügen Sie Ihr Ergebnis in Ihre Briefvorlage ein.

2. Gestalten Sie Ihr Dokument (z.B. den Infoblock Ihres Briefes) mit Sonderzeichen.

3. Bereiten Sie den Text 🖫 *Sport* als Mitarbeiterinformation in Form eines Zeitungstextes auf.

   • Nutzen Sie dabei Hervorhebungen, Spaltensatz, Silbentrennungen und Absatzgestaltungen.
   • Fügen Sie geeignete Grafiken ein.
   • Speichern Sie unter 🖫 *Mitarbeiterinformation*.

4. Probieren Sie einmal den „Textmarker" der Gruppe *Schriftart*; er hebt Textstellen besonders hervor.

5. Versuchen Sie sich einmal an der Erstellung einer Firmenzeitung! Tragen Sie alle Informationen zum Markt für Sportartikel zusammen und bereiten Sie diese für unsere Mitarbeiterinnen und Mitarbeiter auf.

Vielleicht finden Sie z.B. für das Symbol © eine Verwendung.

Denken Sie stets an AIDA!

Viel Spaß beim Probieren! ☺

Hilfen

In der Beauty-Farm kommt es auf Ideenreichtum und Experimentierfreude an. Word bietet eine Fülle von Gestaltungsmöglichkeiten an, die Sie einfach ausprobieren sollten.
Das Register *Start* und das Register *Einfügen* ermöglichen Verschönerungen Ihres Dokumentes.

Spaltenformat einsetzen

Sie können Ihren Text über die gesamte Seitenbreite laufen lassen oder ihn über das Register *Seitenlayout – Seite einrichten* in Spalten aufteilen.

Wählen Sie mit der Maus aus den Vorgaben die Anzahl der gewünschten Spalten. Durch Bestätigung der Auswahl mit Mausklick wird der vorher markierte Text gleichmäßig auf die gewählte Spaltenzahl umgebrochen.

Der Befehl *Weitere – Spalten* bietet weitergehende Anwendungen.

Blocksatz

Wenn Sie jetzt noch den Text mit der **Silbentrennung** bearbeiten (Denken Sie an die Sprachen-Einstellung) und im Blocksatz setzen, dann haben Sie es geschafft, eine richtig schöne Zeitungsseite zu gestalten.

Formgebung über Tabulatoren

Präziser als über Doppelklick im Dokument (siehe Mittelpunkt) geht die Textgestaltung über Tabulatoren.

Über den Tabulator (Cursorsprung über eine festgelegte Distanz) lassen sich Textstellen, z. B. Auflistungen, stets an der gleichen Stelle auf dem Blatt über mehrere Zeilen positionieren.

Tabulatoren lassen sich mit der Maus setzen oder Sie können diese Stopps über das Register *Start* und das Dialogfeld *Absatz* über das Feld *Tabstopps ...* (unterer Rand des Feldes) exakt definieren. Gibt es genaue Formvorschriften für Ihr Dokument, sind Sie über das Dialogfeld auf der sicheren Seite.
Benutzen Sie bei Bedarf also stets die Tabulatoren und **tackern Sie bitte nicht auf der Leerzeichen-Taste!**

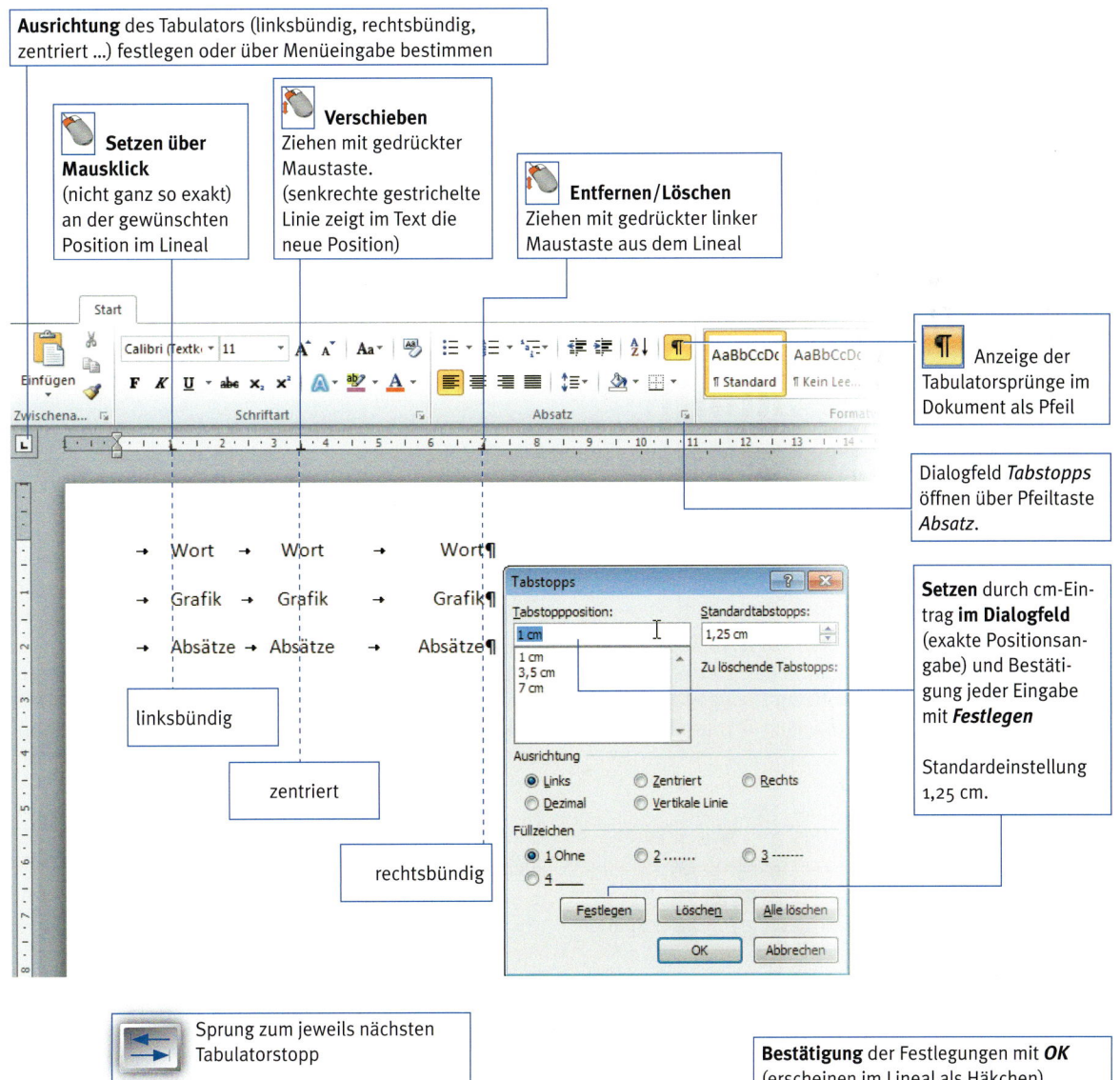

Wer ist der Schönste im ganzen Land

Farbgebung

Schriftfarbe

Sie können Ihre Schrift farblich verändern über das Register *Start - Schriftart*. Wählen Sie „Ihre" Schriftfarbe, mit der Sie Textstellen hervorheben möchten. Eine Live-Vorschau zeigt für die markierte Stelle das Ergebnis Ihrer Mausanwahl.

Hintergrundfarbe

Über Startregister *Schriftart und Texthervorhebungsfarbe* können Sie Textabschnitte mit einer Hintergrundfarbe versehen. Wählen Sie jeweils im Dialogfeld aus und beobachten Sie für Ihren markierten Text die Vorschau!

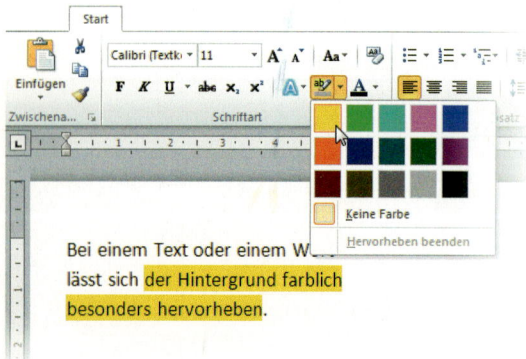

Sonderzeichen

Sehen Sie sich einmal über das Register *Einfügen – Symbol – Weitere Symbole* die Auswahl der Sonderzeichen und Symbole am Bildschirm an.

Über die Option *Schriftart* können verschiedene Zeichen- und Schriftsätze aufgerufen werden. Klicken Sie ein Symbol an und binden Sie es mit Doppelklick oder *Einfügen* an der markierten Stelle in Ihren Text ein.

Das Symbol ☎ lässt sich gut in den Info-Block Ihres Briefformulars 🖫 *Formular* einfügen (Schriftart Wingdings).

Autoformen

Das Register *Einfügen* öffnet über die Befehlsgruppen *Formen* ein Listenfeld. *Formen* hält eine Menge fester Formen und Symbole bereit.

Wählen Sie aus und setzten Sie die gewählte Form mittels Mausklick in Ihr Dokument. Nach dem Einfügen können Sie bei einfachem Mausklick die Formen durch Ziehen an den Grafikrändern beliebig verändern. Über die kontextbezogene Registerkarte *Zeichentools* können Sie über die Befehle des Menübandes die Bilder formatieren, d. h. an Ihre Vorstellungen anpassen.

Sie kennen mich noch nicht?
Suchen Sie mich doch: 🖫 *Suchhund*!

Könnten·Sie·mir·über·
Einfügen·Formen·auch·
noch·die·Sprechblase·
beschaffen?¶

Text gestalten

ALLFIT Sportartikel GmbH  **vorher**

Individuelle Anpassung des Textes

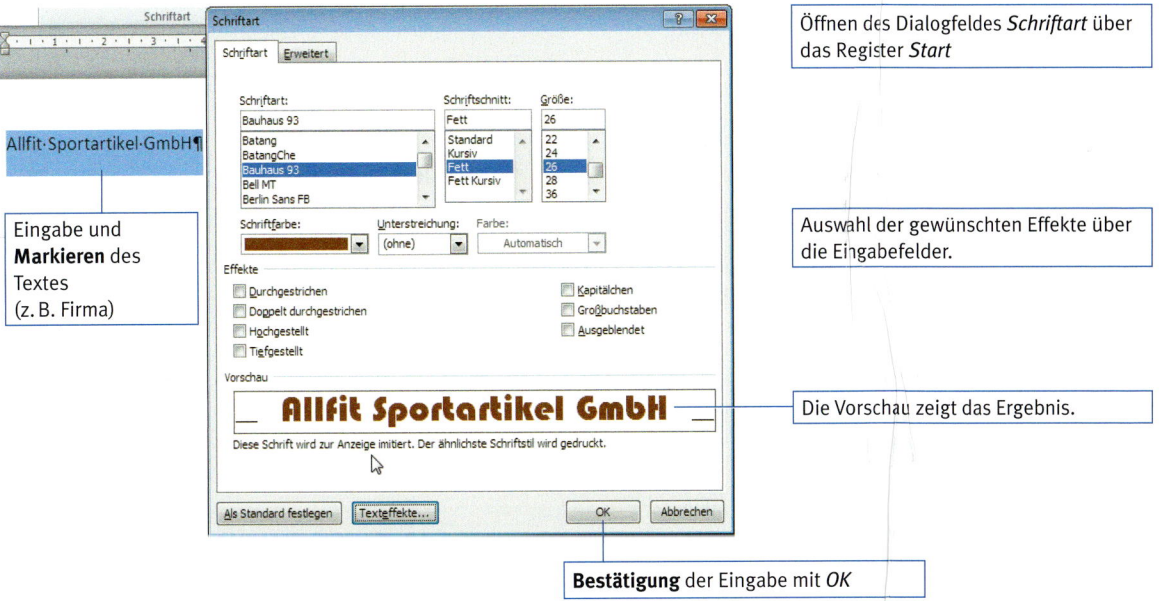

Öffnen des Dialogfeldes *Schriftart* über das Register *Start*

Eingabe und **Markieren** des Textes (z. B. Firma)

Auswahl der gewünschten Effekte über die Eingabefelder.

Die Vorschau zeigt das Ergebnis.

Bestätigung der Eingabe mit *OK*

Schnelle Anpassung des Textes durch Vorlagen

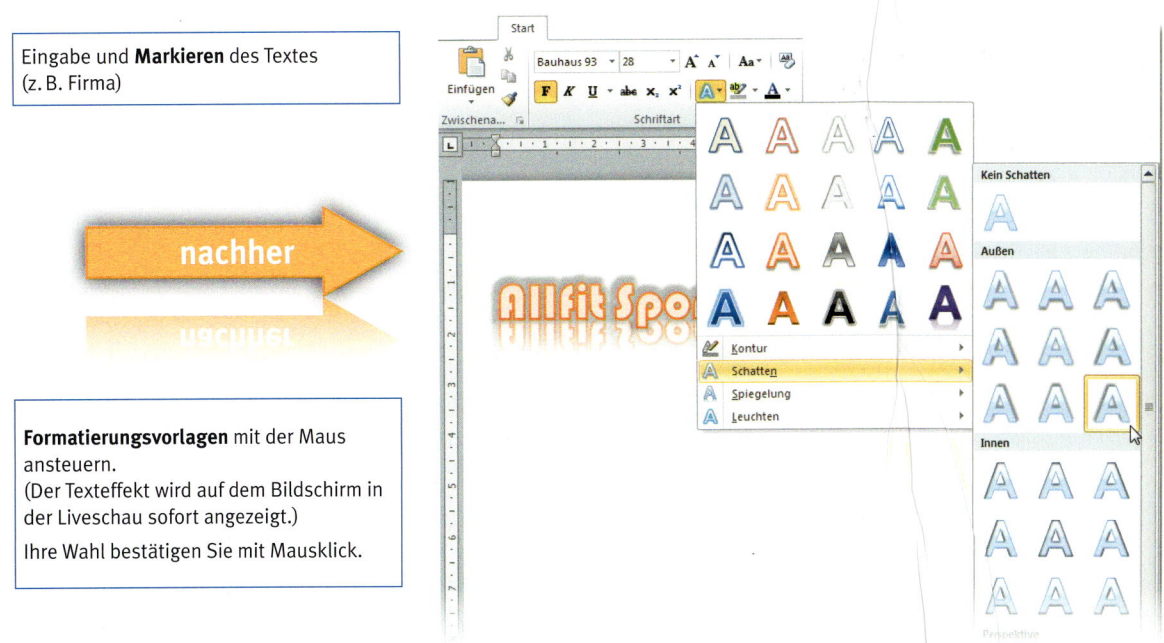

Eingabe und **Markieren** des Textes (z. B. Firma)

nachher

Formatierungsvorlagen mit der Maus ansteuern.
(Der Texteffekt wird auf dem Bildschirm in der Liveschau sofort angezeigt.)
Ihre Wahl bestätigen Sie mit Mausklick.

Der Finalist

Wer es bis hierher geschafft hat, ist im Finale. Sie können mittlerweile Dokumente gestalten und Dokumente verwalten; Sie sind fast am Ziel Ihrer „Word-Träume".

Doch kurz vor dem Ziel, ein Word-Experte zu sein, gibt es noch einen Spezialauftrag für Sie.

Die Geschäftsleitung hat den Termin für die alljährlich stattfindende Pressekonferenz festgelegt, auf der das abgelaufene Geschäftsjahr analysiert und die Zukunftsperspektiven der ALLFIT Sportartikel GmbH auf einem sich ständig ändernden Markt dargestellt werden soll.

Als Word-Experte der Unternehmung sind Sie aufgefordert worden, mit Hilfe eines vorliegenden Manuskripttextes und bereitgestellter Abbildungen eine Presseinformation vorzubereiten.

Der Geschäftsleitung schwebt ein Faltblatt im DIN-A5-Format vor.

1. Deckblatt mit Firmenangaben
2. Informationen der Geschäftsleitung zum abgelaufenen Geschäftsjahr
3. Vorstellung einiger neuer Produkte

Es gibt immer noch etwas Neues in Word zu entdecken.

Aufgaben

Gestalten Sie die Innenseite (2 x DIN A5 = DIN A4) des Faltblattes mit dem Bericht der Geschäftsleitung.

Fügen Sie dazu die vorliegenden Daten 🖫 *Geschäftsbericht* zu einem ansprechenden Dokument zusammen.

1. Richten Sie über das Register *Seitenlayout* die Seite ein.

Seitenränder	alle 1,5 cm
Orientierung	DIN A4 Querformat
Spalten	4 Spalten je 5,6 cm
	Abstand Mitte 3,3 cm
	Abstand Rest 0,5 cm

   (= 29,7 cm = DIN A 4-Blatt)

2. Stellen Sie den geöffneten Fließtext im Spaltensatz (zwei-spaltig je A5-Seite) dar.

3. Betätigen Sie die Befehle *Blocksatz* und *Silbentrennung*.

4. Fügen Sie die bereitgestellten Grafiken passend in den Text ein.

5. Rücken Sie die jeweiligen Absatzanfänge um 1 cm ein.

Und so wie rechts abgebildet könnte Ihr Ergebnis aussehen! Gestalten Sie später in ansprechender Form das Deckblatt und die Rückseite mit der Präsentation neuer Artikel.

Hilfen

Einzüge

Im Register *Start – Absatz* lässt sich über das Dialogfeld eine Einstellung der Einzüge über die Pfeiltasten vornehmen.

Das Feintuning geschieht über das Dialogfeld. Die Vorschau zeigt Ihnen das Ergebnis Ihres Handelns:

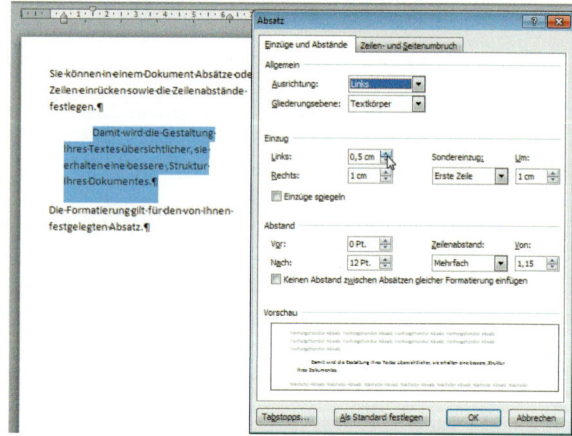

- einen **Absatz insgesamt einrücken** (*Einzug links* und/oder *rechts* bestimmen),

- die **erste Zeile eines Absatzes einrücken** (*Sondereinzug – Erste Zeile*, Einzug in cm bestimmen),

- die **nachfolgende(n) Zeile(n) eines Absatzes einrücken** (*Sondereinzug – Hängend*, Einzug in cm bestimmen),

- ein **Absatz vom übrigen Text abheben** (*Abstand* zum Text vor und/oder nach dem Absatz in pt bestimmen).

Im Lineal zeigen die kleinen Dreiecke die jeweilige Einstellung. Mit der Maus können diese an andere Positionen gezogen werden.

Seite vorbereiten

Im Register *Seitenlayout*
- über *Seitenränder - Benutzerdefinierte Seitenränder* im Dialogfeld *Seite einrichten* die gewünschten Abstände (Seitenränder) definieren.
- über *Ausrichtung* das Dokument als *Querformat* einrichten (DIN A4-Seite im Querformat).
- über *Spalten - weitere Spalten* im Dialogfeld vier Spalten mit entsprechender Spaltenbreite bestimmen.

Silbentrennung

Register *Seitenlayout - Silbentrennung*

Einbindung einer Excel-Grafik in Text

(hier: fertige Grafik; sonst nach Kapitel 4)

Erstzeileneinzug

hier: 1 cm

Register *Seitenlayout - Absatz*

Grafik mit umfließendem Text

Bildtools - Position oder *Zeilenumbruch*

Abstand nach dem Absatz hier: 12 pt

Register *Seitenlayout - Absatz*

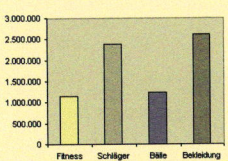 Die ALLFIT Sportartikel GmbH blickt auf ein erfolgreiches Jahr zurück. Der Markt für Sportartikel ist nach wie vor stabil, sodass im abgelaufenen Geschäftsjahr eine Gewinnsteigerung um circa 12% auf jetzt 215.000,00 € erzielt werden konnte. Ein großer Anteil an diesem Ergebnis konnte über die Warengruppen Schläger und Bekleidung erreicht werden (siehe Umsatzstatistik).

Umsatz der Artikelgruppen

Die Bilanzsumme hat zum ersten Mal in der Firmengeschichte die 5 Millionen-Marke überschritten. Dies wurde einerseits durch Investitionen im Bereich des Fuhrparks erreicht, aber auch durch die Erhöhung der Lagerbestände.

Dies führte zu einer Erhöhung der Vorratsquote auf über 15%.

Die ALLFIT Sportartikel GmbH muss sich am Markt jedoch weiterhin einem harten Konkurrenzkampf stellen. Mit einer Umsatzrendite von fast 3% liegt die Unternehmung zwar im Branchendurchschnitt, stellt aber die Anteilseigner nicht ganz zufrieden. Für das kommende Geschäftsjahr ist deshalb ein Kosteneinsparungsprogramm vorgesehen, um die Rentabilität auf mindestens 5% zu verbessern.

Folgende Maßnahmen werden dafür im kommenden Geschäftsjahr von der Geschäftsleitung ergriffen:

➢ Einführung neuer Artikel

➢ gezielte Verkaufsförderung am POS

➢ Einsparungen im Lagerbereich

➢ Verbesserung der Händlerkonditionen

Bei der Einführung neuer Artikel sollen vor allem die Marktforschungsergebnisse über neue Trendsportarten zur Erweiterung des Sortimentes herangezogen werden. Auch soll sich eine stärkere Markierung der Artikel verkaufsfördernd auswirken.

Die Werbemaßnahmen werden auf die Neukunden konzentriert, damit dort der Umsatzanteil der Artikel erhöht wird. Dies wird unterstützt durch spezielle Verkaufsständer an exponierten Standorten im Einzelhandel.

Durch Reduzierung der Lagerbestände sollen die Kapitalbindungskosten reduziert werden.

Dies erfordert eine

- Umstellung vom Bestellrhytmusverfahren auf das „Just in Time" - Prinzip,
- bessere Absprachen mit unseren Lieferanten,
- Vereinbarung von Konventionalstrafen bei Lieferverzögerungen.

So sollen bei konstant hoher Lieferbereitschaft der Lagerumschlag erhöht und damit die Kosten gesenkt werden.

Die Einführung eines Händler-Bonussystem soll einen Anreiz liefern, besonders die ALLFIT-Artikel verkaufsfördernd im Handel zu positionieren.

Die positive Entwicklung in der ALLFIT Sportartikel GmbH ist nicht zuletzt auch auf die hohe Motivation der Mitarbeiterinnen und Mitarbeiter zurückzuführen. Die ALLFIT Sportartikel GmbH wird auch im kommenden Geschäftsjahr bemüht sein, mit dem Einsatz aller die Zufriedenheit der Kunden weiter zu verbessern.

Die Geschäftsführer

Udo Grunefeld
Marc Schade

ALLFIT
allzeit fit
Freude am Sport

Spaltenumbruch

Register *Seitenlayout - Umbrüche*

Aufzählungszeichen

Register *Start - Absatz*

Blocksatz

Register *Start - Absatz*

Grafik mit transparentem Textfeld

Register *Einfügen - Text - Textfeld*
kontextbezogenes Register *Textfeldtools Anordnen - Zeilenumbruch*

Die Office-Heinzelmännchen

Bei der Eingabe und Bearbeitung Ihrer Texte ist Ihnen von Zeit zu Zeit ein kleiner aufmerksamer Helfer in Form einer violetten gepunkteten Linie aufgefallen – ein so genannter **Smarttag**. Wenn Sie neugierig waren und ihn schon einmal über die Pfeiltaste geöffnet haben, wissen Sie vielleicht inzwischen über die Bedeutung dieser Funktion Bescheid.

Was bedeutet eigentlich das Wort „Smarttag"? Glücklicherweise stellt Word für solche Rätsel gleich einen **Übersetzer** zur Verfügung, den Sie fragen können.

Inzwischen haben Sie Word ja schon kräftig genutzt und zahlreiche Texte erstellt, bearbeitet und gespeichert. Dank „Hausmeister" ist Ihr Ablagewesen sicher auch gut in Schuss.

Doch es fällt Ihnen beim besten Willen nicht mehr ein, unter welchem Namen und an welchem Ort Sie das Gedicht mit den Heinzelmännchen abgelegt haben. Sie wollten es doch noch Frau Wittemann von der Intersport GmbH per E-Mail zukommen lassen – als nette Geste und Anerkennung für die gute Zusammenarbeit. Unter welchem Dateinamen ist der Text gesichert und auf welchem Datenträger liegt er bloß? – So ein Ärger!

Hoffentlich hält Word für Ihre Aufgabenstellungen einen fleißigen Helfer bei der **Suche** bereit!

Aufgaben

1. Sollte Ihnen bei der Bearbeitung ein Smarttag begegnen, probieren Sie dessen Funktion aus. Vielleicht kann er Sie bei Ihrer Arbeit unterstützen.

2. Testen Sie den „Übersetzer". Er kann nützliche Hilfe bei unseren Exportgeschäften leisten. Was heißt eigentlich Tennisschläger im Englischen?

3. Suchen Sie unter dem Begriff „Heinzelmännchen" nach Ihrem Gedicht.

4. Suchen Sie auf Ihrer Daten-CD-ROM nach den Abschlussberichten der FIBO und ISPO und gestalten Sie daraus ein Mitteilungs-Faltblatt an unsere Mitarbeiterinnen und Mitarbeiter mit den wichtigsten Informationen zu den Messen.

5. Falls Sie etwas wissen möchten über:
   Lerntipps,
   Peloponnes,
   Qualifikationen,
   Kompetenzen,
   Prüfungen.
   Suchen Sie einfach einmal auf Ihrer Daten-CD-ROM.

Hilfen

Smarttags und mehr

Word erkennt bestimmte Dateitypen im Dokument und bietet Ihnen Smarttags an, mit deren Hilfe Sie eine Reihe von Aktionen ausführen können, ohne umständlich andere Programme öffnen zu müssen.

Wählen Sie mit der Maus das Smarttag an und öffnen Sie über den Pfeil die Auswahl der verfügbaren Aktionen. Klicken Sie mit der Maus die gewünschte Aktion zwecks Ausführung an.

Zwei für die Textverarbeitung wesentliche Smarttag-Aktionen sind:

• Rücksetzung der automatischen Großschreibung des Wortanfangs beim Zeilenumbruch, der mittels einer Absatzmarke durchgeführt wird.

Ein·kleines·Gedicht¶

Wie·war·zu·Köln·es·doch·vordem¶
Mit·Heinzelmännchen·so·bequem¶

↺ Rückgängig: Automatische Großschreibung

Keine Automatische Großschreibung beim ersten Buchstaben eines Satzes

⚡ AutoKorrektur-Optionen steuern...

• Die Anpassung der Formatierung beim Einfügen von kopierten oder ausgeschnittenen Textteilen aus der Zwischenablage. Diese verlieren häufig ihre ursprüngliche Formatierung – kein Problem mit den kleinen Helfern.

Ein·kleines·Gedicht¶

Wie·war·zu·Köln·es·doch·vordem¶
Mit·Heinzelmännchen·so·bequem¶
¶

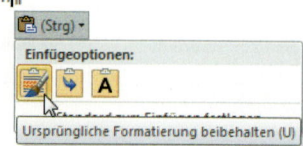

Einfügeoptionen:

Ursprüngliche Formatierung beibehalten (U)

Übersetzen

Über das Register *Überprüfen* oder das Kontextmenü des markierten Wortes können Sie sich über die Anwahl der Aktion *Übersetzen* den Aufgabenbereich für die Funktion *Recherchieren* im rechten Bildschirmbereich anzeigen lassen.

> 1. Markieren Sie den Begriff, den sie übersetzt haben möchten, mit einem Doppelklick oder geben Sie ein gesuchtes Wort im Suchfeld ein.

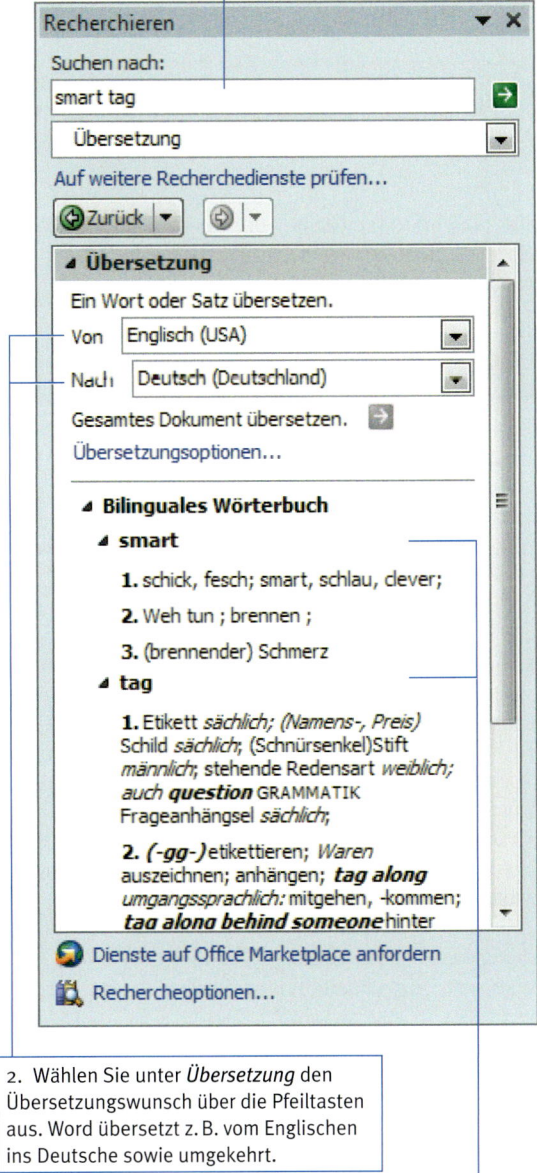

> 2. Wählen Sie unter *Übersetzung* den Übersetzungswunsch über die Pfeiltasten aus. Word übersetzt z. B. vom Englischen ins Deutsche sowie umgekehrt.

> 3. Das Übersetzungsergebnis wird automatisch im Fenster angezeigt. Ansonsten betätigen Sie die Pfeiltaste *Suche starten*.

Suchfunktion

Dateien suchen

Wählen Sie über das Windows-Start-Menü *Programme – Dateien durchsuchen* an. Beginnen Sie Ihre Eingabe im Textfeld. Die Office-Heinzelmännchen starten unverzüglich mit der Suche.

> 1. Geben Sie Ihren Suchbegriff ein.
> Die Suche in allen Datenträgern beginnt.

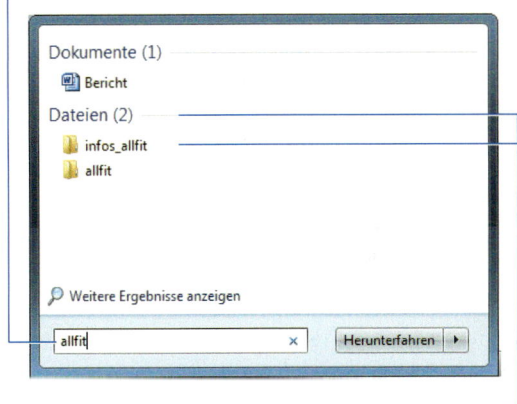

> 2. Im Ergebnisfenster werden Ihnen alle Dateien und Ordner aufgelistet, in denen sich Ihr Suchbegriff befindet.

> 3. Nach Doppelklick auf die gefundene Datei oder über das Kontextmenü und *Öffnen* wird das Dokument auf dem Bildschirm geöffnet.
> Die Datei steht Ihnen wieder zur weiteren Bearbeitung zur Verfügung.

Text suchen

> Geben Sie im Register *Start* zu Ihrem Dokument einen Suchbegriff ein.
> Schon während der Eingabe steuert *Navigation* zielgerichtet zum Ergebnis.

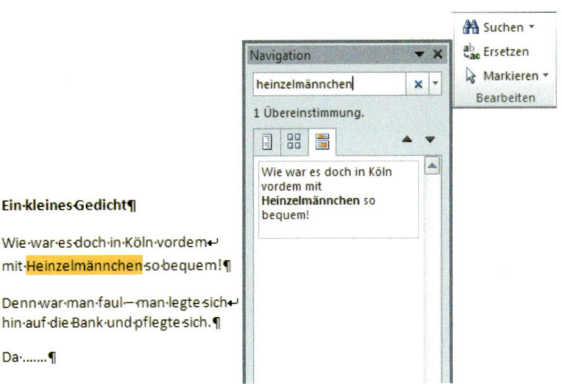

... mit Heinzelmännchen so bequem! ...

Der Serienheld

Die ALLFIT Sportartikel GmbH pflegt den Kontakt zu ihren Kunden vorrangig über den Außendienst. Zusätzlich werden die Kunden aber auch gezielt zu Messen und zu speziellen Verkaufsveranstaltungen eingeladen.

Haben Sie eigentlich bereits auch die Einladungen an unsere Kunden für die diesjährige ISPO vorbereitet? Zur Erinnerung: Die ISPO, the international sports buisiness network, in München ist ja neben der FIBO in Essen, zu der Sie ja schon eingeladen haben (Seite 42), für uns die wichtigste Fachmesse für unsere Sportartikel, auf der wir unser Sortiment dem Fachhandel vorstellen können. Auf der ISPO sind wir dieses Mal in Halle A5 mit dem Stand 3 vertreten.

Aus Kostengründen werden gezielt nur die Kunden angeschrieben, in deren Region die Veranstaltung stattfindet. Trotz des in allen Briefen gleichen Einladungstextes bedeutet es aber viel Arbeit, die Adressen separat einzutippen und den Empfänger individuell mit Namen anzusprechen.

Um diese Aufgabe in kürzester Zeit zu erledigen, bietet es sich an, die Funktion *Serienbrief* in Word und eine eventuell schon bestehende Adressendatei zu nutzen. Informationen zur ISPO für die Formulierung des Brieftextes finden Sie in 🖫 *Ispo*, aktuellere Infos im Internet (http://www.ispo.com).

Prinzip des Serienbriefes

Grundsätzlich ist ein Serienbriefdokument eine ganz normale Brieftextdatei, die meist mit Hilfe einer Dokumentvorlage, z.B. der Vorlage *Geschäftsbrief*, erstellt wird. Sie enthält den Text, der für alle Empfänger gleich lautet.

Diese Datei können Sie zu jeder Zeit mit einer Datenbank verknüpfen, die die Daten enthält, die bei jedem Brief individuell verändert werden müssen. Im einfachsten Fall z.B. die Anschrift im Briefkopf.

Damit bei der Verknüpfung klar wird, an welcher Stelle welcher Inhalt der variablen Daten eingefügt wird, enthält der Brief neben dem Basistext so genannte **Seriendruckfelder**. Der Name dieser Felder entspricht dabei den Spaltenüberschriften (Feldnamen) in der Datenbank.

Die verbundene Datenbank wird in Word auch **Datenquelle** genannt, die Worddatei bezeichnet man als **Hauptdokument**.

 Aufgaben

1. Erstellen Sie die abgebildete Datenquelle mit Word und speichern Sie diese ab. Schreiben Sie eine Einladung an diesen Freundeskreis.

2. Informieren Sie sich über die ISPO in München (🖫 *Ispo* im Verzeichnis Word). Bereiten Sie eine Serientextdatei mit einem ansprechenden Einladungstext für den Druck vor.

 **Hilfen**

Woher nehme ich die Datenquelle?

Im Prinzip sind alle Daten, die in Form einer Datenbank gespeichert sind, für einen Serienbrief nutzbar. Sie haben die Möglichkeit, in Word selbst entsprechende Listen anzulegen. Im einfachsten Fall ist eine reine Textdatei als *Datenquelle* nutzbar. Wichtig ist nur, dass bestimmte Vorgaben eingehalten werden:

- Die einzelnen Felder einer Adresse werden durch **Tabulatoren oder Semikolon getrennt in einer Zeile eingegeben.** Ein automatischer Zeilenumbruch stört dabei nicht.

- Am Ende eines Datensatzes (einer Adresse) muss zwingend ein **Absatz eingefügt** werden.

- Die erste Zeile beinhaltet – ebenfalls tabulatorsepariert – die „Spaltenüberschriften".

Name	Vorname	Straße	PLZ	Ort¶
Aktas	Sahin	Bonner·Str.·4	50667	Köln¶
Fleischer	Markus	Teltower·Damm·17	10117	Berlin¶
Kraus	Stefan	Goldgasse·10	50670	Köln¶
Prinz	Carina	Hinter·der·Waage·1	80331	München¶
Riedel	Sandra	Industriestraße·9	51427	Bergisch·Gladbach¶
Schmitz	Dirk	Gerbergasse·4	50668	Köln¶
Terstegen	Daniela	Hallesche·Str.·2	80323	München¶
¶				

Einen Serienbrief verknüpfen

Schreiben Sie zuerst Ihren Geschäftsbrief, der für alle Empfänger gleich sein soll, wie gewohnt in ein neues Word-Dokument.

Aktivieren Sie das **Registerblatt** *Sendungen*. Hier finden Sie die Befehle für die Erstellung von Seriendokumenten.

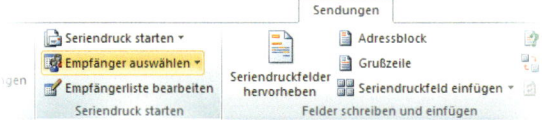

Mit dem Befehl *Empfänger auswählen* knüpfen Sie mit Hilfe des **Speicherpfades** die Verbindung zu Ihrer vorbereiteten Word-Adressenliste oder ggf. zu einer anderen Datenbank. Ihre Word-Datei wird zu einem so genannten **Hauptdokument**. Die Verknüpfung wird im Dokument gespeichert und steht damit beim Öffnen der Datei sofort wieder zur Verfügung.

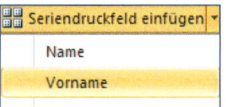

Fügen Sie nun die **Seriendruckfelder** (die Feldnamen in der Kopfzeile Ihrer Datenquelle) als Daten-Platzhalter an den passenden Stellen Ihres Anschreibens ein. Die verfügbaren Feldnamen Ihrer *Datenquelle* werden in der Auswahlliste angezeigt und in beliebiger Reihenfolge per Mausklick mit geschweifter Klammer an die markierte Stelle im Dokument gesetzt.

Damit haben Sie das *Hauptdokument* mit variablen Feldern für den Seriendruck erstellt und können in die „Serienproduktion gehen". Es muss aus ökologischen Gründen ja nicht gleich ein Ausdruck auf Papier sein. Vorher sollten Sie aber Ihr Ergebnis noch einmal überprüfen. Blättern Sie mit den Pfeiltasten durch die Seriendokumente für Ihre Empfänger und lassen sich das Ergebnis über *Vorschau Ergebnisse und Seitenansicht* anzeigen.

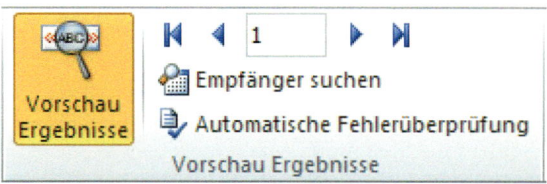

Fertig stellen und zusammenführen führt den Seriendruckvorgang aus. Einzelne *Dokumente bearbeiten* druckt dabei aber die Briefe nicht auf den Drucker, sondern in ein neues Word-Dokument. Hier können Sie noch individuelle Änderungen vornehmen.

Die Seriendruckfelder schaffen die Verbindung zu den Datensätzen der Datenquelle

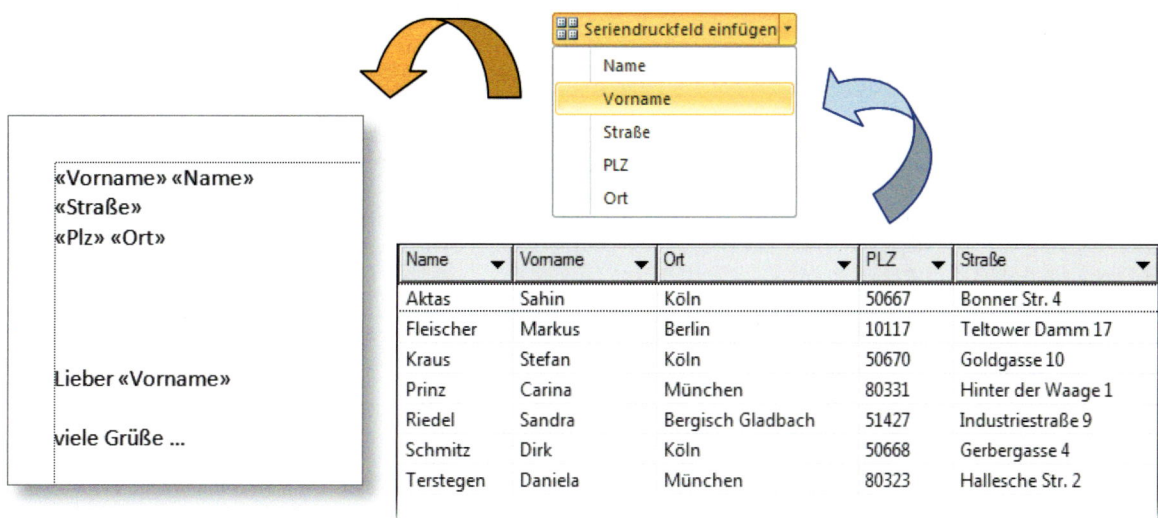

«Vorname» «Name»
«Straße»
«Plz» «Ort»

Lieber «Vorname»

viele Grüße ...

Name	Vorname	Ort	PLZ	Straße
Aktas	Sahin	Köln	50667	Bonner Str. 4
Fleischer	Markus	Berlin	10117	Teltower Damm 17
Kraus	Stefan	Köln	50670	Goldgasse 10
Prinz	Carina	München	80331	Hinter der Waage 1
Riedel	Sandra	Bergisch Gladbach	51427	Industriestraße 9
Schmitz	Dirk	Köln	50668	Gerbergasse 4
Terstegen	Daniela	München	80323	Hallesche Str. 2

Hinter den Kulissen

Vor dem Gesetz sind alle gleich. Bei der ALLFIT Sportartikel GmbH werden bei Kundenbriefen allerdings manchmal Unterschiede gemacht.

Möglicherweise sollen nur bestimmte Kundengruppen informiert werden oder ein Brieftext passt nicht für alle Empfänger in einer Adress-Datenbank. Die Serienbrieffunktion in Word ist aber flexibler als es im ersten Moment aussieht. Man muss nur wissen, wie es geht.

Aufgaben

Die Geschäftsadressen der ALLFIT Sportartikel GmbH sind in der Datei 🖫 *SerienAdressenExcel* gespeichert. Dort sind die Ansprechpartner der Unternehmen mit Name, Vorname und der Kennzeichnung „W" oder „M" für weiblich oder männlich in einer zusätzlichen Spalte mit dem Feldnamen „Anrede" angegeben.

Ändern Sie Ihren Serienbrief und nutzen Sie die dabei die Tabelle mit den Geschäftsadressen.

- Verwenden Sie die Anrede mit „Herr" oder „Frau" und dem Nachnamen.
- Sortieren Sie die Adressen nach „Ort".
- Der Brief soll nur an Empfänger in Köln verschickt werden.

Hilfen

Seriendruckempfänger definieren

Mit diesem Schalter der Gruppe *Seriendruck starten* öffnen Sie den Dialog, der Ihnen verschiedene Möglichkeiten bietet, den Kreis der Adressaten genauer zu bestimmen.

- Markieren Sie die gewünschten Datensätze durch ein Häkchen im Kontrollkästchen bzw. löschen Sie es.

- Öffnen Sie eine Auswahlliste mit Filterkriterien durch einen Klick auf den Pfeil im Spaltenkopf und wählen Sie ein Filterkriterium aus.

Haben Sie noch jemanden vergessen? Sofern Sie eine Datenquelle im Word-Format benutzen, lassen sich nach einem Klick auf den Schalter *Bearbeiten* im Dialog noch Schreibfehler korrigieren, fehlende Adressen ergänzen, andere auch ganz aus Ihrer Liste löschen.

Datenquelle ändern oder entfernen

Vorteilhaft ist, dass die Verknüpfung eines Serienbriefes mit dem Dokument gespeichert wird. Sollen später aber einmal andere Adress-Datenbanken als Grundlage dienen, ist auch dies kein Problem.

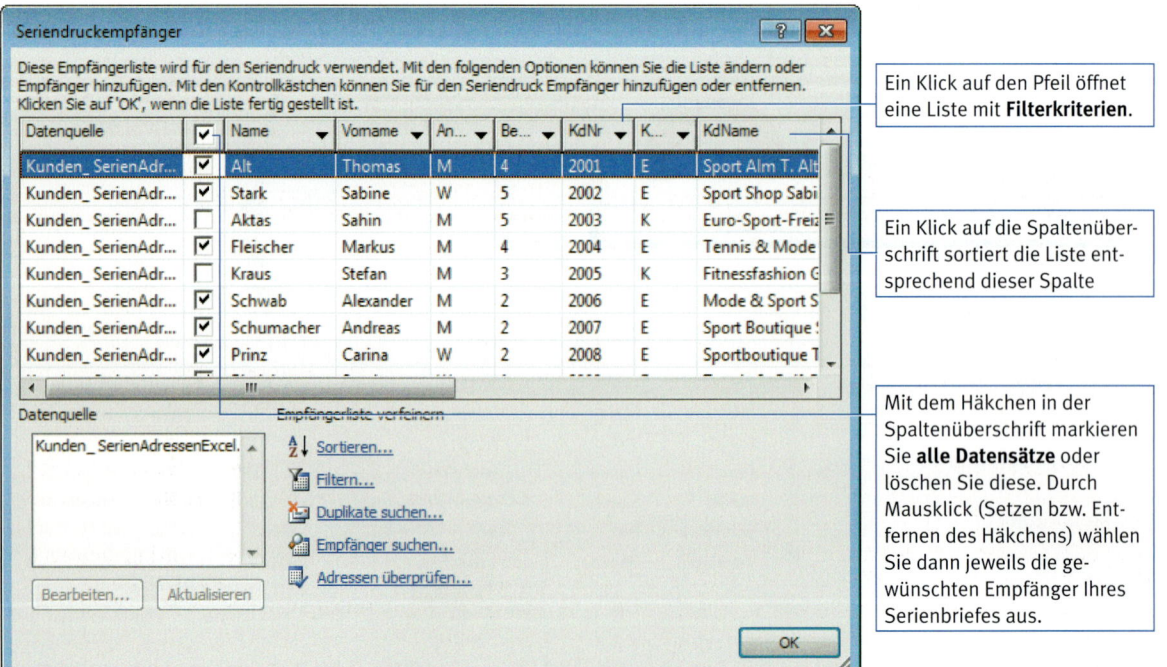

Ein Klick auf den Pfeil öffnet eine Liste mit **Filterkriterien**.

Ein Klick auf die Spaltenüberschrift sortiert die Liste entsprechend dieser Spalte

Mit dem Häkchen in der Spaltenüberschrift markieren Sie **alle Datensätze** oder löschen Sie diese. Durch Mausklick (Setzen bzw. Entfernen des Häkchens) wählen Sie dann jeweils die gewünschten Empfänger Ihres Serienbriefes aus.

Sie ändern die Verbindung zu einer Datenquelle, indem Sie einfach eine neue Datenquelle öffnen.

Wollen Sie die Verknüpfung ganz lösen, dann stellen Sie in *Seriendruck starten* den Dokumenttyp wieder auf *Normales Word Dokument*.

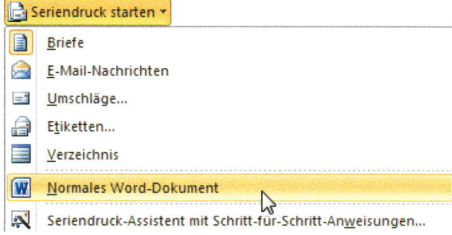

Excel-Arbeitsmappen als Datenquelle nutzen

Auch bei Datenbanken aus anderen Programmen, beispielsweise Excel, zeigt die Serienbrieffunktion ihre große Anpassungsfähigkeit. Da sich in Excel-Arbeitsmappen aber häufig mehrere unterschiedliche Tabellen befinden, muss eindeutig geklärt werden, welche nun genutzt werden soll.

Verknüpfen Sie ein Serienbriefdokument mit einer Arbeitsmappe, zeigt Word Ihnen automatisch in einem Dialog eine Liste der in der Mappe vorhandenen Tabellen. Sie müssen nun entscheiden.

Nur gut, wenn der „Autor" der Excel-Datei eindeutige Namen für seine Tabellen vergeben hat.

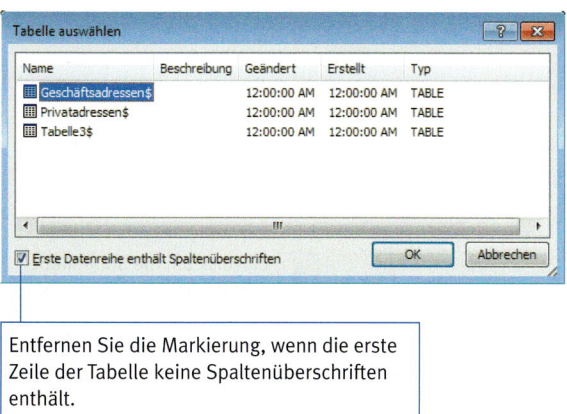

Entfernen Sie die Markierung, wenn die erste Zeile der Tabelle keine Spaltenüberschriften enthält.

Bedingungsfelder einfügen

Die Kundenliste der ALLFIT Sportartikel GmbH enthält neben dem Firmennamen zusätzlich noch Name und Vorname unseres Ansprechpartners im Einkauf. Die Partner sind also namentlich bekannt und könnten eigentlich in unseren Geschäftsbriefen direkt angesprochen werden.

Da bleibt das Problem mit der Anrede in Serienbrieftexten. Die Formulierung „Sehr geehrte Damen und Herren" oder „Lieber Kunde" ist natürlich immer möglich, ist allerdings nicht sehr persönlich.

Kann Word nicht Männer und Frauen unterscheiden?

Im Prinzip „Ja", lautet die Antwort. Bedingung ist aber, dass Sie entsprechende Informationen in die Datenbank eingefügt haben. Beispielsweise reicht eine Zusätzliche Spalte, in der „W" oder „M" gemäß der notwendigen Anredeform eingetragen ist.

Im Hauptdokument muss nun an der entsprechenden Stelle des Textes ein *Bedingungsfeld* eingefügt werden. Dieses Feld prüft die Inhalte des Datensatzes und trägt die jeweiligen Texte an dieser Stelle ein.

• Schreiben Sie „Sehr" und ein Leerzeichen.

• Befehl *Regeln*.

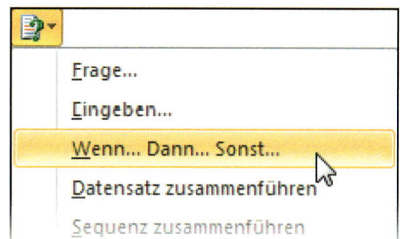

Wählen Sie die Bedingung *Wenn...Dann...Sonst.* Definieren Sie: Wenn „Anrede" „gleich" „M" dann „geehrter Herr" sonst „geehrte Frau".

• Eine Leertaste und nachfolgend das Feld <Name> vervollständigen die Anrede.

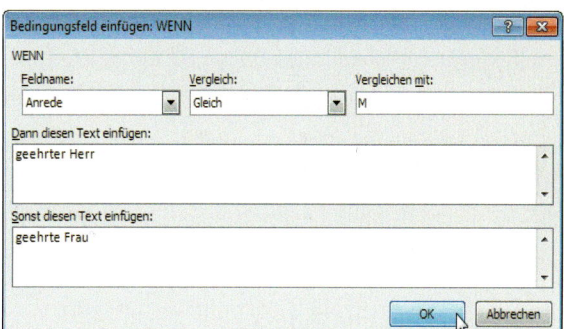

Das Bedingungsfeld selbst ist nicht sichtbar, aber das Ergebnis „Herr" oder „Frau" definiert sich jetzt selbst.

Wer es genau wissen will: Versteckt wird eingetragen: {IF {MERGEFIELD Gesch} = „m" „geehrter Herr" „geehrte Frau" } {MERGEFIELD „Name"}.

Na, schon ein Serienheld?

Aufgaben

Wie bereits erwähnt, erhalten Sie über die Schaltfläche *Zeichnen* die gleichnamige Symbolleiste mit vielseitigen Gestaltungsoptionen für Ihre Arbeit. Nutzen Sie diese Möglichkeiten und werfen Sie all Ihre bisherigen Kenntnisse in die Waagschale!

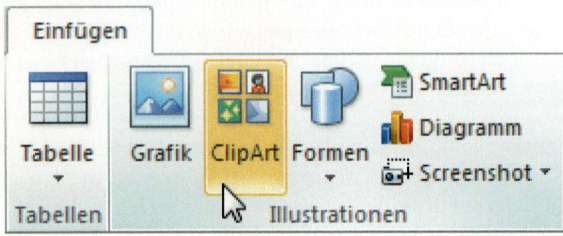

1. Eine Stellenbeschreibung

Erarbeiten Sie eine Stellenbeschreibung für die Sachbearbeiterposition im Verkauf der ALLFIT Sportartikel GmbH.

Stellenbeschreibungen müssen eine vollständige Auflistung der Tätigkeiten enthalten, die eine Angestellte bzw. ein Angestellter in einer bestimmten betrieblichen Funktion zu erfüllen hat.

- Tragen Sie diese Tätigkeiten für den Bereich Verkauf zusammen.
- Nutzen Sie die Funktion *Aufzählungen* zur Gestaltung Ihrer Tätigkeitsliste.

2. Der Personalstamm

Legen Sie für jede Mitarbeiterin und jeden Mitarbeiter der ALLFIT Sportartikel GmbH ein Personalstammblatt an. (Die erforderlichen Daten finden Sie auf S. 10)

Als „Stammdaten" gelten alle Informationen, die über einen längeren Zeitraum konstant bleiben. „Bewegungsdaten" sind alle Informationen, die sich konstant ändern.

- Nutzen Sie die Funktionen *Tabellen* und *Rahmen*.

3. Lebenslauf für alle Fälle

Legen Sie mit Ihren persönlichen Daten einen tabellarischen Lebenslauf an, den Sie bei jeder Veränderung Ihres Werdeganges ergänzen können.

- Setzen Sie Tabulatoren!

4. Verschiedene Dokumentvorlagen

Sie haben sich in Aufgabe 3 auf Seite 46 Gedanken zu weiteren Dokument-Vorlagen in der ALLFIT Sportartikel GmbH gemacht. Sicher sind Ihnen die nachfolgenden Vorlagen auch eingefallen:

- eine Fax-Vorlage. Denken Sie an die DIN-Normen.
- eine Vorlage für Hausmitteilungen.
- eine Vorlage für das Führen eines Wochen-Berichtsheftes über Ihre Tätigkeiten in der ALLFIT Sportartikel GmbH.

Erstellen Sie für die ALLFIT Sportartikel GmbH die Vorlagen.

5. Textformatierung

Bearbeiten Sie bitte den Bericht über die Marktentwicklung bei Tennisschlägern.

- Öffnen Sie dazu den Zeitungsbericht 🖫 *Tennis*.
- Nehmen Sie zunächst die Rechtschreibprüfung vor.
- Wählen Sie einen Spaltensatz mit zwei Spalten.
- Setzen Sie den Text im Blocksatz.
- Führen Sie die Silbentrennung durch.

6. Werbebrief

Nachdem Sie den Bericht über Tennisschläger bearbeitet haben, ist Ihnen schnell klar, dass die ALLFIT Sportartikel GmbH eine Werbeaktion für Tennisschläger starten muss, um der Marktentwicklung zu begegnen.

Gestalten Sie für unsere Tennisschläger einen Werbebrief unter Berücksichtigung der AIDA-Regel.

- Setzen Sie dazu all Ihr Können und natürlich die Zeichnen-Funktionen ein.

7. Nebenkostenabrechnung

Erstellen Sie das Anschreiben an die Mieter unseres Hauses für die Nebenkostenabrechnung, die Sie vorher mit Hilfe einer Excel-Tabelle erstellt haben (siehe Kapitel 4).

Kapitel 3

Microsoft® Outlook® – Terminplanung und Kommunikation

Bitte Blumen bestellen

Aufgaben planen, Termine einhalten und überwachen, Adressen verwalten, Informationen und Daten weiterreichen. Wenn sich auf Ihrem Schreibtisch die Merkzettel häufen, ist es an der Zeit, sich der professionellen Hilfe von Outlook zu bedienen.

Outlook ist das im Office-Paket enthaltene Termin- und Organisationsprogramm, das Ihnen hilft, Ihren Arbeitstag besser zu organisieren. Es erinnert Sie an Ihre Termine und hält den Kontakt zur Außenwelt.

Ihre gesamten Daten werden von Outlook in Ihrer **Outlook-Datendatei** mit einer Vielzahl von Unterordnern verwaltet. Diese Unterordner sind durch die Schalter im unteren Bereich des *Navigationsbereichs* in Gruppen zusammengefasst. Nachfolgend werden diese einzelnen Ordner nur auszugsweise dargestellt.

- **E-Mail** ist Ihre Kommunikationszentrale für Ihren elektronischen Postverkehr.
- Im Ordner **Aufgaben** formulieren und kontrollieren Sie die Ausführung von geplanten Tätigkeiten.
- Ein **Kalender** unterstützt Sie bei der Terminplanung und erinnert Sie rechtzeitig.

- Unter **Kontakte** lassen sich Adressen und zusätzliche Informationen Ihrer Geschäftspartner verwalten.

Der Ordner *E-Mail* enthält mehrere Unterordner für verschiedene Anwendungen. Für Ihre Kommunikation sind die folgenden besonders wichtig.

- Der **Posteingang** ist Ihr elektronischer Postkasten. In ihm erscheinen alle eingehenden Nachrichten.
- Der **Postausgang** speichert vorläufig die E-Mails, die gesendet werden sollen.
- **Gesendete Objekte** enthält Kopien der von Ihnen gesendeten E-Mails.

Wenn Sie im Navigationsbereich *Outlook-Datendatei* markieren, öffnet sich im Outlook-Fenster die Darstellung **Outlook Heute**. Hier verschaffen Sie sich schnell einen Überblick über die verschiedenen gespeicherten Informationen und Aufgaben des Tages.

Zwischenzeitlich ist zwar keine neue E-Mail-Nachricht im Posteingang eingegangen, aber zwei Nachrichten in Ihrem Postausgang warten auf die Versendung. Sie haben endlich das Marketingkonzept fertiggestellt und können es nun per Häkchen als erledigt markieren. Eine Aufgabe steht allerdings noch an: Das Kapitel zu Outlook muss bis morgen durchgearbeitet werden.

Und nicht vergessen: dringend Blumen bestellen!

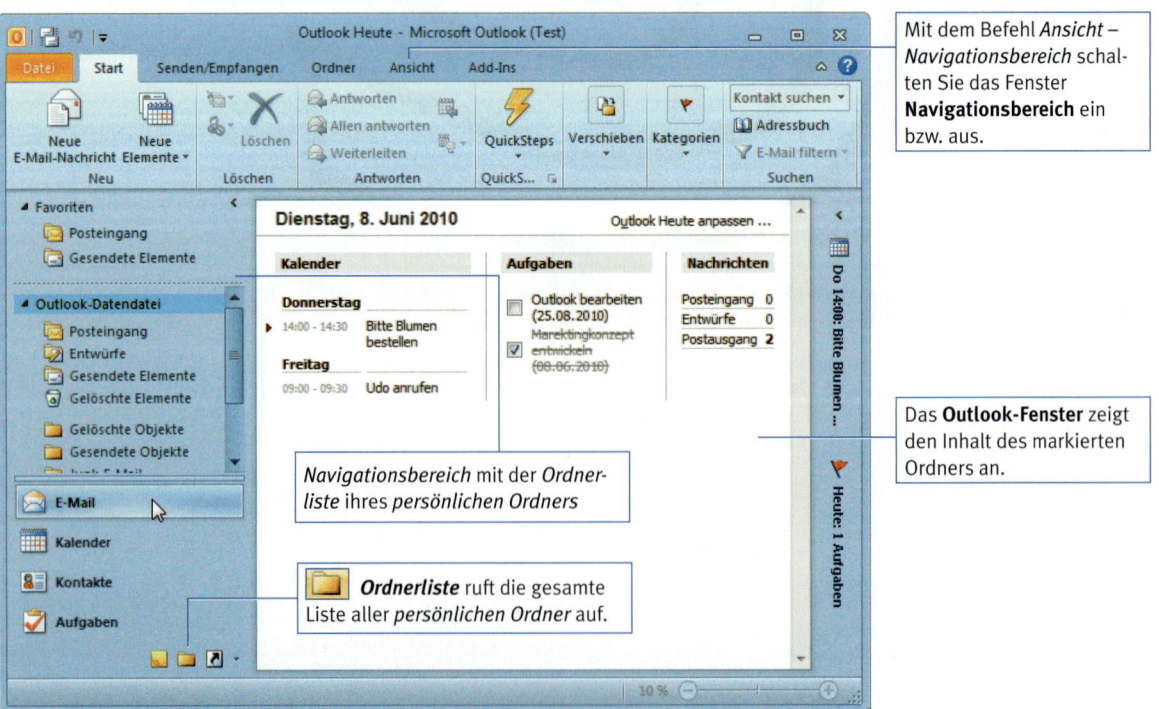

Mit dem Befehl *Ansicht – Navigationsbereich* schalten Sie das Fenster **Navigationsbereich** ein bzw. aus.

Das **Outlook-Fenster** zeigt den Inhalt des markierten Ordners an.

Navigationsbereich mit der *Ordnerliste* ihres *persönlichen Ordners*

Ordnerliste ruft die gesamte Liste aller *persönlichen Ordner* auf.

Aufgaben

1. Öffnen Sie den Ordner *Aufgaben* und erstellen Sie eine neue Aufgabe. Tragen Sie als Titel „Einarbeitung in Outlook" ein. Mit einem Doppelklick auf den Text der Aufgabe gelangen Sie in die Detailansicht. Nehmen Sie die folgenden Einstellungen für diese Aufgabe vor:
   • Beschreibung: „Systematische Bearbeitung der einzelnen Aufgaben zu Outlook. Dabei Ruhe und Übersicht behalten."
   • Beginn: „Datum von heute"
   • Fälligkeit: „In einer Woche ab heute"
   • Erinnerung: „Heute in zwei Tagen, 9.30 Uhr"

2. Nehmen Sie die folgenden Aufgaben in Ihren Katalog auf und bestimmen Sie sinnvolle Termine. Testen Sie die verschiedenen Detaileinstellungen.
   • Die Unterlagen für die Sportmesse SPOGA in Köln müssen zusammengestellt werden.
   • In der nächsten Woche soll die Adressendatei der Kunden aktualisiert werden.

 Hilfen

Für alle Arbeiten mit Outlook gilt: Die Registerkarten genau lesen und die Hinweise nutzen!

Aufgaben erstellen

Neue Aufgaben erstellen Sie über die *Neue Aufgabe*-Schaltfläche im Register *Start* von Outlook oder Sie schreiben in die Eingabezeile *hier klicken ...* im Fenster *Vorgangsliste* einen kurzen und prägnanten Aufgabentitel.

Weitere Angaben wie Fälligkeit lassen sich im *Detail-Fenster* festlegen. Sie öffnen es durch einen Doppelklick auf die bestehenden Aufgaben.

Neben der genauen Beschreibung Ihrer Aufgaben sollten Sie noch den Zeitraum für die Erledigung festlegen. Wenn Sie *Erinnerung* mit einem Kreuz aktivieren, bestimmen Sie, dass Outlook Sie rechtzeitig auf Ihre Aufgaben aufmerksam macht. Mit einem Klick auf *Speichern & schließen* beenden Sie den Vorgang.

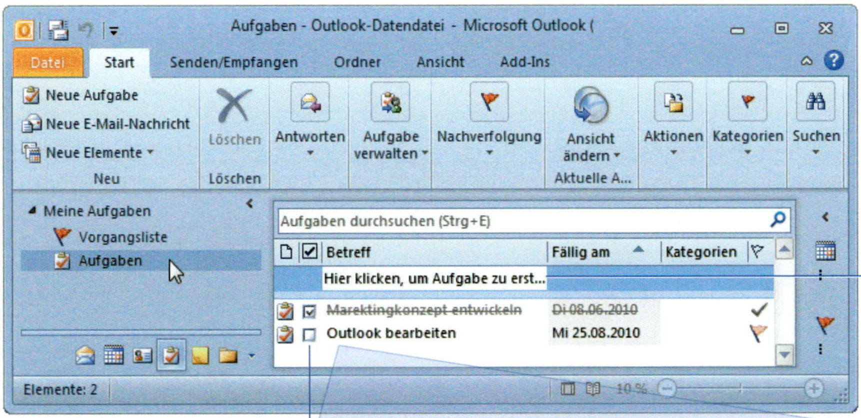

Klicken Sie hier und geben Sie den **Betreff** (Kurzbeschreibung) einer neuen Aufgabe ein.

Mit einem Doppelklick auf die **Aufgabenzeile** öffnen Sie das Detailfenster für weitere Einstellungen zu einer Aufgabe.

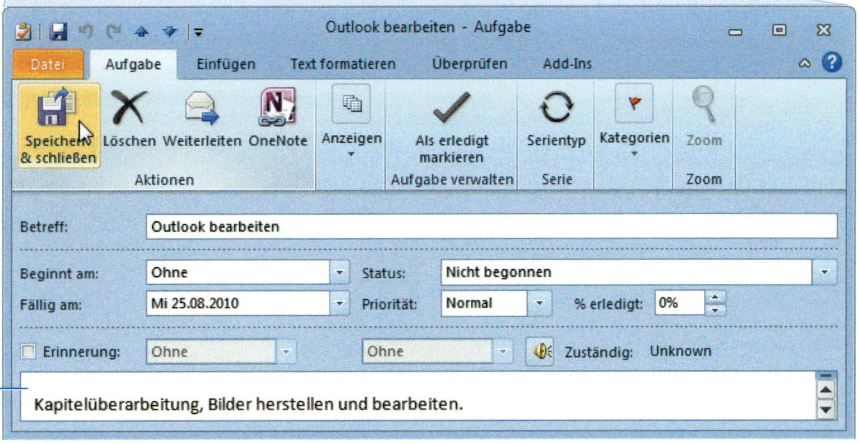

Ein Eingabefeld für **zusätzliche Beschreibungen** und Anmerkungen

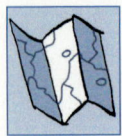

Da geht alles nach Plan

Termine planen und einhalten. Nichts vergessen.
Der **Kalender** hilft, die Übersicht zu behalten.

Aufgaben

1. Öffnen Sie den Ordner *Kalender* und notieren Sie die folgenden Termine:
   - heute um 14 Uhr Michael anrufen,
   - heute in 2 Tagen um 10 Uhr Mitarbeiterkonferenz, Dauer etwa 1 Stunde; um 14 Uhr kurze Besprechung mit den Auszubildenden,
   - morgen um 11 Uhr dringender Arzttermin; wegen der Fahrzeit 30 Minuten vorher Erinnerung einschalten,
   - am 15. des nächsten Monats vormittags Treffen mit dem Kunden König.

2. Wegen der umfangreichen Tagesordnungspunkte wird die Mitarbeiterkonferenz auf zwei Stunden verlängert. Ändern Sie Ihre Zeitplanung.

3. Das Gespräch mit den Auszubildenden muss um einen Tag verschoben werden. Verlegen Sie den Termin in Ihrem Kalender.

4. Jeden Dienstag um 11 Uhr findet eine Besprechung im Arbeitsteam statt.

Hilfen

Termine festlegen

Neue Termine werden direkt in den Kalender eingetragen. Über die Menübefehle der Gruppe *Anordnen* können Sie bestimmen, welcher Tag oder Zeitraum dargestellt werden soll.

Ein Doppelklick auf einen bestehenden Termin öffnet das Fenster *Termin*, in dem Sie die Einstellung des Zeitrahmens und die Aktivierung des Erinnerungssignals vornehmen können.

Nie wieder Geburtstage vergessen!

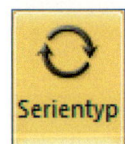

Über den Schalter *Serientyp* im Register *Termin* können Sie die Zeiträume für regelmäßig wiederkehrende Termine festlegen.

Das **aktuelle Datum** ist eingerahmt.
Tage mit Terminen sind fett formatiert.

Wählen Sie den **Tag** mit einem Mausklick. Er erscheint blau hinterlegt.

Geben Sie einen **neuen Termin** direkt in die entsprechende Zeile ein.

Schalterbereich für den **Darstellungszeitraum**

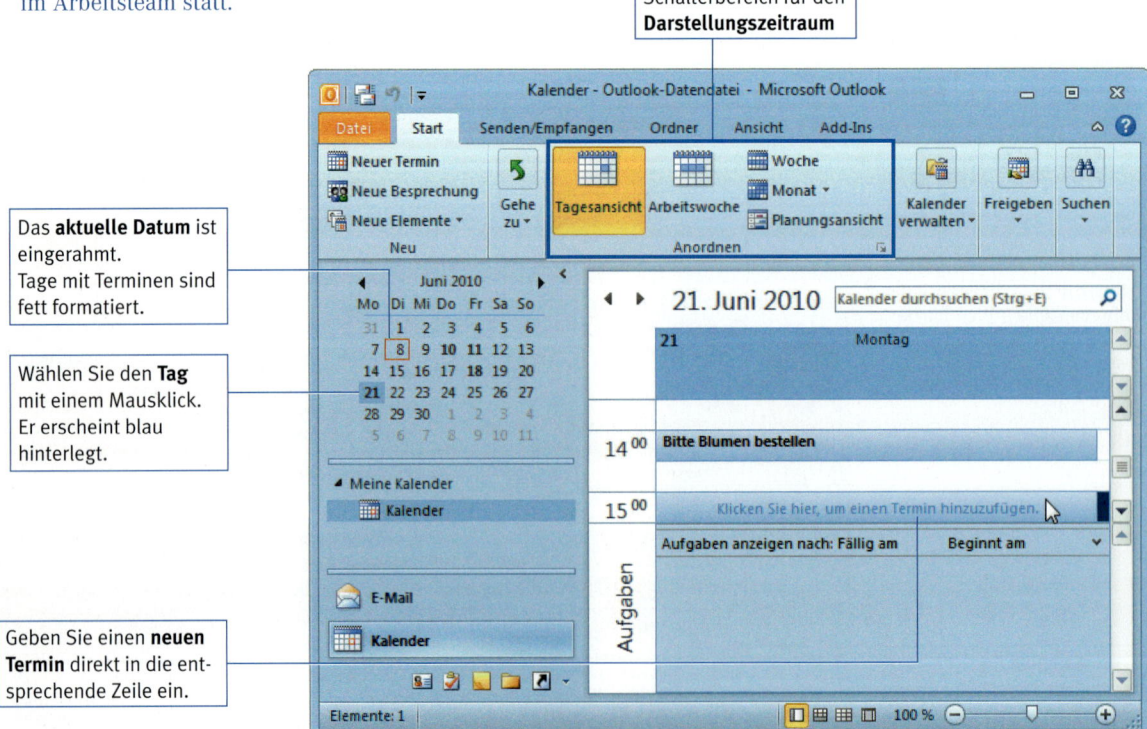

Kontakte schaffen Verbindungen

Der Ordner **Kontakte** verwaltet Adressen und weitere Informationen von Geschäftspartnern. Diese Datenbank stellt die Grundlage für den elektronischen Informations- und Datenaustausch dar.

Bei der Versendung einer E-Mail oder eines Fax-Dokumentes können Sie auf diese Daten zurückgreifen und sie automatisch einbinden.

Aufgaben

1. Übernehmen Sie die folgenden Kontakte.

Karl Test	Renner KG
Hüttenstraße 13	51427 Bergisch Gladbach
Tel: 022 32/273 45	Fax: 022 32/273 55
E-Mail: test@xy-renner.de	

Simon Fischer	Tennissport GmbH
Hassler Straße 8	89073 Ulm
Telefon: 02 28/100 89	Fax: 0228/10090
E-Mail: fischer@xy-tennissport.de	

Andrea Faust	Tennissport GmbH
Hassler Straße 8	89073 Ulm
Telefon: 02 28/100 89	Fax: 02 28/100 90
E-Mail: faust@xy-tennissport.de	

Hilfen

Besonderheiten des Eigenschaftsfensters

In Outlook ist es möglich, eine Mail zu versenden, die auch grafische Elemente (Rahmen oder Tabellen) enthält. Damit der Text jedoch für den Empfänger lesbar ist, benötigt dieser ebenfalls ein E-Mail-Programm, das das so genannte HTML-Format unterstützt. Benutzt der Empfänger beispielsweise aus Sicherheitsgründen ein Programm ohne HTML-Unterstützung, sollte auf grafische Elemente verzichtet werden.

Sie können im Detailfenster der Mail-Adresse eines Kontaktes festlegen, dass Nachrichten an diese Adresse als *Nur Text* gesendet werden. Das Eigenschaftsfenster öffnen Sie mit einem Doppelklick direkt **auf die Mailadresse** (siehe Abbildung unten).

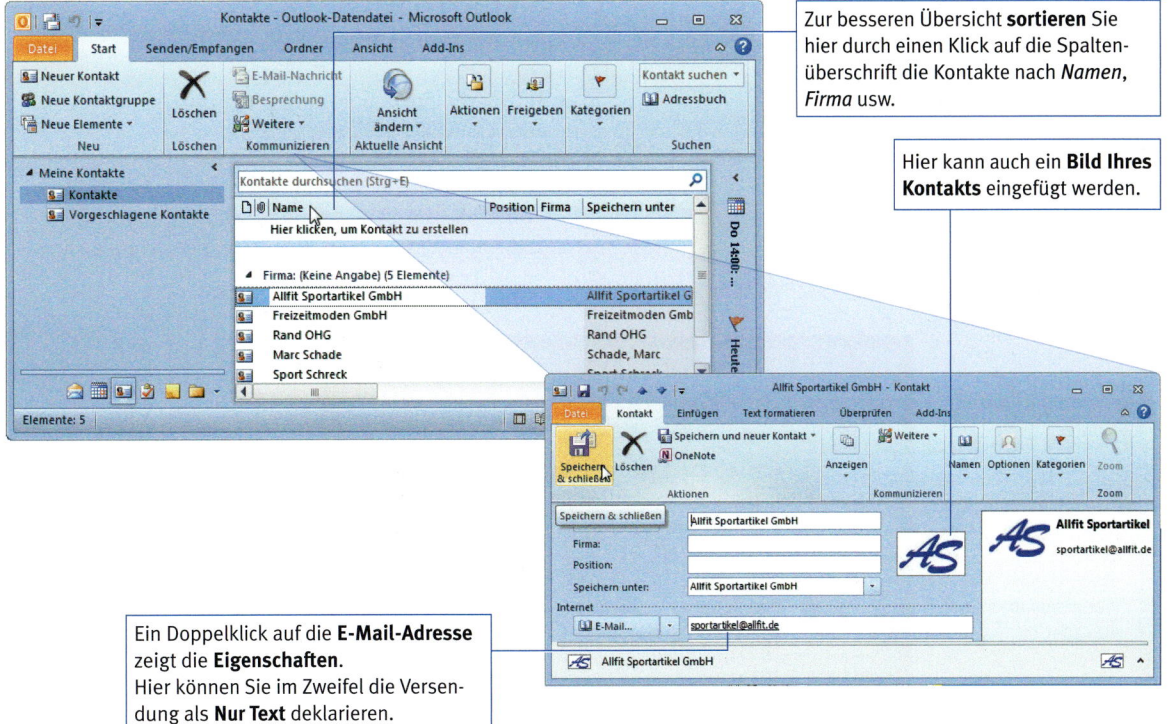

Zur besseren Übersicht **sortieren** Sie hier durch einen Klick auf die Spaltenüberschrift die Kontakte nach *Namen*, *Firma* usw.

Hier kann auch ein **Bild Ihres Kontakts** eingefügt werden.

Ein Doppelklick auf die **E-Mail-Adresse** zeigt die **Eigenschaften**.
Hier können Sie im Zweifel die Versendung als **Nur Text** deklarieren.

ALLFIT goes online

Der schnelle Informationsaustausch mit Lieferanten, Kunden und anderen Mitarbeitern gewinnt auch bei der ALLFIT Sportartikel GmbH immer größere Bedeutung. Mit einer E-Mail, also elektronischer Post, erreichen Sie einen Empfänger im internen Unternehmensnetz oder via Internet innerhalb von Sekunden. Outlook hilft Ihnen dabei, E-Mails zu erstellen, Nachrichten und Dateien zu versenden und zu verwalten.

Nachrichten einschließlich der damit verbundenen Anlagen von Dokumenten oder Bildern werden von Outlook in drei Ordnern verwaltet:

- Der Ordner **Posteingang** ist Ihr Postkasten für eingehende E-Mails.
- Der **Postausgang** ist die Ablage für Nachrichten, die für den Versand vorgesehen sind.
- Im Ordner **Gesendete Objekte** werden automatisch Kopien der versendeten Ausgangspost zu Ihrer Kontrolle abgelegt.

Aufgaben

Senden Sie folgenden Text als E-Mail an eine Ihrer Adressen aus dem Kontakte-Ordner:

> Lieber …,
>
> es tut mir leid, dass Sie meine Nachricht mit Ihrem Mail-Programm nicht lesen konnten. Vermutlich habe ich sie irrtümlich im HTML-Format, das im **W**orld**W**ide**W**eb benutzt wird, verschickt. Ich werde Ihnen die Informationen umgehend als reinen Text (Plain-Text) noch einmal zusenden.
>
> Mit freundlichen Grüßen

Hilfen

Technische Voraussetzungen

Voraussetzung für den internen digitalen Informationsaustausch ist ein Local Area Network (LAN), ein Intranet, an das die Mitarbeiter mit ihrem persönlichen Ordner von Outlook angeschlossen sind. Für die externe Kommunikation ist der Zugang zum Internet meist über den Telefonanschluss durch einen so genannten Internet-Provider (z. B. T-Online) notwendig.

Sollte Ihr PC nicht über eine Netzverbindung verfügen, können Sie E-Mails zwar vorbereiten und für das spätere Versenden im Postausgang ablegen. Ein Versand und Empfang der Nachrichten ist allerdings in diesem Fall nicht möglich. Trotzdem können Sie ja einmal für den möglichen „Ernstfall" üben.

E-Mails aus Outlook

- Öffnen Sie in Outlook mit der Schaltfläche *Neue E-Mail-Nachricht* im Register *Start* das Nachrichtenfenster für eine neue E-Mail (Siehe Abbildung auf der folgenden Seite).
- Bestimmen Sie in der Zeile *An …* den Empfänger aus dem Ordner *Kontakte* und geben Sie den Betreff und den Nachrichtentext ein.
- Mit der Schaltfläche *Senden* wird die Nachricht im Ordner *Postausgang* von Outlook abgelegt.
- Markieren Sie den Postausgang. Durch Anklicken der Schaltfläche *Alle Senden*.

im Register *Senden/Empfangen* aktivieren Sie die Verbindung zum Internet/Intranet. Die Nachricht wird an den Empfänger verschickt.

Internet-Mail-Box bei einem Internet-Provider

Postausgang

Posteingang

Lokales Netzwerk (LAN)

Das E-Mail-Formular mit Outlook –
Empfängeradresse – Betreff – Nachrichtentext

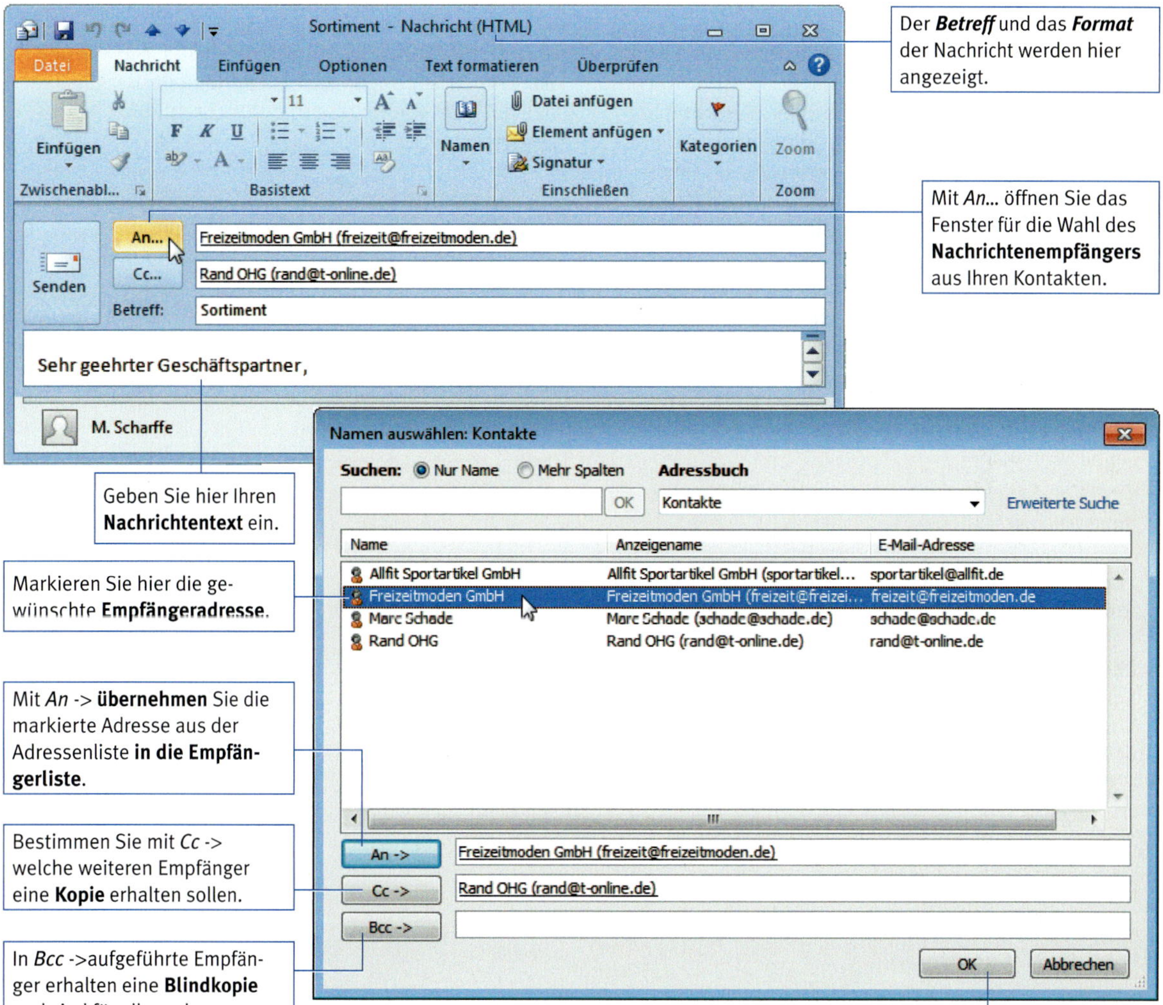

Der **Betreff** und das **Format** der Nachricht werden hier angezeigt.

Mit *An...* öffnen Sie das Fenster für die Wahl des **Nachrichtenempfängers** aus Ihren Kontakten.

Geben Sie hier Ihren **Nachrichtentext** ein.

Markieren Sie hier die gewünschte **Empfängeradresse**.

Mit *An -> übernehmen* Sie die markierte Adresse aus der Adressenliste **in die Empfängerliste**.

Bestimmen Sie mit *Cc ->* welche weiteren Empfänger eine **Kopie** erhalten sollen.

In *Bcc ->* aufgeführte Empfänger erhalten eine **Blindkopie** und sind für alle anderen Empfänger unsichtbar.

Kehren Sie nach der Auswahl zum Nachrichtenfenster zurück.

E-Mails aus Word, eine komfortable Alternative

Sehr komfortabel ist die Möglichkeit, E-Mails direkt aus dem Text von Word als Anlage zu einer Nachricht zu versenden. Häufig sind nämlich schon Dokumente oder Textinformationen vorhanden und als Datei auf Ihrem PC gespeichert. Die bestehenden Mailadressen aus den *Kontakten* von Outlook können Sie hier direkt nutzen.

Schreiben Sie in Word den gewünschten Text oder öffnen Sie eine bereits vorhandene Datei mit den Informationen, die Sie versenden wollen.

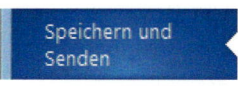

Starten Sie in Word über die Schaltfläche *Datei* eine neue E-Mail-Nachricht.

Diese Schaltfläche öffnet das Anschriftenfenster. Fügen Sie den Betreff und die Adresse aus dem Adressbuch ein. Mit *Senden* werden Ihre Schreiben direkt in den *Postausgangsordner* übertragen.

E-Mail mit Anlage-Dateien

Eigentlich sind E-Mails als Kurznachrichten und nicht für umfangreiche Dokumente gedacht. Eine für die betriebliche Praxis besonders vorteilhafte Funktion ist aber die Möglichkeit, vollständige Dateien als Anlage – auch **Attachment** genannt – zusammen mit einer Nachricht zu versenden. Excel-Tabellen, Word-Dokumente oder Bilder gelangen so schnell zum Empfänger.

Der Empfänger kann nach Erhalt der Mail die angehängten Originaldateien auf seiner Festplatte speichern und sie mit den entsprechenden Programmen öffnen und weiter bearbeiten.

Gehen Sie dazu in folgender Weise vor:

• Erstellen Sie in Outlook in gewohnter Weise eine neue Nachricht.

• Über die Schaltfläche im Register *Nachricht* - Gruppe *Einschließen* oder über den entsprechenden Schalter (Klammersymbol) im Register *Einfügen* öffnen Sie das Dialogfeld *Datei einfügen*.

• Suchen und markieren Sie die Datei bzw. die Dateien, die Sie als Anlagen versenden wollen. Bestätigen Sie Ihre Auswahl mit *Einfügen*.

Die Dateien erscheinen nun mit ihrem Programmsymbol und mit Namen im *Angefügt:*-Fenster. Sie können vom Empfänger leicht mit einem Doppelklick geöffnet oder mit dem Kontextmenü der rechten Maustaste gespeichert werden.

Über diesen Befehl lässt sich der Inhalt einer gespeicherten Datei auch direkt als Text in eine Mail einfügen.

... und bitte nicht vergessen:

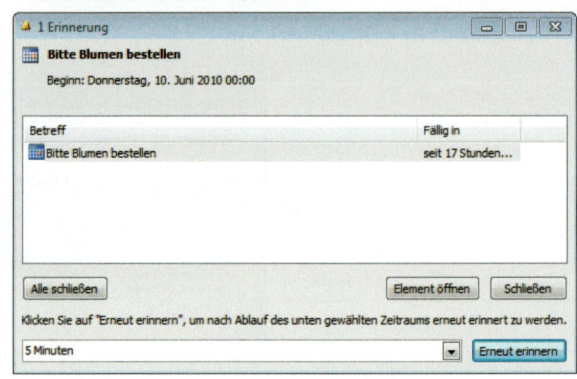

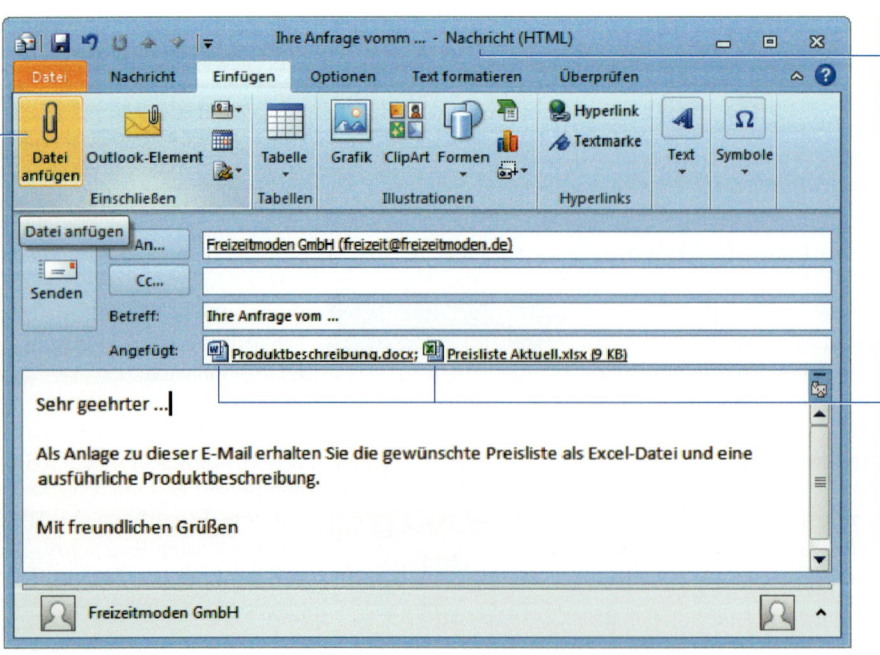

Startet den Datei-Manager, *anzufügende Dateien* zu suchen.

Unabhängig vom Sendeformat der E-Mail-Nachricht werden die Anlagen im Originalformat übertragen.

Die **beigefügten Anlagen** werden mit Programmsymbol und Titel dargestellt. Sie können per Mausklick markiert und wieder aus dem Anlagenverzeichnis gelöscht werden.

Kapitel 4

Microsoft® Excel – Rechnen mit Zellen

4.1 Marktentwicklungen

In Zeilen und Spalten

Natürlich gibt es in der ALLFIT Sportartikel GmbH noch „Rechenmaschinen", mit denen man schnell einige Zahlen addieren oder aus einem Bruttorechnungsbetrag den Umsatzsteueranteil berechnen kann.

Für die Erfassung umfangreicher Listen und die Auswertung größerer Datenmengen bietet es sich aber an, ein Tabellenkalkulationsprogramm zu benutzen. Kostenanalysen, Wirtschaftlichkeitsberechnungen, Preiskalkulation usw. können damit in kürzester Zeit durchgeführt werden und das Unternehmen kann so auf Marktveränderungen schnell mit fundierten Entscheidungen reagieren.

Auf den Computern der ALLFIT Sportartikel GmbH ist für diese Zwecke in der „Office-Gruppe" das Programm Excel installiert.

Ein Klick auf das Programm-Symbol startet die Anwendung.

Das Leben in Excel findet in Zellen statt. Die Tabellen sind durch Gitternetzlinien in Spalten und Zeilen unterteilt, sodass sich einzelne „Zellen" oder „Felder" ergeben.

Diese Zellen nehmen streng unterteilt Zahlen, Formeln und den die Zahlen kommentierenden Text auf.

Aktive Zelle

Sie wird durch den **Zellzeiger** (Rahmen) kenntlich gemacht. Klicken Sie mit der Maus in eine beliebige Zelle und geben Sie dann Text oder Zahlen ein.

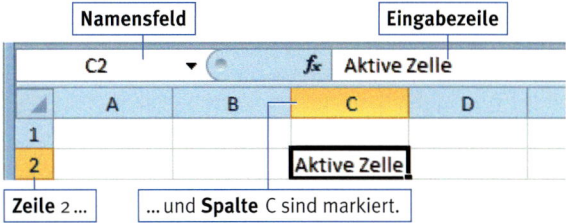

Jede Zelle hat einen Namen. Das **Namensfeld** zeigt Ihnen die Zeilen- und Spaltennummer der momentan aktiven Zelle. So finden Sie sich besser zurecht.

Die **Eingabezeile** wiederholt den Inhalt der momentan durch den Zellzeiger aktivierten Zelle.

Tabellenblätter einer Arbeitsmappe

Das Dateifenster besteht aus einer Arbeitsmappe (Workbook) mit mehreren Tabellenblättern. Aktivieren Sie diese durch einen Mausklick auf das entsprechende Register oder fügen Sie hier bei Bedarf zusätzlich Tabellenblätter ein.

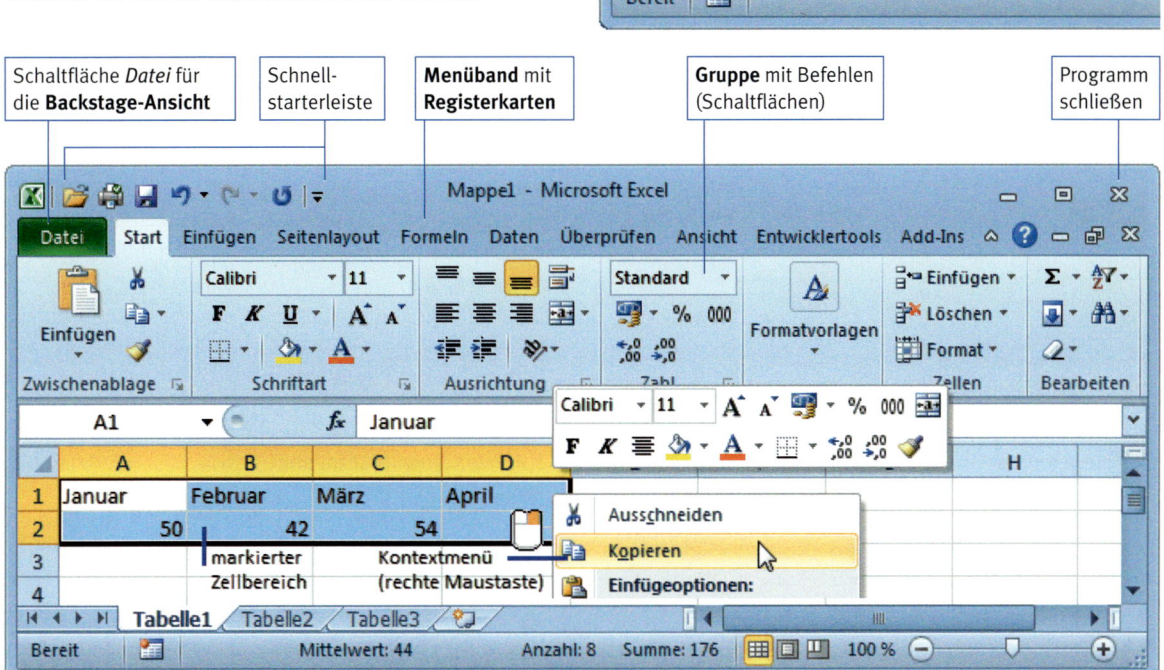

Trockenübungen

Sie sitzen vor Ihrem Bildschirm mit dem Excel-Fenster und werden möglicherweise feststellen, dass der Durchblick etwas getrübt ist. Wenn Sie zum ersten Mal mit dem Programm arbeiten, sind Sie zunächst sicher durch die vielen Symbole und Zeichen auf dem Bildschirm verwirrt.

Also erst einmal den Überblick gewinnen

Das *Menüband* über der Tabelle besteht aus drei Elementen, die sie erst einmal verstehen sollten:
- **Registerkarten** für verschiedene Anwendungsbereiche. So enthält das Register *Start* die am häufigsten verwendeten Befehle.
- Auf jeder Registerkarte befinden sich logische **Gruppen**, in denen zusammengehörende Befehle (Schaltflächen) zusammengefasst sind.
- Ein **Befehl** ist eine Schaltfläche oder ein Menü, mit dem Sie dem Programm Ihre konkreten Wünsche und Vorstellungen mitteilen können.

 Die Registerkarte *Datei* beinhaltet grundlegende Datei-Befehle, beispielsweise zum **Drucken**, **Speichern** oder **Öffnen** von Dateien. Hier finden Sie unter der Schaltfläche *Optionen* auch vielfältige Möglichkeiten zu grundsätzlichen Einstellungen des Programms.

Viele Bildschirmdarstellungen lassen sich in der Registerkarte *Ansicht* verändern. Achten Sie darauf, dass Sie die Übersicht über Ihre Arbeit behalten.

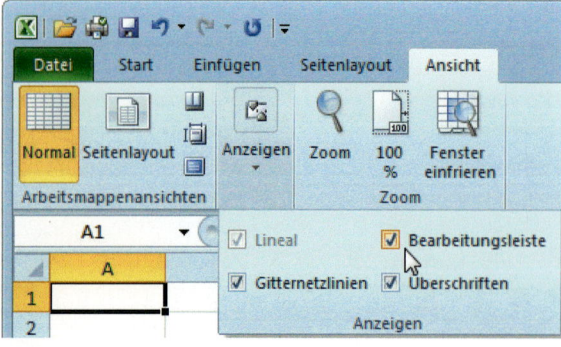

Empfehlenswert ist, bei der Bearbeitung der Tabelle die *Gitternetzlinien* und die *Bearbeitungszeile* oberhalb der Tabelle zu aktivieren.

Bevor Sie Ihre Arbeit für die ALLFIT Sportartikel GmbH beginnen, sollten Sie also erst einmal einige „Trockenübungen" zur Vorbereitung veranstalten. Keine Angst vor Fehlern, mit der <Esc>-Taste oder dem Schalter *Abbrechen* können Sie jeden bereits begonnenen Befehl unterbrechen.

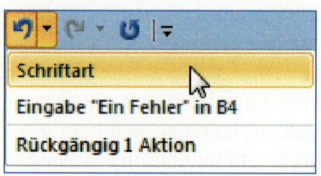 Viele Befehle lassen sich mit diesem Schalter in der Symbolleiste für den Schnellzugriff wieder rückgängig machen. Wenn nichts mehr hilft, beenden Sie das Programm und beantworten die dann erscheinende Speicherabfrage mit „Nein".

 ## Aufgaben

1. 100 % Ändern Sie die Größe der Bildschirmdarstellung, indem Sie den Schieber des Zoomfeldes unten rechts bedienen.

   Mit diesen Schaltern lässt sich das Excel-Fenster in der Größe minimieren bzw. bildschirmfüllend vergrößern.

2. Probieren Sie die verschiedenen „Fortbewegungsmöglichkeiten" in der Tabelle mit Pfeiltasten, Maus oder Bildlaufleisten aus.

3. Untersuchen Sie den Aufbau einer Arbeitsmappe. Wechseln Sie zwischen den Tabellenblättern.

4. Verkleinern Sie die Breite der Spalte A mit der Maus. Experimentieren Sie auch mit der Höhe der Zeilen.

5. Stellen Sie über den Menübefehl *Format* für Spalte B die Breite 15 pt und für Zeile 1 die Höhe 25 pt ein.

6. Geben Sie der Tabelle 1 den Namen „Erste Daten" mit Hilfe des Kontextmenüs. Es öffnet sich mit einem Klick der rechten Maustaste auf das gewünschte Tabellenregister am unteren Bildschirmrand.

7. Klären Sie mit der im Programm integrierten Online-Hilfe den Begriff „Eingabe".

8. Schließen Sie über den Schalter [X] die Arbeitsmappe und dann das Programm Excel. Beantworten Sie die Speicherabfrage mit „Nein".

 **Hilfen**

Veränderung der Spaltenbreite und Zeilenhöhe

Längere Texte in einer Zelle benötigen breitere Spalten oder einen **Zeilenumbruch** innerhalb der Zelle. Der Text wird nur vollständig dargestellt, wenn die benachbarte Zelle leer ist und mitbenutzt werden kann. Ansonsten müssen Sie die Spaltenbreite verändern oder den Text in der Zelle umbrechen.

Bewegen Sie den Mauszeiger zu der Begrenzungslinie **zwischen den Spaltenbuchstaben**. Der Mauszeiger wird zum Doppelpfeil.
Ziehen Sie mit gedrückter linker Maustaste die Spaltenlinie an die gewünschte Position.

Zeilen und Spalten formatieren

Der Befehl Format eröffnet Ihnen verschiedene Möglichkeiten, die *Spaltenbreite* und *Zeilenhöhe* einzustellen. Die Einstellungen wirken sich auf die Zeile bzw. Spalte aus, in der sich die aktive Zelle gerade befindet.

In dem folgenden Dialogfeld können Sie die gewünschten Maße in Punkten eingeben und durch Anklicken der ‹OK›-Schaltfläche bestätigen.

Bei *automatisch anpassen* richtet sich die Größe nach der Länge der von Ihnen eingegebenen Daten.

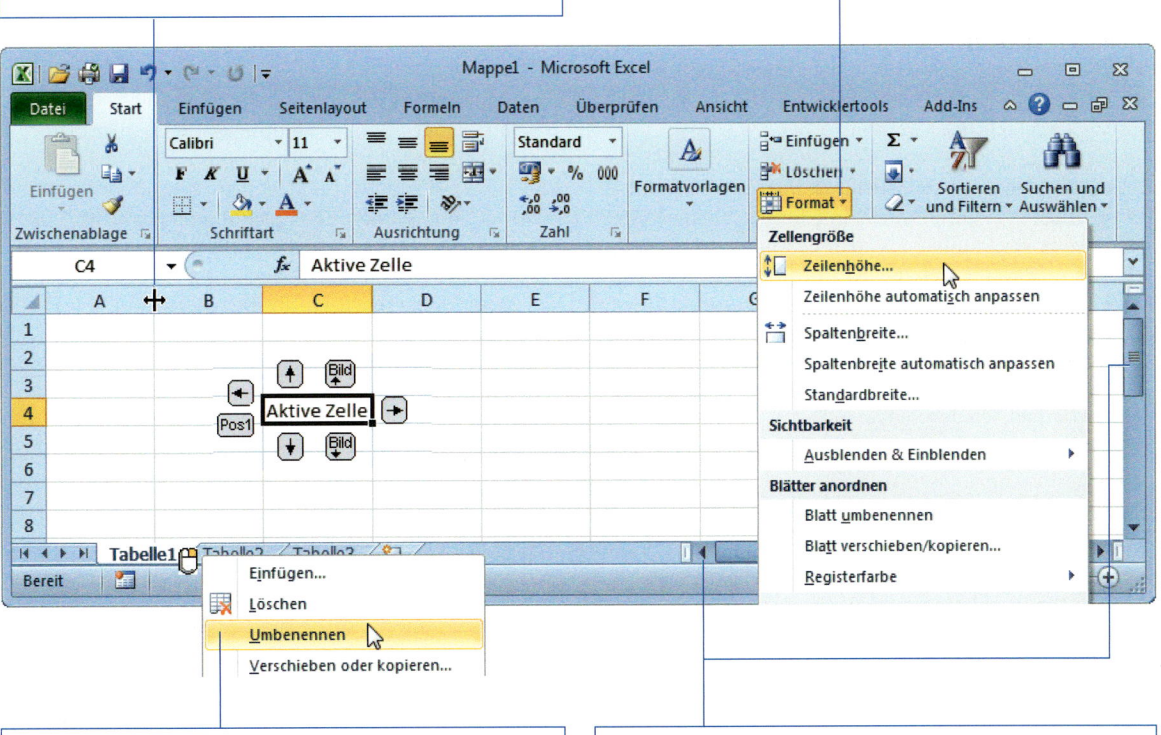

Umbenennen von Tabellenblättern

Bewegen Sie den Mauszeiger auf das Tabellenregister, das Sie umbenennen wollen, und drücken Sie die rechte Maustaste, um das dazugehörende „**Kontextmenü**" aufzurufen.

Wählen Sie den Befehl *Umbenennen*.

 Geben Sie im Dialogfeld den neuen Namen für Ihre Tabelle ein und bestätigen Sie mit ‹OK› oder der *Return*-Taste auf der Tastatur.

Bildlauf durchführen

Auch durch Anklicken der Pfeile auf der **Bildlaufleiste** oder durch Ziehen der Markierungen kann man sich in einer Tabelle bewegen.

Die aktive Zelle bleibt bei diesem Vorgang unverändert.

Der Ernstfall – erste Daten

Gut gemacht! Aber jetzt wird es ernst.

Auf dem jetzt übersichtlichen Bildschirm haben Sie eine leere Tabelle mit Zeilen, Spalten und einem Zellzeiger im Tabellenblatt.

Im einfachsten Fall können Sie nun in den einzelnen Feldern Zahlen oder Texte erfassen. Jetzt brauchen Sie nur noch eine Aufgabe, anhand derer Sie die Möglichkeiten des Programms testen können.

Schon werden Sie um Hilfe gebeten. Die Außendienstmitarbeiterinnen und Außendienstmitarbeiter haben wie jeden Monat telefonisch ihre aktuellen Absatzzahlen für Tennisschläger durchgegeben. Die entsprechenden Notizen für jeden Mitarbeiter liegen auf Ihrem Schreibtisch und sollen von Ihnen für statistische Zwecke erfasst werden.

Eine erste Übersicht soll Auskunft über den Verkaufserfolg unseres Unternehmens mit Tennisschlägern in den jeweils abgelaufenen Monaten geben, um die Beschaffungsplanung und die zukünftig zu ergreifenden Marketingmaßnahmen zu verbessern. Später ist eine Gesamtübersicht mit Auswertung für alle übrigen Artikel des Sortiments geplant.

Absatzbericht Tennisschläger (in Stück)	
Mitarbeiter	**Fritz Anders**
Januar	240
Februar	360
März	345
April	675

Absatzbericht Tennisschläger (in Stück)	
Mitarbeiter	**Karl Klein**
Januar	260
Februar	280
März	300
April	540

Absatzbericht Tennisschläger (in Stück)	
Mitarbeiter	**Otto Lenz**
Januar	290
Februar	350
März	330
April	620

Jetzt kommt Bewegung in die Sache

Auch im PC-Zeitalter ist die menschliche Arbeit noch nicht völlig abgeschafft. Die vorliegenden Zahlen und Texte müssen manuell in die Tabellenfelder eingetragen werden – die Zellen müssen ein „Innenleben" erhalten. Auch die Gestaltung der Tabelle gehört zu Ihren Planungsaufgaben.

Sinnvolle Überschriften der Gesamttabelle sowie Spalten- und Zeilenkennzeichnungen des Datenbereiches erhöhen die Lesbarkeit und die Aussagekraft.

 Aufgaben

1. Erstellen Sie eine Tabelle für den Absatzbericht der Tennisschläger für die vergangenen vier Monate des Jahres.
Keine Angst vor Fehlern! Alle Eingaben lassen sich später korrigieren.

- Öffnen Sie mit dem Schalter [ ] der Schnellstartleiste oder mit dem Menübefehl *Neu* im Register *Datei* eine leere Arbeitsmappe.

- Richten Sie unter der Gesamtüberschrift in Zelle A1 in der Spalte A Zeilenüberschriften für die Namen der Außendienstmitarbeiter und in der Zeile 3 Spaltenüberschriften für die Monate ein.

	A	B	C	D
1	Absatzbericht Tennisschläger			
2				
3		Januar	Februar	März
4	Fritz Anders			
5	Karl Klein			

- Erfassen Sie die Absatzzahlen aller Mitarbeiter in der Tabelle.

- Der Anfang ist gemacht. Bleibt noch, das Ergebnis Ihrer Arbeit zu sichern. Speichern Sie die Absatzstatistik unter dem Namen 🖫 *Absatz Tennis* und schließen Sie dann die Arbeitsmappe.

Sichern Sie Ihre Ergebnisse auch während der Arbeit in regelmäßigen Abständen, denn schon so manche Stromunterbrechung hat die Arbeit vieler Stunden zunichte gemacht.

Geschafft! Ein erster Erfolg, oder?

 **Hilfen**

Daten eingeben

Die Zellzeiger lassen sich mit der Maus oder den Pfeiltasten zur gewünschten Zelle bewegen. Texte oder Zahlen können Sie wie in der Textverarbeitung über die
Tastatur in jede einzelne Zelle eingeben. Tippen Sie
Zahlen in eine Zelle immer ohne jede Erweiterungen
(Stück, EUR, % usw.) ein, da Excel ansonsten die Zel-
leingabe nicht als Zahl erkennt und sie bei später notwendigen Berechnungen ignoriert.

**Achtung: Beenden und bestätigen Sie die Eingabe
abschließend entweder mit der Return-, der Tabula-
torentaste oder den Pfeiltasten.**

Der Inhalt der Zelle wird in der Eingabezeile oben noch
einmal angezeigt:

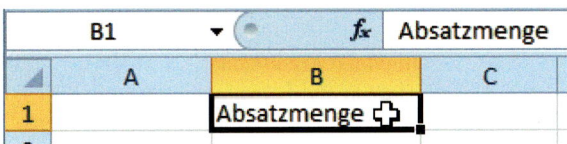

Daten ändern und löschen

 Zeichen löschen Sie mit der Rücktaste
oder der <Entf>-Taste. Sie können die Zelle auch einfach überschreiben.

Eine begonnene Eingabe kann jederzeit mit der
<Esc>–Taste abgebrochen werden

Datei speichern

Gesichert wird eine Datei über die Schaltfläche
Speichern im Register *Datei* in ein zu **bestimmendes
Verzeichnis**.

Oder klicken Sie dieses Icon in der
Symbolleiste für den **Schnellzugriff** an.

Wird eine Datei zum ersten Mal gespeichert, öffnet sich
hier das Dialogfenster *Speichern unter* (siehe unten).

Wählen Sie per Mausklick das Laufwerk und den Ordner – ggfs. den Unterordner – aus, in dem Sie Ihre Tabelle ablegen möchten. Die Ordner lassen sich durch
Doppelklick auf das Mappensymbol öffnen.

Excel fragt nach einem Namen für die Datei. Standardmäßig schlägt das Programm den Namen „Mappe1"
vor, den Sie jedoch durch eine sinnvollere Bezeichnung
für Ihre Tabelle ersetzen sollten.

Das kleine Programmsymbol vor den Dateinamen
im Speicherdialog macht leicht erkennbar, dass es sich
um eine Datei der Tabellenkalkulation handelt. Es wird
beim Speichern automatisch eingefügt.

| Durchsuchen Sie hier Ihren Computer nach einem anderen gewünschten Speicherort. | Hier legen Sie fest, wenn die Datei für eine ältere Excel-Version (.xls) gespeichert werden soll. | Voreingestelltes Standardverzeichnis des jeweiligen PC-Nutzers | Geben Sie hier den Namen für die zu speichernde Datei ohne „.xlsx" ein. Diese Dateikennung fügt Excel automatisch ein. |

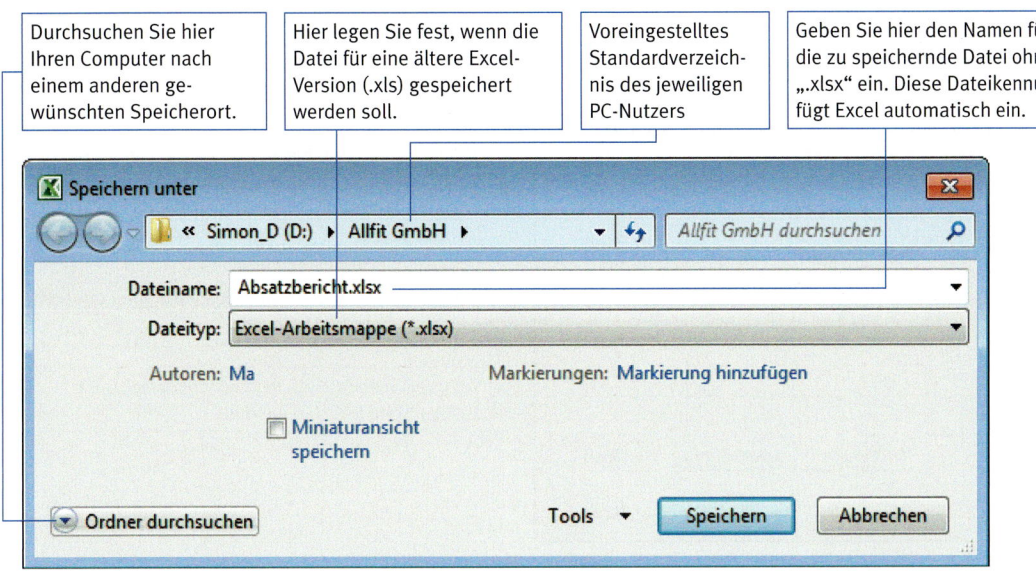

Erst markieren, dann formatieren

Aufgaben

„Etwas unübersichtlich sieht die Tabelle ja aus", kritisiert der Abteilungsleiter. Er meint die Absatzstatistik und bittet Sie, diese klarer zu gestalten.

Wenn Sie bereits das Kapitel „Word" bearbeitet haben, kennen Sie die Schaltflächen-Gruppe *Schriftart* im Register *Start* für die Formatierung von Texten.

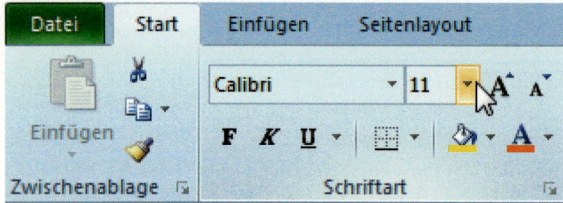

Neben der Formatierung der Schrift können den Zellen auch Rahmenlinien und Füllfarben zugeordnet werden. In der Gruppe *Seitenlayout* bestimmen Sie durch Befehle das Aussehen und die Aufteilung Ihrer Tabelle.

Bevor der Befehl ausgeführt werden kann, müssen Sie aber erst festlegen, auf welche Zellen sich die Formatierung beziehen soll. Schließlich hat ein Tabellenblatt 16 384 Spalten und über 1 Millionen Zeilen. Die Auswahl bestimmen Sie durch eine Markierung.

Also erst markieren, dann den Befehl ausführen.

1. Auf Ihrer Übungs-CD-ROM befinden sich Dateien für die Arbeit zum Thema „Formatierung". Öffnen Sie die Datei 🖫 *1Markieren* (Hinweise zu „Eine vorhandene Datei öffnen" finden Sie auf der nächsten Doppelseite) und heben Sie wesentliche Zellen, Zeilen oder Spalten durch entsprechende Formatierungen sinnvoll hervor.

2. Öffnen Sie Ihre Absatzstatistik 🖫 *Absatz Tennis*. Markieren Sie die Spalten- und Zeilenüberschriften und formatieren Sie diese in Fettdruck. Vergrößern Sie die Schriftgröße der Tabellenüberschrift auf 16 Punkt.

3. Drucken Sie die Tabelle aus. Formatieren Sie vorher die Seitenränder des Tabellenblattes wie in der Vorlage unten dargestellt. Stellen Sie den Ausdruck so ein, dass die Tabelle in der Mitte des Blattes dargestellt wird.

4. Öffnen Sie eine neue Arbeitsmappe und erfassen Sie dort in einer Tabelle die Personalstammdaten der Mitarbeiterinnen und Mitarbeiter der ALLFIT Sportartikel GmbH.

   Die benötigten Informationen und Daten dazu finden Sie auf Seite 10 dieses Arbeitsbuches. Formatieren Sie die Tabelle und speichern Sie diese neue Liste unter dem Namen 🖫 *Personalstamm* ab.

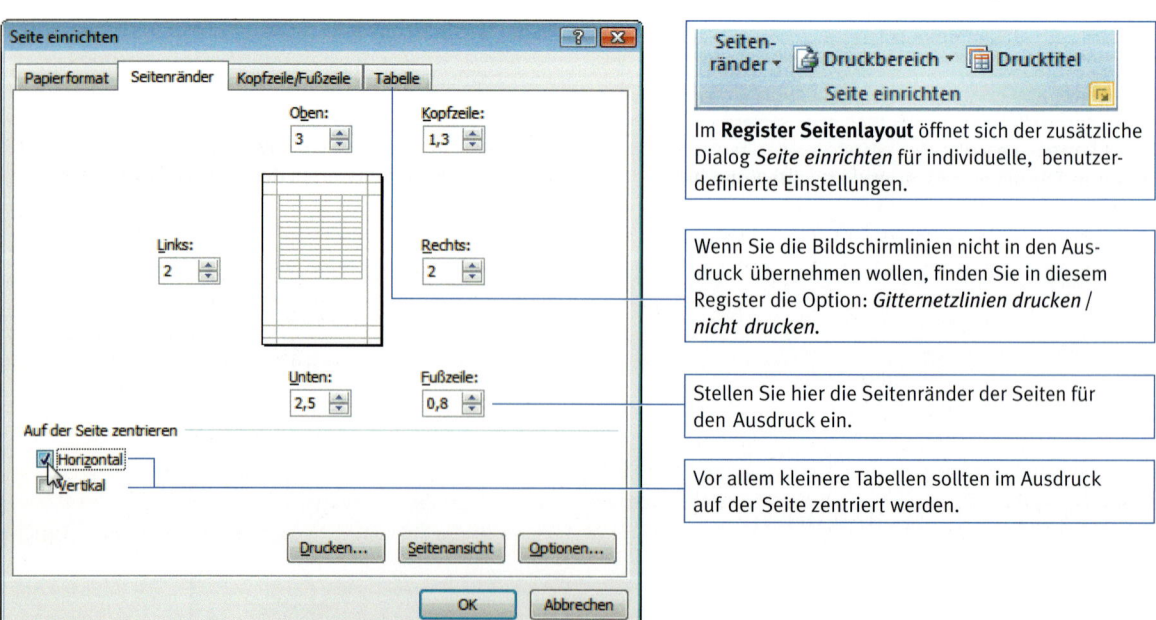

Hilfen

Einzelne Zellen markieren

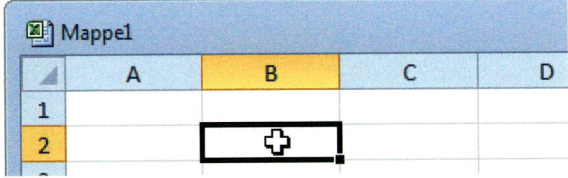

Durch Platzierung des Zellzeigers in einer Zelle – per Pfeiltasten der Tastatur oder durch Anklicken – ist diese automatisch markiert. Sie erkennen die Markierung einer Zelle durch die schwarze Umrandung.

Bereich markieren

Unter einem Bereich versteht man eine zusammenhängende Gruppe von Zellen, für die dann ein bestimmter Befehl gelten soll.

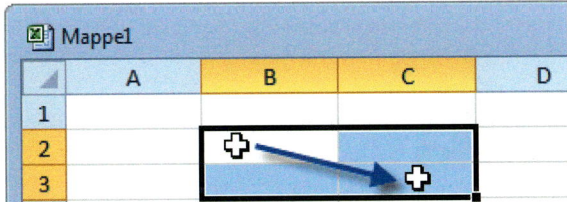

Ein Bereich wird markiert, indem der Mauszeiger auf eine Ecke des gewünschten Bereiches bewegt wird (hier B2) und die Maus bei gedrückter linker Maustaste diagonal in die gegenüberliegenden Ecke gezogen wird (hier C3). Lassen Sie die Taste nun wieder los. Der Bereich ist nun farbig unterlegt.

Sie können auch den Zellzeiger in eine Ecke des geplanten Bereiches setzen und anschließend bei gedrückter Umschalttaste durch Horizontal- und Vertikalbewegungen **mit der Pfeiltaste** die gewünschte Größe bestimmen. Lassen Sie die Taste danach wieder los.

Datei drucken

Wenn es für den Ausdruck keine besonderen Layout-Vorgaben gibt, können Sie die Datei über den Befehl *Drucken* im Register *Datei* ausdrucken lassen. Im dazugehörigen Dialogfenster *Drucken* bestimmen Sie die weiteren Einstellungen und sehen eine Vorschau der aktuellen Druckseite.

Klicken Sie im Dialogfenster das Eingabefeld *Seiten* an, wenn Sie nicht alle Tabellenblätter drucken wollen. Tragen Sie die gewünschten Seitenzahlen ein. Bestätigen Sie den Druckauftrag mit einem Klick auf den Schalter *Drucken*.

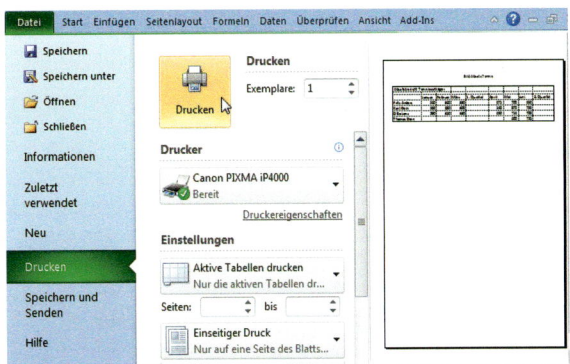

Sie können den gesamten Druckvorgang auch über die Schalttaste in der Symbolleiste *Schnellzugriff* starten. Der Ausdruck erfolgt jedoch ohne die Möglichkeit, individuelle Druckeinstellungen vorzunehmen.

Definieren des Seitenlayouts

Besonders bei großen Tabellen ist es wichtig, das Drucklayout der Tabelle selbst zu bestimmen. Das Register *Seitenlayout* bietet Ihnen hierzu schnell verschiedene vorgegebene Möglichkeiten.

unter *Seite einrichten* des Registers Seitenlayout öffnet ein Dialogfenster, in dem Sie individuelle Einstellungen vornehmen können.

Wichtige Einstellungen im Dialog *Seite einrichten*:

Register	Einstellung
Papierformat	Querformat für breite Tabellen
Seitenränder	Seitenzentrierung
Tabelle	Druck der Bildschirm-Gitternetzlinien abschalten.
Kopf-/Fußzeile	Auf allen Seiten auszudruckende Titel, Überschriften usw.

Immer aktuell sein

Es gibt Leute, die immer wieder hervorheben, wie schnelllebig doch unsere Zeit ist, und die vom Leben in der „Informationsgesellschaft" sprechen. Recht haben sie!

Jeden Tag kommen neue Erkenntnisse hinzu – andere gelten dann schon wieder als veraltet. Auch Ihre gerade mühsam erstellte Absatzstatistik wird schnell wieder zum Schnee von gestern, weil neue Aufträge der Kunden vorliegen.

Es kommt für ein Unternehmen deshalb darauf an, Änderungen von Informationen und Aktualisierungen möglichst schnell und übersichtlich zu erfassen und darzustellen. Nur so ist gewährleistet, dass Fehlentscheidungen vermieden werden. Dazu werden immer komfortablere Datenverarbeitungs- (DV-) Programme entwickelt und die Leistung von Rechnern wird ständig erhöht. Informationsbeschaffung und –verarbeitung gewinnen eine immer zentralere Bedeutung für den Erfolg eines Unternehmens.

Die Devise lautet also: Dem Markt immer eine Nasenlänge voraus sein! Aber ...

• Wie können Informationen immer wieder aktuell beschafft werden?

• Wie lassen sich Informationen schnellstmöglich für betriebliche Entscheidungen aufbereiten?

• Wie können Informationen sachgerecht gespeichert und weitergeleitet werden?

Bei der Verwaltung dieser Datenflut können Sie überzeugend mitwirken. Stürzen Sie sich auf die nächsten Aufgaben.

Wegen der Erweiterung des Absatzmarktes und der beständig steigenden Zahl der Kunden wurde zum 1. Mai des Jahres der neue Außendienstmitarbeiter Thomas Dorn eingestellt. Er soll das bestehende Team entlasten und verstärken.

Zudem liegen nun die Berichte über die neuen Absatzzahlen für die Monate Mai und Juni vor und müssen in Ihre Absatztabelle eingefügt werden.

Und schließlich wurde von einem Kunden im Verkaufsbereich von Fritz Anders ein Auftrag über 15 Tennisschläger für März nachträglich wieder storniert. Die Absatzzahl für März beträgt also anstatt 345 nur noch 330 Stück.

Jetzt können Sie die Stärken der Datenverarbeitung nutzen. Einmal gespeicherte Informationen brauchen nicht erneut eingegeben, sondern lediglich ergänzt oder verändert werden. Unter einem anderen Namen als Duplikat gespeichert, stehen Ihnen die Informationen einer Tabelle auch für andere Auswertungen zur Verfügung.

 Verwenden Sie in diesem Fall den Menübefehl *Speichern unter* im Register *Datei*.

 Aufgaben

1. Nehmen Sie die erforderlichen Änderungen bzw. Ergänzungen in Ihrer Absatzstatistik 🖫 *Absatz Tennis* vor.

   • Korrigieren Sie die fehlerhafte Eingabe für März, nachdem Sie die Zelle markiert und die Zahl in der Eingabezeile mit der Maus angeklickt haben.

   • Nehmen Sie den neuen Mitarbeiter des Unternehmens in die Absatzstatistik auf.

   • Erweitern Sie die Spaltenüberschriften für die weiteren Monate und ergänzen Sie die Daten der Absatzzahlen für Mai und Juni.

2. In der Datei 🖫 *2Fehlerkorrektur* auf Ihrer Übungs-CD haben sich Fehler eingeschlichen. Öffnen Sie die Datei und speichern Sie sie nach der Korrektur unter dem neuen Namen 🖫 *2Richtig* wieder ab.

Absatzzahlen im Außendienst (Angaben in Stück) Artikel: Tennisschläger	
Monat:	**Mai**
Fritz Anders	700
Karl Klein	870
Otto Lenz	752
Thomas Dorn	600
Monat:	**Juni**
Fritz Anders	650
Karl Klein	732
Otto Lenz	700
Thomas Dorn	725

Hilfen

Eine vorhandene Datei öffnen

Das *Öffnen*-Symbol in der Symbolleiste für den Schnellzugriff oder der Befehl *Öffnen* im Register *Datei* ruft ein Dialogfenster auf. Hier können Sie nach Ihren gespeicherten Dateien suchen.

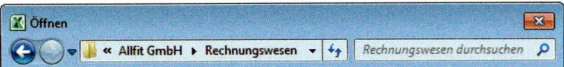

Sie müssen ggf. das Menü für Laufwerke und Speicherorte mit der Maus öffnen (Pfeil anklicken) und das Laufwerk oder Verzeichnis wählen. Stellen Sie auch das Suchverzeichnis durch Öffnen oder Schließen der Mappen (Doppelklick auf die Symbole) ein.

Achtung: Prüfen Sie, ob Sie den richtigen Dateityp für die Suche eingestellt haben.

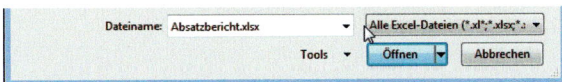

Markieren Sie nun die gewünschte Datei mit der Maus und öffnen Sie diese mit *OK* oder indem Sie die Return-Taste betätigen.

Bearbeiten von Tabellenfeldern

Zum Bearbeiten der Tabellenfelder stehen Ihnen verschiedene Möglichkeiten zur Verfügung. Markieren Sie die Zelle mit dem Zellzeiger und überschreiben Sie den Inhalt mit den neuen Zahlen oder Buchstaben.

oder ...

Markieren Sie die entsprechende Zelle und klicken Sie die fehlerhafte Eingabe in der Eingabezeile oben an. Hier kann sie gezielt wie in der Textverarbeitung mit Hilfe der *Rücktaste* oder der <Entf>-Taste bearbeitet werden bzw. zusätzlicher Text eingefügt werden. Die Schreibmarke lässt sich innerhalb der Eingabezeile mit den Pfeiltasten oder der Maus bewegen.

oder ...

Mit einem Doppelklick gelangen Sie direkt in die Zelle, in der Sie die Änderungen vornehmen können. Die Vorgehensweise ist dieselbe wie in der Eingabezeile.

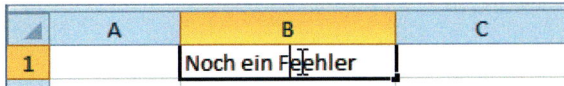

Bestätigen Sie Ihre Arbeit zum Abschluss mit der Return-Taste.

Löschen von Tabellenfeldern

Der Inhalt einer Zelle kann über die <Entf>-Taste gelöscht werden. Allerdings bleiben einmal eingestellte Zellformate, z. B. Fettschrift oder die Darstellung als Datum auch nach dem Löschen bestehen.

Wollen Sie einzelne Zellen oder markierte Zellbereiche entfernen, dann verwenden Sie die Schaltfläche *Löschen* im Register *Start* des *Menübandes*. Auch ganze Zeilen und Spalten lassen sich hier löschen. Seien Sie vorsichtig bei dem Befehl *Blatt löschen*. Dieser Vorgang lässt sich nicht wieder rückgängig machen.

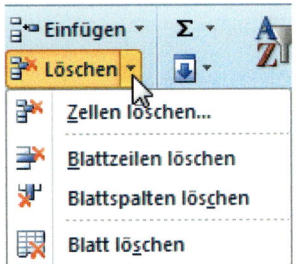

Rückgängig machen

Sollten Sie einen Befehl oder eine Eingabe irrtümlich durchgeführt haben, können Sie dies mit der Schaltfläche *Rückgängig* in der Symbolleiste für den Schnellzugriff widerrufen.

Wenn Sie auf den Pfeil neben dem „Rückgängig"-Symbol klicken, sehen Sie eine Liste Ihrer zuletzt durchgeführten Befehle. Durch Markieren können Sie jetzt einen oder auch mehrere Befehle gleichzeitig widerrufen.

Gut in Formeln

Bisher haben Sie mit dem Tabellenkalkulationsprogramm auch nicht weniger Arbeit, als wenn Sie Texte und Zahlenreihen mit der Schreibmaschine oder handschriftlich in Tabellenformulare eintragen. Die Excel-Tabellen sind lediglich visuell schöner, weil sie farbig sind und mit Gitternetzlinien ausgedruckt werden können. Die Vermutung liegt nahe: Ein PC ist also doch nur eine bessere Schreibmaschine. Aber nein!

In dem Unternehmen ALLFIT Sportartikel GmbH soll die Absatzstatistik der Außendienstmitarbeiter über Tennisschläger nun ausgewertet werden. Eine reine Auflistung der Monatszahlen ist ein guter Anfang, reicht aber der Geschäftsleitung nicht aus. Die Analyse der Daten ist gefragt: Sie haben Ihre Arbeitsmappe doch hoffentlich gespeichert?

Sie erwartet neben der Erstellung einer Monatsübersicht auch noch die Anfertigung einer differenzierten Quartals- und Halbjahresübersicht für jeden Mitarbeiter und somit für jeden Verkaufsbezirk. Nur so steht eine solide Datengrundlage für betriebswirtschaftliche Entscheidungen zur Verfügung.

Bei Sport- und Freizeitartikeln sind saisonale Schwankungen besonders gravierend und bedeutsam. Notwendig ist deshalb, genauere Absatzanalysen durchzuführen, um die notwendigen Lagermengen und zukünftigen Wareneinkäufe zeitlich und mengenmäßig besser und genauer planen zu können.

Im Übrigen ist die Geschäftsleitung natürlich auch an einer Information über die Leistung der einzelnen Außendienstmitarbeiter interessiert.

Jetzt zeigen sich die wahren Stärken einer Tabellenkalkulation: **Das Programm kann rechnen!**

 Aufgaben

1. Bearbeiten Sie die Datei 🖫 *3Berechnen*. Aufgabenstellungen finden Sie in dieser Datei.

2. Ergänzen Sie Ihre Absatzstatistik 🖫 *Absatz Tennis* entsprechend den im Text beschriebenen Wünschen der Geschäftsleitung.

- Fügen Sie zwischen Spalte D und E eine zusätzliche Spalte für die Berechnung des Absatzes für das erste Quartal ein. Dazu setzen Sie den Zellzeiger auf eine beliebige Zelle in der Spalte E oder Sie markieren die gesamte Spalte, indem Sie den Buchstaben E im Tabellenkopf anklicken.

- Erweitern Sie die Tabelle um weitere Spalten für die Absatzzahlen des zweiten Quartals und die Halbjahresübersicht. Fügen Sie die entsprechenden Spaltenüberschriften „1. Quartal", „2. Quartal" und „Halbjahr 1" ein. Ergänzen Sie die Aufzählung der Mitarbeiter um die Zeile „Gesamt".

- Geben Sie in die neuen Spalten Formeln für die Quartals- und Halbjahresberechnung ein. In der Zeile „Gesamt" werden die Gesamt-Absatzzahlen der jeweiligen Monate berechnet.

- Heben Sie die zusammengefassten Daten durch eine angemessene Formatierung hervor.

- Speichern Sie Ihr Werk ab!

Absatzbericht Tennisschläger.xlsx

	A	B	C	D	E	F	G	H	I	J
1	**Absatzbericht Tennisschläger**									
2										
3		Januar	Februar	März	1. Quartal	April	Mai	Juni	2. Quartal	Halbjahr 1
4	**Fritz Anders**	240	360	330		675	700	650		
5	**Karl Klein**	260	280	300		540	870	732		
6	**Otto Lenz**	290	350	330		620	752	700		
7	**Thomas Dorn**						600	725		
8	**Gesamt**									

Hilfen

Sie können mit Excel nicht nur übersichtliche Tabellen mit Daten erstellen, sondern auch rechnen. Ein Rechenvorgang in einem Tabellenfeld wird durchgeführt, indem man in dieses Feld statt Text oder einer Zahl eine Formel eingibt.

Formeln können aus folgenden Elementen bestehen:

Konstanten	z. B. 33 oder 124
Feldbezüge	z. B. A1 oder D5
Funktionen	z. B. Summe, Mittelwert
Rechenbefehle	z. B. +, –, *, /

Jede Formel muss grundsätzlich mit dem Gleichheitszeichen beginnen. Auf diese Weise kann Excel Formeln von Zahlen und Texteingaben unterscheiden.

Die Formel „=2*3+24" führt zwar zum richtigen Ergebnis „30", lässt sich aber mit Sicherheit mit einem Taschenrechner schneller rechnen. Richtig interessant wird es erst, wenn vorhandene Daten in anderen Zellen des Tabellenblattes für die Berechnungen genutzt werden.

Formeln als Stellvertreter

◢	A	B	C	D
1	1	2	3	=A1
2	4	5	6	=A2+B2-C2
3				
4	2			
5	5	4		=(A5*B5)*A4

Eine Formel übernimmt einfach nur Werte aus anderen Zellen (z. B. „=A1") oder rechnet mit deren Inhalten (Zahlen) oder Werten (z. B. „=A1+A3*5").

Sie bezieht sich also immer auf eine andere Zelle oder einen Zellbereich. Bereiche werden dabei durch die Zellen, die im linken oberen und im rechten unteren Zellbereich liegen, beschrieben – getrennt durch einen Doppelpunkt als Trennzeichen (z. B. B1:D4).

Formeln müssen sich nicht nur auf dieselbe Tabelle beschränken, sondern können auch Werte aus anderen Tabellenblättern übernehmen.

Befindet sich in einer Zelle eine Formel, so zeigt die Zelle nach bestätigter Eingabe das Ergebnis der Rechnung an. In der Bearbeitungszeile wird dagegen die Formel dargestellt. Hier können auch Zahlen oder Text bearbeitet werden. Durch einen Doppelklick in die Zelle ist es jedoch möglich, Änderungen auch direkt dort vorzunehmen.

D1	▼		fx	=A1+B1+C1
◢	A	B	C	D
1	1	2	3	6

Regeln für die Formeleingabe

Formeln beginnen grundsätzlich mit einem Gleichheitszeichen (=). Dieses wird wie Text eingegeben. Gültig sind die Rechenbefehle +, –, *, /.

Für die Klammersetzung gelten die allgemeinen Regeln der Mathematik.

Dezimalstellen anzeigen und verändern

Spätestens nach der Formeleingabe zeigt sich, dass Excel äußerst genau rechnet. Mögliche Dezimalstellen der Formelergebnisse werden in der Breite der jeweiligen Spalte dargestellt.

Mit [icons] im Register *Start*, Gruppe *Zahl* stellen Sie die gewünschten Dezimalstellen ein, die auf dem Bildschirm und in einem Ausdruck erscheinen sollen.

An der Genauigkeit der Berechnungen ändert sich durch diese Darstellung nichts. Excel rechnet weiterhin mit den vollständigen Werten.

Formelbeispiele

◢	A	B	C	D	
1	Daten			Formeln in Spalte D	Ergebnisse in Spalte D
2	3	4	2	=A2	3
3	12	4	2	=A3+B3-C3	14
4	8	2	1	=(A4+B4)*2	20
5	16	2		=A7/B7	8
6	Anton	Berta	Cäsar	=B8	Berta

Ende einer Dienstfahrt?

Autofahren ist teurer, als man denkt.

In unserem Unternehmen ALLFIT Sportartikel GmbH werden den fünf Außendienstmitarbeitern in der Regel für ihre Arbeit Dienstfahrzeuge zur Verfügung gestellt. Der direkte Kontakt zu unseren Kunden ist der Marketingabteilung natürlich außerordentlich wichtig.

Auf diesem Wege können neue Artikel unseren Kunden direkt präsentiert werden. Die Mitarbeiter stehen im persönlichen Gespräch bei Problemen und bei Reklamationen als Berater zur Verfügung. Nicht zuletzt erhalten wir Rückmeldungen und genauere Informationen über Entwicklungen am Absatzmarkt.

Die Außendienstmitarbeiter dürfen die Autos in begrenztem Umfang auch für Privatfahrten nutzen. Deshalb wird ihnen bei der Gehaltsabrechnung ein bestimmter Betrag als so genannter „Geldwerter Vorteil" angerechnet, der zu versteuern ist.

Die Fahrzeuge verursachen uns allerdings insgesamt erhebliche Kosten. Neben den variablen Kosten wie dem Kraftstoffverbrauch entstehen weitere Fixkosten sowie der Wertverlust.

Deshalb gibt es immer wieder Überlegungen, inwieweit Dienstwagen noch wirtschaftlich vertretbar sind.

 Aufgaben

1. Erstellen Sie eine Tabelle zur Ermittlung der Fahrzeugkosten. Berechnen Sie in dieser Übersicht die Gesamtkosten pro Monat und pro Kilometer.

   Die notwendigen Basisdaten finden Sie in den Zeilen 3 bis 8 der unten abgebildeten Tabelle.

   Berücksichtigen Sie folgende Informationen:

   - Wertverlust pro Jahr = (Neupreis – Restwert) / Nutzungsdauer

   - Für die Reparaturen pro Jahr wird der Durchschnitt während der gesamten Nutzungsdauer zu Grunde gelegt.

   - Reparaturen und Inspektionen werden als Fixkosten angenommen.

2. Testen Sie mit einem Doppelklick auf die Zellen mit ihren Berechnungen die Richtigkeit der Zellbezüge.

3. Wie hoch wäre die Kosteneinsparung bei sonst gleichen Bedingungen bei einem Umstieg auf Dieselfahrzeuge, wenn Dieselkraftstoff 1,27 EUR kostet?

4. Ihr Traumauto! Wie teuer wird es für Sie selbst? Ermitteln Sie die notwendigen Daten und tragen Sie diese in das Tabellenblatt ein.

	A	B	C	D	E	F	G	H	I
1	Kosten der Dienstwagen im Außendienst								
2									
3	Anschaffungspreis	24.000		Fixkosten pro Jahr				Reparaturkosten	
4	Restwert	6.000		KFZ-Steuer		250		Jahr 1	500
5	Nutzungsdauer Jahre	5		Haftpflichtversicherung		300		Jahr 2	1.100
6	Kilometerleistung / Jahr	40.000		Vollkaskoversicherung		320		Jahr 3	1.400
7	Kraftstoffverbrauch Ltr.	8		Sonstiges		400		Jahr 4	1.300
8	Kraftstoffpreis je Ltr.	1,41		Inspektion		300		Jahr 5	1.600
9				Summe der Fixkosten				Durchschnitt	
10									
11		Pro Jahr	pro Monat	pro Km					
12	Wertverlust								
13	Fixkosten								
14	Reparaturkosten								
15	Kraftstoffverbrauch								
16	Gesamtkosten								

Hilfen

Die Funktionen **SUMME()** oder **MITTELWERT()** in einer Zelle in Excel fassen umfangreiche Berechnungen für den Anwender unsichtbar in einem Befehl – eben der Funktion – zusammen. Endlose Reihen von umständlichen Rechenbefehlen entfallen, weil Zelladressen nicht mehr einzeln angegeben werden müssen.

Die Funktion „=SUMME(A1:B5)" addiert beispielsweise alle Werte der Zellen des Bereichs A1 bis B5. Eine arbeitsaufwändige Eingabe nach dem Muster „=A1+B1+A2+B2+ ..." usw. entfällt.

Achtung:

- Geben Sie bei Funktionen grundsätzlich den Zellbezug in Klammern ein.
- Leerzeichen kommen in Formeln und Funktionen grundsätzlich nicht vor.
- Schreiben Sie Funktionen und Zellbezüge in Kleinbuchstaben. Excel ändert die Eingabe bei richtiger Schreibweise automatisch in Großbuchstaben um.

Die Schaltfläche *AutoSumme*

Um Sicherheit zu gewinnen, sollten Sie zu Beginn Formeln und Funktionen grundsätzlich über die Tastatur eingeben.

Später lassen sich wichtige Funktionen für zusammenhängende Zellbereiche aber auch schneller über die Schaltfläche *AutoSumme* auf der Registerkarte *Start* einfügen.

Kontrolle der Formel

Besonders bei umfangreichen Formeln schleichen sich schnell Fehler ein, z. B. werden falsche Zellbezüge in die Berechnung aufgenommen. Gehen Sie auf Nummer Sicher und überprüfen Sie ganz komfortabel die Zellbezüge. Ein Doppelklick auf die Zelle mit der Rechenformel markiert die bezogenen Zellen mit farbigen Rah-

men, die den unterschiedlichen Farben in der Formel entsprechen.

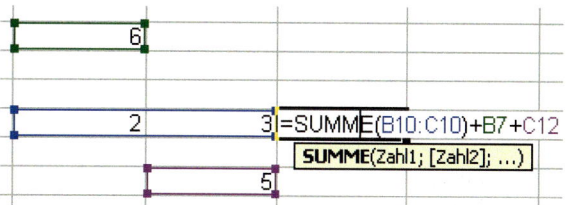

Einen fehlerhaften Zellbezug können Sie direkt mit der Maus korrigieren, die Formel muss nicht über die Tastatur neu geschrieben werden. Führen Sie die Maus über den Rahmen der fehlerhaften Zelle oder des Bereiches.

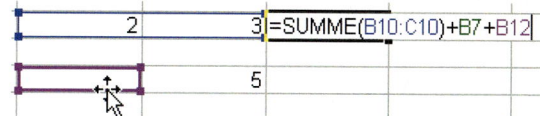

Drücken Sie die linke Maustaste und schieben Sie die Markierung auf die richtige Zelle.

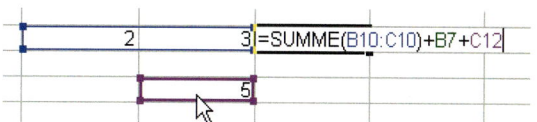

Fehlermeldungen

Bei einer fehlerhaften Eingabe von Formeln gibt Excel Ihnen zu Ihrer Information in der jeweiligen Zelle unterschiedliche Fehlermeldungen zurück:

- **#######**: Das Ergebnis einer Formel ist für eine Darstellung auf dem Bildschirm zu lang. Die Spalte muss breiter eingestellt werden.

- **#Div/0!**: Die Formel enthält eine Division durch Null oder durch eine leere Zelle. Prüfen Sie den Zellbezug.

- **#NV**: Formel bezieht sich auf eine leere Zelle.

- **# BEZUG!**: Formel bezieht sich auf eine ungültige oder gelöschte Zelle.

- **#Name**: Ein unbekannter Name für eine Funktion wird verwendet oder die Klammersetzung ist fehlerhaft. Prüfen Sie die Schreibweise der Formel.

- **#WERT!**: Ein verwendeter Wert ist vom falschen Datentyp (z. B. Text).

Überdurchschnittlich schnell mit der Maus

In der ALLFIT Sportartikel GmbH hat sich Ihre erfolgreiche Arbeit herumgesprochen. Sie haben die Vorteile von Excel bei der Informationsverarbeitung für das Unternehmen schon deutlich machen können.

Konsequenz ist, dass neue Wünsche und Forderungen an Sie gestellt werden. Das Schicksal eines erfolgreichen „Computerspezialisten" – also, gut in Form(eln) sein und bleiben!

Die grundlegenden Rechenfunktionen können Sie ja bereits anwenden. Aber Excel bietet Ihnen mehr – nämlich eine umfangreiche Sammlung von fertigen Funktionen.

Die Geschäftsleitung möchte für die Beschaffungs- und Liquiditätsplanung eine Übersicht über das Auftragsvolumen der ALLFIT Sportartikel GmbH, also eine Aufsummierung sämtlicher noch nicht ausgelieferter Kundenaufträge, aufgeschlüsselt nach Kunden.

Um die Geschäftsentwicklung besser beurteilen zu können, wird von Ihnen außerdem eine Ergänzung der Absatztabelle verlangt. Ihre Tabelle soll Auskunft über den durchschnittlichen Monatsabsatz der ersten sechs Monate geben.

Also wieder beschwerlich Formeln schreiben?

Seien Sie clever, nutzen Sie die Hilfestellungen, die Ihnen Excel für die Erstellung von Formeln bietet.

Bei der Berechnung von **Durchschnittswerten** bzw. Mittelwerten müssen Sie wissen, dass dabei stets die Summe der Einzelwerte durch die Anzahl dividiert wird. Wenn sich z. B. in unserem Lager Ende Januar 450 Fußbälle befinden, Ende Februar 530 Stück und Ende März 550 Stück, so befinden sich durchschnittlich

(450 + 530 + 550) : 3 = 510

Fußbälle im Lager.

Sie sollten aber bei der Interpretation der Ergebnisse vorsichtig sein. Mancher recht positiv erscheinende Durchschnittswert wird bei genauerem Hinsehen zur Farce.

Wenn Sie beispielsweise mit Ihren Füßen auf einer 73 Grad heißen Herdplatte stehen und Ihre Hände in 1 Grad kaltes Wasser halten, ist eine durchschnittliche Körpertemperatur von 37 Grad erreicht – allerdings sind Ihre Füße verbrannt und die Hände erfroren!

Also müssen Sie die Daten genau ansehen und die Durchschnittsberechnung nur dort einsetzen, wo es wirklich sinnvoll ist.

 Aufgaben

1. Ergänzen Sie Ihre bisherige Datei über die Absatzzahlen im Außendienst 🖫 *Absatz Tennis* in einer zusätzlichen Spalte (Spalte K), um die durchschnittliche Absatzmenge je Mitarbeiterin und je Mitarbeiter des Außendienstes im ersten Halbjahr.

Ermitteln Sie in einer zusätzlichen Zeile unterhalb der Tabelle den durchschnittlichen Absatz pro Monat. Fügen Sie dabei den Bezug auf die jeweiligen Zellen mit Hilfe der Maus in die Formel ein.

2. Eine Übersicht der zurzeit offenen Aufträge von Kunden ergibt folgendes Bild:

Offene Kundenaufträge		
Lieferer	**Auftr. Nr.**	**Summe in Euro**
Insider Sport	4356	14.555
	4358	1.223
Tennis & Golf	4357	878
	4360	3.576
	4361	12.354
Top Sport GmbH	4359	13.555
	4362	17.581
	4381	2.162

- Erfassen Sie die Daten über die Kundenaufträge in einer neuen Arbeitsmappe.
- Fügen Sie in einer zusätzlichen vierten Spalte (jeweils neben dem letzten Eintrag für einen Kunden) die **Zwischensumme** je Kunde mit Hilfe der Summenfunktion ein.
- Berechnen Sie in drei zusätzlichen Zeilen unterhalb der Einträge die **Anzahl** aller offenen Aufträge, die **Gesamtsumme** der offenen Posten und die **durchschnittliche Auftragssumme** aller Kunden.
- Beschriften Sie die eingefügten Zeilen und Spalten entsprechend.
- Speichern Sie die Tabelle unter 🖫 *Offene Posten* ab.

Hilfen

Eingabe von Formeln mit der Maus

Komfortabel ist die Eingabe von Formeln, wenn Sie diese nicht vollständig schreiben, sondern für den Zellenbezug die Maus zu Hilfe nehmen. Die Formel „=B1+B2" lässt sich auf diese Weise folgendermaßen erstellen:

- Beginnen Sie die Formeleingabe mit „=".

- Klicken Sie nun die Zelle **B1** an. Die Zellenbezeichnung wird automatisch in Ihre Formel übernommen. Wenn Sie irrtümlich die falsche Zelle „erwischt" haben, können Sie dies einfach korrigieren, indem sie nachträglich die gewünschte Zelle anklicken.

- Geben Sie das „**+**" über die Tastatur ein.

- Klicken Sie die Zelle **B2** an.

- Schließen Sie den Eingabe-Vorgang mit der Return-Taste ab.

Verwendung von Funktionen

Funktionen in der Tabellenkalkulation sind als Text geschriebene Rechenanweisungen, die sich auf den in der folgenden Klammer definierten Zellbereich beziehen. Excel stellt davon über 400 zur Verfügung, unter anderem: **Summe()**; **Mittelwert()**; **Heute()** usw. (Eine umfassendere Sammlung geläufiger **Formeln & Funktionen** mit Erklärungen finden Sie auf Seite 153 f.)

Um eine Funktion in einer Zelle zu erstellen, gehen Sie zum Beispiel folgendermaßen vor:

- Eingabe: **=Summe(**
  (**Achtung:** Eröffnende Klammer nicht vergessen!)

- Markieren des gewünschten Zellbereichs mit dem Mauszeiger. Der markierte Bereich wird durch eine gestrichelte Linie gekennzeichnet und vom Programm automatisch hinter die Klammer in die Formel eingetragen. Die Auswahl kann nachträglich noch korrigiert werden.

- Setzen der abschließenden Klammer.

- Bestätigung des Vorgangs mit der Return-Taste.

Summenfunktion mit der Schaltfläche *AutoSumme*

$\boxed{\Sigma\ \blacktriangledown}$ Da Summenberechnungen in der Tabellenkalkulation sehr häufig benutzt werden, bietet Excel in der Symbolleiste einen entsprechenden Schalter zur Erstellung einfacher Summenfunktionen.

- Markieren Sie zunächst die Zelle, in die die Summenformel geschrieben werden soll.

- Klicken Sie dann das Summensymbol an.

- Excel macht Ihnen einen Vorschlag für den Bezugsbereich – meist angrenzende Zellen in der Tabelle –, der sich an einer dünnen Umrandung erkennen lässt. Sie können diesen mit der Return-Taste bestätigen oder mit dem Mauszeiger einen anderen Bereich markieren.

Für weitere Auto-Funktionen öffnen Sie das Auswahlmenü neben dem Summenzeichen.

▲	A	B	C	D	E	Ergebnis in Spalte E
1					Formeln in Spalte E	Ergebnis in Spalte E
2	3	4	3	2	=SUMME(A2:D2)+SUMME(A3:D3)	24
3	3	4	3	2	=MITTELWERT(A3:D3)	3
4					=HEUTE()	30.07.2010
5	4	5	2	1	=ANZAHL(A5:D5)	4
6	4	5	2	1	=MAX(A6:D6)	5
7	4	5	2	1	=MIN(A7:D7)	1

Es geht auch doppelt und dreifach

Die Absatzmärkte unterliegen ständigen Veränderungen. Saisonale Schwankungen, wechselnde Produktlebenszyklen, Marketingmaßnahmen und die Strategien der Konkurrenz führen zu einem sich ständig verändernden Nachfrageverhalten von Kundinnen und Kunden. Die Anpassung an den unterschiedlichen Bedarf ist dabei äußerst schwierig.

Es ist nicht wichtig, die Zukunft zu kennen, man muss nur auf sie vorbereitet sein.

Deshalb werden bei der ALLFIT Sportartikel GmbH für die kommenden Abrechnungsperioden bereits finanzielle Rahmenbedingungen, so genannte Budgets über Kosten und Erträge, aufgestellt. Genauere Prognosen über den zukünftigen Absatz der Unternehmung sollen helfen, zu große Lagerbestände zu vermindern, „Ladenhüter" zu vermeiden und die ständige Lieferbereitschaft aller Güter zu erhalten. Ziel ist es, die Kosten zu senken und gleichzeitig den Kundenservice zu verbessern.

Neben Marktuntersuchungen und der strategischen Planung von Marketingmaßnahmen sind die Analyse der eigenen Absatzzahlen und deren Vergleich mit den unternehmerischen Prognosen ein wichtiges Instrument, um für die Zukunft exaktere Voraussagen treffen zu können.

Besonders die Eingabe von sich wiederholenden Formeln und Funktionen kann hierbei zu einer zeitraubenden Routineaufgabe werden. Bei Excel gibt es deshalb allerlei Handwerkszeug für die schnelle Arbeit: Kopieren, Ausschneiden, Einfügen oder „**Drag and Drop**", zu Deutsch: Ziehen und Fallenlassen.

 Aufgaben

1. In der Datei 🖫 *4Chaos* auf der Übungs-CD ist einiges durcheinander. Schaffen Sie mit den Befehlen *Kopieren, Ausschneiden* und *Einfügen* Ordnung in diesem „Zahlensalat".

2. In der Datei 🖫 *5Adressenliste* befinden sich unterschiedliche Adressenlisten in zwei Tabellen. Fassen Sie diese in einer einzigen Tabelle zusammen.

3. Probieren Sie verschiedene Möglichkeiten des Kopierens (z. B. Kontextmenü, Schalter und Drag and Drop) an von Ihnen gewählten Texten und Zahlen aus.

4. Führen Sie in der Datei 🖫 *6Absatzprognosen* einen Vergleich der Ist-Absatzzahlen mit den prognostizierten Absatzzahlen des letzten Jahres durch (Ausschnitt siehe Abb. unten).

   • Ermitteln Sie dabei den Zielerreichungsgrad in Prozent pro Halbjahr und für das gesamte Jahr.
   • Ermitteln Sie durch eine Funktion unterhalb der Tabelle den höchsten und den niedrigsten Zielerreichungsgrad.
   • Jede Formel und Funktion sollte nur einmal über die Tastatur geschrieben werden. Nutzen Sie also die Kopiermöglichkeiten.

5. Die Tabelle 🖫 *6Absatzprognosen* soll in gleicher Weise im nächsten Geschäftsjahr genutzt werden. Kopieren Sie **nur die Daten** in ein neues Tabellenblatt *AnalyseJahr2* der gleichen Arbeitsmappe.

Der Kopierbefehl gilt übrigens auch für ein anderes Fenster oder eine andere Anwendung.

		Absatz 1.Halbj.	geplant	Abweich. in Stück	Abw. %	Absatz 2.Halbj.	geplant	Abw. Stück	Abw. %	Abs. Summe	geplant	Abw. Stück	Abw. %
ArtNr	**Artikel**												
100100	Hanteln	6820	6700	120	101,8	9180	9400						
100200	Expander	7050	7200			6950	7050						
200300	Wickelband	16100	16000			38900	33700						
200400	Tennisschlä	10300	10000			6700	6200						
401700	Sweatshirt	7000	7200			6000	5900						
401800	Jogginghose	13950	13500			13550	13500						
	Höchster Zielerreichungsgrad %												
	Geringster Zielerreichungsgrad %												

Vergleich tatsächliche Absatzzahlen mit geplanten Absatzzahlen (Zielerreichung in Prozent)

 **Hilfen**

Das Betriebssystem hat einen Zwischenspeicher (**Zwischenablage**), in dem Sie Texte, Zahlen oder Formeln aus einer Zelle zwischenlagern können, um sie anschließend an einer anderen Stelle einzufügen.

Achtung: Die Parameter der Formeln (die Bezüge zu anderen Zellen) werden bei diesem Vorgang entsprechend der neuen Position automatisch angepasst.

So wird beispielsweise die Formel **=SUMME(A1:C1)** beim Kopieren von Zelle **D1** eine Zeile tiefer nach **D2** zu **=SUMME(B2:B3)**. Die Berechnung bezieht sich also auf die Zellen der neuen Zeile.

Die Zwischenablage wird durch die Schaltflächen *Kopieren* oder *Ausschneiden* im Register *Start* im Hintergrund selbstständig aktiviert und übernimmt die zu kopierenden Daten.

Kopieren von Zellen

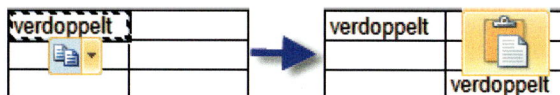

- Kopieren Sie die markierte Zelle über die entsprechende Schaltfläche. Sie können auch das Kontextmenü der rechten Maustaste dafür nutzen.

- Markieren Sie anschließend die Zielzelle mit dem Zellzeiger und fügen Sie den kopierten Zellinhalt per Schaltfläche oder Kontextmenü ein.

- Der Befehl *Einfügen* lässt sich in verschiedenen Zielzellen mehrfach wiederholen, bis der Vorgang mit der *der* <Esc>–Taste abgebrochen wird.

Ausschneiden

Der Inhalt der markierten Zelle wird aus der Ursprungszelle entfernt und über die Zwischenablage in eine andere Zelle wieder eingefügt.

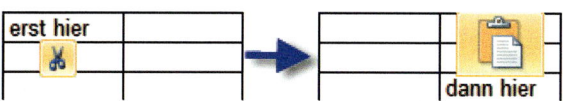

Verwenden Sie die Schaltfläche *Ausschneiden* oder das Kontextmenü.

Einfügen-Optionen

Beim Einfügen von Daten aus der Zwischenablage öffnet sich neben der Zelle ein Schalter für *Einfügen – Optionen*. Durch einen Klick öffnet sich ein Menü, mit dem Sie bestimmen können, in welcher Form die kopierte Zelle eingefügt werden soll. Bewegen Sie die Maus über die Optionen, wird eine Vorschau angezeigt.

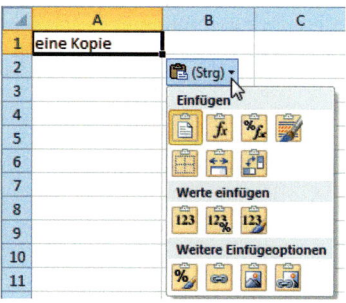

Sie können auch den Befehl *Inhalte einfügen* ... des Kontextmenüs oder der Schaltfläche *Einfügen* verwenden, wenn Sie eine gezielte Entscheidung über die zu übernehmenden Daten treffen wollen (Formeln, nur Werte, Formate).

Die Arbeit mit Bereichen

Auch ganze Zellbereiche lassen sich auf die gleiche Weise kopieren, ausschneiden und einfügen.

- Markieren Sie zunächst den Quellbereich und führen Sie den Kopier- oder Ausschneidebefehl durch.

- Setzen Sie anschließend den Zellzeiger an die linke obere Ecke des gewünschten Zielbereichs. Wenn Sie den Befehl *Einfügen* ausführen, werden die Inhalte in die Zellen unterhalb und rechts des Zellzeigers eingefügt.

„Drag and Drop"

Markieren Sie eine Zelle oder einen Zellbereich. Klicken Sie dann den Rahmen der Markierung an, bis der Mauszeiger zum Pfeil wird. Jetzt können Sie den markierten Bereich bei gedrückter linker Maustaste an den gewünschten Zielort „ziehen" und durch „loslassen" „fallen lassen". Die Bezüge von Formeln werden bei diesem Vorgang wie oben erwähnt angepasst.

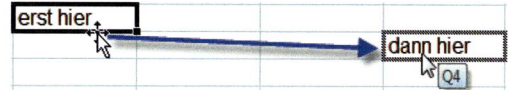

Ein ausgefülltes Leben

Faulheit macht erfinderisch

Für den Anwender eines DV-Programms gilt natürlich Ähnliches. Ständige Eingabewiederholungen gleicher Daten oder Datenreihen sind nicht unbedingt der Weisheit letzter Schluss. Daher gilt es, Excel nach weiteren Vereinfachungen zu durchforsten und diese bei den täglich anfallenden Routinetätigkeiten zu nutzen, um den Kopf für die wirklich kreativen Ideen frei zu haben.

Gesucht wird neben den bekannten Kopiermethoden eine noch schnellere und vor allem noch flexiblere Transportmöglichkeit für Daten.

Besonders bei Zahlenreihen wird die Eingabe zu einer zeitraubenden und nervtötenden Aufgabe. Formeln müssen wie bei der immer wieder einmal notwendigen Umstellung von alten DM-Beträgen auf den Euro (Multiplikation mit dem Faktor 0,5113) in langen Listen unzählige Male wiederholt werden.

Gerade haben Sie eine wunderbare Tabelle ausgearbeitet – schon soll die gleiche Tabelle für die nächste Erfassungsperiode erstellt werden. Häufig brauchen Sie Zahlenreihen, wenn Sie z.B. die Arbeitsstunden der Mitarbeiterinnen und Mitarbeiter registrieren wollen.

• Montag bis Samstag
• Januar bis Dezember

Für Excel kein Problem!

Für Wochenberichte wiederholt sich in den verschiedenen Aufstellungen und Listen immer wieder die Tagesbezeichnung von Montag bis Samstag.

Alles lästiges Tippen!

Nutzen Sie bei der Erledigung dieser Aufgaben die verschiedenen „Ausfüll"-Möglichkeiten von Excel.

Aufgaben

1. Versuchen Sie, durch automatisches Ausfüllen logischer Reihen die Schreibarbeit einzusparen. Geben Sie dazu die ersten zwei Daten einer Reihe ein, damit Excel deren Logik erkennt. Erstellen Sie Tabellen mit Datenreihen:

   • für die **Zahlenfolge:** 3, 5, 7 ... bis 30
   • für die **Monate** Januar bis Dezember
   • für eine **Artikelliste** Artikelnummer A100 bis A200
   • Probieren Sie noch weitere Datenreihen aus

2. Bereiten Sie in einer neuen Arbeitsmappe einen Urlaubsplan für 10 Mitarbeiterinnen und Mitarbeiter (Personalnummer P0011 bis P0020) für die Monate Juni und Juli des aktuellen Jahres vor.

3. Erstellen Sie in einer neuen Arbeitsmappe eine DM/Euro-Umrechnungstabelle.

4. Wie wäre es mit einer Umrechnungstabelle mit dem aktuellen Dollarkurs für einen möglichen Warenhandel mit einem Partnerunternehmen in den USA?

	A	B	C	D	E	F
1	Umrechnung in Euro					
2		DM	Euro		DM	Euro
3		10,00	5,11		160,00	81,81
4		20,00	10,23		170,00	86,92
5		30,00	15,34		180,00	92,03
6		40,00	20,45		190,00	97,15
7		50,00	25,57		200,00	102,26
8		60,00	30,68		210,00	107,37
9		70,00	35,79		220,00	112,49
10		80,00	40,90		230,00	117,60
11		90,00	46,02		240,00	122,71
12		100,00	51,13		250,00	127,83
13		110,00	56,24		260,00	132,94
14		120,00	61,36		270,00	138,05
15		130,00	66,47		280,00	143,16
16		140,00	71,58		290,00	148,28
17		150,00	76,70		300,00	153,39

	A	B	C	D	E	F
1	Urlaubsplan Allfit GmbH					
2		Personalnummer				
3		P0010	P0011	P0012	P0013	P0014
4	01.06.20..					
5	02.06.20..					
6	03.06.20..					
7	04.06.20..					
8	05.06.20..					
9	06.06.20..					
10	07.06.20..					
11	08.06.20..					
12	09.06.20..					
13	10.06.20..					
14	11.06.20..					
15	12.06.20..					
16	13.06.20..					
17	14.06.20..					

Hilfen

In der erweiterten Office-Zwischenablage können Sie bis zu 24 Inhalte (Texte, Daten, Bilder oder Formeln) aus den verschiedenen Anwendungen für die anschließende Nutzung speichern.

Das Fenster mit der erweiterten Zwischenablage aktivieren Sie mit der Schaltfläche der Gruppe *Zwischenablage* im Register *Start*.

Inhalt der Zwischenablage

Im Fenster des Arbeitsbereiches *Zwischenablage* erhalten Sie einen Kurzüberblick über das Ergebnis Ihrer „Daten-Sammelleidenschaft". Dort können Sie auch die einzufügenden Elemente auswählen oder wieder aus dem Zwischenspeicher löschen.

Mit dem Befehl *Einfügen* wird das ausgewählte Element an dem markierten Platz bzw. in der markierten Zelle eingesetzt.

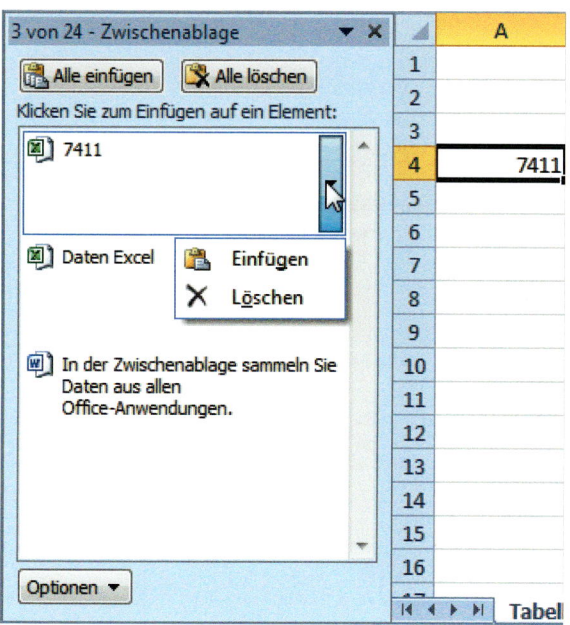

Ausfüllen von Zellen

Eine noch schnellere Kopiermöglichkeit – allerdings nur für benachbarte Zellen oder Zellbereiche – ist mit der Ausfüllfunktion von Excel gegeben. Auf diese Weise lassen sich Zellen durch einfaches „Ziehen" mit dem Mauszeiger beliebig vervielfältigen.

Besonders komfortabel ist dabei die Möglichkeit, eine einmal begonnene logische Zahlenreihe in den Nachbarzellen in einem Schritt beliebig fortführen und berechnen zu lassen.

• Markieren Sie die Zelle oder den Zellbereich, der kopiert werden soll.

• Platzieren Sie die Maus auf die rechte untere Ecke des „Ausfüllkästchens", bis der Mauszeiger zum Kreuz wird, und ziehen Sie jetzt den Bereich auf die gewünschte Größe – seitwärts, nach oben oder unten.

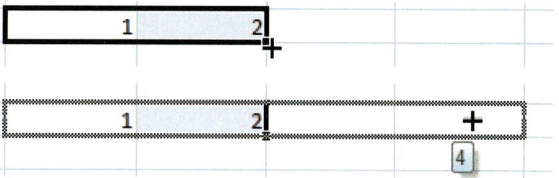

• Excel füllt den Bereich automatisch mit Daten aus.

Haben Sie logische Reihen von Zahlen oder Daten markiert, werden diese beim „Ausfüllen" entsprechend der gewählten Gesetzmäßigkeit weitergeführt. Dabei sind zwei Zellen das Minimum für eine logische Reihe (z. B. Montag, Dienstag ..., P0010, P0011 ... oder 2, 4 ...).

Nach dieser Aktion erscheint neben dem Ausfüllkästchen ein so genannter *SmartTag*. Dieser SmartTag-Helfer *Auto-Ausfülloption* lässt Ihnen nachträglich noch die Möglichkeit, eine endgültige Entscheidung darüber zu treffen, ob Sie die Zelle nur kopieren oder die Datenreihe ausfüllen wollen, ob Sie nur die Formate (z. B. Spaltenbreite, Schriftart und Farbe) oder die Daten ohne die in den Ursprungszellen vorhandenen Formate übernehmen wollen.

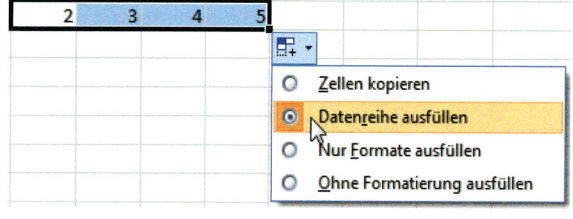

Excel – Welt der Kommunikation

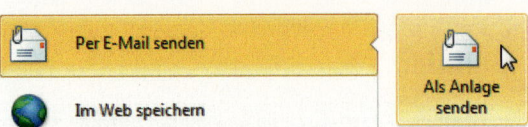

Wie in allen Unternehmen wird auch bei der ALLFIT Sportartikel GmbH von den Mitarbeitern Teamgeist und Teamarbeit verlangt. Eine so enge Zusammenarbeit verlangt zahlreiche Konferenzen und einen zügigen Informations- und Datenaustausch.

In der betrieblichen Praxis sind deshalb die Computer-Arbeitsplätze miteinander durch ein internes Netz (LAN-Netz) verbunden und an die Außenwelt über das Internet angeschlossen. Informationen lassen sich über für jeden Mitarbeiter eingerichtete E-Mail-Postfächer schnell elektronisch übermitteln.

Die Office-Kommunikationszentrale ist das Programm Outlook. Es bietet die Möglichkeit, *Kontakte* (Adressen) zu verwalten und diese den anderen Programmen zur Verfügung zu stellen. Im Postausgang werden die zu versendenden E-Mails – auch aus Excel – gespeichert und beim Versenden an den Empfänger weitergeleitet.

Die folgenden Aufgaben lassen sich nur in dafür eingerichteten Netz-Systemen vollständig durchführen. Testen Sie trotzdem so weit wie möglich die Vorgehensweise und kontrollieren Sie in Outlook das Ergebnis.

E-Mail-Anlage aus Excel versenden

 dann

Über das Register *Datei* wird der Vorgang gestartet. Jetzt können Sie bestimmen, wie die Datei verschickt oder ob sie möglicherweise im Web gespeichert werden soll (siehe auch Seite 13).

Die Tabelle kann vom Empfänger in Excel geöffnet und weiter bearbeitet werden.

 Aufgaben

1. Ihr Arbeitgeber ist bereit, Ihnen die Kosten für berufliche Weiterbildungen zu erstatten. Sie sollen deshalb eine Übersicht über die Gesamtkosten für den Fortbildungskurs zum Thema „Kommunikation mit modernen Medien" erstellen.

   Soweit Ihr PC-System technisch dafür eingerichtet ist, übersenden Sie die folgende Information als Anlage an einen netzinternen Kontakt.

Posten	Betrag
Kursgebühren	420,00
Übernachtung	212,00
Fahrkosten	58,00
Verpflegung	73,00
Gesamtbetrag	

2. Ein Mitglied Ihrer Arbeitsgruppe hat Sie gebeten, ihm eine Excel-Datei mit einer „Kurzfristigen Erfolgsrechnung" (KER) für die Produktgruppe „Sportschläger" unseres Sortimentes zur weiteren Analyse als E-Mail-Anlage zuzusenden.

   Erstellen Sie die Auswertung „Kurzfristige Erfolgsrechnung Sportschläger" mit den vorbereiteten Daten aus 🖫 *Erfolgsberechnung*.

   Die fehlenden Preisangaben finden Sie in den allgemeinen Informationen zur ALLFIT Sportartikel GmbH im ersten Kapitel.

	A	B	C	D	E	F	G	H
1	Kurzfristige Erfolgsrechnung der Gruppe Sportschläger							
2	ArtNr	Artikel	Anfangs-	End-	Verkauf	Bezugs-	Bar VK	Gewinn
3			bestand	bestand	Stück	Preis		
4	200300	Wickelband	523	233				
5	200400	Tennisschläger	263	34				
6	200500	Schutzhüllen	174	62				
7	200600	TT-Schläger	220	57				
8	200700	Nylonbespannung	135	27				
9	200800	Badmintonschläger	324	138				
10		Summe						

Eine Tabelle als Anlage zu einer E-Mail versenden

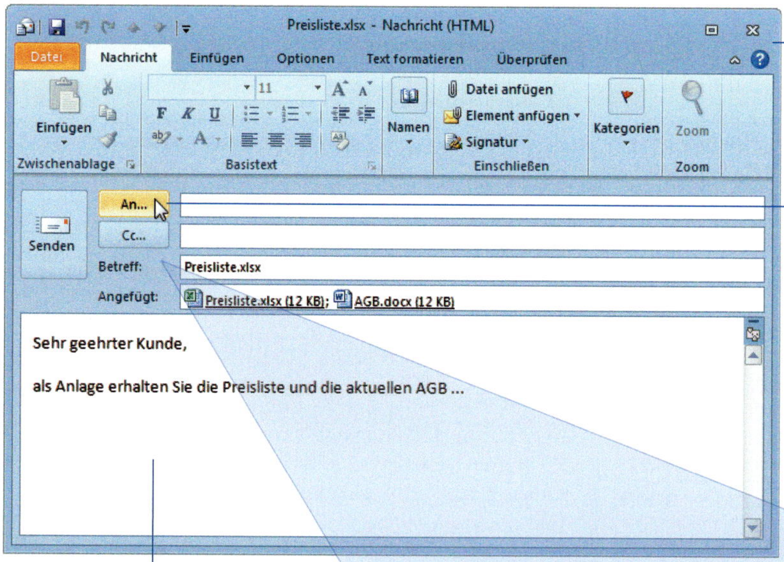
Preisliste.xlsx - Nachricht (HTML)
Datei
Nachricht
Einfügen
Optionen
Text formatieren
Überprüfen
Einfügen
Zwischenablage
Basistext
Namen
Datei anfügen
Element anfügen
Signatur
Einschließen
Kategorien
Zoom
An...
Cc...
Senden
Betreff:
Preisliste.xlsx
Angefügt:
Preisliste.xlsx (12 KB); AGB.docx (12 KB)
Sehr geehrter Kunde,
als Anlage erhalten Sie die Preisliste und die aktuellen AGB ...

Der *Senden*-Befehl in Excel öffnet das Nachrichtenfenster von Outlook mit Adressen- und Betreffzeile.

An ... stellt Ihnen die Verbindung zum *Kontakte*-Ordner von Outlook her.

Feld für die Eingabe des Begleitschreibens

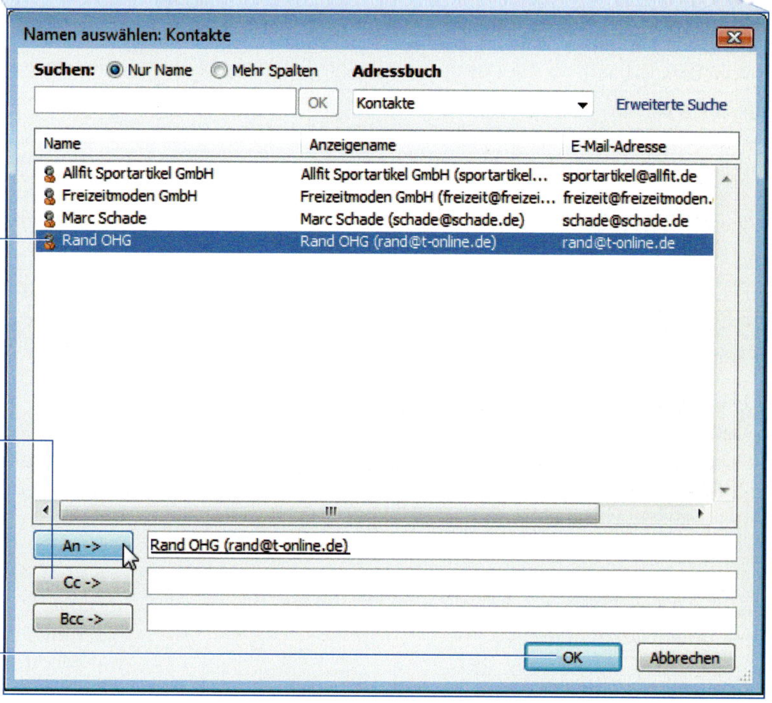
Namen auswählen: Kontakte
Suchen: Nur Name Mehr Spalten
Adressbuch
OK
Kontakte
Erweiterte Suche
Name
Anzeigename
E-Mail-Adresse
Allfit Sportartikel GmbH
Allfit Sportartikel GmbH (sportartikel...
sportartikel@allfit.de
Freizeitmoden GmbH
Freizeitmoden GmbH (freizeit@freizei...
freizeit@freizeitmoden.
Marc Schade
Marc Schade (schade@schade.de)
schade@schade.de
Rand OHG
Rand OHG (rand@t-online.de)
rand@t-online.de
An ->
Rand OHG (rand@t-online.de)
Cc ->
Bcc ->
OK
Abbrechen

Wählen (markieren) Sie hier die Empfänger-Adresse und eventuell den Empfänger einer Kopie (Cc).

Durch den Schalter *An->* oder *Cc->* übernehmen Sie die markierte Adresse in das Feld „Nachrichtenempfänger“.

Bestätigen Sie mit OK. Senden Sie nun mit diesem Befehl die E-Mail an den Postausgang von Outlook.

Datei anfügen
Element anfügen
Signatur
Einschließen

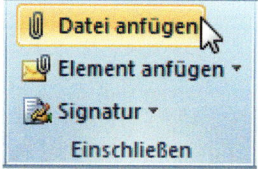

Über die Schaltfläche *Einschließen* (Klammer) im Nachrichtenfenster lassen sich weitere Anlagedateien im Datei-Manager auswählen.

Senden

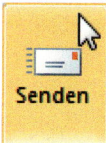

Schließen Sie Ihre Arbeit ab. Mit *Senden* verschieben Sie Ihre Nachricht in den Postausgang von Outlook.

Aufgaben

1. Alles wird teurer? – Kostenanalyse

In der ALLFIT Sportartikel GmbH werden durch die Buchhaltung die anfallenden Kosten für jeden Monat nach Kostenarten getrennt ausgewiesen. Dadurch gewinnen wir einen genauen Überblick über Veränderungen in der Kostenstruktur – eine wichtige Voraussetzung für das Controlling.

Erfassen Sie die nachfolgenden Daten in einer Tabelle und weisen Sie die verschiedenen Zwischensummen und die Gesamtsummen je Monat aus. Berechnen Sie in einer zusätzlichen Spalte die Quartalszahlen für jede Kostenart.

	Januar	Februar	März
Löhne	36.310	34.750	37.400
Gehälter	144.800	144.800	136.300
Arbeitgeberanteil	32.261	33.151	32.098
Ges. Personalk.			
Abschreibungen	24.700	24.700	24.700
Vertriebsprovision	45.900	49.600	47.000
Mieten, Pachten	17.700	17.700	19.800
Reisekosten	6.400	5.950	6.160
Werbung	20.000	17.000	23.400
Zinsen/Versicherungen	12.100	12.100	12.100
Ges. sonst. Kost.			
Gesamtsumme			

2. Papiere mit Restlaufzeit – Wechseldiskontabrechnung

Zur Sicherung von Kundenforderungen werden bei der ALLFIT Sportartikel GmbH in besonderen Fällen Wechsel eingesetzt.

Für diese Kundenwechsel sind regelmäßig Diskontabrechnungen zu erstellen.

Wechselsumme/EUR	Laufzeit/Tg.	Diskontsatz
14.445,00	48	7,0
46.000,00	60	6,6
16.555,00	36	7,5

Entwickeln Sie eine Tabelle als Berechnungsformular für die Wechsel-Diskontabrechnung:

	A	B	C	D	E
1	Diskontabrechnung				
2					
3	Wechselsumme				
4	Laufzeit		⇦ Eingabebereich der variablen Daten		
5	Diskontsatz				
6					
7	Wechselsumme		⇦ Verarbeitungsbereich mit Formeln		
8	Diskont				
9	Barwert		⇦ Ausgabebereich/Ergebnis		

3. Kursschwankungen – Aktienkursanalyse

Nicht für Investitionen benötigte flüssige Mittel der ALLFIT Sportartikel GmbH wurden von der Geschäftsleitung zwischenzeitlich in Aktien angelegt. Zur Verwaltung des Aktienpaketes sind die Wertpapiere in der Tabelle 💾 *Aktienkurse* mit Stückzahlen und Kaufkursen erfasst.

Die heutigen Tageskurse der verschiedenen Aktien sind der Tageszeitung zu entnehmen:

Aktie	Kurswert heute (Euro)
Adidas AG	43,00
Bayer AG	48,00
Commerzbank AG	7,00
Deutsche Post AG	14,00
Henkel KG&Co KG	40,00
RWE AG	56,00
Volkswagen AG	82,00

- Laden Sie 💾 *Aktienkurse* und erfassen Sie die Tageskurse in der entsprechenden Spalte.

- Fügen Sie das aktuelle Datum durch eine Funktion ein.

- Ermitteln Sie durch entsprechende Formeln unter Berücksichtigung der Stückzahlen den heutigen Kursgewinn bzw. Verlust je Aktienpaket in EUR und pro Stück in Prozent.

- Ermitteln Sie den Gewinn oder Verlust in EUR insgesamt.

4.2 Mit spitzem Bleistift kalkulieren

Spielwiese für Ästheten

In einem Unternehmen geht es natürlich nicht nur um einen günstigen Einkauf, sondern vor allem darum, die Ware am Absatzmarkt Gewinn bringend zu verkaufen. Werbeschreiben und die Erstellung von Preislisten zählen deshalb – neben Besuchen der Außendienstmitarbeiter – als wichtiges Marketinginstrument zur erfolgreichen Außendarstellung des Unternehmens.

Tabellen mit Zahlen und Texten müssen übersichtlich gestaltet sein und die zentralen Ergebnisse deutlich herausstellen, damit der Kunde die wichtigen Informationen auf einen Blick erfassen kann.

Lassen Sie Ihrem „Spieltrieb" bei der Gestaltung von Tabellen freien Lauf, beachten Sie allerdings: Weniger ist manchmal mehr! Übertreiben Sie die optische Gestaltung nicht. Häufig wird damit das Gegenteil des Angestrebten erreicht.

Vieles, was auf dem Bildschirm bunt und lebendig erscheint, wird vom Drucker oft nur in geringerer Qualität – und wenn Sie nicht über einen Farbdrucker verfügen – in einem trostlosen Schwarz wiedergegeben.

Rahmen lenken das Auge des Lesers zu einzelnen Tabellenteilen, die besonders hervorgehoben werden sollen. Sie helfen so, das Gesamtbild aufzugliedern und zu strukturieren.

Grafische Elemente – wie Muster, Schattierungen und Bilder – hinterlassen einen starken visuellen Eindruck. Sie lenken den Blick auf Wesentliches und sollten deshalb sparsam eingesetzt werden. Sie kommen vor allem in Titelzeilen oder Tabellenüberschriften gut zur Geltung.

Aufgaben

1. Gestalten Sie 🖫 *Preisliste* entsprechend dem unten abgebildeten Muster.

   • Verändern Sie die Schriftgrößen und weisen Sie der zweiten Überschrift die Schriftart *Script* zu.

   • Fügen Sie eine Grafik aus dem Ordner 🗁 *Bilder* der Übungs-CD-ROM ein.

Preisliste

Mit spitzem Bleistift kalkuliert!

Produktbereich	Artikelnummer	Artikelbezeichnung	Listenpreis netto
Fitness	100100	Hanteln	69,82
	100200	Expander	25,34
Sportschläger	200300	Wickelband	3,19
	200400	Tennisschläger	112,20
	200500	Schutzhüllen	11,89
	200600	TT-Schläger	43,96
	200700	Nylonbespannung	5,58
	200800	Badmintonschläger	33,10
Bälle	300900	Ballpumpe	11,80
	301000	Fußball	58,96
	301100	Ventilset	4,66
	301200	Tennisbälle	16,22
	301300	Federbälle	2,33
	301400	TT-Bälle	2,20
Sportkleidung	401500	Tennissocken	10,97
	401600	T-Shirt	16,28
	401700	Sweatshirt	38,78
	401800	Jogginghose	55,33

Hilfen

Mit Rahmen und Farben gestalten

Die schnellste Möglichkeit, **markierte Zellen** oder **Bereiche** optisch hervorzuheben, finden Sie im Register *Start* in den Gruppen *Schriftart* und *Ausrichtung*. Hier haben Sie vielfältige Möglichkeiten, Ihre künstlerischen Ideen in die Tat umzusetzen.

Füllfarben und Rahmenarten für Zellen, unterschiedliche Schriftarten und die gezielte Positionierung der Schrift in der Zelle geben einer Tabelle den letzten optischen Schliff.

Rahmen

 **Rahmen festlegen und entfernen:** Klicken Sie zunächst auf den Pfeil neben *Rahmenlinie* in der Gruppe *Schriftart* und definieren Sie durch Anklicken der Optionen die gewünschte Linienart und Farbe.

Gehen Sie bei der Formatierung schrittweise vor. Bearbeiten Sie zunächst die Gesamttabelle, anschließend Teilbereiche, Zeilen, Spalten und zuletzt einzelne Zellen.

Weitere Rahmenlinien... Weitere Möglichkeiten für eine noch umfassendere Zellformatierung finden Sie im Register *Rahmen* des sich nun öffnenden Dialogfeldes *Zellen formatieren*.

Hier können Sie Farben und Art von **Tabellenrahmen und Füllfarben** individuell festgelegen.

Zellen verbinden

Eine wichtige Gestaltungsmöglichkeit stellt die Zentrierung von Überschriften über zwei oder mehr Spalten durch die Verbindung von Zellen dar.

	A	B	C
1	Artikelgruppe / Sportbereich		
2	Fitness	Ballsport	Bekleidung

Markieren Sie die Textzelle und die angrenzenden Zellen, die zu einem Bereich verbunden werden sollen.

Ein Klick auf die Schaltfläche *Verbinden und zentrieren* unter der Gruppe *Ausrichtung* führt den Befehl aus und zentriert den Text im markierten Gesamtbereich. Ein weiterer Klick löst die Verbindung wieder auf.

Grafiken einfügen

Jetzt bleibt nur noch das gestalterische Tüpfelchen auf dem „i": das Einfügen von Grafiken. Beispielgrafiken befinden sich im Ordner 📁 *Bilder*.

Aktivieren Sie das Register *Einfügen*. Öffnen Sie mit dem Befehl *Grafik (Gruppe Illustrationen)* das Verzeichnis 📁 *Bilder*. Markieren Sie 💾 *Stift.bmp* und bestätigen Sie den Vorgang mit der Return-Taste.

Ein zusätzliches Register *Bildtools Format* wird im Menüband sichtbar. Die Schaltflächen geben unzählige Möglichkeiten zur grafischen Gestaltung Ihrer Bilder.

Sie können die Größe und Position der Grafik nach dem Einfügen verändern. Ziehen Sie mit dem Mauszeiger die Punkte im Grafikrahmen auf die gewünschte Größe. Wenn Sie mit der Maus direkt auf das Bild klicken, lässt es sich mit **gedrückter** linker Taste über den Bildschirm ziehen und an eine neue Position platzieren.

Der Trick mit den Schatten

Sie können den Umriss von Bildelementen auf einem einfarbigen Hintergrund freistellen und ihn dann mit einem Schatten versehen. Aktivieren Sie die Grafik. Wählen Sie im Register *Bildtools Format*, Gruppe *Anpassen*, Schalter *Farbe, Transparente Farben bestimmen*.

Nach einem Klick auf die weiße Fläche der Grafik können Sie den Umriss mit Schatten formatieren.

Eine neue Quelle

Die Bezugsquellenermittlung für die Stoffe und Waren, die eingekauft werden müssen, zählt zu den wichtigsten Aufgaben des Einkäufers eines Unternehmens. Entscheidet sich doch schon gerade bei den Einkaufsquellen und Einkaufspreisen, welche Verkaufspreise für das Unternehmen – im Vergleich zur Konkurrenz – möglich sind.

Schließlich ergibt sich aus Verkaufspreis abzüglich Einstandspreis und Kosten der mögliche Gewinn des Unternehmens an einem Artikel.

Um die günstigsten Einkaufspreise zu ermitteln, sammelt der Chefeinkäufer der ALLFIT Sportartikel GmbH regelmäßig

Angebote, Kataloge, Preislisten usw. Er besucht außerdem Messen und Ausstellungen – eine besonders interessante Aufgabe, da hier auch immer noch etwas Zeit bleibt, die Messestädte Europas kennen zu lernen.

Eine aktuelle Aufgabe ist es, einen neuen Lieferanten für Tennisschläger ausfindig zu machen. Durch neue Anbieter für diesen Artikel auf dem Markt ist es zu Veränderungen im Preisgefüge gekommen.

Bei der Einkaufsentscheidung spielt natürlich der Preis eine wichtige Rolle, aber der Chefeinkäufer legt auch sehr viel Wert auf gute Qualität, kurze Lieferzeiten und auf die Zuverlässigkeit des Lieferanten.

Angebote über Tennisschläger sind von den Herstellern angefordert und eingegangen. Neben dem Schreiben der ATLETICO GmbH liegen noch drei weitere Angebote von anderen Herstellern vor:

ALLFIT Sportartikel GmbH
Bayenthalgürtel 28
50968 Köln

Ihr Zeichen/Ihre Nachricht vom hh 94 / 01. 08. 20..	Unsere Zeichen sa-gr	Düsseldorf 13. 08. 20..

Angebot Nr. 6-11

Sehr geehrte Damen und Herren,

für Ihre Anfrage besten Dank. Sie erhalten mit diesem Brief das gewünschte Angebot.

Tennisschläger Speed
Artikel Nr. 501-23 zu EUR 78,– je Stück
abzüglich 25 % Rabatt
Für Fracht und Verpackung berechnen wir 0,60 EUR je Stück.

Die Preise verstehen sich zuzüglich der jeweils gültigen gesetzlichen Umsatzsteuer. Die Zahlung ist innerhalb 30 Tagen zu leisten. Bei Zahlung innerhalb 10 Tagen gewähren wir 2,596 % Skonto.

Die Lieferung erfolgt sofort nach Auftragseingang.

Mit freundlichen Grüßen

Sportgeräte GMBH vom 01. 08. 20..

Lieferung sofort ab Werk.
Listenpreis 96,00 EUR,
Wiederverkäuferrabatt 40 %.
Fracht 2,30 EUR je Stück.

Bei Zahlung innerhalb von 10 Tagen 3 % Skonto, 30 Tage netto Kasse.

Fritz Sturm OHG vom 05. 08. 20..

Lieferung sofort, frei Haus.
Listenpreis 84,00 EUR,
Rabatt 25 %.

Zahlung 10 Tage 2 %, 30 Tage netto.

Sport Schreck München vom 10. 08. 20..

Lieferung sofort, ab Werk.
Listenpreis 85,20 EUR,
Wiederverkäuferrabatt 30 %.

Bei Zahlung innerhalb von 10 Tagen 3 % Skonto, 30 Tage netto Kasse.

Frachtkosten 2,40 EUR/Stück

Aufgaben

1. Sie finden in ⊟ *Bezugsquelle* eine Vorlage für eine Bezugsquellendatei. Tragen Sie die fehlenden Angebote ein und bereiten Sie die Tabelle optisch auf. Auf den übernächsten Doppelseiten lernen Sie, wie man mit Excel Angebote auch vergleichen kann.

2. Legen Sie die Darstellungsform der Werte und Zahlen (Zahlenformat) in den Zellen fest.

   • Formatieren Sie alle Zellen mit EUR-Einträgen im Zahlenformat „#.##0,00".
   • Datumsangaben sollen in der Form 14.03.2001 dargestellt werden.

3. Bearbeiten Sie die Aufgaben in ⊟ *7Zahlenformat*.

 **Hilfen**

Zeilenumbruch in einer Zelle

Um den Inhalt einer Tabelle deutlich zu erklären, sind besonders in Spaltenüberschriften sehr häufig längere Texte einzusetzen.

Mit der Schaltfläche *Zeilenumbruch* der **Gruppe Ausrichtung** oder mit der Tastenkombination <ALT> + <RETURN> kann innerhalb einer Zelle ein Zeilenumbruch durchgeführt werden. Der gesamte Text wird in einer Zelle sichtbar.

Zahlenformate

Grundsätzlich können Zahlen in verschiedenen Formaten (Erscheinungsbilder) in den Zellen dargestellt werden,

z. B.: 1234,1 oder 1.234,10 oder auch 1.234,10 € usw.

Excel weist einer Zahleneingabe ein *Standardformat* zu. So wird die Eingabe von 01545 zu 1545, die Zahl 11,30 wird zu 11,3. Berechnungen werden auf mehrere Stellen hinter dem Komma dargestellt.

Ist die Spalte für eine vollständige Darstellung zu schmal, erscheint als Fehlermeldung „###########".

Bei der Eingabe eines Datums, beispielsweise 15.5.2010 oder 15. Mai 2010, erkennt Excel automatisch das gewünschte Format. Die Daten werden standardmäßig als 15.05.2010 und 15. Mai 10 dargestellt.

Zahlen- und Datumsformate ändern

Sie können markierten Zellen gezielt ein von Ihnen gewünschtes Zahlen- oder Datumsformat zuweisen.

Für die Veränderung der Dezimalstellen nutzen Sie diese Schaltflächen in der Gruppe „Zahl".

000 fügt 1.000er-Trennzeichen ein.

Weitere häufig genutzte Zahlenformate enthält das Auswahlfenster *Zahlenformat*. Ein Klick auf den Pfeil öffnet dieses Fenster.

Mehr ... öffnet ein Register für differenziertere Einstellungen, beispielsweise auch für Postleitzahlen.

Benutzerdefinierte Zahlenformate

Für besondere Situationen kann der Computernutzer Zahlenformate auch selbst definieren, beispielsweise bei Kundennummern mit einer vorgestellten 0. Diese wird sonst automatisch entfernt. Geben Sie das gewünschte Format durch die Eingabe von Platzhaltern in die Dialogmaske ein.

definiertes Format	eingegebene Zahl	Anzeige
00,00	1,1	01,10
#.##0,00	33,1	33,10
#.##0,00	1234,3	1.234,30
„KD" 00000	123	KD 00123

Die Anzahl der „0" zeigt die gewünschte Länge der Darstellung. Bei kürzeren Zahlen werden die „Leerstellen" mit „0" aufgefüllt. „#" ist ebenfalls Platzhalter und wird nicht angezeigt, wenn an dieser Stelle keine Zahl steht.

Es ist fünf vor zwölf

Bei Ihrer Arbeit in der ALLFIT Sportartikel GmbH haben Sie bisher schon sehr viel Einsatz gezeigt. Eigentlich ist es nötig, Ihre Arbeitszeiten einmal festzuhalten, um den Aufwand zu ermitteln.

Das Erfassen von Zeiten spielt in einem Unternehmen überhaupt eine wichtige Rolle:

- Arbeitszeiten der Mitarbeiterinnen und Mitarbeiter für die Lohnabrechnung werden ermittelt.
- Lieferzeiten bei der Auftragsbearbeitung werden festgehalten.
- Zahlungsfristen werden überwacht.
- Die Zinsberechnungen bei Darlehen erfolgen nach Tagen oder Jahren.

Dass Excel nicht nur Text oder Zahlen, sondern auch ein Datum, also Zeitangaben versteht, haben Sie bei der Erfassung der Lieferzeiten schon gesehen. Es reicht aus, ein Datum mit den entsprechenden Punkten als Trennzeichen einzugeben.

Ein kleiner Test liefert die Erklärung dafür. Geben Sie die Zahl 1 in eine beliebige Zelle einer Tabelle ein. Weisen Sie dieser Zelle nun das Format *Datum* zu, dann zeigt sich, dass für Excel der Tag Eins des PC-Zeitalters der 1. 1. 1900 ist.

 Aufgaben

1. Erstellen Sie eine Tabelle für das Erfassen von Arbeitszeiten der Mitarbeiterinnen und Mitarbeiter pro Tag. Ermitteln Sie die täglichen Arbeitszeiten im Zeitformat von Excel. Pausenzeiten werden natürlich nicht als Arbeitszeit gerechnet und sind abzuziehen.

   - Bestimmen Sie durch eine Funktion für jedes Datum den Wochentag.

   - Berechnen Sie die Gesamtarbeitszeit pro Woche und die durchschnittliche Arbeitszeit pro Tag.

   - Die Tabelle soll die geringste und die höchste Arbeitszeit der Woche ausweisen.

   - Für die Ermittlung des Bruttolohnes ist es notwendig, die Arbeitszeit zusätzlich zum Uhrzeitenformat auch dezimal auszuweisen.

   - Fügen Sie die weiteren Berechnungen für den Bruttolohn ein.

2. Ist der Mitarbeiter Classen ein „Sonntagskind"? Stellen Sie dies mit einer Funktion in Excel fest, die den Wochentag zu einem Datum berechnet. Sein Geburtsdatum ist der 07.07.1985.

3. Ermitteln Sie den Wochentag ihres eigenen Geburtstags.

	A	B	C	D	E	F	G	H
1								
2	*AS*	Berechnung des Bruttolohnes						
3								
4	**Name**	Bertram		**Lohngruppe**	L4		**Std.Lohn**	9,00
5								
6	**Datum**	**Wochentag**	**Arbeitsbeginn**	**Pausen**	**Arbeitsende**	**Arbeitsstunden**	**Std. dezimal**	**Normallohn**
7	21.05.20..		08:10	00:45	17:00			
8	22.05.20..		08:30	00:30	18:00			
9	23.05.20..		08:00	00:30	17:00			
10	24.05.20..		07:00	00:45	16:00			
11	25.05.20..		07:30	00:30	19:00			
12	26.05.20..							
13	27.05.20..							
14				Summe				
15				Durchschnitt pro Tag				
16				Minimum				
17				Maximum				

Hilfen

Format *Uhrzeiten*

Auch Uhrzeiten sind Zahlen. Beim Schreiben von Zeiten werden Stunden, Minuten und Sekunden durch Doppelpunkte getrennt. Excel erkennt beispielsweise die Eingabe von 11:55 oder 11:55:00 als Zeit und formatiert die Zelle entsprechend.

Im Auswahlfenster Zahlenformat der Gruppe *Zahl* können Sie das gewünschte Format festlegen.

Das Feld *Mehr…* , ganz unten im Auswahlmenü, öffnet das Fenster *Zellen formatieren*. Hier können Sie im Register *Zahlen* weitere Formate für Uhrzeiten festlegen und bestimmen, wenn Sie beispielsweise nur Stunden und Minuten anzeigen wollen.

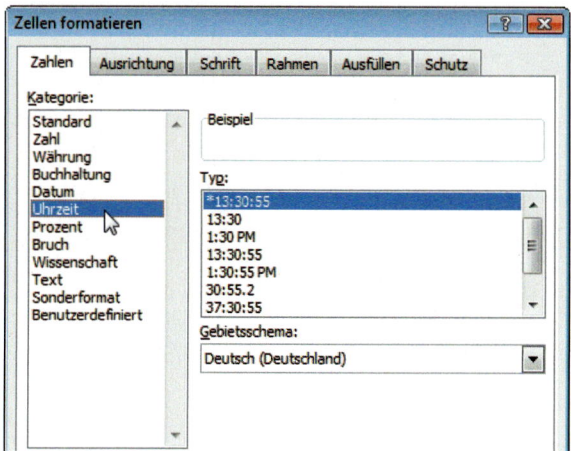

- 13:30:55 (Standard: hh:mm:ss) zeigt die Uhrzeit einschließlich Sekunden an.

- 13:30 (Benutzerdefiniert hh:mm), zeigt nur Stunden und Minuten in der Zelle an.

37:30:55 rechnet über den Tag hinaus

Solange die Additionsergebnisse von Uhrzeiten kleiner als 24 Stunden sind, stimmen die Ergebnisse. Bei Werten über 24 taucht dann immer wieder dasselbe Problem auf. Es wird nur der über 24 hinausgehende Anteil angezeigt, weil das standardmäßig von Excel verwendete Format nur für reine Uhrzeiten vorgesehen ist. Es endet also mit 24:00 Uhr.

Zu Behebung des Problems muss die Zelle mit einem anderen Zeitformat formatiert werden. Wählen Sie das Format 37:30:55, um auch Zeiten über 24 Stunden hinaus darzustellen.

Nun rechnet Excel richtig: 12:00 plus 13:00 ist gleich 25:00 Stunden.

Ein Tag hat 24 Stunden

Multiplikationen mit Uhrzeiten, beispielsweise mit Stundenlöhnen, ergeben grundsätzlich wieder Zeitwerte. Der Wert von 1:00 Stunden in einer Zelle entspricht nämlich nicht der Zahl „1", sondern 1/24 eines Tages. Wandelt man 01:00 in eine Zahl um, weist die Zelle den Wert 0,0416 aus.

Um Stunden als Dezimalzahlen darzustellen, müssen Sie also die Zelle mit 24 multiplizieren und dann das Ergebnis als Zahl formatieren.

Elemente aus einem Zeitwert ermitteln

Aus jedem Datum in Excel können Sie mit Hilfe von Funktionen Teilinformationen ermitteln.

- =TAG() ; =MONAT() ; =JAHR()

- =STUNDE() ; =MINUTE()

Die Funktionen TEXT() oder WOCHENTAG() können Sie einsetzen, um aus einem Datumswert eine Information über diesen Tag zu erhalten.

- =TEXT(„18.5.2010"; „TTTT") ergibt Dienstag.

- =TEXT(C8;"tttt") ergibt Montag, wenn C8 das Datum 17.5.2010 enthält.

- =WOCHENTAG(C7) ermittelt den Wochentag als Zahl von 1 bis 7. Dabei ist „1" der Sonntag.

Wer die Wahl hat ...

Herr Loewe aus der Einkaufsabteilung erklärt die wesentlichen Punkte des Angebotes: „Rabatte vom Listenpreis sind im Geschäftsleben die wichtigsten Preisnachlässe. Bei Abnahme bestimmter Mengen werden Mengenrabatte gewährt oder Wiederverkäufern werden bei Markenartikeln mit einer Preisempfehlung des Herstellers entsprechende Preiszugeständnisse auf den empfohlenen Wiederverkaufspreis gemacht. Rabatt-Verhandlungen zählen zu den am härtesten geführten Verkaufsgesprächen."

Aber warum gibt es neben dem Rabatt noch zusätzlich einen Nachlass von 2 %?

Geld ist bekanntlich überall knapp, so auch in einem Unternehmen. Um dem Käufer einen Anreiz zu bieten, sofort oder in einer vereinbarten Frist zu zahlen, gewährt man ihm einen Nachlass für frühzeitige Zahlung (Skonto) von 2 % oder manchmal auch 3 %.

Welches Angebot ist nun aber das günstigste?

Hier hilft nur eins, nämlich rechnen. Das ist eine Aufgabe für Sie als Excel-Spezialist/-in. Wichtig ist bei dieser so genannten „Bezugskalkulation" allerdings, dass Sie unbedingt die richtige Reihenfolge der einzelnen Rechenschritte einhalten. Die Bezugskosten, das sind Fracht, Verpackung und ggfs. Frachtversicherung, werden erst nach Rabatt und Skonto berücksichtigt.

Listenpreis	100 %	
– Rabatt	– 10 %	
= Zieleinkaufspreis	= 90 %	entspricht 100 %
– Liefererskonto		– 2 %
= Barzahlungspreis		= 98 %
+ Bezugskosten		
= Einstandspreis		

Da diese Berechnung für alle vier Angebote gilt, sind viermal für jedes Angebot die gleichen Formeln in eine Spalte einzugeben.

Langweilig! Aber Sie kennen ja glücklicherweise bereits den Kopierbefehl. Der hilft Ihnen auch bei Zellen weiter, die Formeln zum Inhalt haben.

 Aufgaben

1. Richten Sie eine Tabelle zur Durchführung von Angebotsvergleichen ein, wobei die Spalte A die Zeilenüberschriften enthält.

Für jedes Angebot sind zwei Spalten vorzusehen, eine für die variablen Daten aus dem Angebot (Eingabebereich) und eine zweite als Verarbeitungsbereich für die Berechnungen ausgehend vom Listenpreis (bei Lieferer A die Spalte C) .

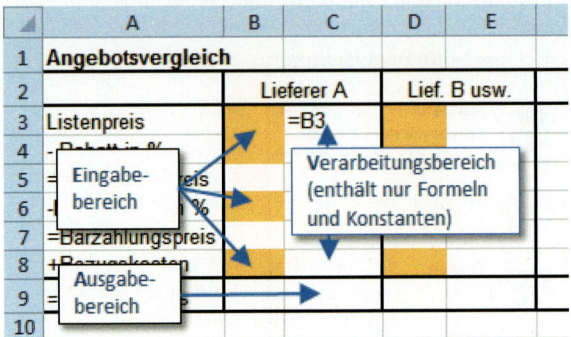

Achtung: Oft ist es für die Kommentierung von Daten wichtig, eine Texteingabe mit: = , + ; * usw. zu beginnen. Excel interpretiert diese Zeichen dann aber als Formel oder als Rechenbefehl. Wenn solche Eingaben als Teil eines Kommentars gelten sollen, müssen Sie diese mit einem Hochkomma (') beginnen (z. B. '+Skonto), ansonsten erhalten Sie die Fehlermeldung „#Name". Excel interpretiert nun diese Zelle als Text.

- Geben Sie in Spalte B (Eingabebereich) die Daten des ersten Angebotes ein.

- Tragen Sie die Formeln für die Berechnung in die entsprechenden Felder der Spalte C (Verarbeitungs-/Rechenbereich der Daten in Spalte B) ein.

Ist eine Berechnung fertig, lässt sich die Tabelle durch Kopieren für beliebig viele Lieferer erweitern.

- Markieren Sie den Bereich für Lieferer A und kopieren Sie Formeln und Formate (Spalte C) für die weiteren Berechnungen der anderen Angebote.

- Markieren Sie E3 (bzw. die entsprechenden Zellen der anderen Angebote) und fügen Sie die Daten aus der Zwischenablage ein. Die Formeln und Formate werden nach unten eingefügt.

Hilfen

Genauso wie Texte oder Zahlen dupliziert oder verschoben werden können, kann durch Kopieren von einmal erstellten Formeln in andere Zellen der Schreibaufwand in einer Tabellenkalkulation minimiert werden. Diese Methode bietet sich an, wenn gleichartige Berechnungen in einer Tabelle mehrfach durchgeführt werden müssen. Excel passt die kopierten Formeln der neuen Position selbstständig an und ändert die Berechnungen entsprechend.

Erstellen Sie in solchen Fällen zuerst nur eine einzelne Berechnung und kontrollieren Sie diese mit verschiedenen Testzahlen. Erst nach dieser Prüfung können die Berechnungen vervielfacht bzw. kopiert werden.

Relative Bezüge

Eine Formel in einer Tabelle wird von dem Programm nicht „wörtlich" genommen, sondern relativ verstanden, also immer von der aktiven Zellposition ausgehend.

Sie schreiben z. B. in die Zelle C3: =B3

Excel interpretiert:
= Wert übernehmen aus   Zelle gleicher Zeile
                            eine Spalte weiter links

Wenn Sie schreiben:

◢	A	B	C
1			
2			Lieferer A
3	Listenpreis		
4	- Rabatt in %		=C3*B4/100

interpretiert Excel:

◢	A	B	C
1			
2			Lieferer A
3	Listenpreis		
4	- Rabatt in %		=Z(-1)S*ZS(-1)/100

= Wert übernehmen aus:
Zelle eine Zeile höher Z(-1), gleiche Spalte (S) multipliziert mit * Zelle gleiche Zeile (Z), eine Spalte links (S-1) dividiert durch 100.

Wird eine Formel (hier z. B. aus B2) kopiert, werden die Bezüge der neuen Formel (hier z. B. in E2) relativ zu der neuen Zelle angepasst.

◢	A	B	C	D	E
1	4			5	
2	6	=A1+A2		7	=D1+D2
3					
4					
5					Einfügen

Kopieren von Formelbereichen

Es können auch mehrere gleiche oder unterschiedliche Formeln eines Zellbereiches in einem einzigen Arbeitsgang in einen anderen Zellbereich kopiert werden, in dem die gleichartigen Berechnungen durchgeführt werden sollen.

Markieren Sie zunächst den gewünschten Bereich und aktivieren Sie die Schaltfläche *Kopieren*.

◢	A	B	C	D	F
1	4			5	
2	6	=A1+A2		7	
3		=B2+3			
4		=B2+B3			

Platzieren Sie anschließend den Zellzeiger auf die linke obere Zelle des gewünschten Zielbereiches und klicken Sie *Einfügen* an.

◢	A	B	C	D	E
1	4			5	
2	6	=A1+A2		7	
3		=B2+3			
4		=B2+B3			

Der Zielbereich wird von der markierten Zelle ausgehend nach unten und gegebenenfalls nach rechts ausgefüllt. Alle Formeln werden in der entsprechenden Reihenfolge übernommen und die Bezüge der neuen Position angepasst.

◢	A	B	C	D	E
1	4			5	
2	6	=A1+A2		7	=D1+D2
3		=B2+3			=E2+3
4		=B2+B3			=E2+E3

Votum für die Erlebniswelt

Jedem Kinobesucher präsentieren Getränke-Hersteller nicht mehr nur irgendein Produkt, sondern sie verkaufen dem Kunden zusätzlich einen Traumgutschein auf ein besonderes Genuss-Erlebnis, eine Eintrittskarte für ein Abenteuer!

Bei der Kaufentscheidung spielen unterbewusste psychologische Faktoren eine erhebliche Rolle. Vielleicht sind Sie eine Ausnahme, aber nur wenige Kunden haben vor dem Einkauf eine klare Vorstellung, was sie brauchen oder was sie sich genau wünschen. Shopping als Lebensgefühl.

Nur die Hälfte der Verbraucher benutzt einen Einkaufszettel, wenn ja, dann sind dort meist nur Gattungsbegriffe wie „Marmelade", „Pizza" oder „Tennisbälle" notiert. Die Mehrheit der Entscheidungen wird dann am „POS" („Point of Sale") getroffen, behaupten Marktforscher. Sie meinen damit, dass der Kunde sich meist erst beim Einkauf im Laden für ein Produkt entscheidet und dass zwei Drittel aller Einkäufe „Spontaneinkäufe" seien.

Da die Verkaufserfolge der Sportfachgeschäfte letztlich auch Gewinne für unsere ALLFIT Sportartikel GmbH bedeuten, helfen wir unseren Kunden, erfolgreiche Strategien für ihre eigene Werbung und Verkaufsförderung zu entwickeln. So bieten wir unseren Kunden regelmäßig Marktdaten, eindrucksvolle Beispiele und Anregungen für eine gute Warenpräsentation an.

Die Voraussetzung für wirksame Ratschläge sind Marktuntersuchungen, die von uns in regelmäßigen Zeitabständen durchgeführt werden.

Eine Marktstudie über den Verkaufserfolg verschiedener Formen der Warenpräsentation, die in einer Reihe von Sport-Fachgeschäften durchgeführt wurde, erbrachte das unten dargestellte Ergebnis.

Nach der Erhebung müssen die Daten allerdings noch weiter aufbereitet werden. Da in den drei Wochen der Studie unterschiedlich viele Kunden die Geschäfte besucht haben, findet die Geschäftsleitung die absoluten Zahlen nicht aussagekräftig genug und möchte gerne, dass Sie eine prozentuale Auswertung der Informationen vornehmen.

 Aufgaben

1. Werten Sie die Daten der 💾 *Marktanalyse* prozentual aus, um über die Kundenreaktion bei unterschiedlichen Formen der Warenpräsentationen eine genauere Aussage treffen zu können.

   • Ermitteln Sie die Gesamtzahl der Kunden.

   • Geben Sie dann in der ersten Zelle für die Berechnung der Prozentzahl die Formel ein, die später in die anderen Zellen übertragen werden soll. Achten Sie auf den absoluten Bezug zur Gesamtanzahl, damit die Formel problemlos kopiert werden kann.

   • Kopieren Sie die Formel in die entsprechenden Zellen der „Ersten Woche".

   • Führen Sie die entsprechenden Eingaben für die anderen Untersuchungswochen durch.

   • Interpretieren Sie das Ergebnis.

	A	B	C	D	E	F	G
1	**Marktanalyse**						
2		Erste Woche		Zweite Woche		Dritte Woche	
3		Einfacher Aufbau		Dekoration mit Handtüchern		Dekoration mit Pflanzen	
4		in Regalsystemen		auf einer Einkaufsinsel		und Liegestuhl	
5	**Kunden**	**Anzahl**	**in %**	**Anzahl**	**in %**	**Anzahl**	**in %**
6	Kaufabsicht	14		22		24	
7	Stehenbleiben	68		90		60	
8	Blickkontakt	255		320		210	
9	keine Reaktion	463		568		306	
10	Gesamtzahl						

Hilfen

Absolute Bezüge

Beim Kopieren von Formeln mit relativen Bezügen zu anderen Zellen behält Excel diesen Bezug bei. Das führt zu falschen Berechnungen oder Fehlermeldungen, wenn eine Formel sich nach dem Kopieren eigentlich immer noch auf die „Original"-Zellen beziehen soll. Der Zellbezug kann durch das Kopieren jedoch „verrutscht" sein – z. B. eine Zeile tiefer und nach rechts – und sich somit unter Umständen auf eine leere Zelle beziehen.

In diesem Falle muss dem Programm mitgeteilt werden, dass z. B. die Eingabe „=A2" nicht als „=gleiche Zeile, eine Spalte links" interpretiert werden darf, sondern tatsächlich „wörtlich" zu nehmen ist, sich der Bezug also auch nach dem Kopieren weiter auf die Zelle A2 erstrecken soll.

Dazu gibt man die Formel mit vorangestelltem „$"-Zeichen ein, das immer den **absoluten Bezug** kennzeichnet.

=$A$2

Beispiel absoluter und relativer Bezug

In dem folgenden Beispiel wird die Formel mit **relativem** Bezug =A2 aus der Zelle B2 in den Bereich B3:B5 kopiert:

	A	B
1	Erlebniswelt	Zellergebnis
2	Südsee	=A2 Südsee
3	Hawaii	=A3 Hawaii
4	Seychellen	=A4 Seychellen
5	Mallorca	=A5 Mallorca

Im zweiten Fall wird der **absolute** Bezug =$A$2 aus der Zelle B2 in den darunterliegenden Bereich kopiert:

	A	B
1	Erlebniswelt	Zellergebnis
2	Südsee	=$A$2 Südsee
3	Hawaii	=$A$2 Südsee
4	Seychellen	=$A$2 Südsee
5	Mallorca	=$A$2 Südsee

Im zweiten Fall erfolgt keine Anpassung des Bezuges auf die jeweilige Zelle links, sondern die kopierte Formel bezieht sich immer absolut auf A2. Excel hat die Anweisung wörtlich genommen und weist in allen Zellen die Erlebniswelt „Südsee" aus.

Ändern von Bezügen

Da in Tabellen überwiegend relative Bezüge vorkommen, werden die Formeln sinnvollerweise standardmäßig relativ erstellt. Bei Bedarf können allerdings jederzeit die gesamten Bezüge einer Formel oder Teilbereiche davon vor dem Kopiervorgang in absolute umgewandelt werden.

Gehen Sie durch einen Doppelklick direkt in die Zelle oder markieren Sie diese und klicken Sie anschließend auf die Eingabezeile.

- =A2 Bewegen Sie die Schreibmarke zu dem zu ändernden Zellenbezug.

- Tippen Sie das Dollarzeichen für den absoluten Zellenbezug ein.

Sie können jedoch noch einfacher durch wiederholtes Drücken der „**Funktionstaste <F4>**" die Bezugsart – Schritt für Schritt – ändern.

=A2	relativer Bezug
=$A$2	absoluter Bezug
=A$2	gemischter Bezug, nur Zeile 2 wird absolut gesetzt
=$A2	gemischter Bezug, nur Spalte A wird absolut gesetzt

Bei Formeln mit mehreren Zellbezügen gehen Sie im Prinzip genauso vor. Ändern Sie einen einzelnen Bezug, indem Sie die Schreibmarke genau auf die entsprechende Stelle in der Formel setzen

Schreibmarke

=B5:C5+B7

und die Taste <F4> drücken.

=B5:$C$5+B7

Eva und Kunde König

Wie heute bei fast allen Unternehmen gilt auch bei der ALLFIT Sportartikel GmbH der Absatzbereich als Engpasssektor. Nicht nur die optimale Warenpräsentation ist entscheidend für den Absatz. Der Markt ist nur mit einer aggressiven Preispolitik zu erobern. Preiszugeständnisse gegenüber den Kunden sind bei starker Konkurrenz an der Tagesordnung.

Die Einstandspreise der Bezugskalkulation bilden im Verkauf die Grundlage für die Kalkulation der Verkaufspreise. Auf den Einstandspreis werden prozentual die eigenen Handlungskosten (Gemeinkosten) – von der Buchhaltung zurzeit mit 35 % angegeben – aufgeschlagen. Zusätzlich erfolgt ein Aufschlag für den erwarteten Gewinn von derzeit 8 %.

Den Kunden, die ja in der Regel Wiederverkäufer sind, wird normalerweise ein Rabatt von höchstens 20 % gewährt. Für die Zahlung innerhalb von 10 Tagen erfolgt ein weiterer Nachlass von 2 % Skonto vom Zielverkaufspreis. Beide Nachlässe werden vorab bereits in den Listenpreis eingerechnet.

Für die Verkaufskalkulation ergibt sich also das folgende Kalkulationsschema. (Die Prozentzahlen geben jeweils die entsprechende Basis für die Berechnung der einzelnen Prozentsätze an.)

	Einstandspreis	100 %		
+	Handlungskosten (HKZ)	35 %		
=	Selbstkostenpreis	135 %		100 %
+	Gewinnzuschlag			8 %
=	Barverkaufspreis	98 %		108 %
+	Kundenskonto	2 %		
=	Zielverkaufspreis	100 %		80 %
+	Kundenrabatt			20 %
=	Listenverkaufspreis			100 %

Sie erhalten den Auftrag, mit Hilfe der Tabellenkalkulation ein entsprechendes Berechnungsschema zu erstellen, um jederzeit Neuberechnungen durchführen zu können. So soll die Basis geschaffen werden, den Außendienstmitarbeitern kurzfristig neue Preislisten mit den aktuellen Zahlen zur Verfügung stellen zu können.

Denn es kommt häufig vor, dass Mitarbeiter anrufen und fragen, ob sie bei Verkaufsverhandlungen mit Kunden weitere Preiszugeständnisse machen können. Sie beginnen mit der Artikelgruppe „Sportschläger". Die aktuellen Einstandspreise für diese Artikelgruppe sind in der folgenden Tabelle aufgeführt.

Gruppe	Art.-Nr.	Bezeichnung	Einst.-Preis (in Euro)
Schläger	200300	Wickelband	1,72
	200400	Tennisschläger	57,64
	200500	Schutzhüllen	6,39
	200600	TT-Schläger	23,64
	200700	Nylonbespannung	3,00
	200800	Badmintonschläger	17,80

Für die Umsetzung der Verkaufskalkulation gibt Ihnen der Verkaufsleiter den Rat, die Tabelle nach dem **EVA**-Prinzip aufzubauen, um unbeabsichtigte Veränderungen der Formeln in der Tabelle zu vermeiden. Durch eine möglichst konsequente Trennung des Eingabebereichs (für die regelmäßige Eingabe der variablen Daten) und des Berechnungsbereichs (dieser enthält nur konstante Werte, Formeln und Bezüge) kann die Gefahr, Formeln bei der späteren Dateneingabe versehentlich zu überschreiben, vermindert werden.

Die Tabelle wird in folgende Bereiche eingeteilt:

- **E**ingabebereich für kurzfristig gleichbleibende Prozentsätze (z. B. Handlungskosten und Gewinnaufschlag) sowie Einstandspreise, Skonto- und Rabattsatz.

- **V**erarbeitungsbereich für die Berechnungen mit Formeln. Er enthält nur Bezüge, Formeln oder konstante Zahlen.

- **A**usgabebereich für die Ergebnisdarstellung: In unserer Tabelle ist das Ergebnis der berechnete Listenverkaufspreis.

Der Wunsch des Abteilungsleiters, jederzeit kurzfristig eine aktualisierte Preisliste für diese Artikelgruppe in einer neuen Tabelle zu erhalten, müsste doch eigentlich auch mit einem modernen Datenverarbeitungsprogramm erfüllbar sein.

Aufgaben

1. Richten Sie eine Verkaufskalkulationstabelle nach den Vorgaben des Abteilungsleiters für die sechs Artikel des Bereichs „Sportschläger" ein. Als Muster dient Ihnen die Abbildung, die Sie unten auf dieser Seite finden.

   Achtung: Wenn Sie eine Texteingabe zur Kommentierung mit einem Rechenzeichen beginnen, meldet Excel den Fehler „#NAME?", da die Zelle als Formel interpretiert wird. Definieren Sie deshalb solche Eingaben ausdrücklich als Text, indem Sie mit einem Hochkomma (') beginnen.

   • Erstellen Sie die Formeln in der Spalte für die Kalkulation des Artikels „200300 Wickelband".

   • Kopieren Sie die Formeln in die jeweiligen Spalten für die anderen Artikel.
   Achtung: Vorher gegebenenfalls absolute Bezüge auf den Eingabebereich für Handlungskosten und Gewinn definieren!

   • Speichern Sie die Datei unter 🔲 *Verkaufskalkulation* ab.

2. Für den Artikel „Tennisschläger" wurde von Ihnen durch den Angebotsvergleich im vorherigen Abschnitt der neue Einstandspreis von 57,64 EUR ermittelt.

   Der Tennisschläger wird von dem neuen Lieferanten bezogen.

   Berechnen Sie den aktuellen Listenverkaufspreis für diesen Artikel auf Grund des neuen Einstandspreises und korrigieren Sie die 🔲 *Preisliste.*

3. Auf Grund der allgemeinen Kostenentwicklung haben sich auch die Einstandspreise der TT-Schläger und Badmintonschläger erhöht. Die Preiserhöhung beträgt 3 % für die TT-Schläger und 5 % für die Badmintonschläger.

   Kalkulieren Sie die Listenverkaufpreise neu. Korrigieren Sie die 🔲 *Preisliste.*

4. Stellen Sie fest, um wie viel Prozent unsere Listenpreise für die Warengruppe Sportschläger in etwa steigen, wenn sich unser Handlungskostenzuschlag um 10 % erhöht.

5. **Projektidee:**
   Eine Kaufhauskette möchte anlässlich einer Jubiläums-Sonderaktion schnellstmöglich einen großen Posten Tennisschläger bestellen. Der dortige Einkäufer des Konzerns stellt jedoch – mit dem dezenten Hinweis auf einen Konkurrenten – die Bedingung, einen Sonderrabatt von 7,5 % gewährt zu bekommen.

   Können wir diesen Rabatt einräumen?

	A	B	C	D	E	F	G
1	**Verkaufskalkulation Sportschläger**						
2							
3	HKZ in %	Eingabebereich					
4	Gewinn in %						
5							
6	Artikelnummer	200300	200400	200500	200600	200700	200800
7	Artikelbezeichnung	Wickelband					
8	Bezugspreis						
9	Skonto in %			Eingabebereich			
10	Rabattsatz						
11							
12	Bezugspreis						
13	+ HKZ						
	= Selbstkostenpreis						
	usw.			Verarbeitungsbereich			
	= Listenverkaufspreis			Ausgabebereich			

Gut verbunden

Die starke Konkurrenz der ALLFIT Sportartikel GmbH macht es notwendig, die Verkaufspreise regelmäßig der aktuellen Marktsituation anzupassen. Sie haben sicherlich festgestellt, dass die Korrektur der Preisliste bei der Neukalkulation der Preise eine aufwändige und zeitraubende Arbeit darstellt, da die entsprechende Datei zusätzlich geladen werden muss.

Immer wieder müssen die neu kalkulierten Preise über die Tastatur in die Liste eingefügt werden, außerdem ist dies eine nicht unerhebliche Fehlerquelle.

Dies ist besonders lästig, da Sie der Abteilungsleiter häufig bittet, kurzfristig Sonderpreislisten für Kunden zu erstellen, die gegenüber anderen Abnehmern abweichende Konditionen erhalten sollen. Auch bei Sonderwerbeaktionen sind Listen mit besonderen Aktionspreisen notwendig.

Aktuell haben Sie den Auftrag erhalten, eine solche Sonderpreisliste nur für die Artikelgruppe „Sportschläger" aufzustellen. Sie überlegen, dass es doch möglich sein müsste, die Listenpreise direkt aus dem Ausgabebereich der Tabelle mit der Verkaufskalkulation zu übernehmen. Die andere Tabelle der gleichen Arbeitsmappe mit einer Sonderpreisliste enthält dann also immer automatisch die neuen Preise. Wieder einmal ist Mitdenken und Flexibilität gefragt.

Sie machen sich an die Arbeit.

Aufgaben

1. Richten Sie in Ihrer Mappe 🖫 *Verkaufskalkulation* die gewünschte Verknüpfung zwischen einer Preisliste für die Warengruppe 2 und dem Kalkulationsschema für diese Artikelgruppe ein.

   • Fügen Sie – falls notwendig – ein zusätzliches Tabellenblatt in die Arbeitsmappe ein.

   • Schreiben Sie die Preisliste für die Gruppe „Sportschläger" und verknüpfen Sie die Zellen der Verkaufspreise mit den betreffenden Zellen des Ausgabebereichs.

   • Benennen Sie die beiden Tabellen neu und erstellen Sie eine weitere Preisliste, die ein mögliches Skonto auf alle Artikel von 3 % berücksichtigt.

2. **Projektidee:**

   Unser Außendienstmitarbeiter Fritz Anders hat die Verkaufsverhandlungen mit einem neuen Kunden über Artikel der Warengruppe 2 abgeschlossen und eine Rabattvereinbarung von 12,5 % getroffen. Außerdem hat er dem Kunden 3 % Skonto in Aussicht gestellt.

   Herr Anders bittet Sie, dem Kunden eine Preisliste zukommen zu lassen, auf der dieser die Nettoverkaufspreise (Listenpreise abzüglich Skonto und Rabatt) sofort ablesen kann.

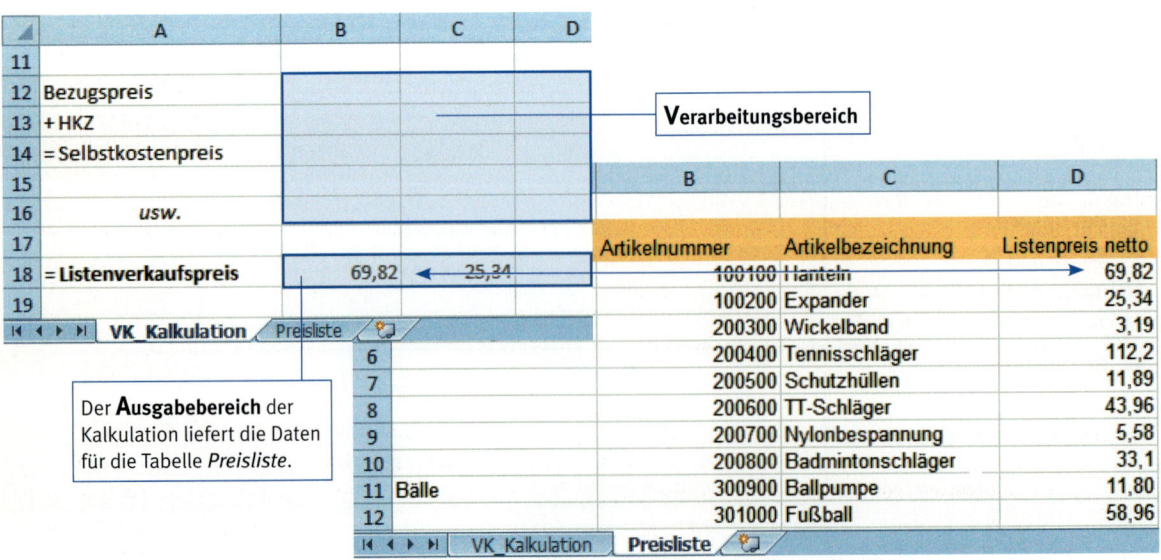

 **Hilfen**

Verknüpfen von Tabellen einer Arbeitsmappe

Sehr häufig werden die Ergebnisse einzelner Tabellen als Ausgangsdaten einer weiteren Tabelle benötigt. Excel bietet für diese Aufgabe die Möglichkeit, Tabellen miteinander zu verknüpfen. So können beispielsweise Inhalt oder Ergebnis der Zelle A1 von Tabelle1 automatisch in die Zelle B1 von Tabelle2 übernommen werden (siehe unten). Bedingung dafür ist, dass in der Formel in B1 Bezug auf die Tabelle1 genommen wird.

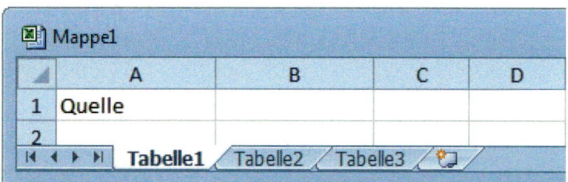

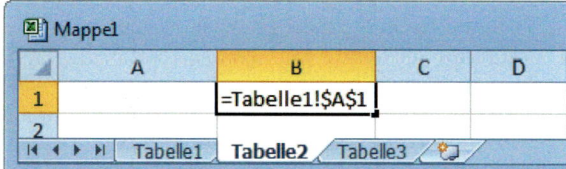

Wichtig: Tabellenname und Zellbezug werden durch ein Ausrufezeichen getrennt.

Verknüpfungen zwischen Tabellen können sich nicht nur auf einzelne Zellen, sondern bei Funktionen auch auf Zellbereiche beziehen:

=SUMME(Tabelle1!A1:B4)

=MITTELWERT(Tabelle1!A1:A4)

Probleme mit der korrekten Schreibweise der Verknüpfung lassen sich vermeiden, wenn die Formel mit der Maus erstellt wird.

Tippen Sie die Formel bis zu der Stelle ein, an der ein Bezug folgt, beispielsweise „=" oder „=4*". Öffnen Sie dann die Tabelle, auf die Sie Bezug nehmen wollen, über das Register am unteren Bildschirmrand.

Markieren Sie die entsprechende Zelle oder bei Funktionen den entsprechenden Bereich. Drücken Sie jetzt die Return-Taste. Zur Bestätigung erscheint die Formel in der korrekten Schreibweise, hier beispielsweise =4*(Tabelle1!A1).

Da die zwei Tabellen hier unterschiedlich aufgebaut sind (horizontal und vertikal), lassen sich die Formeln nicht wie gewohnt kopieren.

Hinzufügen und Löschen von Tabellenblättern

Über die Schaltfläche *Blatt einfügen* in der Gruppe *Zellen* der Registerkarte *Start* können Sie eine Arbeitsmappe durch zusätzliche Tabellenblätter erweitern. Dabei wird eine neue Tabelle vor dem momentan geöffneten Tabellenblatt eingefügt.

Mit einer Schaltfläche rechts im Tabellenregister fügen Sie am Ende des Registers ein zusätzliches Tabellenblatt ein.

Die Schaltfläche *Blatt löschen* entfernt das gerade aktivierte Tabellenblatt.

Umbenennen und Verschieben von Tabellenblättern

Jeder Tabelle einer Arbeitsmappe können Sie zur besseren Übersicht mit Hilfe der Schaltfläche *Format*, Befehl *Blatt umbenennen* einen eigenen Namen zuweisen. Tippen Sie einfach den neuen Namen ein.

Um die Reihenfolge der Tabellenblätter zu verändern, schieben Sie das *Blattregister* mit gedrückter linker Maustaste an den gewünschten Platz auf der Leiste.

Register-Kontextmenü

Alle soeben erwähnten Aktionen (löschen, umbenennen etc.) und noch einige mehr (z.B. *Registerfarben*) lassen sich auch über das *Kontextmenü* des Tabellenregisters aktivieren. Klicken Sie dazu das entsprechende Registerblatt mit der **rechten Maustaste** an.

Aufgaben

1. Etwas zum Ausspannen – Visitenkarten

Wie wäre es mit einer Erholungspause nach so viel Mathematik? Gestalten Sie sich Ihre individuelle Visitenkarte.

Das abgebildete Symbol und andere Bilder finden Sie im Unterverzeichnis 🖫 *Bilder* der Daten-CD-ROM.

Sie können aber auch selbst eine individuelle Zeichnung gestalten. Hilfestellung für die Entfaltung Ihrer Kreativität bietet Ihnen das Zeichenprogramm *Paint*, das Sie im Programmzubehör von Microsoft Windows finden.

ALLFIT Sportartikel GmbH

Karl Sachlich

Qualifizierter Sachbearbeiter

Bayenthalgürtel 28
50968 Köln   02 21 17 98 33

2. Gehe zur Parkstraße – Nebenkostenabrechnung

- Für das vermietete Dreifamilienhaus der ALLFIT Sportartikel GmbH, Parkstraße 7 in 50968 Köln ist die Nebenkostenabrechnung für das letzte Jahr zu erstellen. Die ermittelten Gesamtkosten sind entweder nach Personen oder nach Quadratmetern auf die jeweiligen Mieter zu verteilen (siehe Verteilungsschlüssel in der unten abgebildeten Tabelle).

  Die Gesamtwohnfläche des Hauses beträgt 360 Quadratmeter und wird zurzeit von insgesamt 11 Personen bewohnt.

- Gestalten Sie die Abrechnung so übersichtlich, dass sie den Mietern als Anlage zu einem Brief zugeschickt werden kann.

  Berechnen Sie zuerst einmal für die vierköpfige Familie Schneider in der 120 Quadratmeter großen Erdgeschosswohnung den Nebenkostenanteil für das abgelaufene Jahr.

  Familie Schneider hat eine Nebenkostenvorauszahlung von 1.800,– Euro geleistet.

- Welche Veränderung würde sich ergeben, wenn die Tochter der Familie zu Beginn des Jahres nach Abschluss ihrer Ausbildung ausgezogen wäre?

Nebenkostenabrechnung Parkstraße 7			
		Name	Schneider
	gesamt	Wohnung	E
Wohnfläche (qm)			
Zahl der Bewohner			
Kostenart	Gesamtkosten in EUR	Verteilung	Kosten Wohnung E
Wasser	991,10	Personen	
Kanalbenutzungsgebühr	512,30	Personen	
Straßenreinigung	573,15	qm	
Gartenpflege	300,00	qm	
Müllabfuhr	856,40	Personen	
Grundsteuer	1.217,35	qm	
Wartung Heizungsanlage	586,30	qm	
Versicherungen	1.487,40	qm	
Summe	6.524,00		
Vorauszahlung			
Nachzahlung			

3. In Lohn und Brot –
Berechnung der Umsatzprovision

Die Außendienstmitarbeiter der ALLFIT Sportartikel GmbH sind angestellte Handlungsreisende der Unternehmung. Sie erhalten zurzeit für Ihre Arbeit ein Fixum von monatlich 1.800,00 EUR. Zusätzlich zu diesem Festgehalt bekommen sie eine prozentuale Beteiligung an den von ihnen getätigten Umsätzen.

Die Umsatzprovision wird mit Hilfe von differenzierten Absatzstatistiken ermittelt, in der jeder Artikel unseres Programms einzeln erfasst wird, da für die verschiedenen Artikel unterschiedliche Provisionssätze gelten. Diese Prozentsätze sind entsprechend den unterschiedlichen Marktchancen der Produkte gestaffelt.

Zurzeit gelten die folgenden Provisionen:

Art.-Nr.	Artikelbezeichnung	Provisionssatz
200300	Wickelband	3
200400	Tennisschläger	2,5
200500	Schutzhüllen	3
200600	TT-Schläger	2,5
200700	Nylonbespannung	3
200800	Badmintonschläger	4

Der Außendienstmitarbeiter Fritz Anders hat in den Monaten Juli und August die folgenden Absatzzahlen im Produktbereich „Sportschläger" erreicht:

Art.-Nr.	NettoVK	Absatz Juli	Absatz August
200300	3,19	2.330	2.115
200400	112,20	340	255
200500	11,89	84	110
200600	43,96	208	195
200700	5,58	965	750
200800	33,10	206	243

- Erstellen Sie eine Tabelle nach dem unten dargestellten Grundschema. Fügen Sie sinnvolle Überschriften und Ergänzungen ein und berechnen Sie die Umsatzprovisionen des Mitarbeiters Fritz Anders für den Monat Juli. Erweitern Sie die Tabelle für die Gesamtabrechnung des Zeitraums Juli und August (Eingabebereich beachten!).

- Berechnen Sie für den folgenden Monat August die Umsatzprovision für den Fall, dass die Prozentsätze bei TT Schlägern auf 3 % und bei Tennisschlägern auf 4 % erhöht wurden.

Provisionsabrechnung

Eingabebereich

Art.-Nr.	Absatzmenge	Provisionssatz
200300		
200400		
200500		
200600		
200700		
200800		

Art.-Nr.	Artikel	Absatzmenge	NettoVK	Prov. %	Umsatz	Provision
200300	Wickelband		3,19			
200400	Tennisschläger		112,20			
200500	Schutzhüllen		11,89			
200600	TT-Schläger		43,96			
200700	Nylonbespannung		5,58			
200800	Badmintonschläger		33,10			

4. Auf den Tag genau – Zinsrechnung

Unser Kunde, die Body Sport GmbH in Wertheim, befindet sich in Zahlungsschwierigkeiten. Auf Bitte des Kunden hin wurde vereinbart, dass Rechnungen teilweise gestundet werden. Für die Zeit der verspäteten Zahlung nach Fälligkeit der Rechnung wurde ein Zins festgelegt, der 5 % über dem Leitzins der Europäischen Zentralbank liegt. Zurzeit ergibt sich entsprechend ein Zinssatz von 6 %.

Der Kunde ist mit einer taggenauen Berechnung der Zinsen einverstanden.

- Berechnen Sie die Zinsen für die folgenden Rechnungsbeträge in einer Tabelle.

Rech.Nr.	Betrag (Euro)	Fälligkeit	Zahlung
23004	1.230,00	12.01.20..	13.02.20..
23006	3.453,00	20.02.20..	20.03.20..
23007	2.466,00	01.03.20..	01.04.20..
23013	1.540,00	03.03.20..	08.05.20..
23017	4.230,00	15.03.20..	02.06.20..

- Ändern Sie die Tabelle für die Berechnung nach den kaufmännischen Regeln (1 Monat = 30 Tage, 1 Jahr = 360 Tage). Dafür bietet Excel eine spezielle Rechenfunktion:

=Tage360(Anfangsdatum;Endedatum;Methode)
Beispiel: =Tage360(A1;B1;0)
(0 steht für die kaufmännische Berechnungsmethode.)

Berechnung von Verzugszinsen

Zinssatz %	6	Rech.Nr.	Betrag	Fälligkeit	Zahlung	Tage	Zinsen

5. Laufzeiten – Kredit-Tilgungsplan

Darlehen mit langen Laufzeiten werden in der Regel als Annuitätendarlehen vergeben. Vertragsgemäß sind in diesen Fällen gleich bleibende Annuitäten (Jahresraten) zu zahlen. Diese setzen sich aus Zinsen und Tilgung zusammen. Im Laufe der Zeit verringert sich durch die Tilgung der Zinsanteil, dementsprechend steigt der jährliche Tilgungsanteil der gezahlten Annuität.

Wer Schulden macht, sollte sich vorher genau überlegen, wie lange sie ihm erhalten bleiben. Schließlich wird dadurch bis zur endgültigen Rückzahlung für mehrere Jahre das Budget belastet.

Erstellen Sie für ein Darlehen mit den unten aufgeführten Konditionen einen Tilgungsplan über die ersten 10 Jahre und vergleichen Sie die dann verbleibende Restschuld bei einer Annuität von 11.000 EUR und von 15.000 EUR.

Tilgungsplan

		Jahr	Kreditbetrag Jahresanfang	Annuität	Zins	Tilgung	Restschuld Jahresende
Jahr Kreditaufn.	2005	2005	120.000,00	11.000,00	7.200,00	3.800,00	116.200,00
Kreditbetrag	120.000,00	2006	116.200,00	11.000,00	6.972,00	4.028,00	112.172,00
Zinssatz	6	2007	112.172,00	11.000,00	6.730,32	4.269,68	107.902,32
Annuität	11.000,00	2008	107.902,32	11.000,00	6.474,14	4.525,86	103.376,46
		2009	103.376,46	11.000,00	6.202,59	4.797,41	98.579,05

4.3 Das ABC der Lagerwirtschaft

Der Feuermelder

In der Lagerbuchhaltung der ALLFIT Sportartikel GmbH werden die Lagerbestände für alle Artikel noch auf Lagerkarteikarten manuell erfasst. Die Karteikarte enthält im so genannten Kartenkopf die Daten, die über einen längeren Zeitraum unverändert bleiben, die Stammdaten. Dies sind beispielsweise die Artikelnummer, die Artikelbezeichnung und der Meldebestand.

Der Meldebestand gibt die Menge an, die bei Erreichen oder bei Unterschreiten zu einer Nachbestellung des betreffenden Artikels durch die Einkaufsabteilung führt.

Der Meldebestand soll den Absatz während der Bestellzeit sicherstellen. Die Höhe wird von der Unternehmung selbst festgelegt und ergibt sich aus der durchschnittlichen täglichen Absatzmenge und der veranschlagten Lieferzeit.

Lagerbestandsveränderungen durch Verkäufe und Einkäufe – die Bewegungsdaten auf einer Lagerkarte – werden im Kartenrumpf der Lagerkarte getrennt aufgeführt, der aktuelle Lagerbestand wird jeweils neu berechnet. Zusätzliche Informationen wie Buchungsdatum oder Belegart werden ebenfalls hier erfasst, um einen Nachweis für die Datenänderungen führen zu können.

Sie sehen natürlich sofort Ihre neue Aufgabe: Die Lagerbuchhaltung muss schnellstmöglich automatisiert werden!

Das Gestalten einer Lagerkarteikarte oder besser Lagerdateikarte geht Ihnen sicher leicht von der Hand. Die Berechnungen, die durchzuführen sind, dürften Ihnen kaum noch Schwierigkeiten bereiten.

Ein Muster der in der ALLFIT Sportartikel GmbH bisher verwendeten Karteikarte liegt Ihnen vor (siehe Bild unten).

Aber halt, da war doch was!

Das Lager hatte kürzlich vergessen, rechtzeitig eine Nachbestellung von T-Shirts zu veranlassen. Das ganze Saisongeschäft war dahin.

So etwas ist in der Vergangenheit zwar selten, aber doch schon vorgekommen. Ihre Idee, einen „Feuermelder" in die Lagerdatei einzubauen, der bei Erreichen des Meldebestandes auf die zu veranlassende Nachbestellung aufmerksam macht, stößt auf größtes Interesse.

Aufgaben

1. Laden Sie 🖫 *8Intelligenz* und testen Sie die Intelligenz des Programms.

2. Richten Sie eine Lagerdatei dem Muster folgend in einer neuen Arbeitsmappe ein.

   - Schreiben Sie die Formel für die Berechnung des aktuellen Bestandes aus Zugängen und Abgängen. Sie müssen mit etwa 20 Lagerbewegungen rechnen.

   - Zur besseren Lagerkontrolle soll der aktuelle Bestand noch einmal im Kartenkopf erscheinen.

   - Bauen Sie den „Feuermelder" mit der WENN()-Funktion in die Lagerdatei ein. Sie müssen darauf achten, dass die Meldung, – z. B. „bestellen" – in dem Moment angezeigt wird, in dem der aktuelle Lagerbestand (Ist-Bestand) gleich oder kleiner dem Meldebestand ist. Ansonsten soll „ausreichend" angezeigt werden. Probieren Sie es aus!

   - Ihre erste funktionsfähige Lagerdatei dient als Basis für Dateien weiterer Artikel. Vervielfältigen Sie die Tabelle mit Hilfe des Befehls *Verschieben/kopieren* im Kontextmenü zum Tabellenregister oder der Schaltfläche *Format* (Gruppe *Zellen*).

◢	A	B	C	D	E	F
1			Lagerdatei			
2	Artikel Nr.	100300			Meldebestand	300
3	Artikel	T-Shirt			Akt. Bestand	1000
4	Preis				Meldung	ausreichend
5	Datum	Beleg	Text	Zugang	Abgang	Bestand
6	01.01.20..	Inventar	Anfangsbestand	1000		
7						

3. Buchen Sie die folgenden Vorgänge in der Lagerdatei:

05.01. ...	Lieferschein 03	Abgang	523
10.01. ...	Lieferschein 08	Abgang	195
18.01. ...	Lieferschein B1211	Zugang	900

4. Feuermelder sind eigentlich rot. Um diesen Effekt auch in der Lagerkartei zu erzielen, müssen Sie die WENN()-Funktion umgestalten:

=WENN(F3<F2;1;-1)

Eine positive oder eine negative Zahl ist auf den ersten Blick natürlich keine Lösung. Aber jetzt können Sie eine verschiedenfarbige Darstellung der Zahlen durch das folgende Zahlenformat erreichen:

(Gruppe , *Zellen formatieren, Zahlen, Benutzerdefiniert*)

[Blau]"ausreichend";[Rot]"bestellen";""

Excel übersetzt dieses Format: Bei positivem Zellergebnis schreibe in der Farbe Blau „ausreichend", bei negativem Zellergebnis schreibe in Rot „bestellen".

Hilfen

Die WENN()-Funktion

Aus Einstellungstests kennen Sie vielleicht seitenlange Aufgaben nach folgendem Muster:
„Errechnen Sie die Ergebnisse der beiden Zeilen und subtrahieren Sie die kleinere Zahl von der größeren."

5 * 5 =		6 * 3 =	
3 * 7 =		4 * 5 =	

Je nach Aufgabenstellung kann das Rechnungsresultat also lauten: „Ergebnis Zeile 1 – Ergebnis Zeile 2" oder „Ergebnis Zeile 2 – Ergebnis Zeile 1".

Auch Formeln sollten so aufgebaut sein, dass sich die Formel bei verschiedenen Lösungen selbst der veränderten Situation anpasst.

Tabellenkalkulationsprogramme bieten für solche logischen Probleme die Funktion WENN() an.

Sie ist folgendermaßen aufgebaut:
=WENN(Prüfung;Dann-Wert;Sonst-Wert)

Die Trennung der drei Elemente in der Klammer muss immer mit Hilfe eines Semikolons erfolgen. Die Funktion WENN vor der Klammer definiert deren Bedeutung.

Für den Einstellungstest lautet die Rechenvorschrift dann folgendermaßen:

Wenn(Zeile1 größer ist als Zeile 2;
　　　dann Zeile 1 minus Zeile 2;
　　　　　sonst Zeile 2 minus Zeile 1)

	A	B	C
1	5	5	25
2	3	7	21 =WENN(C1>C2;C1-C2;C2-C1)

Für die Prüfung können folgende Operationen genutzt werden:

=	gleich	<>	ungleich
<=	kleiner gleich	>=	größer gleich

Text in WENN()-Bedingungen

Statt der Rechenformeln können auch Texteingaben in die WENN()-Funktion eingefügt werden, die dann statt Zahlen als „Ergebnis" der Formel in der Zelle erscheinen. Texte müssen für Excel unbedingt durch Anführungszeichen kenntlich gemacht werden.

=Wenn(A1=1;"ist eins";"ist nicht eins")

Fehlermeldungscheck

• Befinden sich Leerstellen zwischen den Anweisungen?
• Ist zur Trennung ein Semikolon eingesetzt?
• Sind alle Klammern richtig gesetzt?
• Stehen Texte in Anführungszeichen?

	A	B	C	D	E	
1					Funktion in Spalte E	Ergebnis in Spalte E
2	2		6	5	=WENN(A2>=2;C2+D2;C2*D2)	11
3	2				=WENN(A3=1;"sehr gut";"weniger gut")	weniger gut

Sonst noch was?

Die Versendung unserer Waren wird im Lager vorbereitet und anhand der Lieferscheine durchgeführt. Die Sendungen müssen von uns ordnungsgemäß verpackt und mit der Empfängeradresse gekennzeichnet werden. In der Regel werden die Waren frei Haus an den Kunden ausgeliefert. Der Erfüllungsort ist der Ort des Kunden. Das bedeutet für uns, dass wir das Risiko des zufälligen Verschwindens der Ware tragen und somit auch die Transportversicherung übernehmen.

Mit einem Frachtführer, der Spedition Th. Hövelmann, haben wir einen Rahmenvertrag geschlossen, in dem sich die Spedition verpflichtet, die Ware grundsätzlich innerhalb von 48 Stunden an den Kunden auszuliefern.

Die Frachtkosten werden nach einem so genannten Stücktarif abgerechnet. Neben der Anzahl der Pakete ist auch die Entfernung in Form von Tarifzonen zu berücksichtigen. Die jeweils zutreffende Tarifzone und damit auch der Preis ergeben sich aus der Postleitzahl des Empfängerortes des Kunden.

PLZ	Tarifzone	PLZ	Tarifzone
0....	4	5....	1
1....	4	6....	4
2....	5	7....	3
3....	3	8....	5
4....	2	9....	5

Als Frachttarife für die verschiedenen Tarifzonen gibt die Spedition Beträge an:

Paketpreis in EUR	
Tarifzone 1	24,50
Tarifzone 2	28,00
Tarifzone 3	31,50
Tarifzone 4	35,00
Tarifzone 5	38,50

Aufgaben

1. Stellen Sie für die Berechnung der Transportkosten eine Tabelle auf, mit der schnell der Gesamtbetrag ermittelt werden kann. Die Daten sind in der Datei 💾 *Frachtkosten* vorbereitet.

2. Erweitern Sie die Lösung unter Berücksichtigung der zurzeit geltenden Mengenrabatte:

bis 5 Pakete	0 %	Rabatt
5 bis 10 Pakete	5 %	Rabatt
über 10	15 %	Rabatt

Hilfen

Wie alle Funktionen enthält auch die WENN()-Funktion eine zwingend notwendige Klammer, die die „Argumente" – durch Semikolon getrennt – enthält. Diese Trennzeichen ersetzen die Begriffe „dann" und „sonst".

WENN(Prüfung;Dann–Wert;Sonst–Wert)

Wie Sie auf den vorhergehenden Seiten gesehen haben, prüft die WENN()-Funktion eine festgelegte Bedingung, die entweder wahr oder falsch ist. Je nach Ergebnis wird der Dann–Wert oder der Sonst–Wert als Ergebnis in die Zelle übernommen.

Die verschachtelte WENN()-Funktion

Was aber, wenn ich mehrere Bedingungs-Prüfungen durchführen lassen will, weil es mehrere Alternativen gibt? Dafür bietet Excel die Möglichkeit, bis zu sieben WENN()-Funktionen ineinander zu verschachteln. An die Stelle des Sonst–Wertes wird in diesem Fall jeweils eine weitere WENN()-Funktion eingesetzt.

WENN(Prüfung;Dann–Wert;**WENN**(Prüfung;Dann–Wert;Sonst–Wert ...))

	Frachtkostenberechnung nach Tarifzonen						
Lieferschein	KdNr	PLZ	Ort	Kunde	Taifzone	Anzahl Pakete	Fracht
L1001	2088	82319	Starnberg	Sport - Huber		4	
L1002	2097	53111	Bonn	Sport Danner		8	
L1003	2149	14467	Potsdam	Trend-Sport GmbH		2	
L1004	2063	70006	Stuttgart	Sporthaus Bauer		4	

Die folgenden drei Bedingungen:

- Wenn ich 1 Std. arbeite, erhalte ich 8,00 EUR.
  - Wenn ich 2 Std. arbeite, erhalte ich 16,00 EUR.
    - Wenn ich 3 Std. arbeite, erhalte ich 24,00 EUR.

werden beispielsweise verschachtelt zu:

=WENN(A2=1;1*8;**WENN(**A2=2;2*8;3*8**))**

Falls Sie mit „>" oder „<" formulieren, achten Sie darauf, dass vorhergehende Prüfungen nicht bereits nachfolgende Werte mit einschließen.

Richtig ist:

=WENN(A2<2;1*8; **WENN(**A2<3;2*8;3*8**)),**

da Excel die Prüfungen nacheinander abarbeitet und die zweite Bedingung nicht mehr prüft, wenn die erste bereits erfüllt ist.

Achtung: Alle eröffnenden Klammern zu jeder zusätzlichen Bedingung der verschachtelten Funktion müssen am Ende wieder geschlossen werden.

UND()-Funktion / ODER()-Funktion

Mit der UND()- bzw. ODER()-Funktion innerhalb der WENN()-Funktion lassen sich auch zwei und mehr Bedingungen gleichzeitig prüfen. Dadurch wird die Gefahr der Überschneidung von Bedingungen verringert.

=WENN(**UND(A2>=5;A2<6);**"zwischen 5 und 6**)** *usw.*

Nur wenn beide Bedingungen in der UND()-Funktion zutreffen, gilt die Prüfung als richtig. Auch hier steht das Semikolon wieder das Trennzeichen zwischen den Bedingungen.

=WENN(**ODER(A2<5;A2>5);**" nicht 5";"Zahl ist 5**)**

Bei ODER() ist die Prüfung erfüllt, falls nur eine der Bedingungen zutrifft. Weitere Beispiele:

Hilfen bei der Fehlersuche

Excel hat für die eingegebenen Formeln und Funktionen eine eingebaute Fehlerüberwachung installiert. Sind die Eingaben falsch oder ist eine Funktion im Zusammenhang mit anderen Berechnungen unlogisch, wird die entsprechende Zelle durch ein kleines Dreieck in der linken oberen Ecke markiert.

Wenn Sie den Mauszeiger auf die Zelle bewegen, bietet ein Smarttag (eine kleine Schaltfläche neben dem Fehlerzeichen) Zusatzinformationen zur Beseitigung des Fehlers an. Falls Sie überzeugt sind, alles richtig gemacht zu haben, wählen Sie *Fehler ignorieren.*

Über *Optionen zur Fehlerprüfung ...* können Sie diese auch ganz ausschalten.

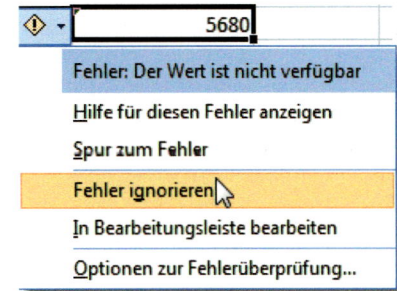

In der Gruppe *Formelüberwachung* im Register *Formeln* finden Sie weitere Möglichkeiten, den Fehlern auf die Spur zu kommen. Machen Sie hier die Bezüge in komplexen Formeln durch Pfeile sichtbar.

▲	A	B	C	D		Ergebnis in Spalte D
1	Zellwerte			Funktion in Spalte D		Ergebnis in Spalte D
2	3			=WENN(A2=1;1*8;WENN(A2=2;2*8;WENN(A2=3;3*8;4*6)))		24
3	4	5	10	=WENN(A3<B3;"unter 5";WENN(A3<C3;"unter 10";""über10"))		unter 5
4						
5	ja	nein		=WENN(UND(A5="ja";B5="ja");"einstimmig";"nicht einstimmig")		nicht einstimmig
6	11			=WENN(UND(A6>=10;B6<=15);"zwischen 10 und 15";"außerhalb")		zwischen 10 und 15
7	ja	nein		=WENN(ODER(A7="ja";B7="ja");"mind. eine Stimme";"Ablehnung")		mind. eine Stimme

Buchstäblich sortiert

Am Jahresende liegen für alle Artikel des Unternehmens die Jahresabsatzzahlen vor. Für Sie ist das eine willkommene Gelegenheit, Ihre erworbenen Kenntnisse der Betriebswirtschaftslehre und der Tabellenkalkulation für eine Analyse anzuwenden.

In vorangegangenen Besprechungen ist immer wieder deutlich herausgestellt worden, dass die Absatzzahlen für sich allein gesehen nur sehr begrenzte Aussagen zulassen. „Uns interessiert nicht die Stückzahl der verkauften Artikel, der Absatz, sondern uns interessiert der Umsatz, also die Summe, die durch den Verkauf tatsächlich eingenommen wird", so die Erklärung der Geschäftsleitung.

Damit Sie die geforderte Umsatzstatistik erstellen können, benötigen Sie also die Netto-Verkaufspreise. Diese ergeben sich aus dem Listen-Verkaufspreis abzüglich Kundenrabatt und dem Skontoabzug, den der Kunde bei Zahlung innerhalb einer vereinbarten Frist vornimmt.

Sie werden jetzt sicher auf die Idee kommen, beide Zahlenreihen, nämlich die Absatzzahlen und die entsprechenden Umsatzzahlen unseres gesamten Sortimentes, miteinander zu vergleichen. Eine gute Idee.

Aufgaben

1. Aber zuerst gilt es, Ordnung zu schaffen.

- Laden Sie die Arbeitsmappe 🖫 *Gesamtabsatz*.

- Sortieren Sie die Daten zuerst nach Artikelnummern, um eine erste Übersicht über die Absatzzahlen der verschiedenen Artikel zu gewinnen.

2. Ergänzen Sie die Tabelle vorerst **nur** um die Spalte „Umsatz" und fügen Sie die notwendigen Formeln ein. %Absatz und %Umsatz werden erst später benötigt.

- Sortieren Sie die Datensätze einmal nach Absatzmengen absteigend und ein zweites Mal nach Umsatz in Euro absteigend.

- Drucken Sie beide Tabellen aus und interpretieren Sie die Daten.

Bei dem Vergleich der beiden Übersichten merken Sie schnell, dass die Vergleichbarkeit absoluter Zahlen sehr problematisch ist. Sinnvoll ist eine Umrechnung der absoluten Zahlen auf eine einheitliche Vergleichsbasis. Das ist üblicherweise die 100er-Basis, also die %-Basis. Sie machen sich an die Arbeit und stellen jetzt den %-Anteil jedes Artikels am Gesamtumsatz dem %-Anteil jedes Artikels am Gesamtabsatz gegenüber.

$$\frac{\text{Umsatz bzw. Absatz des jeweiligen Artikels} \times 100}{\text{Gesamtumsatz bzw. -absatz}}$$

Beim Vergleich dieser Prozentzahlen geht Ihnen ein Licht auf: „Ich habe das ABC der Lager- und Materialwirtschaft herausgefunden!"

Diese so genannte ABC-Analyse hat nur dann einen betriebswirtschaftlichen Sinn, wenn sich im Sortiment des Unternehmens teure und preiswerte Artikel befinden und deren Absatz nicht gleich verteilt ist. A-Güter stellen den wesentlichen Umsatzanteil am Sortiment der Unternehmung dar. Sie sind das „Standbein". Hier lohnt sich eine intensive Planung in den Bereichen Beschaffung, Absatz und Lagerhaltung. Die C-Güter, meist Kleinteile von geringem Wert, können bei diesen Überlegungen aus Kostengründen vernachlässigt werden. Für die B-Güter ist von der Unternehmung jeweilig zu entscheiden, ob diese mehr wie A-Güter oder wie C-Güter behandelt werden sollen.

Sie haben einen wichtigen Beitrag zur Kosteneinsparung in der ALLFIT Sportartikel GmbH geleistet.

Gesamtabsatzzahlen.xlsx

	A	B	C	D	E	F	G	H
1	Gruppe	Art.-Nr.	Artikelbezeichnung	VK in Euro	Absatzmenge	Umsatz	% Absatz	% Umsatz
2	1	100100	Hanteln	54,74	16.000			
3	1	100200	Expander	19,87	14.000			
4	2	200300	Wickelband	2,50	55.000			
5	2	200400	Tennisschläger	84,03	17.000			
6	2	200500	Schutzhüllen	9,32	6.000			
7	2	200600	TT-Schläger	24,46	8.000			

Aufgaben

1. Fügen Sie in die Tabelle 💾 *Gesamtabsatz*, die Sie nach Umsatz absteigend sortiert haben, unterhalb der Daten in einer zusätzlichen Zeile die Berechnung der Summen für den Gesamtabsatz und Gesamtumsatz ein. (Die Tabelle kann ab jetzt nicht mehr sortiert werden, da die Zeilen Formeln mit Bezügen auf andere Zeilen enthalten. Durch das Umsortieren der Zeilen würde dieser Bezug bestehen bleiben, aber jetzt die falschen Zellen betreffen!)

Erweitern Sie die Tabelle um die Spalten „% Absatz" und „% Umsatz".

- In diesen Spalten wird der Prozentanteil des Absatzes je Artikel an der Gesamtabsatzmenge und der Prozentanteil der Artikelumsätze am Gesamtumsatz errechnet. Beachten Sie den absoluten Bezug auf die Gesamtsumme!

- Fügen Sie nach dem Artikel „Hanteln" eine Zeile ein, in der die Zwischensumme der Prozentanteile von Absatz bzw. Umsatz ausgewiesen werden. Verfahren Sie genauso unterhalb der Artikel „Badmintonschläger" und „Ventilset".

2. Speichern Sie die Tabelle unter dem neuen Namen 💾 *ABC-Analyse* ab und drucken Sie die Daten aus.

Hilfen

Tabellen als Datenbank

Ohne es zu bemerken, haben Sie bei Ihrer Arbeit Excel auch als Datenbank (hier als Artikeldatei) genutzt. Der Einsatz von Datenbanken hat das herkömmliche Verwaltungssystem mit Karteikarten abgelöst. Dabei ergeben die Oberbegriffe – z.B. Artikelnummer oder Artikelbezeichnung – die Spaltenüberschriften in der Excel-Tabelle (Fachbegriff: **Datenfelder**). Jede Zeile der Tabelle enthält zusammengehörende Daten und somit stellt die Zeile jeweils einen **Datensatz** dar.

Datensätze sortieren

Je nach Situation ist es notwendig, die Datensätze in unterschiedlicher Reihenfolge zu sortieren.

Achtung: Wenn in der Liste Formeln enthalten sind, die sich auf andere Zeilen beziehen (z.B. Spaltensummen), kommt es zu Fehlern. Deshalb möglichst erst sortieren, dann zusätzliche Berechnungsformeln einfügen.

Stellen Sie den Zellzeiger in eine beliebige Zelle der Datenbank oder markieren Sie den Bereich. Excel erkennt den Umfang Ihrer Liste und bezieht alle Spalten und Zeilen in den Sortierbefehl ein. Mit *Sortieren* im Register *Daten* öffnen Sie das Dialogfenster *Sortieren*.

Wählen Sie nun im Dialogfenster die Spaltenüberschrift aus, die als Sortierkriterium gelten soll, und bestimmen Sie die Sortierreihenfolge. *Aufsteigend* bedeutet bei Textformaten „von A bis Z" und bei Zahlen „von Null bis zum größten Wert".

Excel achtet darauf, die erste Zeile – die ja meist Feldnamen für Datensätze enthält – nicht in den Sortiervorgang einzubeziehen. Gibt es in Ihrer Tabelle keine Überschrift, sollten Sie dem Programm dies durch Deaktivieren von *Daten haben Überschriften* mitteilen.

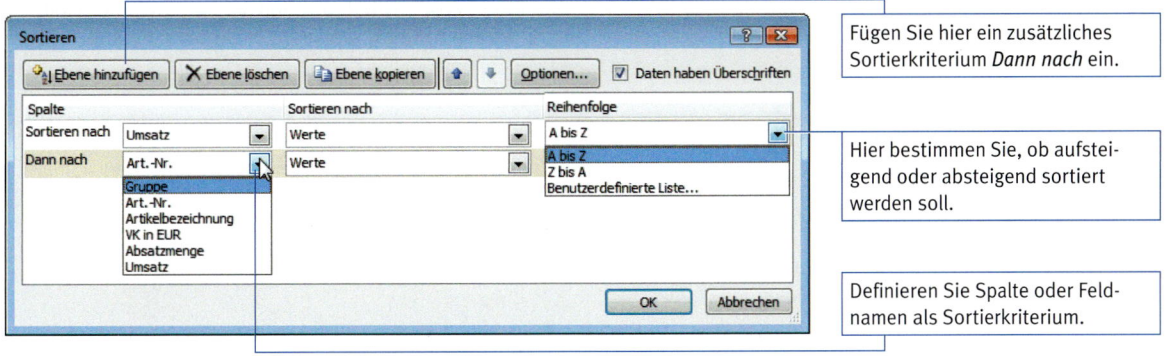

Nicht nur Kaffee wird gefiltert

Zwischenzeitlich sind von Ihnen zahlreiche Daten erfasst worden. Nach viel Lob werden nun die ersten Klagen laut: „So langsam wird die Liste aber unübersichtlich. Man sieht ja vor lauter Daten die gewünschte Information nicht mehr."

Der Verkauf hat mittlerweile seine Kundenkartei auf Excel umgestellt mit dem Ergebnis: eine endlos lange Tabelle! Sie fragen sich, ob sich mit Hilfe dieser Tabelle die folgenden Probleme des Verkaufs lösen lassen:

- Die Außendienstmitarbeiter sind auf festgelegte Verkaufsbezirke aufgeteilt. Kann für jeden dieser Mitarbeiter eine spezielle Kundenliste für dessen Außendienstbezirk erstellt werden?

- Lässt sich feststellen, welche Kunden Großkunden sind und welche weniger Umsatz mit ALLFIT tätigen, damit eine angemessene Betreuung der Kunden möglich ist?

- Den Sportvereinen sollen Preislisten mit Sonderkonditionen zugestellt werden. Lassen sich diese Adressen für einen Serienbrief schnell zusammenstellen?

Kein Problem! Die aufgeführten Informationen können in der Kundennummer, die für eine Datenauswertung von besonderer Bedeutung sein kann, „versteckt" werden. Bei der ALLFIT Sportartikel GmbH sind die Kundennummern vierstellig aufgebaut:

2   0 1 4

Kontenklasse   Identifikationsnummer

Zusätzlich erhält jeder Kunde einen Schlüssel, der seinen Betriebstyp kenntlich macht:

K = Kaufhäuser und Großkunden
E = Einzelhandel
S = Sportvereine und Fitnessstudios

Um den Mitarbeitern einen hohen Informationswert zu bieten, muss die Kundendatei übersichtlich aufgebaut sein und einen mehrdimensionalen Zugriff mit vielseitigen Auswertungsmöglichkeiten garantieren. Aus diesem Grund wurde die Kundendatei auch als Datenbank mit Feldnamen angelegt.

Aufgaben

1. Lassen Sie sich aus der Kundenliste 💾 *Kundendatei* alle Kunden anzeigen, deren Adresse im Verkaufsbezirk 5 liegt.

2. Welche Adresse hat „Annes Sportstübchen"?

3. Die Außendienstbezirke 2 und 4 sollen in Zukunft von nur einem Außendienstmitarbeiter betreut werden. Erstellen Sie für ihn eine entsprechende Kundenliste, indem Sie die gefilterte Auswahl in eine zweite Tabelle kopieren.

4. Die Großkunden sollen einen Sonderrabatt eingeräumt bekommen. Erstellen Sie eine Liste der in Frage kommenden Kunden.

5. Stellen Sie Kundenkonzentrationen in unterschiedlichen Regionen fest. Wie viele Kunden hat die ALLFIT Sportartikel GmbH im Raum Köln (Postleitzahlbereich 5) im Vergleich zum Raum München (Postleitzahlbereich 8)?

Hilfen

Neben „Sortieren" kann bei einer als Datenbank ausgelegten Tabelle aus einer Vielzahl von Datensätzen auch eine Teilmenge nach unterschiedlichen Kriterien herausgefiltert werden. Als Filterkriterium dienen dabei grundsätzlich die Datenfeldbezeichnungen (Überschriften) des Tabellenkopfes. Sie können nur ein einzelnes Kriterium (z. B. Bezirk) verwenden oder auch mehrere in Reihenfolge nutzen (z. B. zuerst Bezirk, danach PLZ), um die Suche immer weiter einzuschränken.

Die notwendigen Befehle finden Sie im Register *Daten*.

Automatisch filtern

Mit dem Befehl *Filtern* wird neben jedem Datenfeld ein Listenpfeil sichtbar.

	A	B	C
1	Bezirk	KdNr	KdTyp
2	4	2004	E
3	4	2000	K

Öffnen Sie das Listenfeld der Spalte, in der Sie das Kriterium für eine Auswahl definieren möchten (z. B. Datenfeld *Bezirk*).

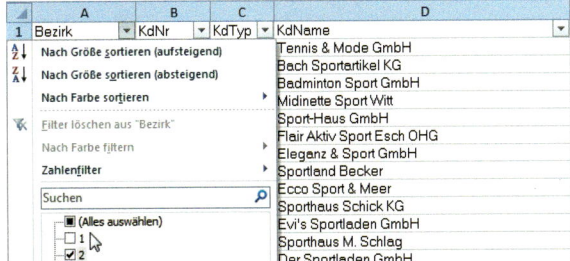

Sie sehen alle Einträge dieser Spalte und können ein entsprechendes Filterkriterium bestimmen. Mit einem Klick auf *Alle auswählen* deaktivieren Sie alle Kriterien. Aktivieren Sie nun z. B. das Kriterium „3", so erhalten Sie eine Liste aller Kunden aus diesem Verkaufsbezirk.

Mit *Alle auswählen* machen Sie erneut die gesamten Daten sichtbar.

Datenfilter ausschalten

Um die Funktion *Filtern* wieder auszuschalten, genügt ein erneuter Klick auf die Schaltfläche *Filtern*. Alle Datensätze werden wieder angezeigt. Die im Filtermodus durchgeführten Änderungen bleiben dabei erhalten.

Benutzerdefiniert filtern

Eine vielseitigere Filtermöglichkeit bietet Ihnen die Schaltfläche *Zahlenfilter* bzw. *Textfilter* im Fenster der Filterkriterien (siehe Abb. unten). Vergleichsoperationen lassen eine differenziertere Festlegung der Kriterien zu. So können Sie beispielsweise nur die Kundenadressen auflisten, die den Verkaufsbezirken „größer oder gleich 3" angehören.

Diese Operation lässt sich auch mit einer *Und()*- oder *Oder()*-Bedingung im zweiten, unteren Eingabefeld des Dialoges *Benutzerdefinierter AutoFilter* (siehe Abb. unten) kombinieren.

- Die Einstellung *Bezirk – ist größer oder gleich – 2 – Und – ist kleiner als – 4* filtert alle Datensätze, die den Bezirken 2 und 3 angehören.

- Die Einstellung *Bezirk – entspricht – 3 – Oder – entspricht – 5* filtert alle Datensätze heraus, die entweder dem Bezirk 3 oder 5 angehören.

Die *Oder*-Bedingung zeigt wie gewohnt alle Datensätze an, die zumindest eine der Bedingungen erfüllen; die *Und*-Bedingung zeigt die Datensätze an, für die beide Kriterien zutreffen.

Filtern mit Stellvertreterzeichen

Wenn der gewünschte Begriff nur teilweise bekannt ist, lässt sich die Auswahl durch den Einsatz von Stellvertreterzeichen noch individueller gestalten. Ein „?" im Filterkriterium ersetzt ein einzelnes Zeichen, „*" ersetzt ein Zeichen oder eine beliebige Zeichenfolge.

Beispiele für die Verwendung von Stellvertreterzeichen:

- Die Einstellung *KdNr – enthält – *4?4** filtert alle Kundennummern heraus, die eine Zahlenkombination 404, 414 usw. enthalten.

- Die Einstellung *KdNr – enthält – ???6??* filtert die Kundennummern heraus, die an vierter Stelle eine 6 haben.

- Die Einstellung *Name – beginnt mit – M*m** zeigt alle Firmennamen an, die mit M beginnen und an beliebiger Stelle ein weiteres m beinhalten.

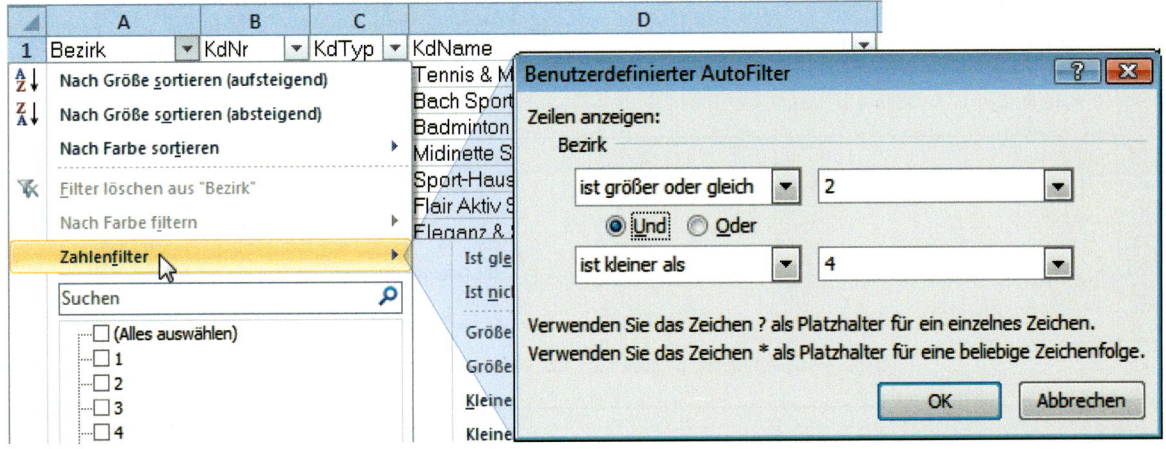

Datenorchester

Nach der Auslieferung der Ware ist unter Vorlage der Bestellungsunterlagen und der Lieferscheinkopie die Rechnung an den Kunden zu schreiben:

Excel = Rechnen = Rechnungen schreiben!

Ausgangsrechnungen, die die ALLFIT Sportartikel GmbH verschickt, können schnell und problemlos mit Excel erstellt werden. Je eher die Rechnungen an den Kunden gehen, desto schneller erhalten wir unser Geld. Gut für unsere Liquidität.

Es gilt:
(Listenverkaufspreis x Liefermenge) – Rabatt = Nettoverkaufspreis

Die jeweils gültige Umsatzsteuer von zurzeit 19 %* ist auf Rechnungen separat auszuweisen.

Müssen Sie aber für jede Rechnung aus der Preisliste Artikelnummern und Artikelbezeichnung heraussuchen und die kundenbezogenen Daten jeweils der Kundendatei entnehmen? Viele Daten, die für eine Rechnung notwendig sind, wurden von Ihnen ja bereits in der Datenverarbeitung erfasst. Nur das richtige Zusammenspiel fehlt noch. Mit der richtigen Idee können Sie aus Solisten ein Orchester machen.

Und noch etwas: Nicht nur Prospektmaterial, Verpackungsgestaltung oder Vertreterargumente sind für den Absatz unserer Artikel von Bedeutung. Alle Schriftstücke, die unsere Unternehmung verlassen, sollen die Kunden von der ALLFIT GmbH überzeugen – also auch die Rechnung!

Für Sie ist es eine Selbstverständlichkeit, dass das Rechnungsformular nicht nur nüchtern die Zahlen ausweisen soll, nein, auch die Gestaltung des Rechnungskopfes ist Ihnen wichtig.

Also Füße runter und Kopf hoch!

⊿	A	B	C	D	E	F
1	**ALLFIT Sportartikel GmbH**				Großhandel für Sportartikel	
2						
3	ALLFIT GmbH, Bayenthalgürtel 28, 50968 Köln					
4						
5	Tennis & Mode					
6	Augsburger Str.23					
7	52010 Aachen					
8						
9						
10						
11						
12	Kundennummer	2004		Köln, den		15.07.2010
13	Rechnungsnummer	1				
14	Zahlung 10 Tage 2 %, 30 Tage netto Kasse					
15						
16						
17	1	100100	Hanteln	6	69,82	418,92
18						
19						
20						
21						
22				Summe		418,92
23	Wir bedanken uns für Ihren Auftrag.			Rabatt %	20	83,78
24				Netto		335,14
25				USt. %	19	63,68
26				Rechnungsbetrag		398,82
27						
28						
29			Bankverbindung Stadtsparkasse Köln, Kto. 664554, BLZ 370501 00			
30						

Mit der Funktion =HEUTE() wird immer das **aktuelle Datum** in der Zelle angezeigt.

* In Österreich beträgt die Umsatzsteuer 20 %, bzw. 10 % beim ermäßigten Steuersatz.

Aufgaben

1. Die Datei 💾 *Rechnung* ist für die erste Probe vorbereitet. Sie enthält eine Kopie der Preisliste und der Kundendatei.

   - Bearbeiten Sie als Übung das Tabellenblatt *Demo-SV*.

   - Entwerfen Sie im Tabellenblatt *Rechnung* ein entsprechendes Formular für die ALLFIT Sportartikel GmbH.

   - Fügen Sie die Formeln für die Berechnung des Gesamtpreises und des Rechnungsbetrages nur für die Position 1 ein.

   - Probieren Sie Ihr Formel-Ergebnis mit einigen Artikeln und Preisen aus.

2. Fügen Sie in die Rechnung Suchverweise ein.

   - Fügen Sie in die Zelle für Artikelbezeichnung und Einzelpreis einen SVERWEIS() mit dem Suchkriterium „Artikelnummer" des Rechnungsformulars ein. Der Suchbereich ist die Preisliste.

3. Schreiben Sie Rechnungen an:

   - Kunde 2011 „Exclusive Sport GmbH" über 122 Fußbälle,

   - Kunde 2021 „Body-Style Braun" über 54 TT-Schläger.

   Es ist besser, Sie erweitern das Orchester vorher durch einen Verweis für die Adresse auf die Kundendatei in der Mappe.

   Achtung: Wenn Sie den Verweis für weitere Rechnungspositionen nach unten kopieren wollen, berücksichtigen Sie:

   - Der Verweis auf den Suchbereich in der Preisliste muss **absolut** definiert sein.

   - Nicht immer werden mehrere Artikel in Rechnung gestellt. Solange die Zelle *Artikelnummer* leer ist, müssen auch die Zellen *Bezeichnung* und *Einzelpreis* leer sein, ansonsten liefert der Verweis den Fehler #NV. Für C17 hilft hier z. B.:

   WENN(B17="";"";SVERWEIS(B17;Preisliste!A2:C19;2; FALSCH))

   Die Zeichen " " bedeuten „leer". Wenn also B17 leer ist, dann bleibt auch die Zelle mit SVERWEIS() leer.

 Hilfen

Neben anderen **Suchfunktionen** beinhaltet Excel den SVERWEIS(), mit dem ein Bereich derselben oder einer anderen Tabelle nach einem Wert oder einem Begriff (Suchkriterium) durchsucht werden kann. Diese Funktion ist geeignet, aus anderen Daten bestimmte Werte herauszulesen und diese als Ergebnis beispielsweise in eine Rechnung zu übernehmen.

SVERWEIS(Suchkriterium;Suchbereich;Spalte;- Wahrheitswert)

Der Suchbereich (offiziell Mehrfachauswahlbereich genannt) ist ein rechteckiger zusammenhängender Bereich derselben oder einer zweiten Tabelle, in dem das Zielkriterium (z. B. die Artikelnummer einer Ware) zu suchen ist. **Diese Suche erfolgt grundsätzlich in der ersten Spalte des Suchbereiches,** sodass der Suchbereich entsprechend aufgebaut sein muss. Um Fehler zu vermeiden, muss diese Spalte mit den Suchkriterien unbedingt sortiert sein.

Der Spaltenindex gibt die Spalte des Bereiches an, aus der der Wert übernommen werden soll.

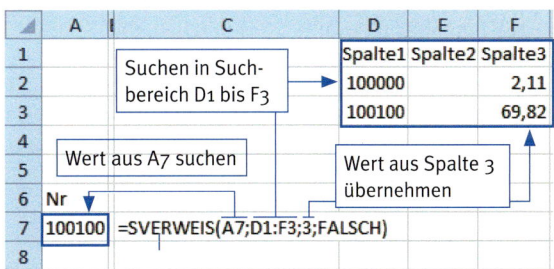

- **Suchkriterium:** Suche den gleichen Wert wie in Zelle A7, hier also die Artikelnummer – die Zahl 100100.

- **Suchbereich:** Suche diesen Wert im Bereich D1:F3 derselben Tabelle, ansonsten müsste der Name einer anderen Tabelle angegeben werden.

- **Spaltenindex:** Bei Auffinden des Suchkriteriums in der Eingangsspalte übernimm dessen Wert aus der dritten Spalte des Suchbereichs.

- **Wahrheitswert:** Beim Eintrag „FALSCH" liefert Excel nur bei genauer Übereinstimmung des Suchkriteriums ein Ergebnis. Bei „WAHR" würde auch für 100101 der jeweilige niedrigere Wert ausgewiesen werden.

Das Ergebnis in Zelle C7 des Beispiels ist also 69,82.

... auf den ersten Blick

Sie kennen es selbst, große Datentabellen sind häufig unübersichtlich und die Werte schwer lesbar. Noch schwieriger ist es, die Höhe der Ergebnisse schnell zu erfassen beziehungsweise richtig zu interpretieren.

Schön, wenn die Unternehmensergebnisse in einer Auswertung von Ihnen wie in der folgenden Tabelle durch Symbole interpretiert werden können. Auf den ersten Blick sind Stärken und Schwächen beim Absatz unserer Artikel sofort zu erkennen.

Stärken und Schwächen am Markt

ArtNr	Artikel		Absatz Stück
100100	Hanteln	↘	3.820
100200	Expander	⇒	5.700
200600	TT-Schläger	↗	7.050
200400	Tennisschläger	⬆	8.300
200800	Badmintonschläger	⬇	2.500
301000	Fußball	↗	6.850

Für solchen Fälle ist es mit Excel möglich, durch eine bedingte Formatierung von Zellen oder Zellbereichen dem Programm die ansonsten mühselige Aufbereitung von Daten zu übertragen. Der Anwender kann sich auf die Formulierung seiner Anforderungen konzentrieren.

Aufgaben

1. Bereiten Sie die Tabelle 🖫 *Quartalzahlen2010* entsprechend den Vorgaben auf. Die Ergebnisse der Spalten *Absatz* und *Umsatz* sollen durch Symbole dargestellt werden. Dabei sollen die folgenden Bedingungen für die grafische Interpretation gelten:

 Daten größer/gleich 70 % des Höchstwertes

 Daten größer/gleich 25 % des Höchstwertes

 Daten kleiner 25 % des Höchstwertes

Wenn Sie bedingte Formatierungen auf Ihre Daten anwenden, können Sie Abweichungen in einem Wertebereich auf einen Blick schnell erkennen.

Der Schalter *Bedingte Formatierung* der Gruppe *Formatvorlagen* bietet vielfältige vordefinierte Möglichkeiten, Daten auch innerhalb der Tabelle durch Farben oder grafische Darstellungen in Abhängigkeit zum Inhalt der Zellen zu verdeutlichen.

- Wählen Sie unter den Vorgaben diejenige aus, die Ihrer Zielsetzung entspricht.
- Mit *Regeln verwalten...* öffnen Sie den Manager für die Regeln zur bedingten Formatierung.

- Wählen Sie die Regeln, die Sie bearbeiten wollen. Nehmen Sie die genauen Regelungen und Einstellungen für das gewählte Format.

Art. Gr.	Art.-Nr.	Artikelbezeichnung	VK in Euro	Absatzmenge		Umsatz	
1	100100	Hanteln	54,74	⬇	4.280	⇒	234.287,20
1	100200	Expander	19,87	⬇	3.200	⬇	63.584,00
2	200300	Wickelband	2,50	⇒	12.650	⬇	31.625,00
2	200400	Tennisschläger	84,03	⬇	4.150	⬆	348.724,50
2	200500	Schutzhüllen	9,32	⬇	1.550	⬇	14.446,00

Bedingte Formate formulieren, verwalten und löschen

Regeln verwalten...

Öffnet den Manager für die Formatierung.

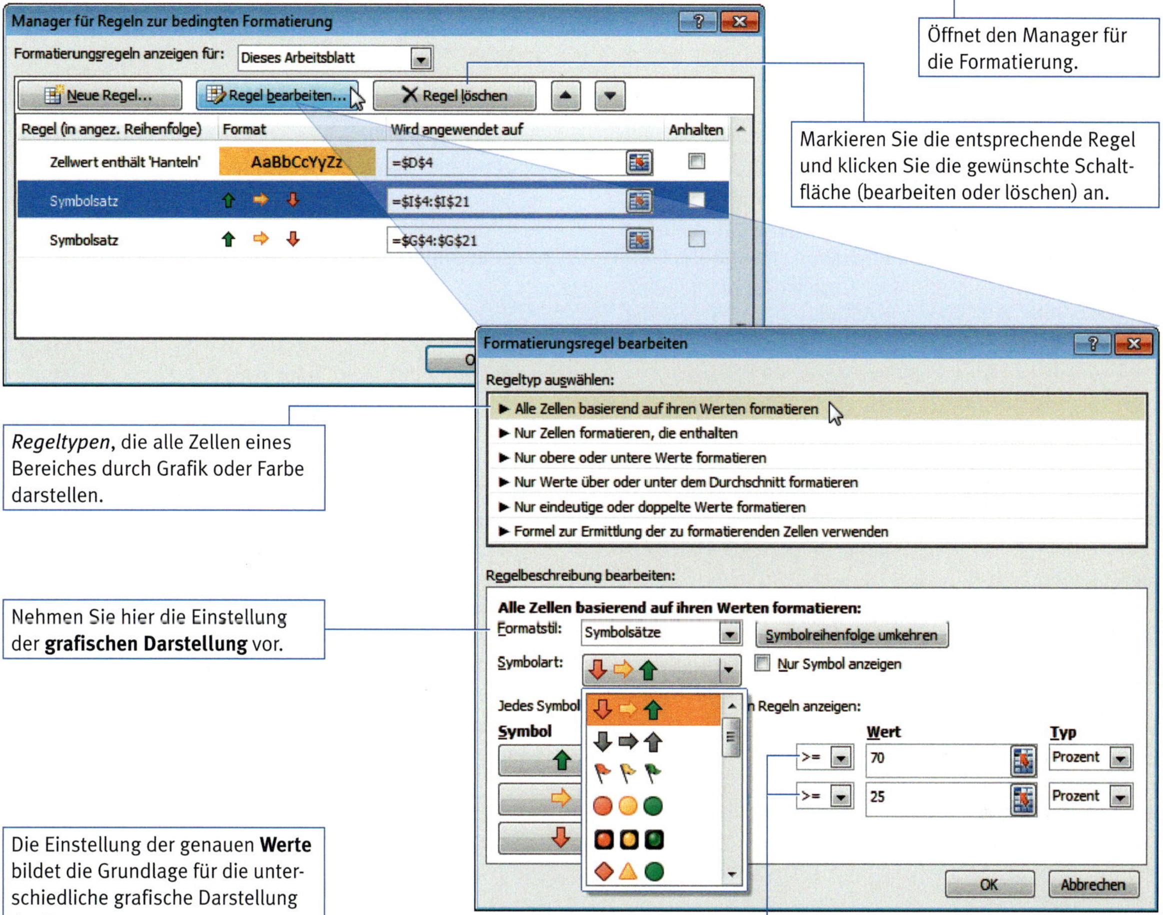

Manager für Regeln zur bedingten Formatierung

Formatierungsregeln anzeigen für: Dieses Arbeitsblatt

Neue Regel... Regel bearbeiten... X Regel löschen

Regel (in angez. Reihenfolge)	Format	Wird angewendet auf	Anhalten
Zellwert enthält 'Hanteln'	AaBbCcYyZz	=$D$4	☐
Symbolsatz	⬆ ➡ ⬇	=$I$4:$I$21	☐
Symbolsatz	⬆ ➡ ⬇	=$G$4:$G$21	☐

Markieren Sie die entsprechende Regel und klicken Sie die gewünschte Schaltfläche (bearbeiten oder löschen) an.

Formatierungsregel bearbeiten

Regeltyp auswählen:

▶ Alle Zellen basierend auf ihren Werten formatieren
▶ Nur Zellen formatieren, die enthalten
▶ Nur obere oder untere Werte formatieren
▶ Nur Werte über oder unter dem Durchschnitt formatieren
▶ Nur eindeutige oder doppelte Werte formatieren
▶ Formel zur Ermittlung der zu formatierenden Zellen verwenden

Regeltypen, die alle Zellen eines Bereiches durch Grafik oder Farbe darstellen.

Regelbeschreibung bearbeiten:

Alle Zellen basierend auf ihren Werten formatieren:

Formatstil: Symbolsätze   Symbolreihenfolge umkehren

Symbolart: ⬇ ➡ ⬆   ☐ Nur Symbol anzeigen

Nehmen Sie hier die Einstellung der **grafischen Darstellung** vor.

Jedes Symbol ... Regeln anzeigen:

Symbol			Wert	Typ
⬆		>=	70	Prozent
➡		>=	25	Prozent
⬇				

Die Einstellung der genauen **Werte** bildet die Grundlage für die unterschiedliche grafische Darstellung der Daten.

OK   Abbrechen

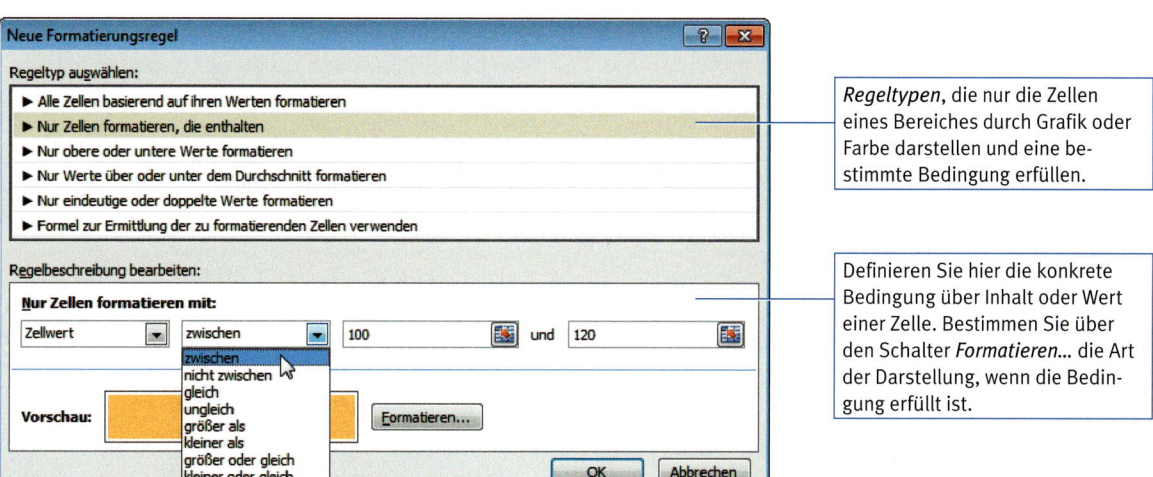

Neue Formatierungsregel

Regeltyp auswählen:

▶ Alle Zellen basierend auf ihren Werten formatieren
▶ Nur Zellen formatieren, die enthalten
▶ Nur obere oder untere Werte formatieren
▶ Nur Werte über oder unter dem Durchschnitt formatieren
▶ Nur eindeutige oder doppelte Werte formatieren
▶ Formel zur Ermittlung der zu formatierenden Zellen verwenden

Regeltypen, die nur die Zellen eines Bereiches durch Grafik oder Farbe darstellen und eine bestimmte Bedingung erfüllen.

Regelbeschreibung bearbeiten:

Nur Zellen formatieren mit:

Zellwert   zwischen   100   und   120

zwischen
nicht zwischen
gleich
ungleich
größer als
kleiner als
größer oder gleich
kleiner oder gleich

Vorschau: Formatieren...

Definieren Sie hier die konkrete Bedingung über Inhalt oder Wert einer Zelle. Bestimmen Sie über den Schalter *Formatieren...* die Art der Darstellung, wenn die Bedingung erfüllt ist.

OK   Abbrechen

Äpfel und Birnen

Der Erfolg eines Unternehmens ist immer auch der Erfolg der Mitarbeiterinnen und Mitarbeiter, somit auch Ihr Verdienst.

Zum Abschluss des Geschäftsjahres stellen Sie sich die Aufgabe, das betriebliche Ergebnis und die finanzielle Situation der ALLFIT Sportartikel GmbH einmal genauer zu untersuchen und auszuwerten. Bilanzkennziffern und unterschiedliche Wirtschaftlichkeitskennzahlen helfen, eine genauere Analyse der Erfolgsrechnung des Unternehmens durchzuführen.

Um jederzeit die Zahlungsfähigkeit sicherzustellen, ist es üblich, die Liquiditätskennzahlen aus der Bilanz zu ermitteln und für die nächsten Monate einen Finanzplan über die Ein- und Ausgaben aufzustellen. Gefährliche Finanzengpässe sind so frühzeitig erkennbar und notwendige Finanzierungen der Defizite können rechtzeitig geplant werden.

Rentabilität =B3/100*A1? Eine Formel in der Tabellenkalkulation, bei der eine Ähnlichkeit mit Formeln aus der Mathematik nicht erkennbar ist. Einfacher wäre es schon, das Ergebnis mit den bekannten Bezeichnungen zu ermitteln:

- EK-Rentabilität = Gewinn * 100 / Eigenkapital

- Umsatzrentabilität = Gewinn * 100 / Umsatz

- Liquidität1 =
  flüssige Mittel * 100 / Verbindlichkeiten

- Liquidität2 =
  (flüssige Mittel + Forderungen) * 100 /
  Verbindlichkeiten

- Liquidität3 =
  Umlaufvermögen * 100 / Verbindlichkeiten

 Aufgaben

1. Rechnen Sie einmal mit Äpfeln und Birnen und versuchen Sie sich selbst am Beispiel „Erntezeit" auf der folgenden Seite.

2. In der Datei 🖫 *Bilanz* finden Sie eine Kurzfassung der aktuellen Bilanz der ALLFIT Sportartikel GmbH (vorläufige Fassung). Berechnen Sie unter Verwendung von Namen als Zelladresse die Eigenkapitalrentabilität und die Umsatzrentabilität des abgelaufenen Jahres.

   - Übernehmen Sie die außerdem für die Berechnung notwendigen Daten aus der Gewinn- und Verlustrechnung auf Seite 8 des Arbeitsbuches in einen weiteren Bereich neben den Bilanzzahlen.

   - Definieren Sie für die einzelnen Zellen oder Zellbereiche die für die Berechnung erforderlichen Namen.

   - Erstellen Sie neben der Bilanz die Auswertung mit Formeln.

3. Zur Überwachung der Zahlungsbereitschaft sind zusätzlich die Liquiditätskennzahlen aus der Bilanz zu ermitteln. Berechnen Sie unter Verwendung von Namen:

   - die Liquidität1,

   - die Liquidität2,

   - die Liquidität3.

4. Bereiten Sie den Finanzplan entsprechend den unten aufgeführten Planungszahlen für die ersten drei Monate des Jahres vor. Führen Sie dabei die Berechnungen mit Hilfe von Namen durch (z. B. Einnahmen1, Einnahmen2 usw.).

Finanzplan 1. Quartal		Januar	Februar	März
Einnahmen	aus Umsätzen	610.000	580.000	663.000
	des Finanzbereichs	2.000	8.000	2.000
	Sonstige	7.000	7.000	8.000
Ausgaben	für Personal	117.000	120.000	120.000
	für Waren	421.000	460.000	430.000
	Sonstige	66.000	62.000	70.000
	Summe verfügbare Mittel	619.000	595.000	673.000
	Summe benötigte Mittel	604.000	642.000	620.000
	Überschuss/Fehlbetrag	15.000	-47.000	53.000

Hilfen

Im Gegensatz zu den Regeln der Mathematik ermöglicht es Excel, auch Berechnungen mit konkreten Begriffen durchzuführen, hier im Beispiel „Erntezeit" mit den Namen „Äpfel" und „Birnen". Dazu ist es aber zuerst notwendig, den Zellen oder Zellbereichen mit den Rechendaten einen eigenen Namen als Zelladresse zuzuweisen. Jetzt können Sie tatsächlich Äpfel und Birnen zusammenzählen oder andere sinnvolle Begriffe in Formeln bei Ihren Berechnungen benutzen – beispielsweise die Begriffe „Umsatzsteuer", „Eigenkapital" oder „Gewinn".

Namen für Zellen vergeben

Für die Vergabe von Namen bietet Excel zwei unterschiedliche Möglichkeiten an:

1. Möglichkeit

Markieren Sie zunächst die einzelne Zelle oder den Tabellenbereich, der oder dem ein Name zugeordnet werden soll.

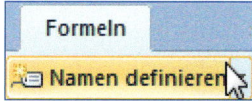 Mit *Namen definieren* im Register *Formeln* öffnen Sie den Dialog *Neuer Name*.

In Anlehnung an die Überschriften der Zelle schlägt Excel einen Namen vor. Sie können diesen bestätigen oder durch eine eigene Wahl ersetzen. Unter *Bezieht sich auf:* im unteren Dialogfenster ist erkennbar, dass der Name standardmäßig einen absoluten Bezug darstellt.

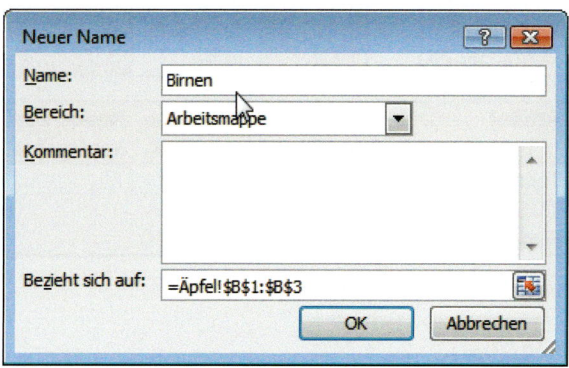

2. Möglichkeit

Markieren Sie den zu benennenden Bereich oder die Zelle und öffnen Sie per Mausklick das Namensfeld links oberhalb der Tabelle.

Tippen Sie einen Namen in das Namensfeld und bestätigen Sie mit der Return-Taste.

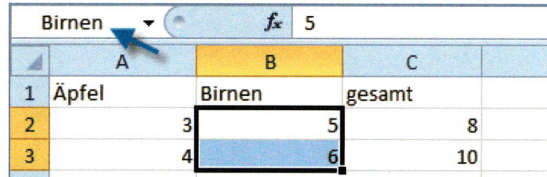

Zur Kontrolle, ob Sie auch wirklich die richtige Zuordnung getroffen haben, öffnen Sie das Namensfeld und klicken den entsprechenden Namen mit der Maus an. Excel markiert automatisch den zugehörigen Bereich in der Tabelle.

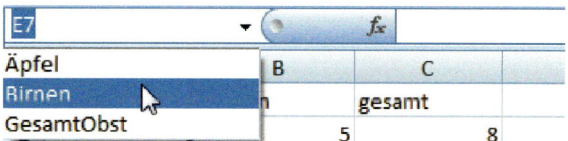

Mit Namen rechnen

Beim Verwenden von Namen in Formeln gehen Sie zunächst wie gewohnt vor. Tippen Sie die Rechenzeichen und Klammern ein, tragen Sie jedoch statt des Zellbezuges (z. B.: B2) jetzt die definierten Namen ein.

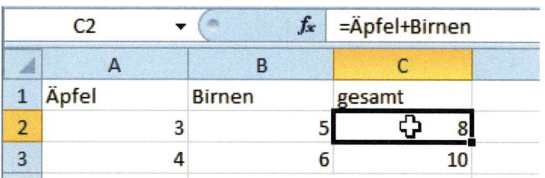

 Noch einfacher lassen sich Namen in Formeln und Funktionen eingeben, wenn Sie während des Schreibens den Befehl *In Formeln verwenden* anklicken und den gewünschten Namen per Mausklick auswählen. Mit dieser Methode lassen sich Schreibfehler vermeiden.

Namen Löschen

Nicht mehr benötigte Namen lassen sich über den Befehl *Namens-Manager* im Register *Formeln* löschen. Markieren Sie im Dialogfenster den entsprechenden Namen und betätigen Sie *Löschen*.

Aufgaben

1. Kontaktpflege – Terminüberwachung

Der neue Außendienstmitarbeiter Thomas Dorn setzt die Tabellenkalkulation für die Terminüberwachung der Besuchstermine bei den Großkunden ein, die er regelmäßig aufsuchen will. Bisher hat er den Eintrag „besuchen!" in seiner Kundenliste immer handschriftlich eingefügt.

- Durch eine WENN()-Funktion in der Spalte „Neuer Termin" soll ihm jetzt jederzeit ausgewiesen werden, falls der letzte Besuch länger als 30 Tage zurückliegt.

- Um eine Vergleichsgröße für die WENN()-Bedingung zu haben, wird in der Kopfzeile von Excel immer das aktuelle Tagesdatum (Funktion: = HEUTE()) angezeigt. Benutzen Sie für einen Test Daten, die zwischen 10 und 40 Tagen vor dem heutigen Datum liegen.

Besuchstermine		Datum:	=HEUTE()
Kd-Nr	Kunde	letzter Besuch	Neuer Termin
202047	Euro-Sport-Freizeit	05.06.20..	
202222	Mode & Sport	23.09.20..	
202266	Insider Sport	24.09.20..	
202423	Intersport GmbH	01.10.20..	
202424	Sporthaus Zehlendorf	12.08.20..	besuchen
203275	Top Sport GmbH	05.10.20..	
205244	Sporthaus Allround	09.09.20..	

2. Auf den Umsatz kommt es an – Provisionsabrechnung

Die Außendienstmitarbeiter der ALLFIT Sportartikel GmbH erhalten ein monatliches Fixum von 950,00 Euro. Dieses Fixum ist ein vertraglich vereinbartes Mindesteinkommen, das unabhängig von der Arbeitsleistung gezahlt wird. Zusätzlich erhalten sie eine Provision, die sich nach der jeweiligen Umsatzleistung richtet. So soll das Engagement und die Einsatzbereitschaft der Mitarbeiter gefördert und belohnt werden.

Diese Provision ist nach der monatlichen Umsatzhöhe gestaffelt, um besondere Leistungen auch besonders zu honorieren. Bei einem Umsatz bis unter 60.000,00 Euro monatlich beträgt die Provision 3 %, ab 60.000,00 Euro 4 %.

- Führen Sie die Provisionsabrechnung für die Mitarbeiter in einer Tabelle durch. Richten Sie dazu zusätzliche Spalten für Fixum und Gesamtsumme ein.

Provisionsabrechnung		Nov. 20..
Mitarbeiter	Umsatz/ Monat	Provision
Fritz Anders	57.600,00	
Karl Klein	63.830,00	
Otto Lenz	48.650,00	
Thomas Dorn	61.000,00	

3. Wenn der Markt es zulässt – Preisberechnungen

Die steigenden Kosten der ALLFIT Sportartikel GmbH machen es notwendig, Preiserhöhungen durchzuführen. Ob sich diese am Markt durchsetzen lassen, hängt von der jeweiligen Marktsituation ab.

Erstellen Sie eine Tabelle zur Berechnung der neuen Preise. Dabei soll die Berechnung in Abhängigkeit vom Marktanteil mit unterschiedlichen Prozentsätzen erfolgen.

Marktanteil größer als (%)	30	Erhöhung in %	4
Marktanteil kleiner als (%)	30	Erhöhung in %	2

Artikel	Markt-anteil %	Verkaufs-preis/Stck.	Neuer Verkaufspreis
Tennisschläger	20	112,20	
TT-Schläger	33	43,96	
Badmintonschläger	28	33,10	

4. Ein Quiz

Lösen Sie die Aufgabe in der Datei 🖫 *Quiz*. Vielleicht kommen Sie ja auch den Geheimnissen der „rätselhaften" Formeln auf die Spur.

4.4 Nicht immer nur Torte

Diagramme mit Layout

Das erste halbe Jahr Ihrer Ausbildung in der ALLFIT Sportartikel GmbH ist vorbei. Sie lassen die Inhalte Ihrer Arbeit Revue passieren und stellen fest, dass Sie in der Datenverarbeitung schon viele Fortschritte verzeichnen können. Schön wäre es, jetzt auch noch zu lernen, die Ergebnisse der Arbeit von ALLFIT in Excel anschaulich und übersichtlich darzustellen.

In regelmäßigen Abständen werden in der ALLFIT Sportartikel GmbH die Entwicklung des Unternehmens, der Absatzmarkt und die Umsatzentwicklung analysiert.
Die Mitarbeiterinnen und Mitarbeiter bekommen das Zahlenmaterial zu Informationszwecken zur Verfügung gestellt. Jetzt wäre es vorteilhaft, diese „Zahlensalate" als Diagramme sprechen zu lassen, damit die Daten greifbarer und übersichtlicher werden und besondere Schwerpunkte herausgestellt werden können.

Die Geschäftsleitung bittet Sie, eine Statistik über die Zusammensetzung der Kunden des Unternehmens auszuwerten und visuell aufzuarbeiten. Glücklicherweise stellt Ihnen Excel für diese Aufgabe zahlreiche Hilfen zur Verfügung.

Jetzt ist Experimentieren angesagt, um aus der Grundform eines Diagrammes das vorgesehene Ergebnis mit Hilfe von Vorlagen zu erreichen.

 Aufgaben

1. Unter „Marketing" versteht man alle Maßnahmen einer Unternehmung, den optimalen Absatz zu realisieren, es beginnt mit der Analyse der eigenen Marktposition. Die erste Fragestellung lautet: „Wo stehen wir heute?"
Regelmäßig untersuchen wir deshalb die Marktsituation unserer Kunden. Unter anderem erfassen wir, welche Vertriebsform sie bevorzugen (siehe Datentabelle), damit wir uns mit unseren Marketingmaßnahmen darauf einrichten können.

   • Die Daten dieser Übersicht finden Sie in der Datei 🖫 *Vertriebsformen.*

   • Erstellen Sie aus den Daten das Diagramm über die Vertriebsformen unseres Kundenstammes für 2008 in Anlehnung an die untere Abbildung. Vergessen Sie nicht, die Daten des ersten Jahres (B5:D5) vorher zu markieren!

2. Das Säulendiagramm eignet sich auch gut, um die Veränderungen der Kundendaten in den Jahren 2008 bis 2010 zu veranschaulichen. Markieren Sie die gesamte Tabelle B4:D7 und fügen Sie eine entsprechende Grafik in ein neues Blatt der Arbeitsmappe ein.

3. Sie verdienen sicherlich mehr, als Sie von Ihrem Arbeitgeber bekommen!

   • Stellen Sie einen Vergleich der Ausbildungsvergütung verschiedener ausgewählter Berufe grafisch dar. Die Daten finden Sie in der Datei 🖫 *Monatslohn.*

	Kaufhäuser	Fachhandel	Sonstige
2008	66	464	123
2009	64	472	111
2010	52	498	130

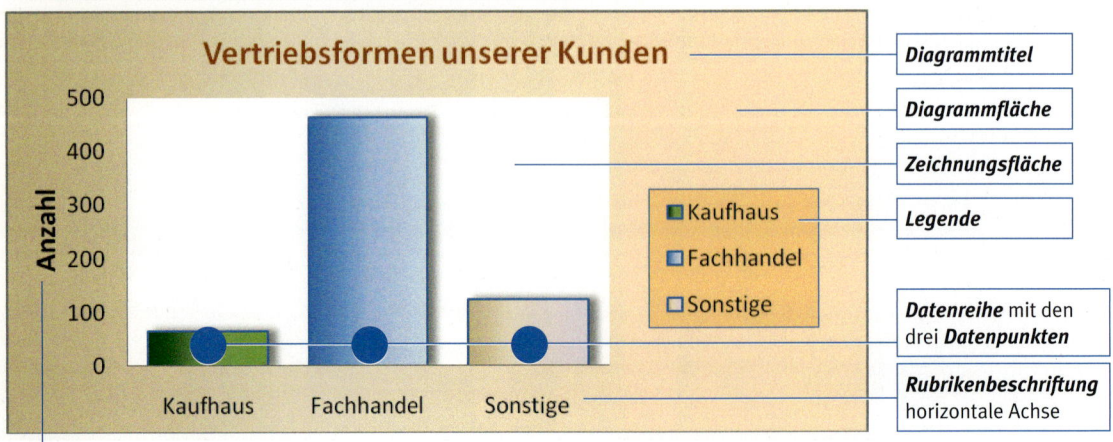

Hilfen

Markieren Sie zuerst den Datenbereich, den Sie in einem Diagramm darstellen wollen. Beziehen Sie bei der Auswahl die Zeilen- und Spaltenüberschriften mit ein, sodass diese für die Beschriftung genutzt werden können.

Es ist vorteilhaft, wenn die linke obere Zelle des Bereichs leer bleibt, da Excel so leichter zwischen Datenreihen und Überschriften unterscheiden kann.

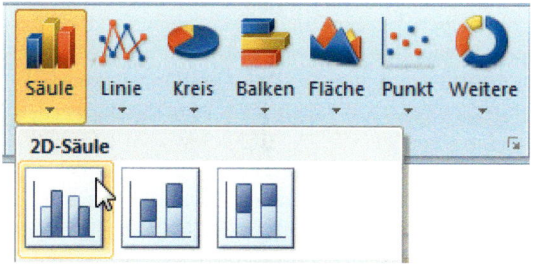

	Kaufhaus	Fachhandel	Sonstige
2008	66	464	123
2009	64	472	111
2010	52	498	130

Aktivieren Sie die Registerkarte *Einfügen* des *Menübandes* und wählen Sie in der Gruppe *Diagramme* den gewünschten Diagrammtyp aus. Excel erstellt die Grafik nach einer Standardvorlage.

Diagrammvorlagen nutzen

Nachdem Sie ein Diagramm einmal fertig haben, können Sie es nachträglich beliebig ändern. Sobald Sie das fertige Diagrammobjekt markieren, stellt Ihnen dafür

das Programm drei zusätzliche Registerkarten – *Diagrammtools* – zur Verfügung. Das Register *Entwurf* beinhaltet dabei fertige Vorlagen zur Gestaltung von Farben, Formen und Layout.

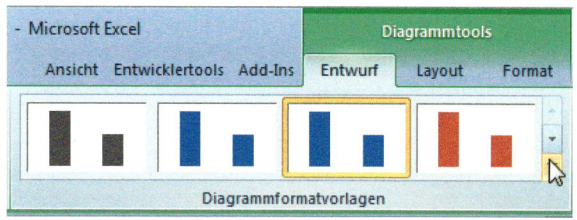

Befehle der Registerkarte *Entwurf*

- Gruppe *Diagrammformatvorlagen:*
  Wählen Sie aus vorgegebenen Vorlagen von Excel Formen und Farben für die gesamte Grafik.

- Gruppe *Diagrammlayout:*
  Bestimmen Sie die konkrete Gestaltung und Form der Darstellung (Titel, Legende usw.).

- Gruppe *Daten:*
  Mit *Daten auswählen* können Sie nachträglich den bezogenen Datenbereich für das Diagramm ändern.

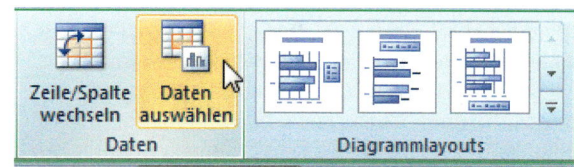

- Gruppe *Typ:*
  Mit dem Befehl *Diagrammtyp ändern* öffnen Sie ein Auswahlfenster für andere Formen.

Ihr Typ wird verlangt

Sicherlich ist es Ihnen gelungen, aus den Daten über die Vertriebsformen ansprechende Diagramme zu entwickeln. Bei Vorlage Ihrer mühselig erarbeiteten Entwürfe in der Mitarbeiterbesprechung der Verkaufsabteilung wird allerdings Form und Inhalt Ihres Entwurfes kritisiert. Man legt besonders viel Wert auf eine gute Arbeit, da die Darstellungen für eine Präsentation benötigt werden.

Den Abteilungsleiter stört vor allem, dass nicht ersichtlich ist, für welches Jahr dieses Diagramm erstellt worden ist. Der Sachbearbeiter Herr Sehrgenau bemängelt, dass die Zahlen in dieser Form nur schlecht abzulesen sind. Grundsätzlich wird in der Runde diskutiert, ob die Form der Darstellung dem Sachverhalt überhaupt gerecht wird.

Sie müssen also Ihren Entwurf überarbeiten. Glücklicherweise haben Sie bei Excel dafür zahllose Gestaltungsmöglichkeiten zur Hand. Da sich ein Diagramm aus einzelnen Elementen zusammensetzt, die sich separat markieren und ändern lassen, können Sie Ihr Vertriebsformen-Diagramm Schritt für Schritt den Vorstellungen der Vertriebsmitarbeiter anpassen.

Grundsätzlich gilt aber auch hier das Prinzip: Erst das Objekt markieren, dann den Befehl ausführen. Ein Klick auf das Diagramm und schon stellt Ihnen Excel mit den Diagrammtools einen umfangreichen Werkzeugkoffer für ihre Arbeit zur Verfügung. Er enthält die Registerblätter *Entwurf*, *Layout* und *Format*.

Aufgaben

1. Erstellen Sie das Diagramm für die 🖫 *Vertriebsformen* für die Datenreihe 2008. Setzen Sie dabei die oben aufgeführten Wünsche und Anregungen Ihrer Mitarbeiterinnen und Mitarbeiter um.

   • Ergänzen Sie den Diagrammtitel um einen Hinweis auf das Jahr.

   • Fügen Sie der Datenreihe (den drei Säulen) im Diagramm eine Datenbeschriftung hinzu, die den Wert aus der zu Grunde liegenden Datentabelle auch hier im Diagramm anzeigt.

2. Erstellen Sie ein zweites Diagramm, das alle Daten von 2008 bis 2010 enthält und diese jeweils als Säulengruppe darstellt. Markieren Sie dazu die drei Datenreihen einschließlich der Kopfzeilen. Beurteilen Sie Übersichtlichkeit, Anschaulichkeit und Aussagefähigkeit eines solchen Diagramms.

3. Weisen Sie Ihren Diagrammen verschiedene Typen bzw. Untertypen zu und vergleichen Sie, inwiefern die jeweilige Aussagekraft der Situation angemessen ist. Welcher Typ erscheint Ihnen als beste Wahl?

4. Erstellen Sie die Diagramme „Marktanteile in Prozent" und „Zahl der Mitarbeiter" auf der folgenden Seite. Fügen Sie Textfelder und Grafiken ein.

Hilfen

Diagrammtypen und ihre Anwendung

Verschiedene Diagrammtypen haben jeweils einen unterschiedlichen Verwendungszweck. Sie können dem Betrachter wichtige Daten verdeutlichen und Wichtiges besonders hervorheben. Bei falschem Einsatz kann das Datenmaterial aber auch schnell verfälscht werden.

Überlegen Sie deshalb genau, welche Form aus der Vielzahl von Diagrammtypen, die Excel Ihnen bietet, besonders gut zu Ihren Daten passt. Welcher Typ unterstreicht die Zielsetzung Ihrer Darstellung? Wie gesagt: Es muss nicht immer das „Tortendiagramm" sein.

• **Säulendiagramm**

Das Säulendiagramm eignet sich besonders zur Darstellung von *Datenveränderungen über einen Zeitraum*. Es kann auch *Größenunterschiede* zwischen verschiedenen Kriterien verdeutlichen.

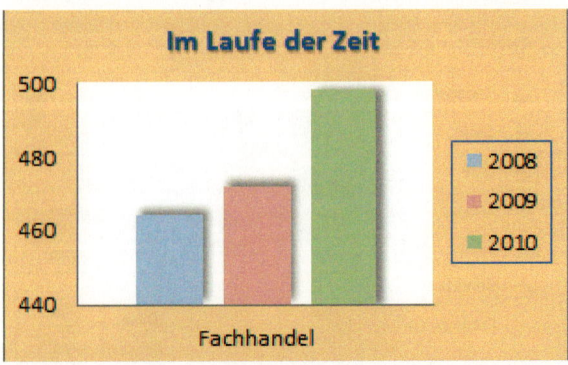

• Kreisdiagramm

Das Kreisdiagramm zeigt *Anteile einzelner Größen* an einer Gesamtmenge in absoluten Zahlen oder in Prozent zu einem bestimmten Zeitpunkt. Deshalb ist auch nur die Auswahl einer Datenzeile oder Datenspalte möglich.

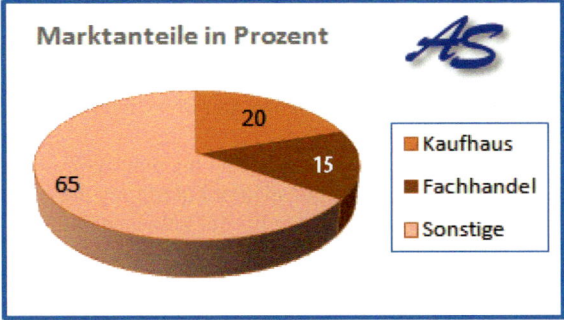

• Liniendiagramm

Das Liniendiagramm eignet sich besonders für die *Darstellung der Entwicklung* einer oder verschiedener Größen *über einen Zeitraum* in Form einer stetigen Linie.

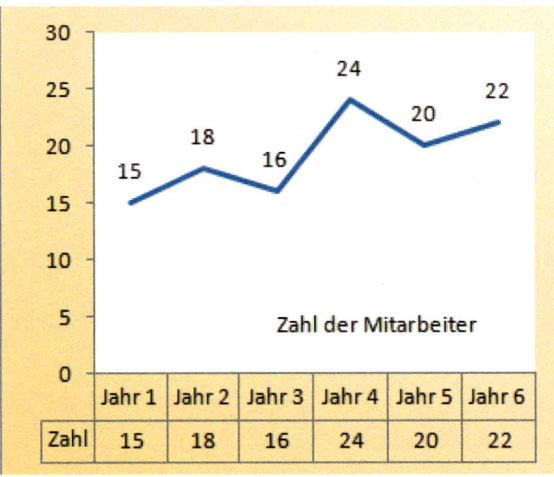

Verändern von Diagrammelementen

Jedes Diagramm hat eine Vielzahl von Elementen:

- **Diagrammfläche:** Der ganze Bereich innerhalb des Gesamt-Rahmens. In der Abbildung farbig unterlegt.

- **Zeichnungsfläche:** Der Bereich, der durch die beiden Achsen begrenzt wird. In der Abbildung weiß.

- **Datenreihe:** Darstellung der Daten, im Beispiel die Säulen des Diagramms.

- **Achsen und Achsenbeschriftung:** Skalen mit Angabe der gegenübergestellten Größen (z.B. Jahreszahl und Zahl der Mitarbeiter, siehe nebenstehendes Liniendiagramm-Beispiel).

- **Diagrammtitel und Legende:** Eigenständige Elemente, die sich verschieben lassen.

- **Datentabelle:** Daten der Ursprungstabelle unterhalb der horizontalen Achse.

Um Elemente hinzuzufügen oder zu entfernen, benutzen Sie die Schaltflächen der Gruppen *Beschriftungen* und *Achsen* der Registerkarte *Diagrammtools Layout*. Markierte Elemente lassen sich auch mit der Taste <Entf> löschen.

Formatierung der Diagrammelemente

Farben, Formen, Linien, Füllungen. Den „letzten Schliff" erhalten die Elemente Ihrer Grafik mit Hilfe der Schaltflächen der Registerkarte *Format* in den *Diagrammtools*. Stellen Sie links oben im Menüband das Element ein, das formatiert werden soll (hier „Legende" als *aktuelle Auswahl*). Für einfache Schriften verwenden Sie wie gewohnt die Befehle im Register *Start*.

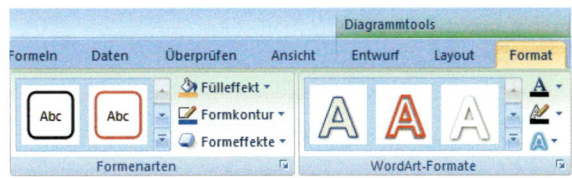

Hinzufügen von freiem Text

Excel bietet Ihnen im Register *Layout* auch die Möglichkeit, in die markierte Diagrammfläche *Grafik*, *Formen* oder *Textfelder* einzufügen. Erklärende Kommentare, Hinweise oder Darstellungen erhöhen so den Informationswert.

Im Trend der Zeit

Nun müssen Sie Ihr Können bei der Erstellung von Diagrammen richtig unter Beweis stellen. Die Gesamtdaten der ALLFIT Sportartikel GmbH liegen vor und es soll eine Gesamtauswertung der Umsatzzahlen des vergangenen Geschäftsjahres erfolgen.

Diese Auswertung bildet die Grundlage für vielfältige Entscheidungen im Unternehmen:

- Durch den Vergleich der aktuellen Zahlen mit den Vorjahreszahlen werden Entwicklungen in den einzelnen Marktsegmenten deutlich.

- Die Information über die Entwicklung der Zahlen ist eine der Grundlagen für die notwendige Bereinigung oder Erweiterung des Sortiments.

- Der wirtschaftliche Einsatz von Finanzmitteln für Werbung kann schwerpunktmäßig sinnvoller gesteuert werden.

- Umsatzprognosen für die Zukunft lassen sich mit etwas größerer Sicherheit erstellen.

- Der Vergleich der eigenen Zahlen mit denen anderer Unternehmen der Branche erlaubt eine Beurteilung der eigenen Position am Markt.

Natürlich lässt sich nicht die gesamte Umsatztabelle auf einmal in ein Diagramm pressen, aber Excel erlaubt es, Tabellenteile selektiv zu markieren.

In der Datei 🖫 *Umsatzzahlen* finden Sie die vollständigen Jahresumsätze aller Artikel des Sortiments.

Aufgaben

1. Vergleichen Sie in 🖫 *Umsatzzahlen* die Warengruppen Fitness und Bekleidung in ihrer Umsatzentwicklung über das gesamte Jahr in einem passenden Diagramm.

- Markieren Sie die Zelle A1.

- Halten Sie die <Strg>-Taste gedrückt und markieren Sie die weiteren Zellen und Bereiche:

  – C1:F1 (Spaltenüberschriften für Quartale). Dies erspart Ihnen die spätere Zuordnung dieser Spalten als Beschriftung für die Rubriken der X-Achse im Diagramm.

  – Zelle A4 als Zeilenüberschrift und C4:F4 mit den Umsätzen der Gruppe Fitness.

  – A26 und C26:F26 (Umsätze Sportbekleidung).

Um augenblicklich auf dem Bildschirm nicht sichtbare Daten zu markieren, bewegen Sie sich mit der Bildlaufleiste nach unten in die Tabelle.
Benutzen Sie dabei nicht die Pfeiltasten, da sonst die bisherige Markierung gelöscht wird!

- Verkleinern Sie die Zoomansicht, sodass Sie kontrollieren können, ob die Auswahl insgesamt ein Rechteck bildet.

- [Punkt (X Y)] Für Ihr Diagramm wählen Sie als Typ: *Punkt (X Y), Interpolierte Linien.*

- Richten Sie die Zeilenüberschriften als Legende ein und fügen Sie weitere Elemente hinzu.

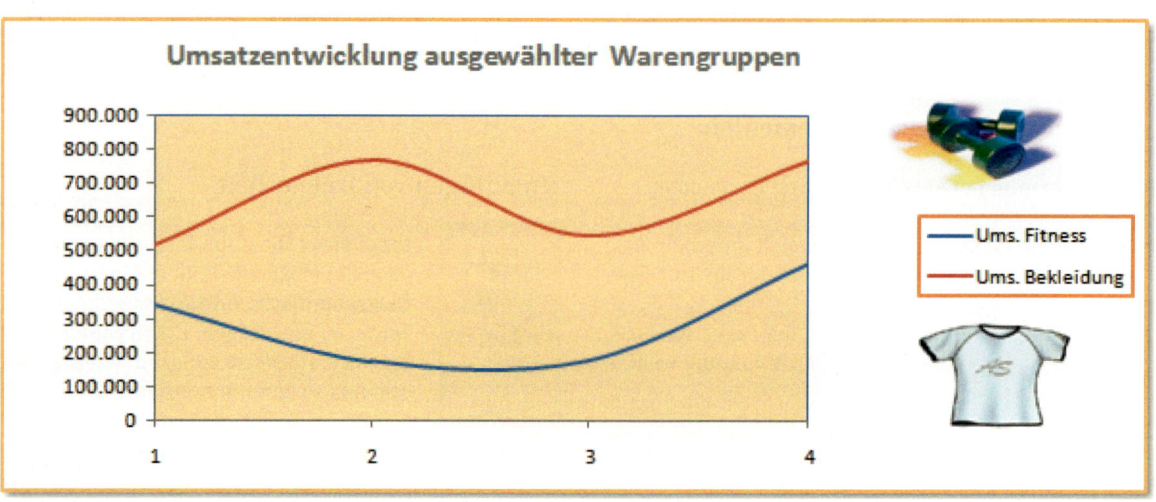

2. Welche Artikel sind in besonderem Maße Saisonartikel? Diese Information ist für die Planung des Einkaufs von besonderer Bedeutung. Es ist zwar einerseits wichtig, jederzeit lieferbereit zu sein, andererseits sollten unnötige Lagerkosten vermieden werden. Vergleichen Sie den Umsatz bei Tennisschlägern, TT-Schlägern und Fußbällen.

3. Stellen Sie die Anteile des Jahresumsatzes der vier Artikelgruppen am Gesamtumsatz grafisch dar.

4. Vergleichen Sie den Gesamtumsatz der Warengruppen im Laufe des aktuellen Jahres mit den jeweiligen Daten des Vorjahres.

5. Finden Sie noch andere interessante Vergleichswerte für ein Diagramm in der Datei 🖫 *Umsatzzahlen*.

 **Hilfen**

Diagramme aus einer Mehrfachauswahl

Enthält eine Tabelle sehr viele Daten, so ist ein daraus erstelltes Diagramm in der Regel nicht mehr aussagefähig: „Man sieht den Wald vor lauter Bäumen nicht mehr." Allerdings können Sie Diagramme aus umfangreichen Daten auch selektiv erstellen.

Markieren Sie dazu nur bestimmte ausgewählte Datenreihen oder Datenspalten. Diese müssen nicht unbedingt nebeneinanderliegen, sondern können auch aus den verschiedensten Tabellenbereichen stammen.

Achtung: Damit bei der Auswahl des zweiten Bereiches oder weiterer Datenreihen die vorherige Markierung nicht gelöscht wird, halten Sie die Steuerungstaste bis zum Abschluss der Aktion gedrückt.

Markieren Sie den ersten Bereich.

2		Kaufhaus	Fachhandel	Sonstige
3	20..	66	464	123
4	20..	64	472	111
5	20..	52	498	130

Drücken Sie jetzt die Taste <Strg> und markieren Sie mit gedrückter Taste weitere Bereiche, die Bestandteil des Diagrammes werden sollen.

2		Kaufhaus	Fachhandel	Sonstige
3	20..	66	464	123
4	20..	64	472	111
5	20..	52	498	130

Damit Excel Spaltenüberschriften, Zeilenüberschriften und die jeweils zusammengehörenden Zahlenreihen richtig zuordnen kann, müssen die markierten Zellen und Bereiche in ihrer Gesamtheit unbedingt eine gedachte rechteckige Form haben. Gegebenenfalls sind also auch leere Zellen einer Datenreihe mit in die markierte Auswahl einzubeziehen.

markiertes Rechteck

	A	B	C	D	E	F	G	H
1								
2								
3								
4								
5								
6								
7								
8								

	A	B	C	D	E	F	G	H
1	Umsatz	Artikel	1. Quartal	2 . Quartal	3. Quartal	4. Quartal	akt. Jahr	Vorjahr
2	Fitness	Hanteln	249.067	124.260	152.177	350.336	875.840	
3		Expander	90.409	49.675	23.844	114.253	278.180	
4	Ums. Fitness		339.476	173.935	176.021	464.589	1.154.020	1.130.050
5								
6	Sportschläger	Wickelband	21.500	18.750	68.750	28.500	137.500	
7		Tennisschläger	230.242	635.267	190.748	372.253	1.428.510	
8		Schutzhüllen	6.524	26.096	6.990	16.310	55.920	
9		TT-Schläger	41.352	86.150	37.906	110.272	275.680	
10		Nylonbespannung	65.550	87.400	87.400	65.550	305.900	
11		Badmintonschläger	33.735	31.140	46.710	70.065	181.650	

Aufgaben

Gesellschafter	Geschäftsanteil
Evers	19.000
Grunefeld	64.000
Mehlwald	32.000
Schade	48.000
Lambrecht	12.000

1. Break-even-Punkt – Ermittlung der Gewinnschwelle

Untersucht man die Kosten eines Unternehmens hinsichtlich der Beschäftigungsauslastung, so müssen zuerst einmal fixe und variable Kosten unterschieden werden. Fixkosten entstehen auch dann, wenn ein Unternehmen nicht ausgelastet ist, beispielsweise auch während der Betriebsferien. Sie sind also produktionsunabhängig. Dazu gehören beispielsweise Miete, Gehälter und Zinsen.

Variable Kosten, bei der ALLFIT Sportartikel GmbH sind dies vor allem die Wareneinkäufe, steigen proportional zum Umsatz. Schließlich kann man nur verkaufen, was auch vorher eingekauft wird. Je nach Umsatzhöhe ergeben sich folglich unterschiedliche Gesamtkosten.

Erstellen Sie die Tabelle wie unten abgebildet (Denken Sie an das Ausfüllkästchen!) und berechnen Sie den Gewinn bei unterschiedlicher Umsatzhöhe.

Ermitteln Sie durch ein Diagramm den Umsatz, bei dem Einnahmen und Gesamtkosten gleich hoch sind (Gewinnschwelle).

2. Gesellschafterversammlung – Geschäftsanteile

Die ALLFIT Sportartikel GmbH hat laut Bilanz zurzeit ein Stammkapital in Höhe von 175.000 Euro. An der Unternehmung sind fünf Gesellschafter mit unterschiedlich hohen Geschäftsanteilen beteiligt.

Im neuen Geschäftsbericht soll eine Grafik über die Beteiligungsverhältnisse als Kurzinformation abgedruckt werden. Wählen Sie einen geeigneten Diagrammtyp hierfür aus und denken Sie auch an die Beschriftung.

3. Konjunktur im Aufwind? – Konjunkturverlauf

Ob es der Wirtschaft gut oder weniger gut geht, zeigt sich an den Veränderungen des Bruttoinlandsproduktes (BIP) zum Vorjahr. Die bildliche Darstellung veranschaulicht den Konjunkturverlauf.

In der Datei 🖫 *Konjunktur* finden Sie diese Zahlen für vergangene Jahre. Arbeiten Sie die BIP-Daten in ein Diagramm um, das am besten die „fetten und mageren" Jahre einer Volkswirtschaft demonstriert. Vergleichen Sie vor allem die Aussagekraft von Säulendiagrammen und Liniendiagrammen für die Beurteilung der Konjunkturentwicklung.

4. Aktuell bleiben, selbst aktiv werden

Beschaffen Sie sich im Internet vom Statistischen Bundesamt (http://www.destatis.de) aktuelle Daten über Preise und Arbeitsmarkt. Werten Sie diese aus.

(Angaben in Euro)				
Umsatz	**Fixkosten**	**variable Kosten**	**Gesamtkosten**	**Gewinn**
0	1500	0	1500	
1000	1500	680	2180	
2000	1500	1360	2860	
3000	1500	2040	3540	
4000	1500	2720	4220	
5000	1500	3400	4900	
6000	1500	4080	5580	
7000	1500	4760	6260	

4.5 Etwas für Könner

Wie man es dreht und wendet

Ein wichtiges Ziel der Datenverarbeitung ist es, betriebliche Daten genau zu analysieren. So erhalten Sie Informationen, die es Ihnen erlauben, Entscheidungen zielgerichtet zu treffen. Im Marketing sollen beispielsweise Strategien entwickelt werden, um den Absatz unserer gewinnträchtigsten Produkte dort zu fördern, wo noch Marktpotenzial vorhanden ist.

Genaue Kenntnisse über die Struktur und Situation unseres Absatzmarktes und das Kaufverhalten unserer Kunden sind die Voraussetzungen für den planvollen Einsatz. Das „Gießkannenprinzip", bei dem alle ungezielt gleich angesprochen werden, ist nur teuer und deshalb wenig effektiv.

Die Antwort auf die Frage, wie hoch der Absatz von Fußbällen und Tennisschlägern bei Großkunden (Kundentyp K) in den Verkaufsbezirken 2 und 3 ist, könnte da eventuell weiterhelfen.

Obwohl alle Absatzzahlen in einer Tabelle bereits als Datenbank vorliegen, sind einfache Antworten auf solche oder ähnlich komplexe Fragen nicht möglich. Alle Angaben (Bezirk, Artikel, KdTyp) kommen in unterschiedlicher Zusammensetzung vielfach vor.

Sortieren, *Filtern* oder *Teilergebnisse* aus den Befehlen der Registerkarte *Daten* erscheinen nicht erfolgversprechend, da sie nur jeweils ein Auswahlkriterium berücksichtigen. In der geforderten Analyse müssen aber mehrere Kriterien berücksichtigt werden.

	A	B	C	D	E
1	KdNr	Bezirk	KdTyp	Artikel	Stück
2	2034	2	E	Fußball	110
3	2073	2	K	Badmintonschläger	900
4	2009	1	E	Tennisschläger	370
5	2075	2	S	Tennisschläger	300
6	2048	2	E	Fußball	65
7	2010	1	E	TT-Schläger	225
8	2016	2	E	Badmintonschläger	100
9	2094	3	E	Badmintonschläger	125
10	2038	2	S	Fußball	90
11	2116	3	E	Fußball	200
12	2060	3	E	Tennisschläger	160
13	2040	2	E	Badmintonschläger	120
14	2010	1	E	Fußball	240
15	2040	2	E	Fußball	85
16	2041	2	E	Tennisschläger	100

Die Pivot-Tabelle

Zur Lösung dieses komplexen Problems bietet Ihnen Excel das Analyseinstrument der Pivot-Tabelle an (Excel nennt sie PivotTable-Bericht). Der Begriff leitet sich ab von dem französischen (se) pivoter, sich drehen.

Diese „Drehtabelle" ist eine spezielle Tabellenart, um umfangreiche Daten zusammenzuführen, dreidimensional zu filtern und so auszuwerten. In der folgenden Darstellung beispielsweise nach den Kriterien Kundentyp, Artikel und Bezirk.

Sehr vorteilhaft ist, dass die Ausgangsdaten der Datenbank dabei nicht verändert werden und auch weiter bearbeitet und aktualisiert werden können.

KdTyp	K		
Summe von Stück	Artikel		
Bezirk	Fußball	Tennisschläger	Gesamtergebnis
2	638	2265	2903
3	1230	2570	3800

Erstellen einer Pivot-Tabelle

Setzen Sie den Zellzeiger in eine beliebige Zelle der zu analysierenden Datenbank.

• Klicken Sie in der Registerkarte *Einfügen* den Befehl *PivotTable* an.

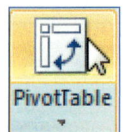

• Öffnet den Dialog, in dem Sie den Bereich der zu analysierenden Daten bestimmen und festlegen, wo die Pivot-Tabelle erstellt wird. Wenn Sie den Bericht in ein vorhandenes Arbeitsblatt einfügen möchten, geben Sie bei *Quelldatei* (gemeint ist eigentlich *Zielzelle*) die erste Zelle im Zellbereich ein, in den der PivotTable-Bericht eingefügt werden soll.

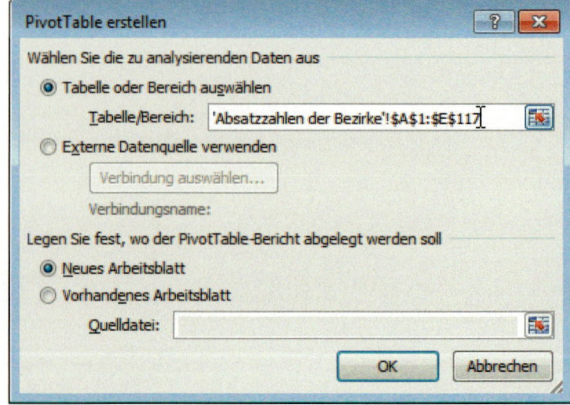

Nun legt Excel die Grundstruktur der Pivot-Tabelle im Tabellenblatt an und öffnet den Dialog *PivotTable-Feldliste* mit den Spaltenüberschriften Ihrer Datenbank.

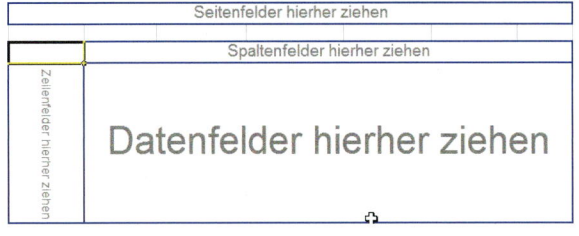

Definieren Sie jetzt, wie die Spaltenüberschriften (Felder) der Ursprungstabelle in den Zeilen und Spalten des PivotTable-Berichtes anzuordnen sind.

- *Zeilenfelder* übernehmen ein erstes Auswertungskriterium, beispielsweise *Bezirke*.
- *Spaltenfelder* übernehmen ein beliebiges zweites Kriterium, beispielsweise *Artikel*.
- *Datenfelder*. Hier finden die Felder ihren Platz, die die Zahlen enthalten, die berechnet werden sollen.
- *Seitenfelder (Berichtsfelder)* stellen ein zusätzliches Kriterium dar, das die dritte mögliche Dimension der Auswertung ermöglicht.

Das Fenster *PivotTable-Feldliste* zeigt Ihnen nun alle Spaltenüberschriften Ihrer Tabelle. Ziehen Sie die Felder, die Sie in die Auswertung einbeziehen wollen, auf die Positionen in der Grundstruktur oder in die Flächen im unteren Teil der *PivotTable-Feldliste*.

Ändern einer Pivot-Tabelle

Standardmäßig werden die Daten des Datenfeldes mit *Summe von ...* ausgewertet. Ein Doppelklick auf diese Zelle öffnet ein Fenster *Wertfeldeinstellungen*. Hier können Sie eine andere Auswertung festlegen, beispielsweise *Mittelwert von ...* oder *Anzahl von ...* .

Um die Auswertung anders zu gestalten, können Sie die Felder der *PivotTable-Feldliste* beliebig zwischen Berichtsfilter, Spaltenbeschriftung und Zeilenbeschriftung verschieben. Löschen Sie ein Feld und ersetzen Sie es, wenn Sie ein anderes Kriterium nutzen wollen.

Löschen einer Pivot-Tabelle

Setzten Sie den Zellzeiger in eine Zelle der Pivot-Tabelle. Klicken Sie auf der Registerkarte *Optionen* in der Gruppe *Aktionen* auf *Auswählen* und anschließend auf *Gesamte PivotTable*. Drücken Sie die Taste <Entf>.

 Aufgaben

1. Erstellen Sie in 🖫 *PivotAbsatzzahlen* den PivotTable-Bericht. Ermitteln Sie, wie hoch der Absatz an Sportschlägern (Tennis- und Badmintonschlägern) im Bezirk 3 im Kundenkreis Einzelhandel (E) ist.

Im Fenster *PivotTable-Feldliste* bestimmen Sie den **Aufbau des Berichtes**. Schieben Sie die Felder mit der Maus in den gewünschten Bereich.

Ein Klick öffnet ein Listenfeld, in dem Sie zu jedem der drei Felder **Filterkriterien** für die Analyse einstellen können.

Ein Fehler kommt selten allein

Sie haben die Rechnungserstellung für die ALLFIT Sportartikel GmbH im Kapitel 4.3 mit Hilfe von *SVERWEIS()* recht komfortabel umgestellt (wenn nicht, dann sollten Sie dies zuerst nachholen). Trotzdem werden Sie immer wieder um Hilfe gebeten. Ihre Excel-Rechnung liefert immer wieder Fehlermeldungen.

In der täglichen Praxis steckt der Teufel eben im Detail:

- In nicht benötigten Zeilen zeigt das Programm die Fehlermeldung: *#NV, #NULL!, #DIV/0!, #WERT!*

- Bei der Eingabe einer Stückzahl erscheint eine Fehlermeldung in der Spalte für Einzelpreis und Preisberechnung, wenn vorher noch keine Artikelnummer eingegeben wurde.

- Die Anmerkung „Lieferung später" in einer Zelle für die Artikelnummer liefert *#NV.*

 Aufgaben

1. 💾 *Rechnung1* enthält das Rechnungsformular, die Kundendatei und die Preisliste. Die Rechnung ist mit Hilfe von *SVERWEIS()* vorbereitet.

   Testen Sie zuerst die Fehlermeldungen bei allen erdenklich falschen oder unvollständigen Eingaben.

Dem Fehler mit logischen Funktionen auf der Spur

Mit Hilfe von logischen Funktionen in WENN()-Funktionen lassen sich Fehlermeldungen und Folgefehler, beispielsweise bei der Division durch 0, auffangen:

- WENN(B16="";"";...)
  Prüft, ob eine Zelle Text oder Zahl enthält. Die Anführungszeichen drücken dabei „leer" aus.

- ISTLEER()
  WENN(ISTLEER(B16;"";...)

- ISTZAHL()
  =WENN(ISTZAHL(B1);B1+1;"")

- ISTTEXT()
  Wert bezieht sich auf Text.

- ISTKTEXT()
  Wert bezieht sich auf ein Element, das kein Text ist.

- ISTFEHLER()
  Wert bezieht sich auf einen beliebigen Fehlerwert (#NV, #WERT!, #BEZUG!, #DIV/0!, #ZAHL!, #NAME? oder #NULL!).

- ISTNV()
  Der Wert bezieht sich auf den Fehlerwert #NV in der bezogenen Zelle.

Aber Vorsicht! Zäumen Sie nicht das Pferd von hinten auf. Beginnen Sie mit dem ersten Bezug auf eine Zelle, in der eine Eingabe erfolgt. Setzen Sie dann Ihre Arbeit Schritt für Schritt für die weiteren Berechnungen fort.

Entweder ... oder. Ist doch logisch?

Mit verschachtelten WENN()-Funktionen lassen sich mehrere Bedingungen auf *FALSCH* oder *WAHR* überprüfen. Aber die Möglichkeit ist auf maximal sieben Bedingungen beschränkt. Zudem wird die Funktion bei mehreren Prüfungen sehr unübersichtlich.

Komfortabler arbeiten Sie, wenn Sie die Funktionen UND() und ODER() benutzen. Hier können Sie in der Klammer bis zu 30 Bedingungen auf ihren Wahrheitswert prüfen lassen. Die einzelnen Bedingungen werden durch ein Semikolon getrennt.

Schreibweise (Syntax):
- UND(Wahrheitswert1;Wahrheitswert2;...)
  Alle Bedingungen mit Trennzeichen Semikolon innerhalb der Klammer müssen erfüllt sein.

- ODER(Wahrheitswert1;Wahrheitswert2;...)
  Nur eine der Bedingungen muss erfüllt sein.

Beispiel:
=WENN(ODER(ISTLEER(B1);B1=0;ISTTEXT(B1));"";A1)

 Aufgaben

2. Erweitern Sie die SVERWEIS()-Funktionen für die Kundenanschrift und die Artikelbezeichnung mit logischen Funktionen. Beziehen Sie diese auf die richtige Eingaben bei „Artikelnummer" bzw. auf das Auftreten von Fehlern. Ergänzen Sie schrittweise die weiteren Funktionen.

Spezielle logische Funktionen verhindern Eingabefehler und Fehlermeldungen

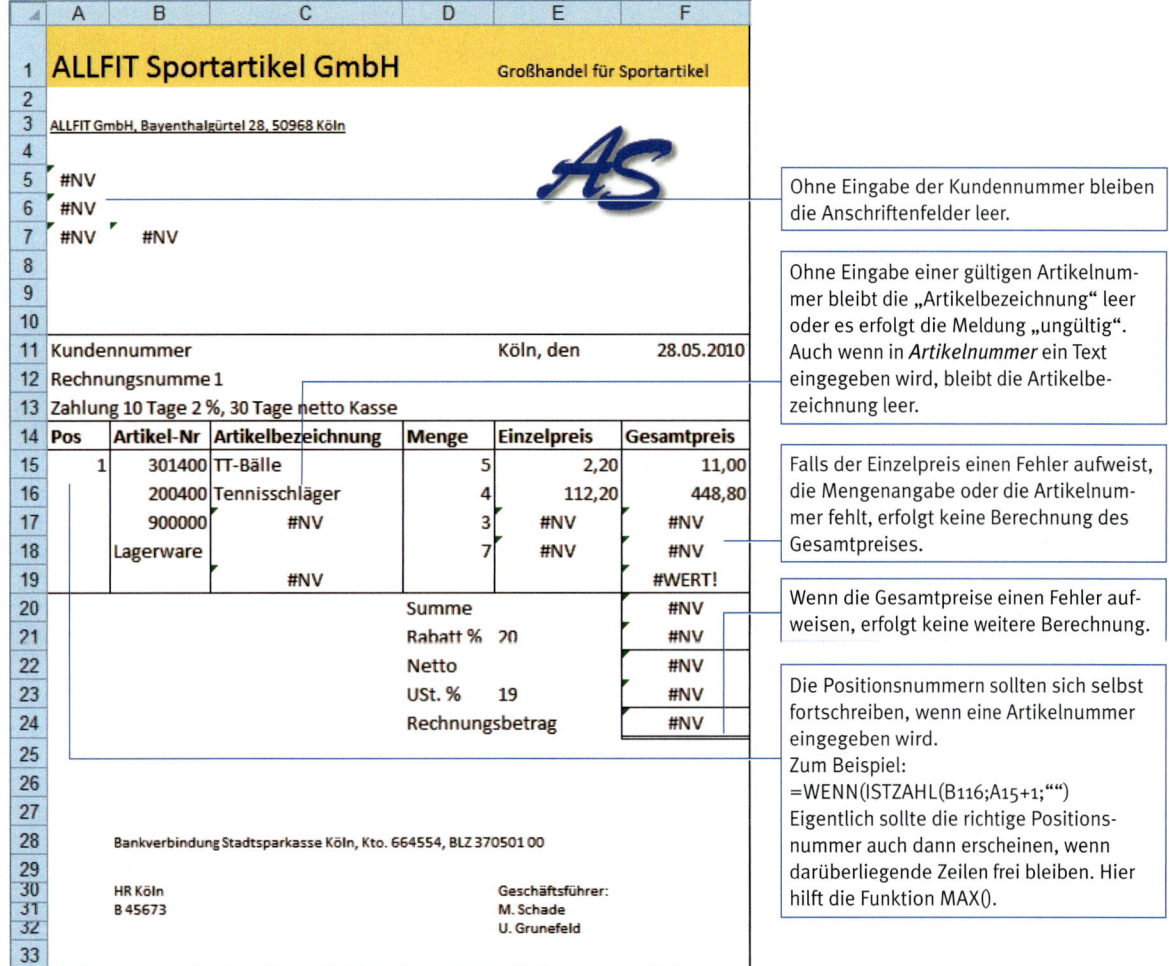

Ohne Eingabe der Kundennummer bleiben die Anschriftenfelder leer.

Ohne Eingabe einer gültigen Artikelnummer bleibt die „Artikelbezeichnung" leer oder es erfolgt die Meldung „ungültig". Auch wenn in *Artikelnummer* ein Text eingegeben wird, bleibt die Artikelbezeichnung leer.

Falls der Einzelpreis einen Fehler aufweist, die Mengenangabe oder die Artikelnummer fehlt, erfolgt keine Berechnung des Gesamtpreises.

Wenn die Gesamtpreise einen Fehler aufweisen, erfolgt keine weitere Berechnung.

**Die Positionsnummern sollten sich selbst fortschreiben, wenn eine Artikelnummer eingegeben wird.
Zum Beispiel:
=WENN(ISTZAHL(B116;A15+1;"")
Eigentlich sollte die richtige Positionsnummer auch dann erscheinen, wenn darüberliegende Zeilen frei bleiben. Hier hilft die Funktion MAX().**

Auf die Spitze getrieben

Sie werden sicherlich feststellen, dass es gar nicht so einfach ist, bei den vielen denkbaren Fehlermeldungen den Überblick zu behalten. Ein Fehler setzt sich über die Reihe der Bezüge auch in allen anderen Zellen fort.

Gehen Sie deshalb unbedingt in einzelnen Schritten ausgehend von den ersten Eingabefeldern *Kundennummer* und *Artikelnummer* vor. Binden Sie die verschiedenen logischen Bedingungen (Prüfungen) schrittweise in die nachfolgenden Zellen ein.

Testen Sie jeweils das Zwischenergebnis.

Wie das nachfolgende Beispiel zeigt, lassen sich grundsätzlich alle Funktionen mehrfach miteinander verschachteln. Auch lässt sich mit ISTFEHLER() prüfen, ob eine andere Funktion (hier SVERWEIS()) ein sinnvolles Ergebnis liefert.

Mit solch einer „Konstruktion" kann man es dann natürlich auch auf die Spitze treiben:

=WENN(UND(ISTFEHLER(SVERWEIS(B19;Preisliste!$B$2:$D$19;2;FALSCH));ISTZAHL(B19));"ungültig";
WENN(ISTFEHLER(SVERWEIS(B19;Preisliste!$B$2:$D$19;2;FALSCH));"";SVERWEIS(B19;Preisliste!$B$2:$D$19;2;FALSCH)))

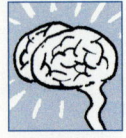

Gedächtnisstützen

Es ist schon eine tolle Verbesserung, wenn durch den geschickten Einsatz logischer Funktionen Fehlermeldungen in einer Berechnung bzw. in unserer Kundenrechnung vermieden werden.

Trotzdem wird das Erstellen der Rechnung in der Praxis manchmal zu einem verzweifelten Akt von Versuch und Irrtum, wie die folgenden Beispiele zeigen:

• Der Mitarbeiter ist sich bei der Kundennummer nicht sicher und gibt eine falsche Nummer ein.

• Welche Artikelnummer haben eigentlich die Hanteln?

Lästiges Nachschlagen in der Artikelliste und der Kundendatei in einer anderen Tabelle oder sogar in einer anderen Arbeitsmappe ist die Folge.

Natürlich bietet Excel auch für dieses Problem eine Lösungsmöglichkeit, die es erlaubt, sich schnell einen Überblick zu verschaffen.

Kombinationsfelder als Gedächtnisstütze

Ein als Objekt in Tabellen eingefügtes *Kombinationsfeld* knüpft eine Verbindung zu einem anderen Bereich der Tabelle oder einem Bereich in einer anderen Tabelle der Arbeitsmappe und stellt diesen bei Bedarf als Liste dar. Ist dieses Feld neben Ihrem Rechnungsformular eingefügt, können Sie sich durch einen Klick auf den Pfeil beispielsweise schnell über alle Artikelnummern der Artikeldatei informieren.

Um ein solches Formular-Objekt einzurichten, bedienen Sie sich der *Steuerelemente* aus den *Entwicklertools*. Aktivieren Sie diese Tools in der Backstage-Ansicht, *Register Datei, Excel-Optionen, Menüband anpassen.*

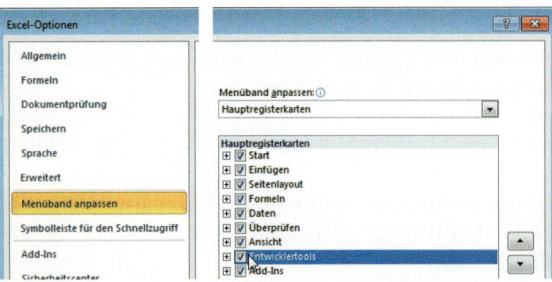

Das Menüband wird um die Registerkarte *Entwicklertools* erweitert.

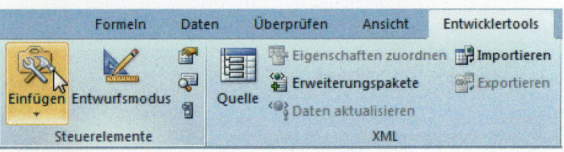

• Wählen Sie mit der Schaltfläche *Einfügen* aus dem Auswahlfenster das *Kombinationsfeld* aus der Gruppe der *Formularsteuerelemente*.

• Ziehen Sie mit der Maus ein *Kombinationsfeld* in angemessener Größe auf die Tabelle.

• Markieren Sie das Feld mit der rechten Maustaste und öffnen Sie über das Kontextmenü *Steuerelement formatieren…* oder den Befehl *Eigenschaften* in der Gruppe *Steuerelemente* den Dialog.

Die Angabe des *Eingabebereichs* definiert den Bereich derselben oder einer anderen Tabelle, die später hier als Dropdownliste angezeigt werden soll. Es ist allerdings nur der Bezug auf eine einzelne Spalte möglich.

Dropdownzeilen definiert die Anzahl der Zeilen, die im Listenfeld gleichzeitig sichtbar sein sollen.

Die *Zellverknüpfung* definiert die Zelle der aktiven Tabelle, in der das Ergebnis (die Zahl des gewählten Datensatzes) angezeigt werden soll. Diese bleibt hier vorläufig leer (siehe folgende Seiten).

Aus zwei mach eins

Erhöht wird der Informationswert dieser Dropdownliste, wenn ein solches Feld nicht nur die Artikelnummer, sondern gleichzeitig auch die Artikelbezeichnung anzeigt.
Dazu ist es notwendig, in der Artikeldatei eine zusätzliche Spalte einzurichten, in der Artikelnummer und Artikelbezeichnung aus den anderen Spalten in einer Zelle zu einem Text einschließlich Leerzeichen verbunden bzw. verkettet werden.

Mit Hilfe des &-Zeichens lassen sich Inhalte von Zellen und beliebiger Text in einer weiteren Zelle zu einem Wert verbinden.
    (z. B.: =B2&"..."&C2)

Eine zweite Möglichkeit für bis zu 30 Elemente bietet die Funktion **VERKETTEN()**.
    (z. B.: =**VERKETTEN (**B2;"Text";C2; …)

Druckbereich festlegen

Mit dem Druckbefehl wird standardmäßig immer die ganze Tabelle einbezogen. Beschränken Sie den Ausdruck auf das vorher markierte Rechnungsformular.

Aufgaben

1. Fügen Sie **Kombinationsfelder** mit Bezug zu Kunden- und zur Artikeldatei neben das Rechnungsformular als Informationsmöglichkeit ein.

2. Richten Sie für die Rechnung selbst den **Druckbereich** ein und kontrollieren Sie ihn in der Seitenansicht.

Das Objekt „Kombinationsfeld" zeigt Informationen über verbundene Listenbereiche

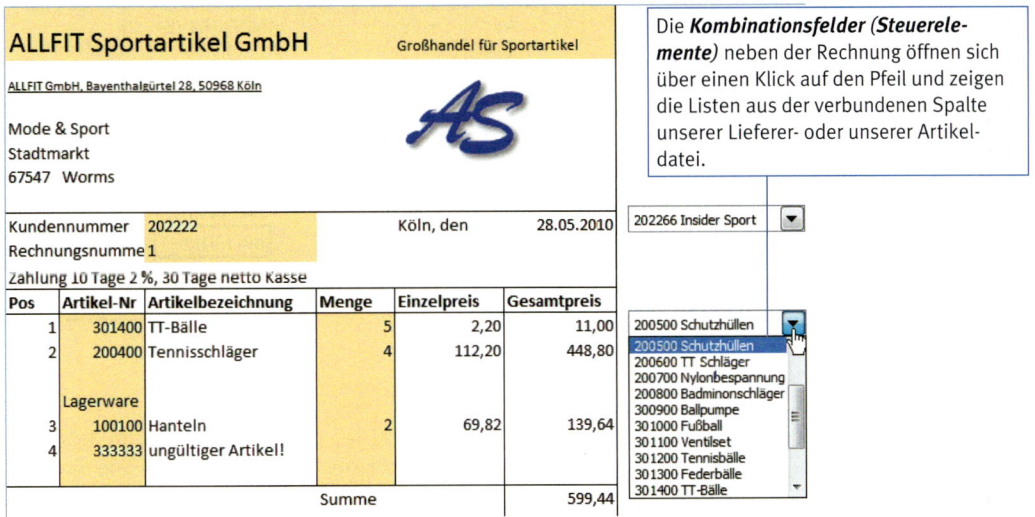

Die **Kombinationsfelder (Steuerelemente)** neben der Rechnung öffnen sich über einen Klick auf den Pfeil und zeigen die Listen aus der verbundenen Spalte unserer Lieferer- oder unserer Artikeldatei.

Auch ein Kombinationsfeld (Formularsteuerelement) hat Format

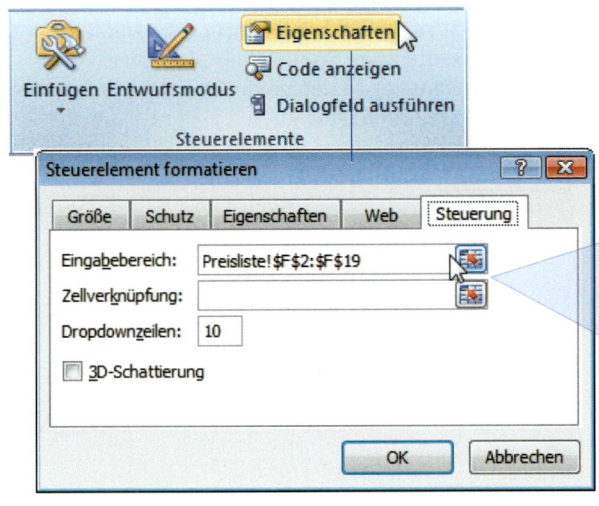

B	C	F
ArtNr	Artikelbez.	Spalte B&C
100100	Hanteln	100100 Hanteln
100200	Expander	100200 Expander
200300	Wickelband	200300 Wickelband
200400	Tennisschläger	200400 Tennisschläger
200500	Schutzhüllen	200500 Schutzhüllen
200600	TT-Schläger	200600 TT-Schläger
200700	Nylonbespannung	200700 Nylonbespannung
200800	Badmintonschläger	200800 Badmintonschläger
300900	Ballpumpe	300900 Ballpumpe
301000	Fußball	301000 Fußball

Das gehört auf den Index

Die Eingabe der Rechnungsdaten in das vorhandene Excel-Rechnungsformular der ALLFIT Sportartikel GmbH ist tägliche Routinearbeit. In Anbetracht der häufigen Wiederholungen lohnt es sich gerade hier, die Arbeit weiter zu vereinfachen, die Dateneingabe noch sicherer zu machen und die Vorgänge möglichst weit zu rationalisieren.

Eine bessere Nutzung des *Kombinationsfeldes* und der Einsatz anderer *Formularsteuerelemente* der *Entwicklertools* können hilfreich sein.

- Rationeller und weniger fehleranfällig ist es, die mit der Maus ausgewählte Kunden- und Artikelnummer automatisch aus der Auswahlliste *(Kombinationsfeld)* in die Rechnung zu übernehmen.

- Ein so genanntes *Drehfeld* aus den *Steuerelementen* steuert die Rechnungsnummer.

Der erste Schritt für eine solche Lösung ist bereits gemacht. Dem *Kombinationsfeld* aus der Gruppe *Formularsteuerelemente* können Sie im Dialogfenster *Steuerelement formatieren* eine *Ausgabeverknüpfung* zuweisen. Excel schreibt das jeweils in der Liste mit einem Mausklick gewählte Ergebnis jetzt in die gerade definierte Zelle.

Allerdings wird nicht der Wert aus der im *Kombinationsfeld* bezogenen Zelle der Artikelliste (z. B. „Tennisschläger") eingefügt, sondern nur die Zeilennummer des Datensatzes, in dem der Wert in der Artikelliste steht. Dieser Zeilenindex lässt sich jedoch als Suchkriterium nutzen.

INDEX() führt auf die richtige Spur

Die Funktion INDEX(Matrix;Zeile;Spalte) ist wie SVERWEIS() und WVERWEIS() eine Suchhilfe. Sie durchsucht einen definierten Zellbereich eines Tabellenblattes *(Matrix)* nach der Zelle, die durch die Angabe der *Zeile* und *Spalte* innerhalb des Bereiches festgelegt wird. Als Ergebnis erhalten Sie den Inhalt (Wert) dieser Zelle.

Beispiel:
INDEX(B4:D8;3;2)
- Matrix = B4:D8
- gesuchte Zeile = 3
- gesuchte Spalte= 2

	A	B	C	D
			fx	=INDEX(B4:D8;3;2)
1	die Mitte			
2				
3				
4		links oben	oben	rechts oben
5			fast oben	
6		links	die Mitte	rechts
7			fast unten	
8		links unten	unten	rechts unten
9				

Das Zellergebnis in der Zelle A1 ist in diesem Beispiel also der Wert der dritten Zeile und der zweiten Spalte des Bereiches B4:D8 *(Matrix)* – die Schnittstelle von *Zeile und Spalte*, hier also die Mitte.

SVERWEIS() und WVERWEIS() im Vergleich

Im Vergleich zu INDEX() durchsucht die Funktion SVERWEIS() **die erste Spalte** einer *Matrix* nach dem *Suchkriterium* und gibt den gefundenen Wert der in der Funktion definierten Zeile zurück.

12		PLZ	Land	Ort
13		10559	Berlin	Berlin
14		34117	Kassel	Hessen
15		50737	NRW	Köln
16		80222	Bayern	München
17				

Die Funktion WVERWEIS() sucht in der **ersten Zeile** der Matrix und liefert den Wert der definierten Zeile.

`=WVERWEIS(A2;B19:D23;3`

`WVERWEIS(Suchkriterium; Matrix; Zeilenindex; [Bereich_Verweis])`

	A	B	C	D
18				
19	**Name**	Anton	Berta	Cäsar
20	**Ort**	Berlin	München	Köln
21	**Straße**	Sandstraße	Hochweg	Steinstraße
22	**HausNr**		23	55	100
23	**Alter**		18	21	19
24					

? Aufgaben

1. Nutzen Sie die Funktion INDEX() in Verbindung mit *Kombinationsfeldern.*

   Vereinfachen Sie die Handhabung Ihres Formulars 💾 *Projekt_Rechnung.* Fügen Sie für jede Zeile der Rechnung ein *Kombinationsfeld* mit einer Ausgabeverknüpfung zu einer Zelle ein. Übernehmen Sie die dort ausgewählten Daten mit Hilfe von Funktionen in die Spalte *Artikelnummer.*

   Passen Sie die Formeln und Funktionen in den anderen Zellen den jetzt veränderten Bedingungen an.

INDEX() übernimmt den Inhalt einer Zelle, die durch Zahlen für Zeile und Spalte definiert ist

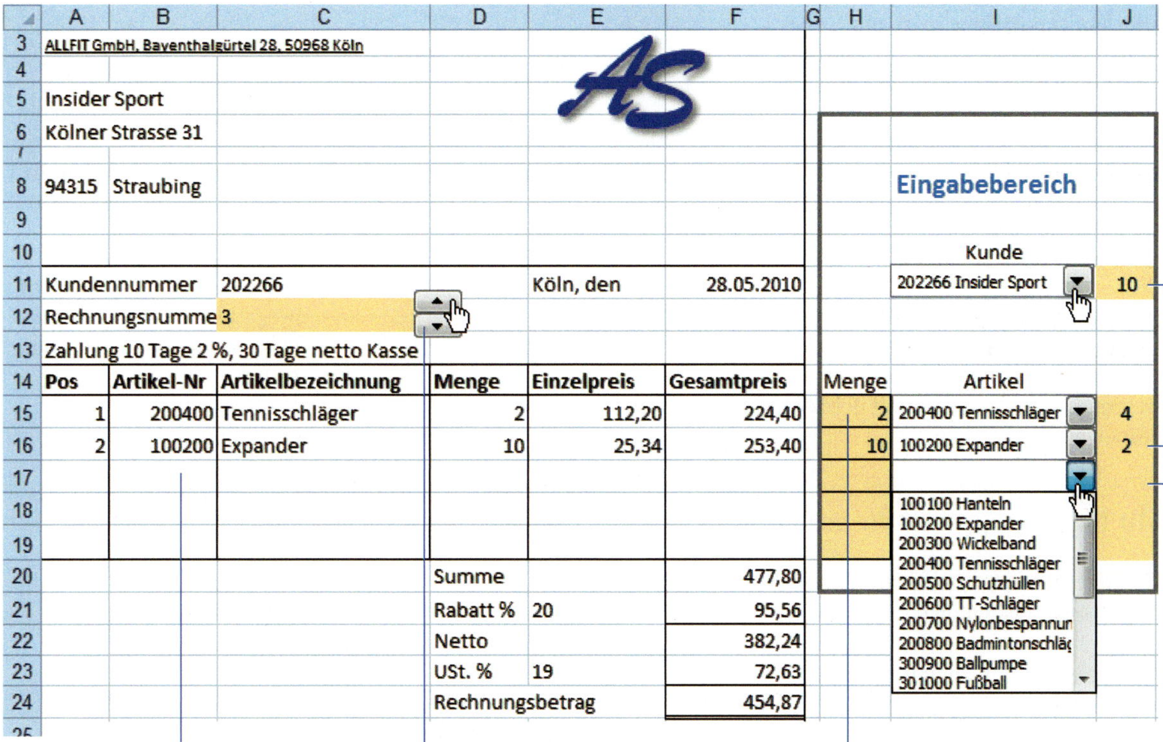

	A	B	C	D	E	F	G	H	I	J
3	ALLFIT GmbH, Bayenthalgürtel 28, 50968 Köln									
4										
5	Insider Sport									
6	Kölner Strasse 31									
7										
8	94315	Straubing							**Eingabebereich**	
9										
10									Kunde	
11	Kundennummer	202266			Köln, den	28.05.2010			202266 Insider Sport ▼	10
12	Rechnungsnumme	3								
13	Zahlung 10 Tage 2 %, 30 Tage netto Kasse									
14	**Pos**	**Artikel-Nr**	**Artikelbezeichnung**	**Menge**	**Einzelpreis**	**Gesamtpreis**		**Menge**	**Artikel**	
15	1	200400	Tennisschläger	2	112,20	224,40		2	200400 Tennisschläger ▼	4
16	2	100200	Expander	10	25,34	253,40		10	100200 Expander ▼	2
17									▼	
18									100100 Hanteln	
19									100200 Expander	
20				Summe		477,80			200300 Wickelband	
21				Rabatt %	20	95,56			200400 Tennisschläger	
22				Netto		382,24			200500 Schutzhüllen	
23				USt. %	19	72,63			200600 TT-Schläger	
24				Rechnungsbetrag		454,87			200700 Nylonbespannun	
25									200800 Badmintonschläg	
									300900 Ballpumpe	
									301000 Fußball	

=WENN(ISTZAHL(J15);INDEX (Preisliste!......;...;....);"") usw. übernimmt aus einem Bereich (Matrix) der Preisliste den Inhalt der **gewählten Zeile**; aus Zahl der Spalte (z.B. aus der 3. Zeile den Wert der 5. Spalte).

Formular-Objekt **Drehfeld** für die Rechnungsnummer

Eingabe der Mengen und Auswahl der Artikel

Die *Ausgabeverknüpfung* der Kombinationsfelder zeigt die **gewählte Zeile** des Listenbereichs.

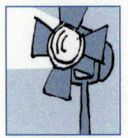

Wie im Filmstudio

Routinearbeiten sind in der täglichen Berufspraxis an der Tagesordnung. Sie merken es selbst. Immer wiederkehrende gleichartige Aufgaben sind in der Regel nicht sonderlich interessant. Schön, wenn sie schnell zu erledigen sind.

- Arbeitssparend wäre es, wenn für eine neue Rechnung nicht jedes Mal die Zellen mit den variablen Daten mühsam zu löschen wären.

- Vorteilhaft wäre es, wenn sich das Feld mit der Rechnungsnummer automatisch immer wieder aktualisieren würde.

Die Makroaufzeichnung

Eine große Hilfe bei Ihren Routineaufgaben in Tabellen sind dabei Aufzeichnungen mit dem so genannten *Makrorecorder*. Damit können Sie einmalig den Ablauf Ihrer Arbeitsschritte im Programm Excel aufzeichnen und anschließend bei Bedarf mit einem Schalter beliebig oft wieder abspielen. Wiederkehrende Arbeitsabläufe werden so automatisiert.

Die bei der Aufzeichnung entstehenden Makros sind also kleine, von Ihnen selbst erstellte Programme. Sie sind im Hintergrund der Arbeitsmappe vorhanden und werden somit zusammen mit der Mappe in der Datei gespeichert.

Mit Drehbuch, aber bitte schriftlich

Zur Aufzeichnung eines Makro-Codes beachten Sie die folgende Reihenfolge:

- Erstellen Sie ein genaues „Drehbuch" über die genaue Abfolge notwendiger Arbeitsschritte.

- Aktivieren Sie die Registerkarte *Entwicklertools* über das Register *Datei - Excel - Optionen - Menüband anpassen*.

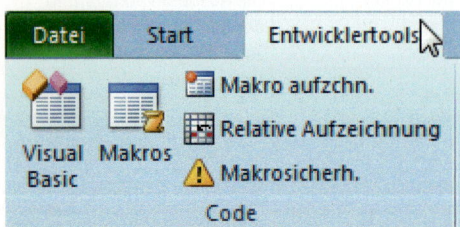

-  Starten Sie die Aufzeichnung über die Schaltfläche *Makro aufzeichnen*.

- Bestimmen Sie jetzt im erscheinenden Dialogfenster einen Makronamen, der die Funktion des Makros treffend und eindeutig beschreibt. Die Verwendung von Leerzeichen ist nicht möglich.

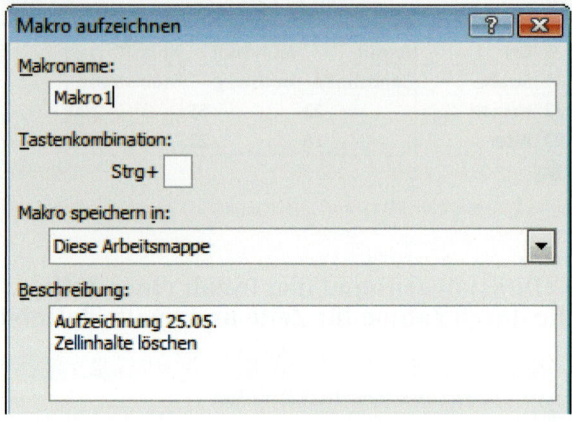

- Führen Sie wie gewohnt „manuell" mit der Maus und der Tastatur die notwendigen Arbeitsschritte aus. Löschen Sie **nur die Inhalte der Eingabezellen.** In Ihrer Rechnung sind dies die Mengenangaben und die Inhalte der Zellen der *Ausgabeverknüpfung* für die Kombinationsfelder. Vermeiden Sie unnötige Arbeitsschritte, da auch diese aufgezeichnet werden.

- **Aufzeichnung beenden** Vergessen Sie am Ende nicht, die Aufnahme zu beenden.

 Sollte der „Dreh" misslingen, öffnen Sie mit der Schaltfläche *Makros* das Dialogfenster *Makro*. Löschen Sie hier Ihren Fehlversuch oder nicht mehr benötigte Aufzeichnungen. Starten Sie dann „Makro, die Zweite".

Film ab

Ein fertiges Makro starten Sie ebenfalls über den Dialog der Schaltfläche *Makros*.

Eleganter ist der Start der Makros mit einer Schaltfläche aus der Gruppe der *Formularsteuerelemente*. Zeichnen Sie dazu eine Schaltfläche auf das Tabellenblatt und weisen Sie dieser über das Kontextmenü der rechten Maustaste das entsprechende Makro (Makroname) zu.

❓ Aufgabe

1. Erweitern das Rechnungsformular 🖫 *Projekt_Rechnung* um die „Schaltzentrale" für die Makros.

Makros in VBA übernehmen die Arbeit bei immer wiederkehrenden Befehlsabläufen

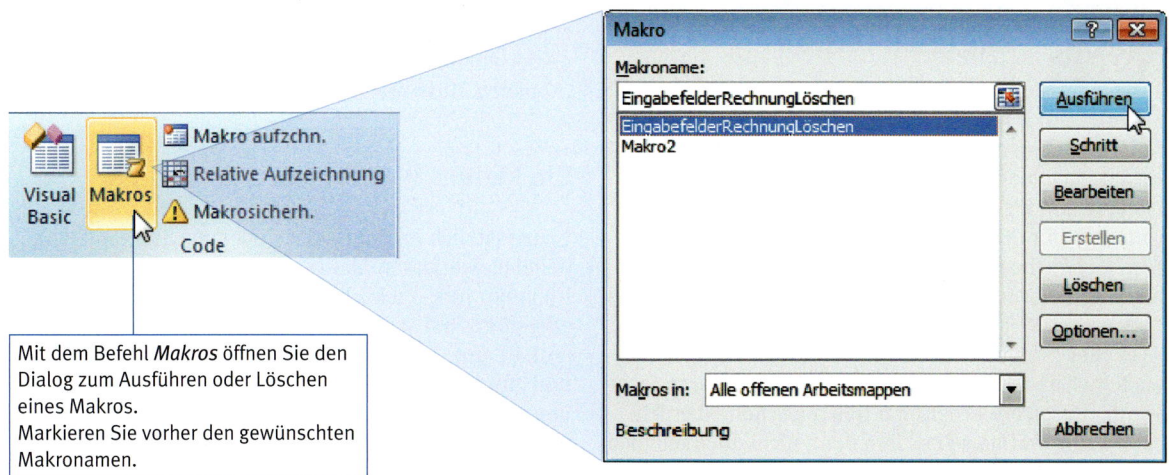

Mit dem Befehl *Makros* öffnen Sie den Dialog zum Ausführen oder Löschen eines Makros.
Markieren Sie vorher den gewünschten Makronamen.

Schalter aus der Symbolleiste *Formular* sorgen für mehr Komfort

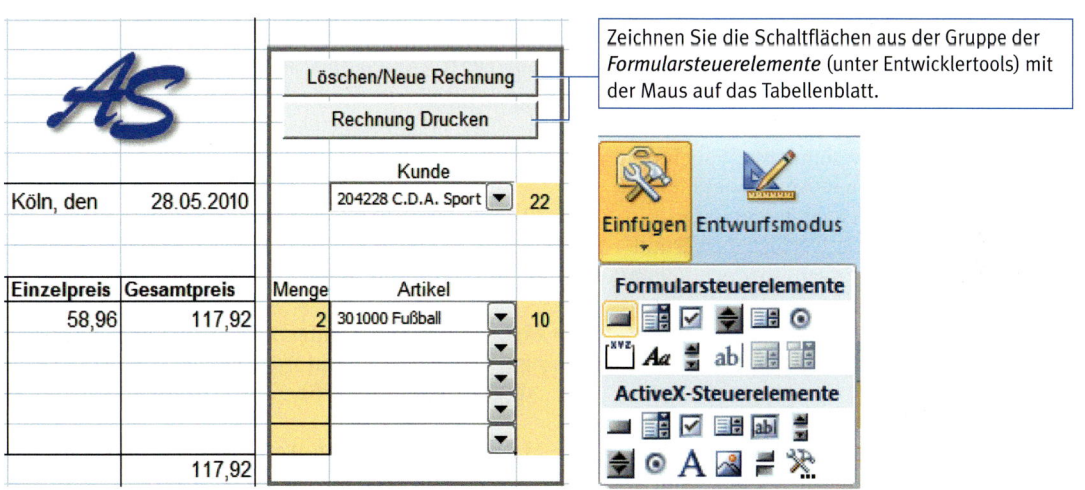

Zeichnen Sie die Schaltflächen aus der Gruppe der *Formularsteuerelemente* (unter Entwicklertools) mit der Maus auf das Tabellenblatt.

Schalter erhalten Eigenschaften und Format

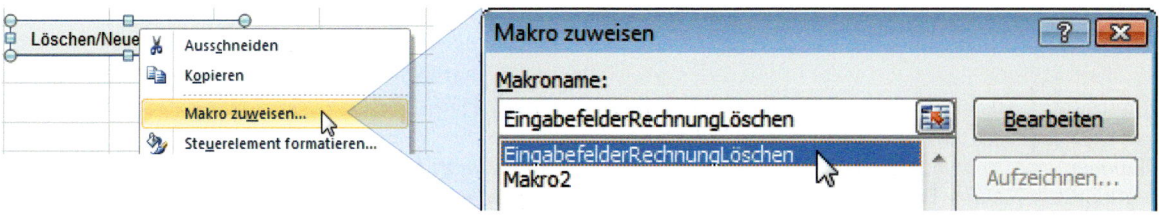

Über das **Kontextmenü** der rechten Maustaste können Sie die gerade markierte Schalttaste formatieren oder sie im Dialog *Makro zuweisen* mit einem aufgezeichneten Code verbinden.

Soll ich auch noch Englisch lernen?

Auch nachdem die Rechnung geschrieben ist, ist die Arbeit noch lange nicht getan. Zusätzlich müssen ein Lieferschein für den Kunden und ein Frachtbrief als Unterlage für den Spediteur geschrieben werden. Auf dem Lieferschein quittiert der Kunde die ordnungsgemäße Anlieferung der Ware.

Also alles zweimal schreiben? Nicht notwendig, denn auch hier ist mit Hilfe von Makros eine Lösung in Sicht. Wenn ein solches Programm Daten löschen oder drucken kann, warum soll es ihm dann nicht auch möglich sein, Daten zu kopieren oder Werte in eine andere Tabelle zu übernehmen? Um diese Aufgabe lösen zu können, sollte man über Makros allerdings noch einiges mehr wissen.

VBA Codebearbeitung

Aufgezeichnete Makros werden in Office automatisch in die einheitliche englische Programmiersprache VBA (Visual Basic for Applications) generiert, das heißt geschrieben, und können in diesem Format auch weiter manuell bearbeitet werden. Keine Angst, viel Englisch müssen Sie nicht lernen, da es auch bei umfangreicheren Vorgängen empfehlenswert ist, das Grundgerüst nicht in Englisch einzutippen, sondern mit dem Makrorecorder aufzuzeichnen.

Im Schneideraum

Möchten Sie die Anweisungen in einem Makro sehen oder bearbeiten, dann müssen Sie es im so genannten **Visual-Basic-Editor** öffnen.

Im Projekt-Explorer wird jede geöffnete Arbeitsmappe als Gesamtprojekt mit den Ordnern *Excel Objekte* (die Tabellen) und *Module* dargestellt. Der Ordner *Module* enthält Ihre Makros. Das Modul-Fenster zeigt die einzelnen VBA-Anweisungen der Makros, hier auch als Code oder Prozedur bezeichnet.

In der *Prozedur* lassen sich die aufgezeichneten VBA-Anweisungen wie im Schneideraum verändern, ergänzen oder neu zusammenstellen. Die Vorgehensweise entspricht der Arbeit mit einer Textverarbeitung (*Kopieren, Ausschneiden* usw.).

Ein kleines Wörterbuch

Grundsätzlich beginnt jeder Code mit „Sub" und dem beliebig wählbaren Makronamen mit nachgestellter Klammer (diese wird bei der Aufzeichnung automatisch eingefügt) und schließt mit „End Sub" ab. Jede Zeile enthält eine Anweisung und besteht aus einem Objekt und einer Eigenschaft oder Methode. Die Punkte dienen als Trennzeichen zwischen den einzelnen Elementen. Kommentare helfen bei der Orientierung und beginnen mit einem Hochkomma.

Sub EinTest()	Makrostart + Name
Range(„A1").Select	Bereich().Auswählen
Selection.ClearContents	Auswahl.Löschen
Range(„B8") = „Anton"	Bereich() = „ein Text"
Range(„E12").Copy	Bereich().Kopieren
Range(„E13").Paste	Bereich().Einfügen
Range(„B3").PasteSpecial	Bereich().Einfügen
Paste:=xlValues	nur den Wert
Range(„A1").ColorIndex =5	Bereich().Farbe = 5
End Sub	Makroende

- **Objekte** sind die Elemente einer Anwendung, z. B. Arbeitsmappen, Tabellen, Zellbereiche oder einzelne Zellen (z. B. Range(„A1")).

- **Eigenschaften** bestimmen das Verhalten oder Aussehen eines Objektes wie Wert, Farbe, Name oder Format (z B.: ColorIndex=5).

- **Methoden** ändern den Wert eines Objektes oder führen eine Aktion aus (z. B.: Copy).

Auf Seite 155 finden Sie weitere Beispiele.

Beispiel einer kurzen Filmsequenz

Sub KurzmakroLieferschein()
Sheets(„Rechnung").Select
Range(„C11").Copy
Sheets(„Lieferschein").Select

*'Kommentar: Inhalt Einfügen (nur Wert, wichtig
,bei Kopie von Zellen mit Formeln),*
Range(„B3").PasteSpecial Paste:=xlValues
Range(„C3")= „Ware ausgeliefert"
End Sub

Im Dialog mit dem Anwender

Um ein versehentlich gestartetes Makro zu stoppen, kann zu Beginn des Codes ein Dialog mit dem Anwender eingebaut werden:

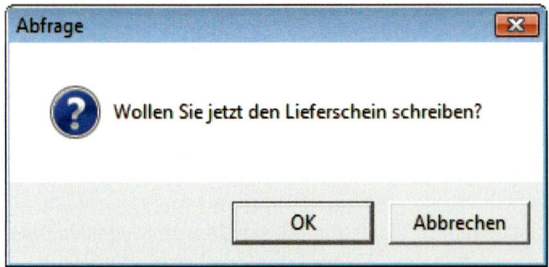

Zunächst müssen Sie die **Dialogbox** im Code definieren:

> Meldetext = „Lieferschein schreiben?"
> Stil = 33
> Titel = „Abfrage"

Dann wird diese mit den vorher definierten Elementen in der nächsten Anweisung aufgerufen. Die gewählte Taste wird im Begriff *Ergebnis* festgestellt bzw. gespeichert:

> Ergebnis = MsgBox(Meldetext, Stil, Titel)

Durch die <OK>-Taste wird der Code weiter ausgeführt. Wählt der Anwender *Abbrechen* – die MsgBox weist dann dem Begriff *Ergebnis* den Wert „2" zu –, wird das Makro durch folgende Anweisung sofort beendet:

> If Ergebnis = 2 Then Exit Sub

 Aufgabe

1. Richten Sie in der Datei 🖫 *Projekt_Rechnung* eine „Schaltzentrale" für die Übernahme der Rechnungsdaten in ein Lieferscheinformular ein. Fügen Sie den Dialog am Anfang des Codes ein.

Die Bearbeitung von Makrocodes erfolgt mit dem Visual-Basic-Editor.

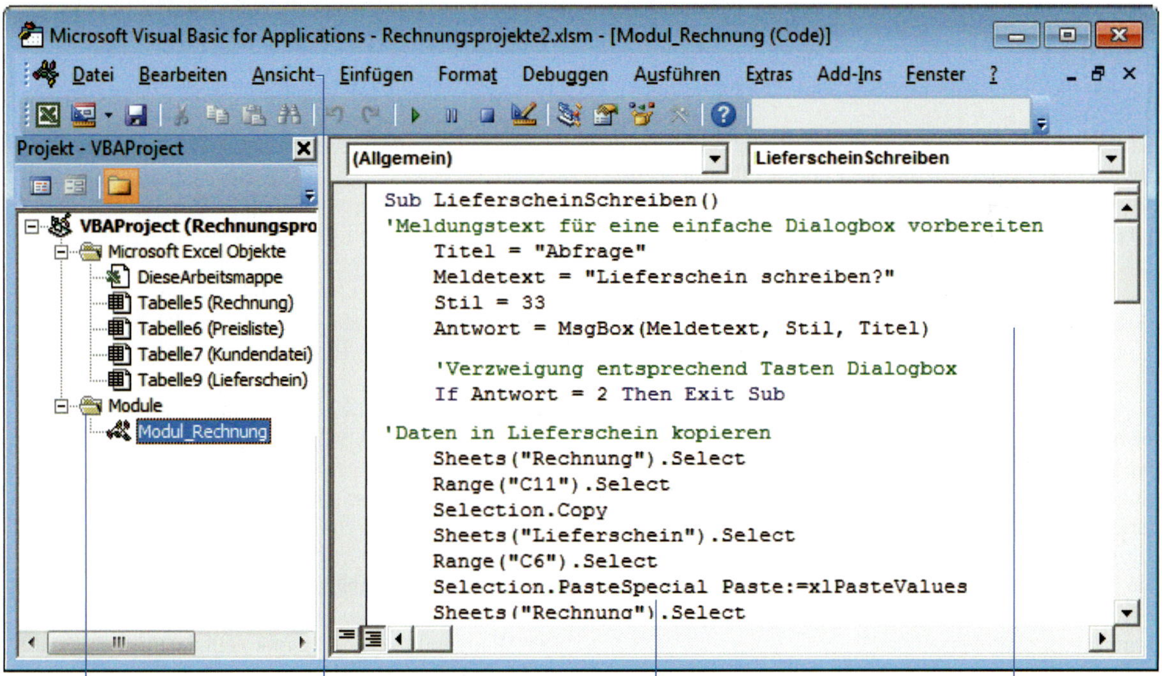

```
Microsoft Visual Basic for Applications - Rechnungsprojekte2.xlsm - [Modul_Rechnung (Code)]

Datei  Bearbeiten  Ansicht  Einfügen  Format  Debuggen  Ausführen  Extras  Add-Ins  Fenster  ?

(Allgemein)                          LieferscheinSchreiben

Sub LieferscheinSchreiben()
'Meldungstext für eine einfache Dialogbox vorbereiten
    Titel = "Abfrage"
    Meldetext = "Lieferschein schreiben?"
    Stil = 33
    Antwort = MsgBox(Meldetext, Stil, Titel)

    'Verzweigung entsprechend Tasten Dialogbox
    If Antwort = 2 Then Exit Sub

'Daten in Lieferschein kopieren
    Sheets("Rechnung").Select
    Range("C11").Select
    Selection.Copy
    Sheets("Lieferschein").Select
    Range("C6").Select
    Selection.PasteSpecial Paste:=xlPasteValues
    Sheets("Rechnung").Select
```

Das Fenster **Projekt**-*Explorer* zeigt die in der aktiven Datei (Projekt) eingebundenen Tabellen und Module (Makros). Ein Klick auf *Modul* öffnet das Code-Fenster.

Öffnen Sie bei Bedarf unter *Ansicht* das *Projekt*- und das *Code*-Fenster für die weitere Arbeit.

Verwenden Sie beim Kopieren von Formeln zum Einfügen den Befehl *Inhalte Einfügen* **Werte**, also nicht die Formel selbst. Im Code steht dann „*PasteSpecial*".

Im **Code**-Fenster lassen sich die Befehlszeilen eines Makros (zwischen „Sub" und „End Sub") wie in einer Textverarbeitung bearbeiten.

Da sind noch offene Posten

Die Ausgangsrechnungen und Lieferscheine können Sie jetzt schnell und problemlos schreiben. Dem Traum des papierlosen Büros sind Sie deshalb noch keinen Schritt näher gekommen. Die Rechnungen werden gedruckt und versendet.

Zusätzlich werden alle wichtigen Daten der Rechnung (Kunde, Rechnungsnummer, Rechnungsdatum, Rechnungsbetrag) aber noch manuell in eine Liste mit den „Offenen Posten" übernommen. Diese Offene-Posten-Liste dient der Überwachung der Zahlungseingänge der Kunden.

Deshalb wäre es sinnvoll, die Daten jeder neuen Rechnung automatisch mit einem Makro in eine Liste – „Offene Posten" – der Arbeitsmappe zu übertragen. Die Frage ist nur: in welche Zellen? Die Liste wird ja fortlaufend geführt, die Eingabezellen verschieben sich stetig. Bei der Aufzeichnung von Makrocodes werden jedoch immer bestimmte Zellen, beispielsweise „Range(„A1")" angegeben. Bei Ausführen des Makros werden die bisherigen Daten jeweils überschrieben.

Hier hilft es nur, neue Vokabeln zu lernen und das aufgezeichnete Grundgerüst eines Codes zu überarbeiten. Die Schreibweise neuer Befehle in VBA erfahren Sie durch Testaufzeichnungen von Makros.

Mit Variablen in VBA jonglieren

So genannte Variablen innerhalb eines Codes sind „Begriffe", die zeitweilig einen Wert, den man erst später benötigt, speichern können. Den „Begriff" (Namen der Variablen) legen Sie selbst fest. Verwenden Sie nur eindeutige Namen, die den in ihnen gespeicherten Wert auch selbst erklären.

Die folgenden Beispiele zeigen die Schreibweise der VBA-Anweisungen für die verschiedenen Möglichkeiten beim Einsatz von Variablen.

Der als „Preis" oder „Umsatzsteuer", hier im Beispiel als „Zahlungsziel" definierten Variablen wird direkt ein bestimmter Wert **zugewiesen**:

Zahlungsziel = 30

Mit einer Variablen kann auch ein Wert aus einer Zelle (einer Tabelle) **ausgelesen** und so gespeichert werden:

Rechnungsdatum = Range(„E9")

Mit den bereits bestehenden Variablen können Sie im Code **Berechnungen** durchführen und so eine neue Variable (hier Fälligkeit) definieren:

Fälligkeit = Rechnungsdatum + Zahlungsziel

Der in einer Variablen gespeicherte Wert wird aus dem Code heraus in eine Zelle der gerade aktiven Tabelle **geschrieben**:

Range(„E2") = Fälligkeit

Ein kleines Wörterbuch

Bildschirmaktualisierung ausschalten bzw. einschalten, um das durch den Wechsel der Tabellenblätter verursachte Bildschirmflackern zu verhindern:

Application.ScreenUpdating = False
Application.ScreenUpdating = True

Einen Text oder einen Wert in eine Zelle eintragen (Texte sind in Anführungszeichen zu setzen!):

Range(„A12") = 24
Range(„A11") = „Kundennummer"

Den Wert einer Variablen in eine Zelle eintragen:

Range(„A13") = Rechnungsbetrag

Einer ausgewählten Zelle Format zuweisen:

Range(„A13").Select
Selection.NumberFormat = „m/d/yy"

Die aktive Zelle kann mit der VBA-Anweisung relativ zur aktuellen Position um eine bestimmte Anzahl von Zeilen und Spalten versetzt werden:

Versetzen um eine Zeile nach unten, gleiche Spalte:

ActiveCell.Offset(1 , 0).Activate

Versetzen in gleicher Zeile, eine Spalte nach rechts:

ActiveCell.Offset(0 , 1).Activate

Versetzen zwei Zeilen nach oben, gleiche Spalte:

ActiveCell.Offset(-2 , 0).Activate

Von der aktuellen Position die letzte Zeile einer Liste in einer Tabelle suchen und auswählen:
(Der Makrocode „Suchen letzte Zeile" wird bei der Aufzeichnung mit <Strg-Taste> + <↓> erzeugt.)

Selection.End(xlDown).Select

Die erste Zeile einer Liste ausgehend von der aktuellen Position des Zellzeigers auswählen:
(Der Makrocode „Suchen erste Zeile" wird mit <String-Taste + Pfeiltaste oben> erzeugt.)

Selection.End(xlToLeft).Select

Prinzip der Dialogboxen

Die grundsätzliche Schreibweise (Syntax) für Dialogboxen ist *MsgBox(Meldetext, Stil, Titel)*.

Abfrage
Soll die Rechnung jetzt gebucht werden?
OK
Abbrechen

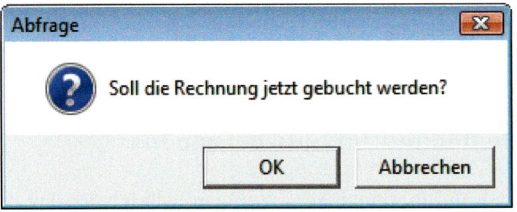

Die Art der Schalttasten und das Symbol *(Stil)* bestimmen Sie durch eine Zahl, die sich aus der Addition der Einzelwerte dieser beiden Elemente ergibt. Die Tastenkombination *Abbrechen/OK* hat beispielsweise den Wert 1, das Fragezeichen den Wert 32. Der Stil wird also mit der Summe beider Werte (33) definiert.

Betätigt der Anwender die <OK>-Taste, meldet die Dialogbox den Wert „1“, bei *Abbrechen* den Wert „2“. Dieser Wert wird im folgenden Beispiel in der Variablen „Ergebnis“ gespeichert und kann durch eine WENN()-Abfrage im weiteren Ablauf des Makros genutzt werden.

Ergebnis = MsgBox(„Buchen?“,33, „Abfrage“)
If Ergebnis = 2 Then Exit Sub

Weitere Werte für Stil und Werte finden Sie in der Hilfe.

Aufgaben

1. Legen Sie in *Projekt-Rechnung* eine zusätzliche „Offene-Posten-Liste“ an. Die wesentlichen Daten aus der Rechnung sollen mit Hilfe von Variablen in den Code eingelesen und in die jeweils erste freie Zeile der OP-Liste eingefügt werden. Vergessen Sie nicht die Sicherheitsabfrage an den Benutzer.

2. Nach der Buchung soll die Rechnung leer sein. Führen Sie die Makros *(OP-Buchen und Rechnung löschen)* zu einem Code zusammen.

Mein VBA kann lesen, rechnen und schreiben

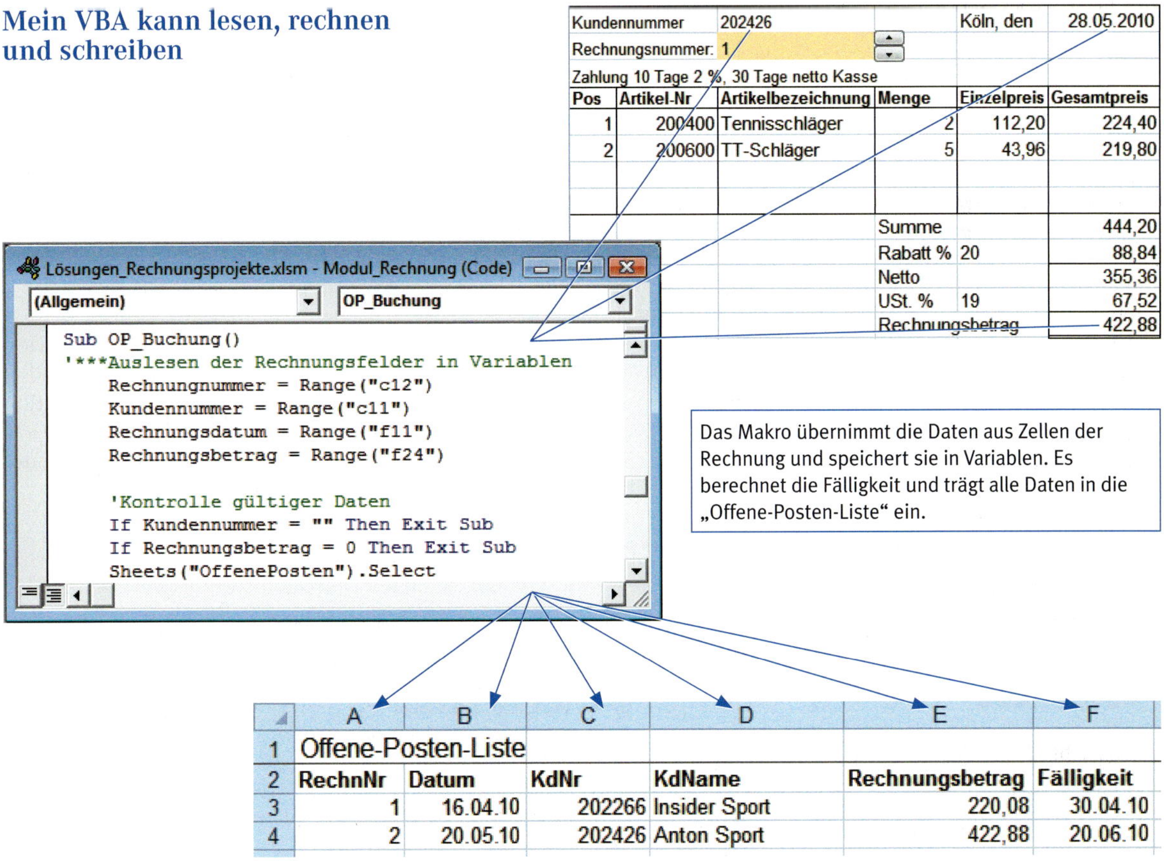

Kundennummer 202426 Köln, den 28.05.2010
Rechnungsnummer: 1
Zahlung 10 Tage 2 %, 30 Tage netto Kasse
Pos | Artikel-Nr | Artikelbezeichnung | Menge | Einzelpreis | Gesamtpreis
1 | 200400 | Tennisschläger | 2 | 112,20 | 224,40
2 | 200600 | TT-Schläger | 5 | 43,96 | 219,80
Summe 444,20
Rabatt % 20 88,84
Netto 355,36
USt. % 19 67,52
Rechnungsbetrag 422,88
Lösungen_Rechnungsprojekte.xlsm - Modul_Rechnung (Code)
(Allgemein)
OP_Buchung
Sub OP_Buchung()
'***Auslesen der Rechnungsfelder in Variablen
Rechnungnummer = Range("c12")
Kundennummer = Range("c11")
Rechnungsdatum = Range("f11")
Rechnungsbetrag = Range("f24")
'Kontrolle gültiger Daten
If Kundennummer = "" Then Exit Sub
If Rechnungsbetrag = 0 Then Exit Sub
Sheets("OffenePosten").Select
A B C D E F
1 Offene-Posten-Liste
2 RechnNr | Datum | KdNr | KdName | Rechnungsbetrag | Fälligkeit
3 1 | 16.04.10 | 202266 | Insider Sport | 220,08 | 30.04.10
4 2 | 20.05.10 | 202426 | Anton Sport | 422,88 | 20.06.10

Das Makro übernimmt die Daten aus Zellen der Rechnung und speichert sie in Variablen. Es berechnet die Fälligkeit und trägt alle Daten in die „Offene-Posten-Liste“ ein.

Die Alternative: Urlaub

Bevor Sie sich jetzt dem Finale auf der übernächsten Seite zuwenden, steht erst einmal Urlaub an. Das heißt, wieder einmal ein Formular auszufüllen. Eine Routine-arbeit also, bei der man mit Datenverarbeitung Zeit sparen kann, da notwendige Daten bereits als Listen vorliegen. Urlaubsanträge, Spesenabrechnungen oder Kurzmitteilungen sind so schnell ausgefüllt.

Einen größeren Komfort als Kombinationsfelder aus der Symbolleiste *Formular* bieten für diese Aufgabe die Kombinationsfelder aus der Symbolleiste *Steuerelement-Toolbox*. Die Erstellung ist allerdings auch erheblich aufwändiger.

Aufgaben

1. Erstellen Sie das Formular für den Urlaubsantrag der ALLFIT Sportartikel GmbH. Fallen Ihnen noch weitere Einsatzmöglichkeiten ein?

Hilfen

Das Kombinationsfeld-Steuerelement

Ein Kombinationsfeld (ActiveX-Steuerelement) auf der Tabelle kombiniert die Merkmale eines Eingabe-Feldes (TextBox) und eines Listenfeldes (ListBox). Der Benut-zer kann also entweder einen neuen Wert wie in ein Textfeld eingeben oder einen bereits vorhandenen Wert aus einer definierten Liste auswählen.

Bearbeiten nur im Entwurfsmodus

Um ein Kombinationsfeld einzufügen, wählen Sie das Register *Entwicklertools*. In der Gruppe *Steuerelemente* finden Sie den Schalter *Einfügen*. Er zeigt die Leiste mit einer Auswahl verschiedener Steuerelemente. Wählen Sie **Kombinationsfeld** der Gruppe der **ActiveX-Steuer-elemente** aus. Zeichnen Sie mit der Maus ein Feld in der gewünschten Größe auf die Tabelle.

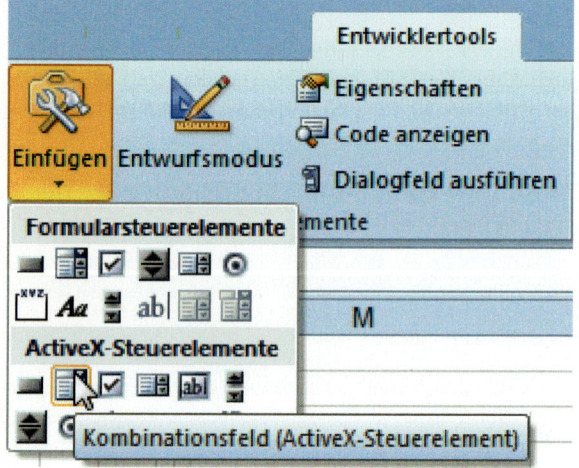

Bis hier ist das Steuerelement nur eine Zeichnung. Die dazugehörigen Listen und weitere Eigenschaften sind allerdings noch nicht definiert. Erstellen Sie zuerst die notwendigen Listen, beispielsweise die Wochentage oder Mitarbeiternamen, in derselben Tabelle oder ande-ren Tabellen der Arbeitsmappe.

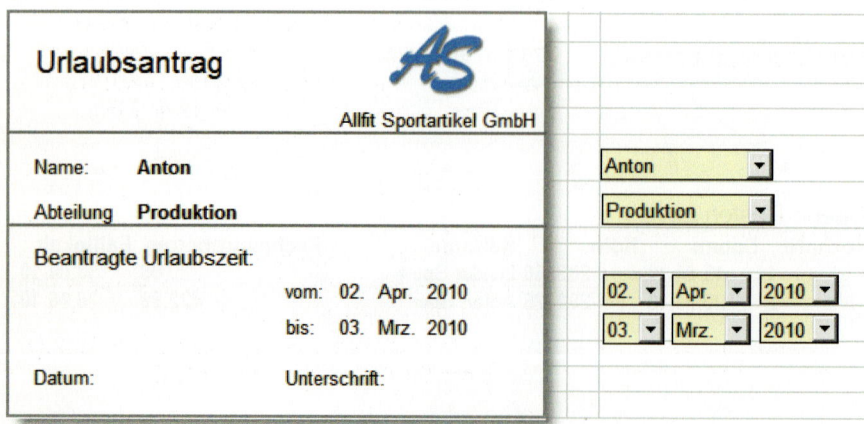

Die weitere Bearbeitung und die Zuweisung der Eigenschaften der Steuerelemente funktioniert nur im Entwurfsmodus der Tabelle.

Eigenschaften definieren und zuweisen

Mit dem Schalter *Eigenschaften* im Register *Entwicklertools* oder dem entsprechenden Befehl im Kontextmenü zum markierten Element öffnen Sie das Fenster *Eigenschaften*. Hier nehmen Sie genauere Einstellungen zum Aussehen und Verhalten des Steuerelementes vor.

Bezug zu einer vorhandenen Liste

Die wichtigste Einstellung ist die Eigenschaft **ListFill-Range**. Hier wird der Listenbereich definiert, aus der die Box die Daten bezieht. Mögliche Spaltenüberschriften dürfen dabei nicht einbezogen werden.

LinkedCell (verbundene Zelle) definiert, in welche Zelle der Tabelle das durch den Anwender angeklickte Ergebnis der ComboBox eingetragen werden soll.

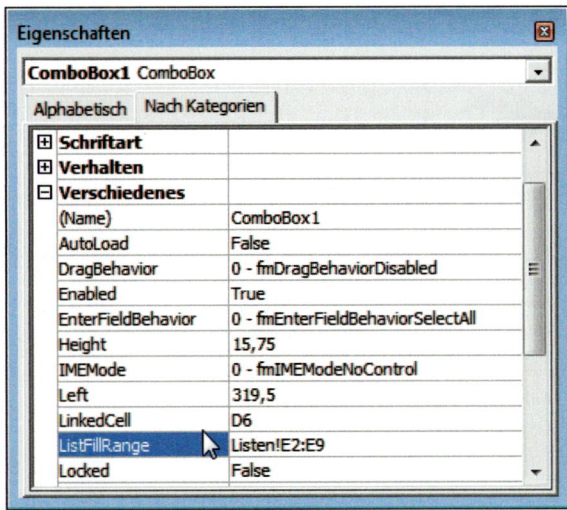

Freie Eingaben erlauben?

In der Regel wählt der Nutzer einen Wert aus der vorgegebenen Liste aus. Eventuell ist es aber auch sinnvoll, andere Inhalte einzutragen.

Je nachdem, ob die Eingabe von eigenem Text erlaubt werden soll oder nicht, wird unter *Darstellung* die Eigenschaft **Style** definiert.

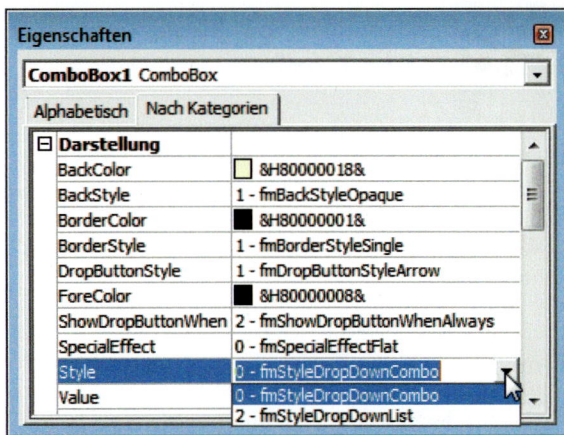

- *DropDownCombox:* Individuelle, von der hinterlegten Liste abweichende Eingabe durch den Anwender sind zulässig.
- *DropDownList:* Es können nur Listenwerte ausgewählt werden.
- *Value:* zeigt den momentan aktiven Wert der Box.

Spaltendarstellung in der ComboBox

Unter *Daten* ist zu definieren, wie viele Spalten einer mehrspaltigen Liste in die Box einzulesen ist. Zusätzlich wird bestimmt, aus welcher Spalte der Wert für die Ausgabezelle zu entnehmen ist.

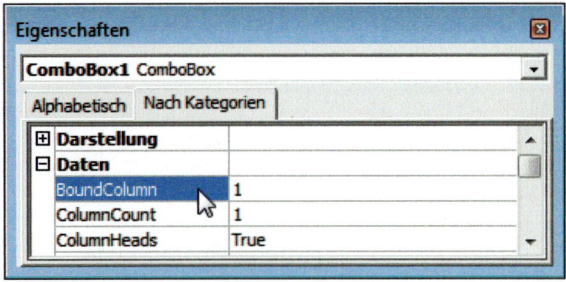

- *Bound Column:* Anzahl der verbundenen Spalte für die Darstellung in der Box.
- *ColumnCount:* Spalte des Listenbereiches, dessen Wert in die Ausgabezelle übernommen werden soll.
- *ColumnHead=True:* Wenn eine Spaltenüberschrift vorhanden ist und auch angezeigt werden soll.

Weitere Einstellungen

- *ListRows:* Anzahl der dargestellten Zeilen.
- *PrintObjekt true/false:* Box beim Ausdruck der Tabelle mitdrucken/bzw. nicht drucken?
- *Placement=1:* Die Box kann unabhängig von der Zielzelle in der Tabelle positioniert werden.

Das Finale

Beim Aufbau der automatisierten Auftragsabwicklung für die ALLFIT Sportartikel GmbH haben Sie sich viele Funktionen von Excel erarbeitet und die grundsätzlichen Möglichkeiten für den Einsatz von VBA-Makros kennen gelernt.

Eine Schaltzentrale für den Arbeitsprozess

Besonders die Makros haben Ihnen zusätzliche Möglichkeiten eröffnet, Ihre Arbeit in Tabellen zu rationalisieren. Darüber hinaus lassen sich aber auch grundsätzliche Tabellenblatt- und Dateioperationen mit Hilfe von VBA realisieren:

- Arbeitsmappen öffnen,
- zwischen den verschiedenen Tabellenblättern einer Arbeitsmappe wechseln,
- bestimmte Tabellenblätter oder Bereiche einer Tabelle aktivieren und formatieren,
- neue Arbeitsmappen anlegen,
- Tabellen in andere Arbeitsmappen kopieren,
- Ihre Rechnungen unter Kundennummer/Datum speichern.

Die Möglichkeiten für den Einsatz von Makrocode in Excel sind (nahezu) unbegrenzt. Letztendlich lassen sich sogar auch andere Office-Programme in ein Makro einbinden.

Jetzt fehlt nur noch der letzte Schliff

Lassen Sie Ihrer Kreativität bei der Arbeit freien Lauf. Steuern Sie die gesamten wiederkehrenden Abläufe Ihrer Auftragsabwicklung so weit wie möglich mit Hilfe von Makros.

Aufgabe

1. Gestalten Sie für Ihre Arbeitsmappe 🖫 *Projekt_Rechnung* ein komplettes Navigationssystem. Eventuell gelingt es Ihnen auch, mit Hilfe von Variablen **fertige Rechnungen unter individuellen Namen zu speichern.**

Ein Wörterbuch mit einigen konkreten Beispielen zu VBA finden Sie auf Seite 155.
Nutzen Sie unbedingt auch die Möglichkeiten der Hilfe-Funktion.

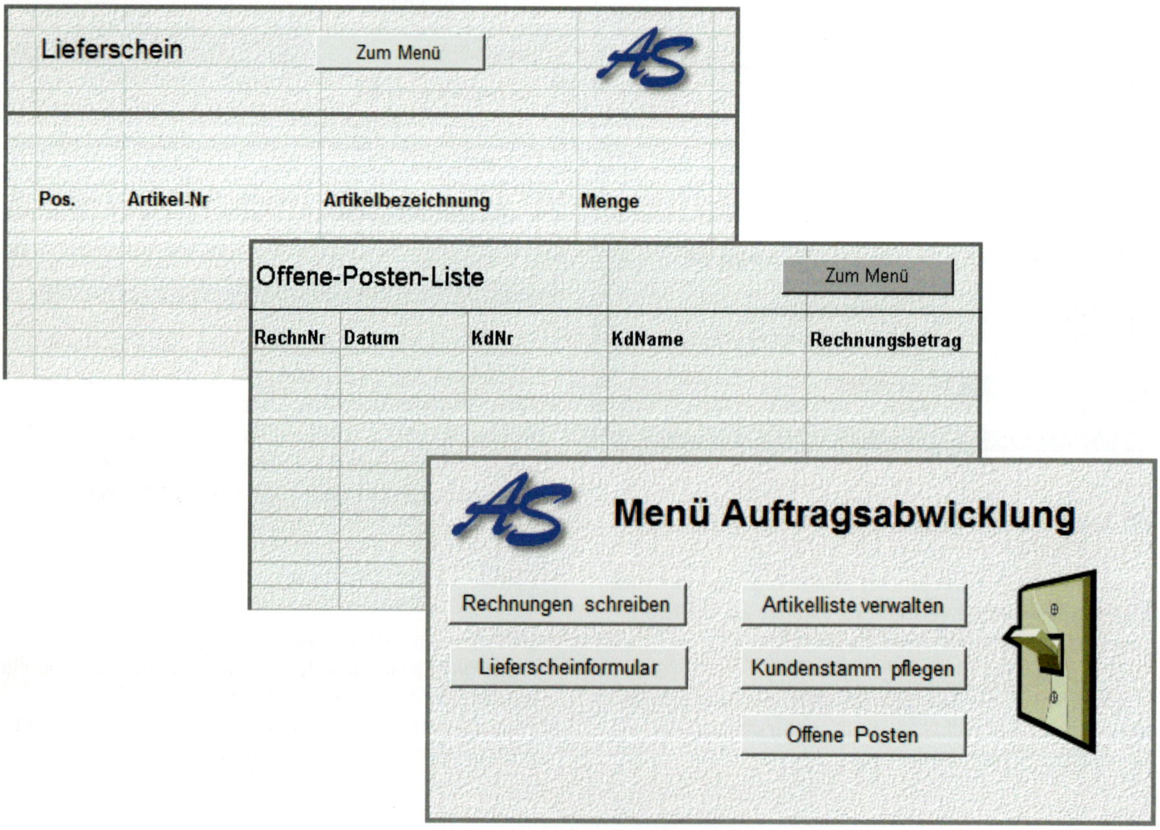

Lieferschein	Zum Menü	AS

Pos.	Artikel-Nr	Artikelbezeichnung	Menge

Offene-Posten-Liste			Zum Menü

RechnNr	Datum	KdNr	KdName	Rechnungsbetrag

AS Menü Auftragsabwicklung

Rechnungen schreiben	Artikelliste verwalten
Lieferscheinformular	Kundenstamm pflegen
	Offene Posten

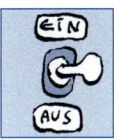

Formeln & Funktionen

Hier sollen nochmals einige wichtige Funktionen verdeutlicht werden. Die konkreten Beispiele und deren Ergebnisse (⇨) beziehen sich in der Regel auf die jeweilige Beispieltabelle.

◢	A	B	C	D
1	Sport	3	2	1
2	Freizeit	5	6	4
3	Sport	1	1	1
4				
5	3,4466			

Statistische/mathematische Funktionen

- SUMME(Bereich)
  =SUMME(B1:D3)   ⇨ **24**

- MAX(Bereich)
  =MAX(A1:D3)   ⇨ **6**
  Liefert den größten Wert des Bereichs.

- MIN(Bereich)
  =MIN(A1:D3)   ⇨ **1**
  Liefert den kleinsten Wert des Bereichs.

- MITTELWERT(Bereich)
  =MITTELWERT(A1:D1)   ⇨ **2**
  Berücksichtigt nur Zellen des Bereichs, die auch Zahlen enthalten. Text oder leere Felder bleiben unberücksichtigt.

- ANZAHL(Bereich)
  =ANZAHL(A1:D2)   ⇨ **6**
  Liefert die Zahl der Zellen in einem Bereich, die einen Zahlenwert enthalten.

- RUNDEN(Zahl;Stellen)
  =RUNDEN(A5;2)   ⇨ **3,45**
  Rundet eine Zahl oder eine Berechnung aus Zellen auf die angegebenen Stellen.

- ABRUNDEN(Zahl;Stellen)
  = ABRUNDEN(A5;2)   ⇨ **3,44**

- AUFRUNDEN(Zahl;Stellen)
  = AUFRUNDEN(A5;1)   ⇨ **3,5**

- GANZZAHL(Zahl)
  =GANZZAHL(A5)   ⇨ **3**
  Eine Zahl oder eine Berechnung aus Zellen wird als ganze Zahl dargestellt. Die Dezimalstellen werden „abgeschnitten", es erfolgt keine Rundung.

- OBERGRENZE(Zahl;Schritt)
  =OBERGRENZE(22,76;0,05)   ⇨ **22,80**
  =OBERGRENZE(22,73;0,05)   ⇨ **22,75**
  Rundet eine Zahl auf die durch „Schritt" angegebene Zahl auf.

- UNTERGRENZE(Zahl;Schritt)
  =UNTERGRENZE (22,76;0,1)   ⇨ **22,70**

- RANG(Zahl;Bezug;Reihenfolge)
  =RANG(B2;A2:D3;0)   ⇨ **2**
  Ermittelt die Position, die ein Wert, hier B2, in einer Gruppe von Zahlen des Bereichs einnimmt. Bei Reihenfolge 0 erhält der höchste Wert den Rang 1, bei Reihenfolge 1 erhält der niedrigste Wert den Rang 1.

- SUMMEWENN(Bereich;Kriterium;Summenbereich)
  =SUMMEWENN(A1:A3;"Sport";B1:B3)   ⇨ **4**
  Berechnet nur aus den Zahlen des Bereichs D1:D3 die Summe, die in der Spalte A dem Kriterium „Sport" zugeordnet ist.

Logische Funktionen

- WENN(Bedingung;Ja-Anweisung;Nein-Anweisung)
  =WENN(B2<5;C2-D2;C2+D2)   ⇨ **10**
  Wenn B2<5, **dann** erfolgt die Subtraktion, **sonst** die Addition.

- UND(Bedingung1;Bedingung2;...)
  =WENN(UND(B1=3;C1=4);"Ja";"Nein")   ⇨ **Nein**
  Führt die Ja-Anweisung nur aus, wenn alle Bedingungen UND() erfüllt sind, also B1 den Wert 3 hat und C1 den Wert 4 hat.

- ODER(Bedingung1;Bedingung2;...)
  =WENN(ODER(B1=3;C1=4);"Ja";"Nein")   ⇨ Ja
  Führt die Ja-Anweisung nur aus, wenn eine der Bedingungen ODER() erfüllt ist.

◢	A	B	C	D
1	Sport	3	2	1
2	Freizeit	5	6	4
3	Sport	1	1	1
4				
5	3,4466			

Bei Tabellen, die für die spätere Eingabe von Daten mit Funktionen vorbereitet werden, kommt es oft zu Fehlermeldungen, weil Bezüge auf bisher noch leere Zellen verweisen oder durch eine leere Zelle dividiert werden. Diese Fehlermeldung kann mit einer WENN()-Funktion aufgefangen werden, die die Funktionen ISTZAHL (Zelle), ISTTEXT(Zelle) oder ISTLEER(Zelle) als Bedingung enthält.

- =WENN(ISTTEXT(A1);Summe(B1:D1);"") ⇨ **6**
  Wenn die Zelle A1 Text enthält, wird die Berechnung ausgeführt, ansonsten bleibt das Ergebnis leer.

- =WENN(ISTTEXT(A4);Summe(B3:D3);"") ⇨ **leer**

- =WENN(ISTZAHL(B2);B1/C1;"") ⇨ **1,5**

- =WENN(ISTLEER(A4);"frei";"belegt") ⇨ **„frei"**

Datum- und Zeitfunktionen

◢	A	B
1	01.01.2003	01.08.2003

- =HEUTE()
  Liefert das aktuelle Datum.

- MONAT(Datum)
  =MONAT(A1) ⇨ **1**

- WOCHENTAG(Datum)
  =WOCHENTAG(A1) ⇨ **4**
  Der Wochentag 4 entspricht Mittwoch.

- =TEXT(WOCHENTAG(B1); „TTTT")
  Berechnet den Wochentag für das angegebene Datum und gibt den vollständigen Namen des Tages zurück (Freitag).

- JAHR(Datum)
  =JAHR(A1) ⇨ **2003**

- Tageberechnung
  =B1-A1 ⇨ **212**

- TAGE360(Zahl)
  =Tage360(B1-A1) ⇨ **240**
  Berechnet einen Monat mit 30 Tagen.

Suchfunktionen

◢	A	B	C	D	E
1	**Datum**	**Wo.Tag**		1	Sonntag
2	01.07.2003	3		2	Montag
3	01.08.2003	6		3	Dienstag
4				4	Mittwoch
5				5	Donnerstag
6				6	Freitag
7				7	Samstag

- SVERWEIS(Suchkriterium;Bereich;Index;-Wahrheitswert)
  =SVERWEIS(B3;D1:E7;2;FALSCH) ⇨ **Freitag**
  Sucht das Kriterium aus B3 (Wochentag 6) in der ersten Spalte des Bereiches D1:E7 und liefert hier den zugehörigen Wert in der Spalte 2 des Suchbereiches (FALSCH= nur bei genauer Übereinstimmung im Gegensatz zu WAHR).

- WVERWEIS(Suchkriterium;Bereich;Index;-Wahrheitswert)
  Sucht das Kriterium in der ersten Zeile des Bereiches und liefert den zugehörigen Wert in der Zeile *Index*.

- INDEX(Matrix;Zeile;Spalte)
  =INDEX(D1:E7;3;2) ⇨ **Dienstag**
  Findet einen Wert durch Zeilen- und Spaltenangabe bezogen auf den Suchbereich (Matrix).

Kleines Wörterbuch VBA-Code

Dateibefehle

Workbooks.Open Filename:="C:\Archiv\Rechnung.xls"	Öffnen einer Arbeitsmappe
ActiveWorkbook.Save	Speichern einer Arbeitsmappe
ActiveWorkbook.Close	Schließen einer Arbeitsmappe
Pfad = Application.Path	Den aktuellen Verzeichnispfad feststellen/auslesen
ChDir „C:\Archiv"	Einen aktuellen Verzeichnispfad festlegen
MkDir „2010Rechnungen"	Im gerade aktuellen Verzeichnis den neuen Ordner „2010Rechnungen" anlegen
ActiveWorkbook.SaveAs Filename:= „Schmitz0021.xls"	Speichern einer Arbeitsmappe im momentan aktiven Verzeichnis mit einem bestimmten Namen
ActiveWorkbook.SaveAs Filename:= „C :\Archiv\2004Rechnungen\Schmitz0021.xls"	Speichern einer Arbeitsmappe mit Angabe von Speicherpfad und Dateiname
Sheets(„Rechnungsformular").Copy	Kopieren einer Tabelle der aktiven Arbeitsmappe in eine neue Arbeitsmappe

Aktivieren/Auswählen eines Objektes

Workbooks(„Verkauf.xls").Activate	Eine bestimmte Arbeitsmappe wählen
Sheets(„Preisliste").Activate	Tabelle innerhalb der gerade aktiven Mappe wählen
Range(„A1").Select	Zelle der gerade aktiven Tabelle wählen
Range(„B7:C13").Select	Zellbereich der gerade aktiven Tabelle wählen

Bearbeiten/Formatieren einer Zelle oder eines Zellbereiches

Range(„A1").Select	Bereich(), hier Zelle, auswählen
Selection.ClearContents	Auswahl Zellen Inhalte löschen
Range(„A12") = 24	Bereich() Zahl einfügen
Range(„B8") = „Anton"	Bereich() „Anton" als Text schreiben
Range(„E12").Copy	Bereich() kopieren
Range(„E13").Paste	Bereich() einfügen
Range(„B3").PasteSpecial Paste:=xlValues	Bereich() einfügen, nur den Wert, nicht die Formel
Range(„A1").ColorIndex =5	Bereich() Farbe = 5 definieren
Selection.NumberFormat = „m/d/yy"	Bereich() Zahlenformat=m/d/YY zuweisen

Variable definieren und einfügen

Kundenname = „Schmitz"	Die Variable Kundenname definieren und ihr einen Text zuweisen
USt = 19	Der Variablen USt eine Zahl zuweisen
Betrag = Range(„A1")	Variable den Wert aus einer Zelle zuweisen, den Wert einer Zelle auslesen
Range(„A13") = Betrag	Den in der Variablen Betrag gespeicherten Wert in eine Zelle, hier A13, eintragen

Beispiel: Variable verändern und/oder berechnen

USt = 19	Die Variable USt definieren und ihr einen Wert zuweisen
Nettobetrag = Range(„A1")	Der Variablen den Wert einer Zelle zuweisen
Bruttobetrag = Nettobetrag+(Nettobetrag/100*USt)	Die neue Variable Bruttobetrag aus vorher definierten Variablen errechnen

Beispiel: Variable definieren und zusammensetzen

Name1 = "Re"	} Aus diesen drei Variablen wird
Name2 = Range("A11")	eine neue vierte verknüpft
Name3 = "Range("A5")	
Dateiname = Name1 & Name2 & Name3	Verknüpfen der Variablen zu einer neuen Variablen
ActiveWorkbook.SaveAs Filename:=Dateiname	Beispiel: Nutzung der neuen zusammengesetzten Variablen zur Speicherung der Datei, z. B. unter dem Dateinamen "Re2321Schmitz.xls"

Bildschirmaktualisierung ausschalten/einschalten

Application.ScreenUpdating = False	} Bildschirmaktualisierung ausschalten bzw. einschalten, um das durch den Wechsel der Tabellenblätter verursachte Bildschirmflackern zu verhindern
Application.ScreenUpdating = True	

Versetzen der aktiven Zelle relativ zur aktuellen Position nach Anzahl von Zeilen und Spalten

ActiveCell.Offset(1 , 0).Activate	Versetzen um eine Zeile nach unten, gleiche Spalte
ActiveCell.Offset(0 , 1).Activate	Versetzen in gleicher Zeile, eine Spalte nach rechts
ActiveCell.Offset(-2 , 0).Activate	Versetzen zwei Zeilen nach oben, gleiche Spalte
ActiveCell.Offset(0 , -3).Activate	Versetzen gleiche Zeile, drei Spalten nach rechts

Von der aktuellen Position die letzte Zelle einer Liste in einer Tabelle suchen

Selection.End(xlDown).Select	Zelle der letzten Zeile des Listenbereichs auswählen
Selection.End(xlUp).Select	Zelle der ersten Zeile des Listenbereichs auswählen
Selection.End(ToLeft).Select	Letzte rechte Zelle der Zeile auswählen
Selection.End(ToRight).Select	Erste Zelle der Zeile des Listenbereichs auswählen

Eigenschaften von Zellen feststellen und in eine Variable übernehmen

Spalte = ActiveCell.Column	Liefert die aktive Spalte als Zahl, z. B. 3
Zeile = ActiveCell.Row	Liefert die aktive Zeile als Zahl, z. B. 6
Farbezelle = ActiveCell.Interior.Color	Liefert z. B. 33656 als Farbenwert
Farbeschrift = ActiveCell.Font.Color	Liefert Zahl als Farbenwert
Zellenformat = ActiveCell.NumberFormatLocal	Liefert z. B. "Standard"
InhaltderZelle = ActiveCell.Value	Liefert den Zellwert
Zelladresse = ActiveCell.AddressLocal	Liefert z. B. "$B$3" als Zelladresse

Bei Fehler weiteren Code überspringen oder Prozedur beenden

Einname:	Zeilenmarke zur Identifikation einer Code-Zeile definieren. Der Name ist beliebig, muss aber mit einem Doppelpunkt enden
Exit Sub	Den Code an der Stelle umgehend beenden
On Error GoTo Einname	Anweisung, bei Auftreten eines Fehlers im weiteren Code zu einer definierten Sprungmarke zu gehen
Application.Run „Mappe1!Makro2"	Ein anderes Makro aufrufen, um beispielsweise den Fehler zu beheben
On Error GoTo 0	Deaktiviert eine vorher formulierte OnError-Anweisungen
On Error Resume Next	Bei Fehler den Code trotz Fehler mit der nächsten Codezeile weiter ausführen

Kapitel 5

Microsoft® Access – Daten verwalten

5.1 Datenbankgeheimnis

Datenbank ist überall

Sie können stolz sein, wenn Sie sich bis hierhin durch das Arbeitsbuch Office 2010 gekämpft und die Ihnen gestellten Aufgaben gelöst haben. Viele der Arbeiten, die in der ALLFIT Sportartikel GmbH tagtäglich anfallen, konnten so mit Ihrer Hilfe automatisiert und in der Handhabung sicherer gemacht werden. Die erreichte Rationalisierung von Routineabläufen führt zu erheblichen Kosteneinsparungen.

Trotzdem kommt es im Tagesgeschäft immer wieder zur Unterbrechung wichtiger Besprechungen, werden Kunden am Telefon mit dem Hinweis auf einen späteren Rückruf vertröstet und Entscheidungen verschoben, weil dringend benötigte Informationen nicht zur Verfügung stehen und erst noch gesucht werden müssen.

- „Wie hoch waren denn die Umsatzzahlen in der Warengruppe Sportschläger im letzten Jahr?"

- „Können Sie mir bitte die Telefonnummer der Firma Sporthaus Schott heraussuchen?"

- „Ich habe hier einen Auftrag über 200 Fußbälle. Haben wir die überhaupt noch auf Lager?"

Woran fehlt es denn nun in der ALLFIT Sportartikel GmbH?

Bei anderen Unternehmen und Einrichtungen, mit denen Sie zu tun haben, stellen Sie fest, dass solche Probleme offensichtlich nicht bestehen. Die Telefonauskunft nennt Ihnen innerhalb von 10 Sekunden die Telefonnummer irgendeines Teilnehmers, wenn Sie Ort, Name und Vorname des gesuchten Anschlusses eingeben. Bei einer Polizeikontrolle stellen die Beamten durch einen kurzen Telefonanruf fest, ob Sie wirklich der Halter des Fahrzeugs mit der Nummer K-SB 326 sind und wie viele Punkte Sie bereits in Flensburg haben.

Das „Geheimnis" ist jeweils eine zentral organisierte Datenbank, in der riesige Datenmengen über Kunden von Unternehmen, Fahrzeughalter, Kontoinhaber bei Banken oder Steuerzahler beim Finanzamt verwaltet werden. Diese Informationen werden permanent aktualisiert und sind jederzeit abrufbar.

Auch die Verwaltung eines Unternehmens vollzieht sich in einem komplexen Informationssystem. Zahlreiche externe (z. B. Kundenbestellungen, Abrechnungen der Außendienstmitarbeiter etc.) und interne (z. B. Lagerbestände, Bestellwesen etc.) Informationen sind zu bearbeiten und erfordern komplexe Kommunikationswege und Organisationsstrukturen.

Für die Unternehmensleitung ergibt sich aus der umfassenden Auswertung und Analyse aller Daten die Möglichkeit, Stärken und Schwächen des Unternehmens festzustellen. Es können Planzahlen für die nächsten Abrechnungsperioden festgelegt werden. Erst dann ist es möglich, über sinnvolle Maßnahmen für die Weiterentwicklung des Unternehmens zu entscheiden.

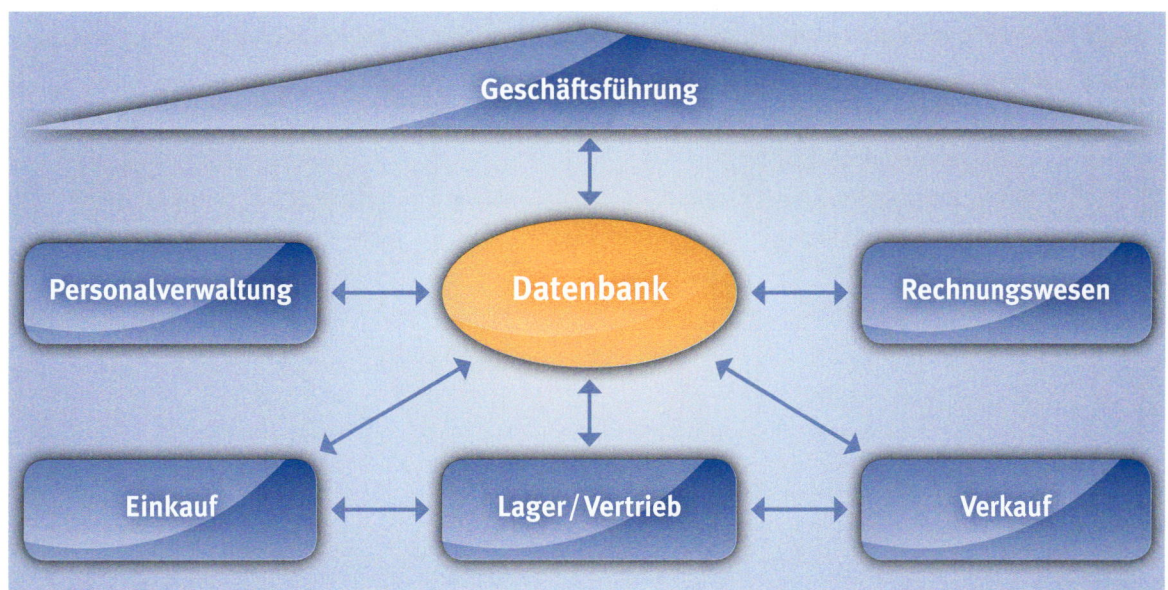

Ist-Analyse

Auch bei der ALLFIT Sportartikel GmbH ist nicht alles ausreichend geordnet. Trotz neuer PCs stehen nach wie vor in den Büros Aktenschränke mit den teilweise vergilbten Karteikarten über Bezugsquellen und Kundenadressen. Listen mit Auswertungen stapeln sich auf den Schreibtischen der Mitarbeiter.

Jeder neue Auszubildende beginnt seine Lehre in der „Registratur" und beschäftigt sich damit, wieder einmal die Kunden nach Nummern einzuordnen oder die Bezugsquellendatei neu einzusortieren. Das erzielte Arbeitsergebnis hat aber oft nur eine Halbwertszeit von wenigen Tagen.

Einige wichtige Firmeninformationen wurden von Ihnen bereits erfasst und umgestaltet. Der „große Wurf" bei der Verwaltung der vielfältigen Informationen ist Ihnen aber noch nicht gelungen. Viele Daten werden doppelt und dreifach erfasst. Fachleute sprechen in diesem Fall von **Datenredundanz**, wenn dieselben Sachverhalte mehrfach erfasst werden. Vor allem die Datenpflege verursacht nach wie vor große Probleme.

Die Bestandsaufnahme der Dateien in den verschiedenen Abteilungen ergibt schon bei einer groben Kontrolle eine Vielzahl von Daten:

- Anlagenkartei
- Kundendatei
- Lieferantendatei
- Sortimentsliste
- Preisliste
- Lagerbestandsdatei
- „Renner-Penner-Liste"
- Personalstammdaten

Daten oder Datenbanken sind also strukturierte Sammlungen von Informationen über Personen, Sachen oder Vorgänge. In Unternehmen sind solche Datenbanken (Listen, Tabellen, Karteikarten) nichts Neues. Immer wieder werden diese Datenbestände aktualisiert und für betriebswirtschaftliche Entscheidungen neu ausgewertet.

Hier kann ein Datenbankprogramm wie Access die Arbeit bedeutend erleichtern, da es dem Nutzer ermöglicht, große Datenmengen unkompliziert zu erfassen, schnell zu verändern, Informationen miteinander zu verbinden, Daten auszuwerten und entsprechend den Erfordernissen neu zusammenzusetzen.

Grundlage einer jeder Datenbankverwaltung sind strukturierte Tabellen, in denen logisch zusammengehörende Einheiten als einzelne **Datensätze** gespeichert sind.

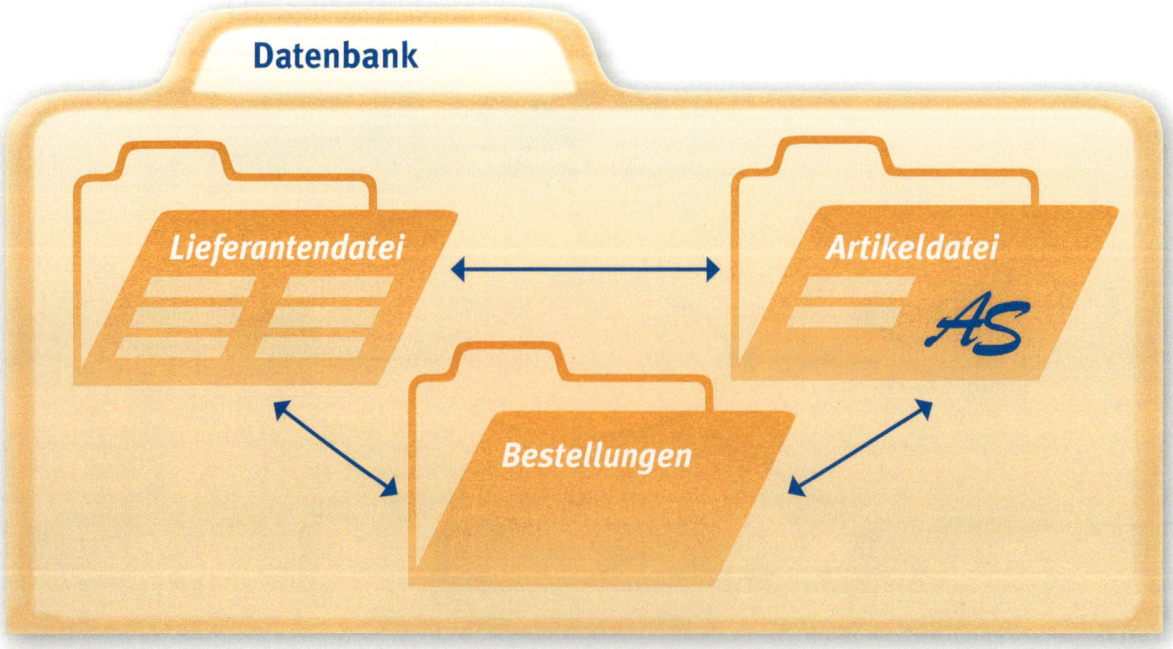

Eine strukturierte und planvoll angelegte Datensammlung in Datenbanksystemen beinhaltet grundsätzlich die folgenden Elemente:

Tabelle	Sie ist die Basis einer jeden Datenbank. Sie beinhaltet Informationen in Form von Datensätzen. Sie ist Grundlage für alle weiteren Auswertungen.
Datensatz	Eine Reihe von zusammenhängenden Datenfeldern in einer Tabellenzeile. Er beinhaltet Daten über eine Person, eine Sache oder einen Vorgang.
Datenfeld-name	Spaltenüberschrift einer Tabelle. Er gibt den übergeordneten Inhalt der Felder dieser Spalte an.
Datenfeld	Schnittpunkt einer Zeile mit einer Spalte. Beinhaltet ein bestimmtes Merkmal des jeweiligen Datensatzes.
Feldinhalt	Merkmal des Datensatzes, z. B. Namen, Zahlen, Datumsangaben.

 Aufgaben

1. Datenbanken gibt es überall. Notieren Sie einmal, wo Sie selbst als Person „gespeichert" und „registriert" sind und welche Informationen und persönlichen Daten über Sie dort jeweils erfasst werden.

2. Welche „Datenbanken" führen Sie selbst im privaten Bereich?

3. Auch in Ihrem Unternehmen werden Daten in großen Mengen gesammelt. Untersuchen Sie, welche Datenbanken in Ihrem Unternehmen geführt werden.

4. Beschreiben Sie, welche Daten und Informationen Sie benötigen, wenn Sie:
   • bei einem Lieferanten eine neue Bestellung durchführen wollen.
   • eine Lohn- oder Gehaltsabrechnung für einen Mitarbeiter aufstellen wollen.
   • die Bestellung eines neuen, bisher unbekannten Kunden bearbeiten müssen.

Jede Zeile einer Datenbanktabelle definiert einen zusammengehörenden Datensatz

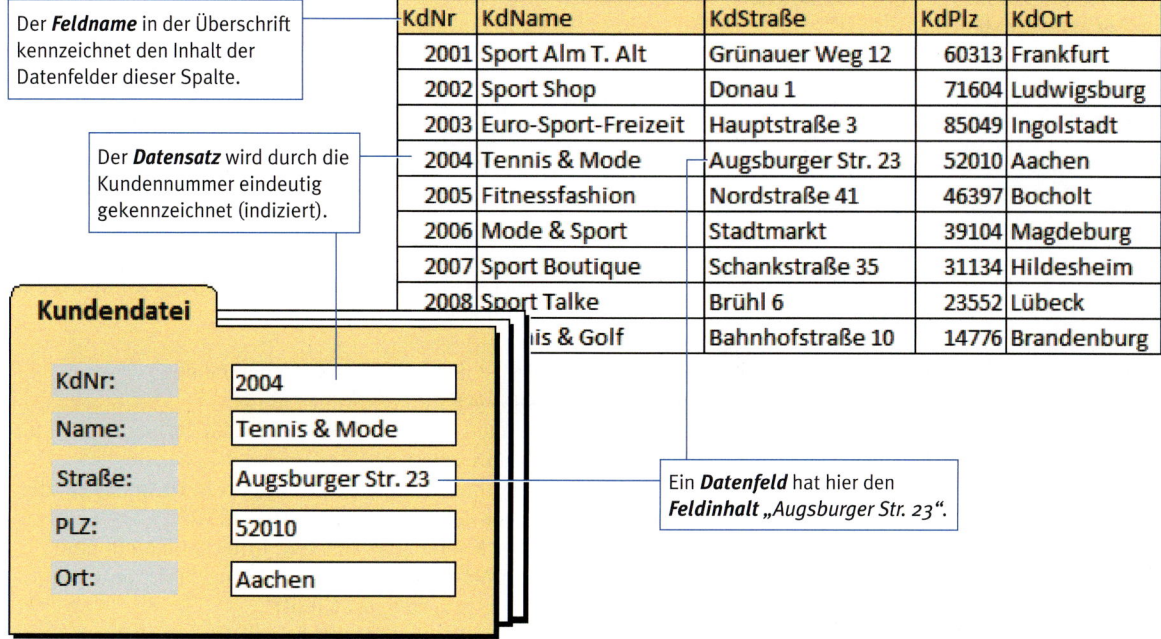

Der **Feldname** in der Überschrift kennzeichnet den Inhalt der Datenfelder dieser Spalte.

Der **Datensatz** wird durch die Kundennummer eindeutig gekennzeichnet (indiziert).

KdNr	KdName	KdStraße	KdPlz	KdOrt
2001	Sport Alm T. Alt	Grünauer Weg 12	60313	Frankfurt
2002	Sport Shop	Donau 1	71604	Ludwigsburg
2003	Euro-Sport-Freizeit	Hauptstraße 3	85049	Ingolstadt
2004	Tennis & Mode	Augsburger Str. 23	52010	Aachen
2005	Fitnessfashion	Nordstraße 41	46397	Bocholt
2006	Mode & Sport	Stadtmarkt	39104	Magdeburg
2007	Sport Boutique	Schankstraße 35	31134	Hildesheim
2008	Sport Talke	Brühl 6	23552	Lübeck
	...is & Golf	Bahnhofstraße 10	14776	Brandenburg

Kundendatei

KdNr:	2004
Name:	Tennis & Mode
Straße:	Augsburger Str. 23
PLZ:	52010
Ort:	Aachen

Ein **Datenfeld** hat hier den Feldinhalt „Augsburger Str. 23".

Datenpflege

Der Kundenstamm der ALLFIT Sportartikel GmbH wurde bereits mit Access unter dem Namen 🖫 *DB_Allfit2010_1* erfasst. Aber Datenbanken sind von Natur aus Pflegefälle. Nur wenn die Datenbestände ständig aktualisiert werden, erfüllen sie ihren Zweck, Informationen jederzeit und sicher verfügbar zu machen.

Damit Ihre Arbeitsergebnisse auch gespeichert werden können, kopieren Sie – soweit noch notwendig – die Datenbank 🖫 *DB_Allfit2010_1* in das Arbeitsverzeichnis auf der Festplatte Ihres PCs.

Starten des Programms

Das Programm Access startet unmittelbar in der so genannten *Backstage-Ansicht*, die sich im Register *Datei* befindet.

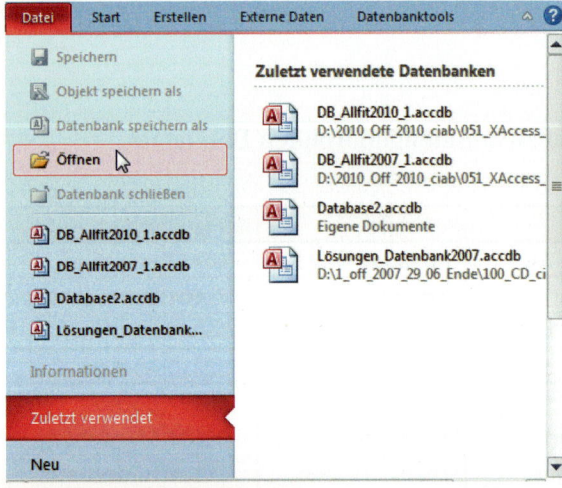

Neue leere Datenbank: Mit dem Schalter *Neu* wird eine neue „ungefüllte" Datenbank unter einem von Ihnen zu vergebenden Namen angelegt und sofort gespeichert.

Für Ihre Arbeit in der ALLFIT Sportartikel GmbH sollten Sie aber die bestehende Datenbank der Daten-CD-ROM öffnen.

Öffnen: Über den Schalter *Öffnen* oder über *Zuletzt verwendet* öffnen Sie eine bestehende Datenbank zur weiteren Bearbeitung.

Objekte einer Datenbank

Datenbanken sind Sammlungen von unterschiedlichen Daten in Form von Tabellen und deren Auswertungen. Die Daten stehen in der Regel miteinander in Beziehung. Das Programm Access unterscheidet dabei verschiedene Objekte, die im Datenbankfenster übersichtlich dargestellt werden (siehe Abb. folgende Seite).

Tabellen: Hier werden alle Basisdaten systematisch als Datensätze übersichtlich verwaltet. Sie sind Grundlage für alle weiteren Auswertungen und Analysen, die Sie in Abfragen vornehmen.

Abfragen: Abfragen sind dynamische Auswertungen oder Auszüge verschiedener Basistabellen. Man kann hier bestimmte Datensätze aus einer Tabelle herausfiltern oder die Daten mehrerer Tabellen miteinander verbinden. Abfragen werden bei Veränderungen automatisch aktualisiert.

Formulare: Formulare beziehen sich ebenfalls auf eine Basistabelle. Die Datensätze einer Tabelle können hier in der übersichtlichen Form einer Karteikarte einzeln dargestellt und bearbeitet werden.

Berichte: Abfrageergebnisse können in gestalteten Berichten zusammengefasst und ausgedruckt werden. Dies kann in Form von Karteikarten, Gliederungen oder Tabellen geschehen.

 Aufgaben

1. Starten Sie Access und öffnen Sie die Datenbank 🖫 *DB_DB_Allfit2010_1* aus Ihrem Arbeitsverzeichnis. Öffnen Sie unter *Tabellen* die Kundenstammtabelle durch einen Doppelklick auf den Namen.

2. Stellen Sie die Adresse des Kunden „2026 Bruno Sport" fest. Benutzen Sie dazu die Pfeilschalter unten im Tabellenrahmen.

3. Wer ist der letzte Kunde in der Tabelle?

4. Nehmen Sie die folgenden Aktualisierungen der Kundenadressen vor:
   • Der Kunde 2010 (Insider Sport in Dresden) hat die neue Telefonnummer 03 51/225 02.
   • Der Kunde 2048 hat sein Unternehmen in eine GmbH umgewandelt und firmiert jetzt unter dem Namen „Pro Sport GmbH".

Das Datenbankfenster und das Tabellenfenster

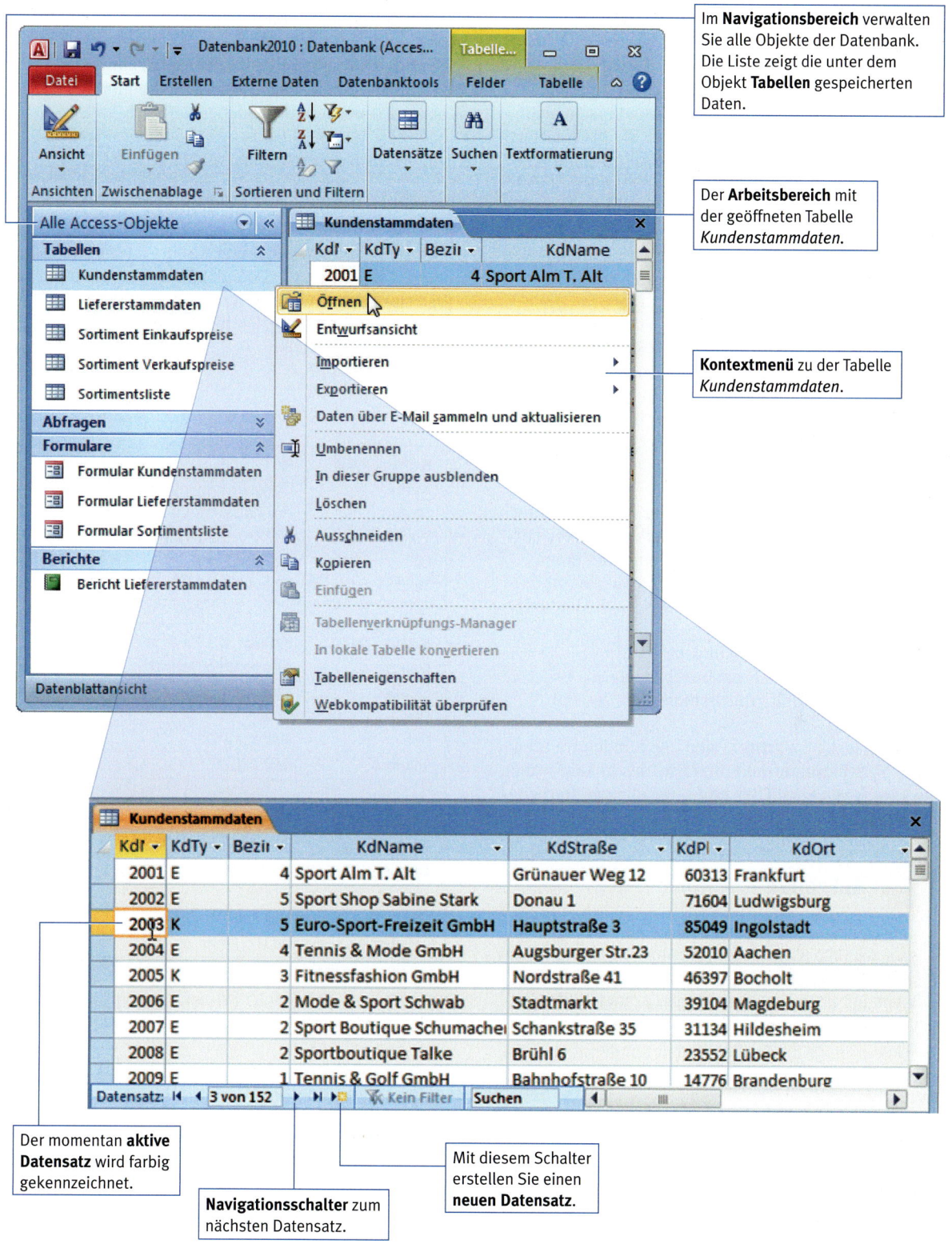

Im **Navigationsbereich** verwalten Sie alle Objekte der Datenbank. Die Liste zeigt die unter dem Objekt **Tabellen** gespeicherten Daten.

Der **Arbeitsbereich** mit der geöffneten Tabelle *Kundenstammdaten*.

Kontextmenü zu der Tabelle *Kundenstammdaten*.

Der momentan **aktive Datensatz** wird farbig gekennzeichnet.

Navigationsschalter zum nächsten Datensatz.

Mit diesem Schalter erstellen Sie einen **neuen Datensatz**.

Aktualität ist Trumpf

Der Freizeitbereich ist ein Markt, der noch immer im Wachstum begriffen ist. Dieser Trend macht sich auch bei den Geschäftskontakten der ALLFIT Sportartikel GmbH bemerkbar. So konnten durch gezielte Marketingmaßnahmen im zurzeit expandierenden Marktsegment der Fitnessstudios Erfolge erzielt werden. Besonders unsere zusätzlichen Serviceleistungen im Bereich Marktforschung und die Berücksichtigung von Sonderwünschen werden von unseren Kunden honoriert.

Zu vier Kunden wurden in diesem Monat neue Geschäftskontakte aufgebaut. Die Außendienstmitarbeiter teilen der Verkaufsabteilung die Akquisition dieser Kunden auf Meldebogen mit, ebenso die Datenänderungen bei bestehenden Kunden. Es ist Ihre Aufgabe, die Kundenstammtabelle zu aktualisieren.

In dieser Stammdatei wird neben der Postadresse auch das Datum des Erstkontaktes vermerkt. Zusätzlich erhält jeder Kunde neben der Kundennummer einen Schlüssel, der den Typ des Unternehmens kenntlich macht. Diese sind für Marktanalysen von Bedeutung.

K = Kaufhäuser und Großkunden
E = Einzelhandel bzw. Facheinzelhandel
S = Sportvereine und Fitnessstudios

Um Reisekosten zu sparen, sind alle Kunden fünf regionalen Vertriebsbereichen (Bereich 1 bis 5) zugeordnet, die jeweils von einem der fünf Außendienstmitarbeiter betreut werden.

Aufgaben

1. Je übersichtlicher eine Tabelle gestaltet ist, desto einfacher ist die Arbeit am Bildschirm. Formatieren Sie die Kundentabelle in 💾 *DB_Allfit2010_1*.
   - Passen Sie die Spaltenbreite der Länge des Zellinhaltes an.
   - Fixieren Sie die Spalte mit den Kundennummern, sodass sie jederzeit sichtbar bleibt.

2. Erfassen Sie die neuen Kunden (Erstkontakt am 15.7.2010).
   Aber Vorsicht! Bei Datenbanken werden immer nur die gerade benötigten Daten in den Arbeitsspeicher des PCs geladen und – im Gegensatz zu anderen Programmen – Änderungen sofort wieder auf die Festplatte gespeichert, also auch fehlerhafte Änderungen oder Löschungen. Änderungen können in der Regel nicht rückgängig gemacht werden.

Trotzdem, keine Angst vor Fehlern!

Für die Bearbeitung späterer Kapitel dieses Arbeitsbuches finden Sie die Datenbank jeweils in aktualisierter Form und mit den dann notwendigen erweiterten Datentabellen für die neuen Aufgabenstellungen als Dateien
💾 *DB_Allfit2010_2*,
💾 *DB_Allfit2010_3*,
💾 *DB_Allfit2010_4*.

KdNr: 2151	KdTyp: E	Bezirk: 4
Name:	Birkenstock GmbH	
Straße:	Am Wassergraben 2	
Plz:	53721	
Ort:	Siegburg	
Telefon:	02241/56473	

KdNr: 2152	KdTyp: S	Bezirk: 2
Name:	Sportstudio Renner	
Straße:	Wasserweg 3	
Plz:	20095	
Ort:	Hamburg	
Telefon:	040/23378	

KdNr: 2153	KdTyp: S	Bezirk: 5
Name:	Sport & Fitness Beck	
Straße:	Hartstraße 34	
Plz:	87435	
Ort:	Kempten	
Telefon:	0831/21145	

3. Die Unternehmung 2047 City Sport hat Konkurs angemeldet. Das Unternehmen wurde im Handelsregister gelöscht.

4. Stellen Sie durch Sortieren fest:
   - Wie viele Fitnessstudios gehören jetzt zu unserem Kundenkreis?
   - Wer war erster Kunde der ALLFITT Sportartikel GmbH?
   - Welche Unternehmen in Köln zählen zu unserem Kundenkreis?

Hilfen

Tabellenfelder fixieren/einfrieren

Auf Grund der umfangreichen Dateneinträge können Datensätze sehr breit werden. Dann besteht die Gefahr, dass vom Anwender neue Einträge im hinteren Teil der Tabelle dem falschen Datensatz zugeordnet werden, weil das erste Feld (die erste Spalte) – z. B. die Kundennummer – bei Eingabe als Orientierungshilfe nicht mehr sichtbar ist. Unsere Kunden werden nicht sehr erfreut sein, wenn ihnen deshalb beispielsweise Ware berechnet wird, die sie gar nicht bestellt haben.

Wenn Sie jedoch das erste Feld oder die ersten Felder (Spalten) fixieren, gewinnt die Tabelle an Übersichtlichkeit und Sie behalten auch noch im hinteren Tabellenbereich den Überblick. Fehlzuordnungen können auf diese Weise vermieden werden.

Setzen Sie den Cursor auf eine oder mehrere Felder, die fixiert werden sollen, und wählen Sie aus dem Kontextmenü der Maus den Befehl *Felder einfrieren*. Es bietet sich an, hier die Kundennummer als eindeutiges Kriterium zu nutzen.

Das gewählte Feld ist nun fixiert und wird automatisch auf die erste Position verschoben. So bleibt es als Zeilenkopf immer sichtbar.

Durch den Befehl *Einfrierung aller Felder aufheben* im Kontextmenü zu dem jeweiligen Feld können Sie die vorhandene Fixierung wieder aufheben. Allerdings wird die ursprüngliche Reihenfolge der Spalten dabei nicht wiederhergestellt. Sie müssen die Felder bei Bedarf „per Maus" wieder an ihre ursprüngliche Position verschieben.

Verschieben von Feldern

Markieren Sie die gesamte Spalte durch einen Mausklick auf den Feldnamen im Tabellenkopf.

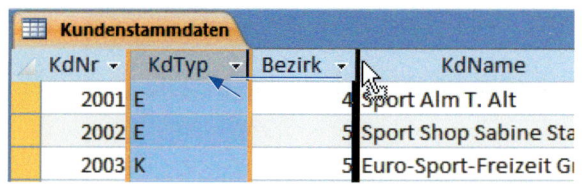

Klicken Sie den Feldnamen mit der Maus ein zweites Mal an und schieben Sie die Spalte mit gedrückter Maustaste an die gewünschte Position.

Feldbreite ändern

Die Arbeit in Tabellen ist mühsam, wenn der Zellinhalt nicht vollständig angezeigt wird. Verändern Sie die Feldbreite, indem Sie die Trennlinie zwischen den Feldnamen anklicken und mit der Maustaste verschieben.

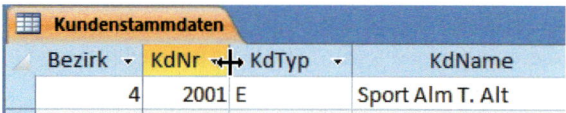

Neue Datensätze hinzufügen oder löschen

Sie können dies mit dem Befehl *Neu* im Register *Start*, Gruppe *Datensätze* oder über das Sternchen-Symbol in der Datensatzanzeige unterhalb der Tabelle tun. Neue Datensätze werden am Ende der Tabelle eingefügt.

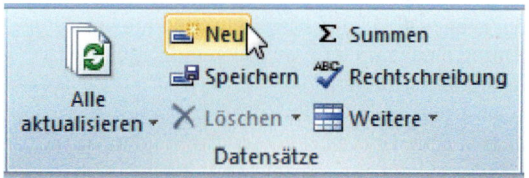

Oder ...

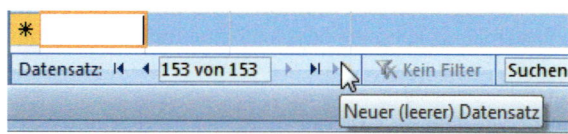

Um einen Datensatz zu löschen, markieren Sie diesen und klicken im Register *Start*, Gruppe *Datensätze* auf *Löschen*. Vor der endgültigen Ausführung des Befehls erfolgt aber noch eine Sicherheitsabfrage, da bei Access wie gesagt Änderungen sofort auf der Festplatte gespeichert werden und nicht rückgängig gemacht werden können.

Sortieren der Tabelle

Durch Anklicken des Pfeils im Feldnamen der Tabelle öffnet sich ein Fenster. Der Schalter *A–Z* sortiert die Daten in aufsteigender Reihenfolge (von A bis Z oder Zahlen von 1 nach 9). Der zweite Schalter sortiert in absteigender Reihenfolge.

Eine weitere Möglichkeit besteht im Register *Start*, Gruppe *Sortieren und filtern*.

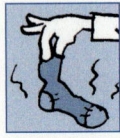

Wer suchet, der findet

Dieses Problem hatten Sie doch auch schon einmal: „Welche Telefonnummer hat Sporthaus Schott?" In der betrieblichen Praxis wäre es bei den vielen Datensätzen mühsam, die gewünschte Information durch einfaches Blättern zu suchen. Aber soll nicht gerade die Datenverarbeitung in Unternehmen zur erhöhten Geschwindigkeit und damit zu höherer Produktivität beitragen?

Für die schnelle Lösung solcher Fragen bietet Ihnen Access die **Suchfunktion**, mit der Sie gezielt einen Datensatz heraussuchen lassen können.

Von der Deutschen Post AG wurde die Postleitzahl eines Ortes, in dem auch Kunden von Ihnen ihren Firmensitz haben, geändert. Möglicherweise wollen Sie die Kennzeichnung eines Kundentyps gegen eine andere Bezeichnung austauschen.

In solchen Fällen gilt es, den entsprechenden Datensatz zu suchen und die alten Bezeichnungen gegen die neuen auszutauschen. Kein Problem. Diese zeitraubenden Arbeiten lassen sich mit dem Suchbefehl und der ergänzenden **Ersetzen-Funktion** zügig ausführen. Damit können Sie Feldinhalte oder auch nur Teile eines Feldes gezielt durch andere Texte oder Daten austauschen.

Aber **Vorsicht** bei dem Befehl *Alle ersetzen*! Hier wird möglicherweise durch eine nicht eindeutige Angabe des auszutauschenden Begriffs die ganze Datenbank ungewollt ruiniert. Der Befehl: Ersetze KG durch AG verwandelt z. B. unverhofft alle Kommanditgesellschaften der Datenbank in Aktiengesellschaften. Ganz schnell wird aus Ihrer schönen Tabelle „Datenmüll".

Wie erwähnt werden bei Access – im Gegensatz zu anderen Office-Anwendungen - vorgenommene Änderungen nicht erst zum Schluss der Arbeitssitzung ge-

speichert, sondern sofort nach Befehlsbestätigung auf die Festplatte geschrieben, ohne die Möglichkeit, die Aktion rückgängig zu machen. Beantworten Sie deshalb in Zweifelsfällen immer die entsprechende Programmabfrage mit „Nein". Gehen Sie in diesem Fall Datensatz für Datensatz vor und ersetzen Sie ggf. jeden gefundenen Ausdruck einzeln.

 Aufgaben

Öffnen Sie die Kundentabelle der *DB_Allfit2010_1.*

1. Nutzen Sie die Suchfunktion von Access. Wie lautet die aktuelle Telefonnummer der Unternehmung Sporthaus Schott?

2. Suchen Sie unseren Kunden in Bad ..., aber nicht in Baden Baden.

3. Zu welchem Kunden hatten wir am **5. 11. 2004** den ersten Geschäftskontakt?

4. Wie lautet der vollständige Firmenname, in dem „Sommer" vorkommt?

5. Spielen Sie mal wieder „Stadt, Land, Fluss"! Welcher Ort hat an der dritten Position den Buchstaben „y"?

6. Ein gutes Betriebsklima empfinden alle Mitarbeiter als wünschenswert. Gesucht wird einer unserer Kunden mit „Atmosphäre".

7. Einer unserer Kunden hat die Rechtsform seines Unternehmens geändert. Mit der Neuaufnahme eines Gesellschafters wurde aus der bisherigen Einzelunternehmung eine Kommanditgesellschaft. Ersetzen Sie den Firmennamen „Sporthaus Bauer" durch „Sporthaus Bauer KG".

8. Der Schlüssel für den Kundentyp soll geändert werden. Ersetzen Sie probeweise den Schlüssel S durch V. (Vorsicht: obige Hinweise beachten!)

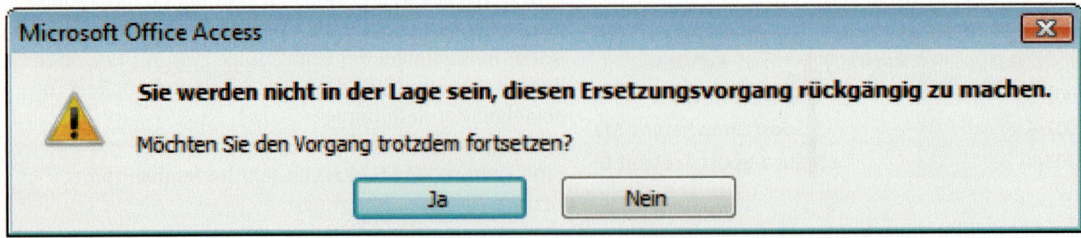

Hilfen

Suchen von Feldern

Der Befehl der Registerkarte *Start,* in der Gruppe *Suchen, Suchen* öffnet einen Dialog. Geben Sie in das Dialogfenster den Suchbegriff ein – ggf. mit Platzhalterzeichen.

Im Eingabefeld *Suchen in* gibt Access zunächst automatisch den Feldnamen der Spalte, in der sich der Mauszeiger gerade befindet, als Suchbereich vor. Sie können diese Einstellung jedoch auch ändern und die ganze Tabelle durchforsten lassen.

Platzhalterzeichen, die Sie statt Buchstaben oder Zahlen in den Suchbegriff einfügen, erweitern Ihre Suchmöglichkeiten:

*	beliebige Anzahl von Zeichen
?	genaue Anzahl von Zeichen
#	genaue Anzahl von Ziffern

Beispiele:

Sport*	Sporthaus, Sportverein usw.
Schmi?t	Schmidt, Schmitt usw.
x	Hexe, Excel usw.
21##	2101, 2112 usw.
Bad*	Baden Baden, Bad Breisig
Bad??	Baden, nicht: Baden Baden

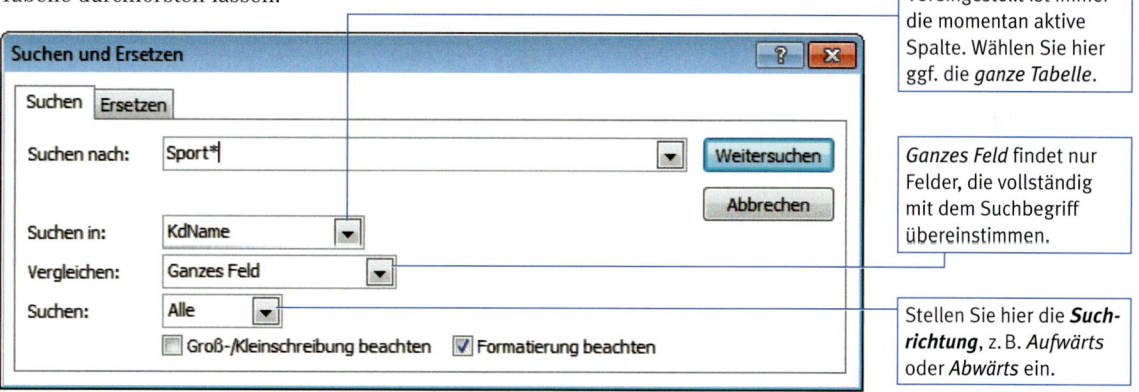

Voreingestellt ist immer die momentan aktive Spalte. Wählen Sie hier ggf. die *ganze Tabelle*.

Ganzes Feld findet nur Felder, die vollständig mit dem Suchbegriff übereinstimmen.

Stellen Sie hier die **Suchrichtung**, z. B. *Aufwärts* oder *Abwärts* ein.

Ersetzen von Feldinhalten in einer Datentabelle

Im Register *Ersetzen* des Dialogfensters können Änderungen von Feldinhalten auch bei großen Datenmengen einer Tabelle in einem einzigen Arbeitsschritt durchgeführt werden.

Um aber unkontrollierte und unerwünschte Änderungen in der gesamten Tabelle zu vermeiden, also auch in Zellen, in denen der Suchbegriff nur zufällig vorkommt, sollten Sie bei *Suchen in* jedoch unbedingt

die konkrete Spalte festlegen, in der die zu ersetzenden Daten stehen. **Vermeiden Sie nach Möglichkeit die Einstellung der gesamten Tabelle**.

Wenn Sie beim *Ersetzen*-Befehl auf Nummer sicher gehen wollen, wählen Sie nicht den Befehl *Alle ersetzen,* sondern gehen Sie schrittweise mit *Weitersuchen* von Datensatz zu Datensatz, um die Korrektheit der Anweisung *Ersetzen* im Einzelfall zu kontrollieren:

Eingabefeld und Liste der zuletzt benutzten **Suchbegriffe**

Eingabefeld und Liste der zuletzt benutzten „**Ersetzen-Begriffe**"

Verwenden Sie **Alle ersetzen** nur, wenn Sie sicher sind, dass keine ungewollten Veränderungen erfolgen.

Wer filtert, ist zu schlau zum Suchen

Den gesamten Kundenstamm in einer einzigen Tabelle der Access-Datenbank zu verwalten, erweist sich bei der ALLFIT Sportartikel GmbH als sehr vorteilhaft, da es die Datenpflege stark vereinfacht.

Die verschiedenen Abteilungen des Unternehmens benötigen jedoch sehr häufig nur bestimmte Auszüge dieser Informationen, beispielsweise Daten einzelner Kunden oder Kundengruppen.

- Sie planen beispielsweise einen Besuch bei allen Kunden in Berlin. Die benötigten Adressen sind aber wahllos über die gesamte Tabelle verteilt.
- Dem Außendienstmitarbeiter soll eine Liste zur Verfügung gestellt werden, in der nur die Kunden aufgeführt sind, die ausschließlich seinem Verkaufsbezirk angehören.
- Die Marketingabteilung wünscht für eine Werbeaktion eine Zusammenstellung aller Warenhäuser im Verkaufsbezirk 2.

Mit der Suchfunktion kommen Sie da nicht weiter. Sie empfiehlt sich, wenn nur ein bestimmter Datensatz bzw. Feldinhalt gesucht wird. Soll jedoch eine Gruppe von Datensätzen – z.B. als Grundlage für weitere Arbeiten – zusammengestellt werden, ist die **Filterfunktion** vorzuziehen.

Access bietet hier verschiedene Möglichkeiten, eine Tabelle differenziert zu durchsuchen und Datensätze herauszuziehen:

- den Filter *Auswahl* der Gruppe *Sortieren und Filtern,*
- den Filter *Erweiterte Filteroptionen* der Gruppe *Sortieren und Filtern,*
- ein Dialogfenster zum *Datenfeld,* wenn Sie dort den Pfeil anklicken.

 Aufgaben

1. Filtern Sie nach der auswahlbasierten Methode alle Kunden in 14776 Brandenburg heraus.

2. Filtern Sie formularbasiert alle Kunden heraus, die von unserem Außendienstmitarbeiter bei seiner nächsten Berlin-Fahrt zu besuchen sind.

3. Erstellen Sie die von der Marketingabteilung gewünschte Auswahl über die Warenhäuser im Verkaufsbezirk 2. (Dies erfordert mehrere Schritte.)

4. Welche Kunden wohnen in Berlin, welche in Brandenburg?

 Hilfen

Auswahlbasierter Filter

Beim *Auswahl*-Filter der **Registerkarte** *Start,* Gruppe *Sortieren und Filtern* dient dem Programm der Datensatz, in dem sich der Zellzeiger befindet, als voreingestelltes Kriterium für den Filter.

Wollen Sie beispielsweise nach Kundentyp „E" suchen, setzen Sie die Maus in eine beliebige Zelle (Datenfeld) der Spalte *KdTyp,* deren Feldinhalt „E" lautet.

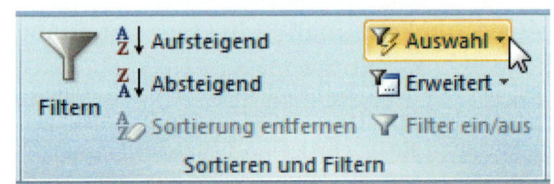

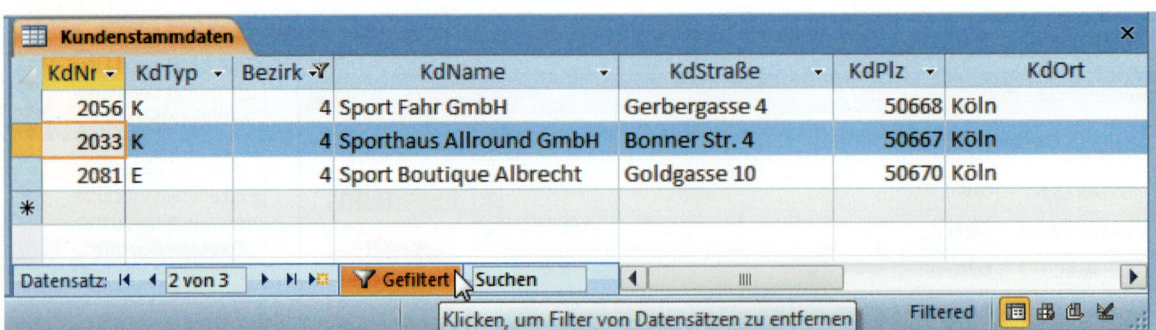

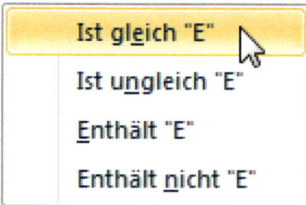 Klicken Sie nach der Markierung der Zelle mit dem gewünschten Merkmal den Befehl *Auswahl* in der Gruppe *Sortieren und Filtern* oder den Pfeil neben dem Feldnamen an. Die sich öffnende Befehlsliste mit unterschiedlichen Kriterien schließt automatisch den aktuellen Wert ein.

Ist gl**e**ich "E"
Ist u**n**gleich "E"
Enthält "E"
Enthält **n**icht "E"

Sie erhalten nun eine Übersicht, die nur die Datensätze enthält, welche dem Kriterium *KdTyp* = E entsprechen. Sie können Ihre Auswahl jetzt weiter filtern, indem Sie zusätzliche Kriterien für andere Datenfelder setzen.

Filter ein/aus Mit dem Befehl *Filter ein* bzw. *Filter aus* derselben Gruppe können Sie zwischen der Darstellung der gesamten Tabelle und dem Filterauszug hin- und herschalten.

Access fragt Sie beim Schließen der Tabelle, ob die am Entwurf vorgenommenen Änderungen gespeichert werden sollen. Beantworten Sie diese Frage mit „Ja", steht Ihnen beim erneuten Öffnen der Tabelle der zuletzt eingerichtete Filter auch weiterhin zur Verfügung.

Formularbasierter Filter

Beim formularbasierten Filtern lassen sich verschiedene Filterkriterien direkt in einem Dialogfeld formulieren.

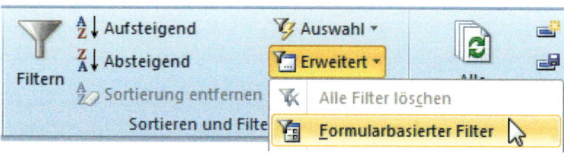

Klicken Sie auf *Formularbasierter Filter*. Die Tabelle wird jetzt als Eingabeformular mit allen Feldnamen der Tabelle und einer Eingabezeile dargestellt (Abb. unten).

Wenn Sie in den einzelnen Spalten auf die Eingabezeile klicken, erscheint ein Pfeil, mit dem Sie eine Liste aller in der Tabelle vorhandenen Feldinhalte öffnen können. Wählen Sie daraus Ihr gewünschtes Filterkriterium aus.

Auch eine direkte Eingabe von Kriterien über die Tastatur ist möglich, führt aber leicht zu Fehlern, obwohl Access schon bei den ersten Buchstaben das Wort logisch vervollständigt. Auch hier können Sie mit den bekannten Platzhaltern arbeiten:

- „Köln" (die Anführungszeichen werden von Access automatisch gesetzt),
- „K*" (Access ändert automatisch in wie „K*")

Bestimmen Sie gegebenenfalls weitere Filterkriterien für andere Felder. Diese werden dann als UND-Verknüpfung interpretiert, das heißt, Access filtert die Datensätze, die alle Bedingungen gleichzeitig erfüllen.

Fehlerhafte Eintragungen können Sie mit der Taste <Entf> oder über *Löschen* im Kontextmenü entfernen.

In der Abbildung unten werden beispielsweise die Kunden ausgewählt, die dem Bezirk „4" zugeordnet sind UND dem Kundentyp „K" angehören UND deren Geschäftssitz „Köln" ist.

Filter ein/aus Um den Filter ein- bzw. wieder auszuschalten, benutzen Sie auch hier den Befehl *Filter ein* bzw. *Filter aus* der Gruppe *Sortieren und Filtern*.

Wollen Sie Datensätze nach mehreren Kriterien filtern, die nicht gleichzeitig erfüllt sein müssen, öffnen Sie das Register *ODER*. Sie möchten möglicherweise die Kunden ermitteln, die entweder in Köln oder in Bonn wohnen.

Im Register **ODER** können Sie weitere Bedingungen formulieren.

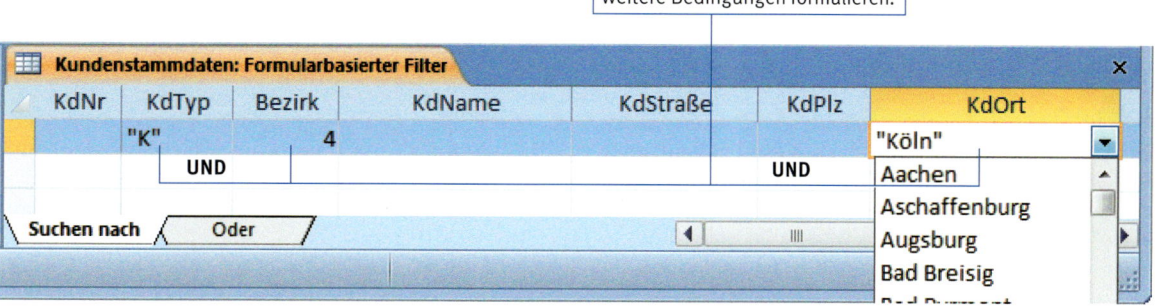

Dreimal Null ist Null

Häufig reichen auch die bisher beschriebenen Filter-kriterien für eine Suche nicht aus, da die Feldeinträge nur auf Übereinstimmung mit einem bestimmten Wert oder Begriff überprüft werden. Die einfache Filterfunktion ist beispielsweise nicht fein genug für folgende Aufgaben:

- Langjährigen Kunden, die bereits mindestens seit dem Jahr 2004 zu unserem Kundenstamm gehören, soll ein Treuerabatt eingeräumt werden.
- Die Großkunden, deren Umsatz über 50.000 EUR pro Jahr liegt, sollen ermittelt werden.

Für Fragen dieser Art stellt Access verschiedene gezielte Operatoren für die Formulierung von Filterkriterien zur Verfügung. Setzen Sie diese in den formular-basierten Filter ein.

Größer- und Kleiner-Operatoren

Operator	Bedeutung
<	kleiner als
>	größer als
<=	kleiner oder gleich
>=	größer oder gleich

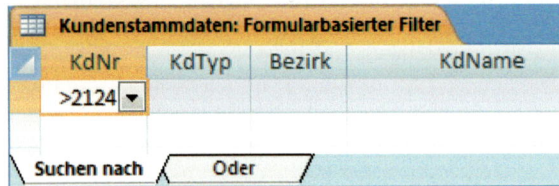

Operatoren „Ist Null" und „Ist nicht Null"

Häufig kommt es in der betrieblichen Praxis vor, dass Datensätze wegen einer fehlenden Information nur un-vollständig erfasst werden. Ärgerlich, wenn es zu Beschwerden der Kunden kommt, weil wegen fehlender Daten diese in Rundschreiben oder Messeeinladungen nicht berücksichtigt wurden.

Dies können Sie aber ohne Schwierigkeiten verhindern. Prüfen und pflegen Sie Ihre Daten regelmäßig mit dem *Ist Null*-Operator.

- Ist Null   sucht leere Felder,
- Ist nicht Null   sucht Felder, die Daten enthalten.

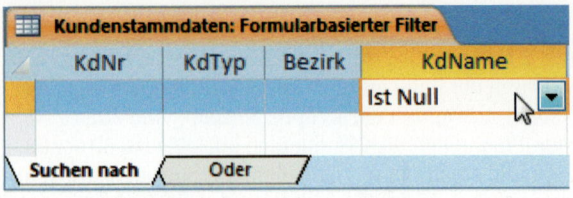

Operatoren für Textwerte/Datumswerte

Mit Hilfe der folgenden Beispiele erweitern Sie Möglichkeiten und Zielsicherheit Ihrer Suchmaschine Access noch erheblich. Die Zeichen „" und # müssen Sie dabei nicht eingeben. Sie werden automatisch ergänzt.

- **Wie „S*"**
  filtert Felder, die mit „S" beginnen.
- **Wie „[A-C]*"**
  findet Felder, die mit „A, B" oder „C" beginnen.
- **Zwischen #1.7.10# Und #30.7.10#**
  ermittelt die Datensätze die im Zeitraum zwischen 1.7.10 und dem 30.7.10 liegen.
- **Nicht „Ulm" und nicht „Köln"**
  filtert alle „Orts-Datensätze", außer von Ulm oder Köln.
- **Nicht Wie „K*"**
  ignoriert alle Felder, die mit „K" beginnen.

 Zur Erinnerung: Der Schalter für Filter ein und aus!

Aufgaben

Arbeiten Sie mit 💾 *DB_Allfit2010_1*.

1. Welche Kunden haben eine Kundennummer über 2140?

2. Bei welchen Datensätzen wurde bei der Dateneingabe vergessen, das Datum des Erstkontaktes einzutragen?

   Setzen Sie hier als Datum den 12.10.**2008** ein.

3. Wie viele Kunden haben ihren Geschäftssitz in Städten oder Gemeinden mit „F"?

4. Welche Kunden konnten zwischen dem 1.3.2009 und dem 31.3.2009 von uns gewonnen werden?

5. Wer erhält denn nun den versprochenen Treuerabatt auf den Listenpreis?

5.2 Tabellen, Formulare und Berichte

Die zwei Seiten einer Tabelle

Bisher haben Sie sich erfolgreich mit der Kundendatei der ALLFIT Sportartikel GmbH auseinandergesetzt. Sie sind nun in der Lage, Ihren Mitarbeiterinnen und Mitarbeitern jederzeit die benötigten Kundendaten zur Verfügung zu stellen. Zu einer umfassenden Datenbank gehört aber neben dem Verkauf auch die andere Seite des Unternehmens, der Einkauf.

Die ALLFIT Sportartikel GmbH will natürlich auch die Lieferanten elektronisch verwalten lassen. Dafür ist es notwendig, dass Sie jetzt selbst eine Tabelle in der Datenbank einrichten.

Aber halt! Kein Architekt baut ein Haus, bevor er nicht einen genauen Konstruktionsplan erstellt hat, nach dem das Gebäude errichtet werden soll. Auch bei Datenbanken ist es wichtig, beim Aufbau gezielt und planvoll vorzugehen.

Vorab ist genau zu überlegen, welche Informationen in welcher Form erfasst werden sollen. Welche Datenfelder werden benötigt und in welchem Format sollen die Daten eingegeben, angezeigt und gespeichert werden?

Um diese Fragen leicht in die Praxis – den Aufbau einer Datenbank – umsetzen zu können, hat jede Tabelle zwei Seiten: Die **Entwurfsansicht** und die **Datenblattansicht**. Beide lassen sich spielend über den entsprechenden Befehl im Register *Start* auswählen.

Im Fenster *Entwurf* können Sie vielfältige grundsätzliche Einstellungen zu Eigenschaften und Format der Felder Ihrer Tabelle festlegen.

Felddatentypen

Ist „4711" ein Text oder ist es eine Zahl, mit der auch gerechnet werden kann? Damit das Programm mit Ihren Daten sinnvoll umgehen kann, müssen Sie jedem Feld einen Felddatentyp zuweisen. Die wichtigsten Typen sind Text, Zahl, Währung und Datum/Zeit.

Text	Text bis zu maximal 255 Zeichen. Die mögliche Anzahl der Zeichen kann durch Feldgröße im unteren Teil des Entwurfdialogs unter *Feldeigenschaften* eingestellt werden.
Zahl	Beliebige Zahlen. Die Feldgröße wird von Access standardmäßig auf „Long Integer" eingestellt.
Datum	Die Darstellung des Datums auf dem Bildschirm kann durch *Format* unter *Feldeigenschaften* des Entwurfdialogs verändert werden.
Währung	Für Geldbeträge geeignet. In der Bildschirmdarstellung wird automatisch die Währungseinheit angezeigt.

Feldeigenschaften

Mögliche **Feldgrößen** beim Datentyp „Zahl":

Byte	Ganze Zahlen (0 bis 255)
Integer	Ganze Zahlen (+32.768 bis -32.768)
Long Integer	+2.147.438.684 bis -2.147.438.684
Single	Dezimalzahlen bis 6 Stellen
Double	Dezimalzahlen bis 14 Stellen

Mit der Eigenschaft *Format* können Sie die Darstellung von Daten auf dem Bildschirm und im Ausdruck anpassen. Für Zahlen und das Datum gibt es vordefinierte Formate (siehe Abbildung rechte Seite).

Die Festlegung eines *Eingabeformates* an dieser Stelle zwingt später den Anwender, Daten nur in einer bestimmten Form und Länge einzugeben. Bei abweichender Eingabe zeigt Access eine Fehlermeldung und akzeptiert diese Daten nicht. Auf diese Weise können beispielsweise die versehentliche Eingabe von Text in Zahlenfeldern oder die Zuordnung ungültiger Artikelnummern vermieden werden.

Mit *Dezimalstellen* beim Datentyp „Zahl" bestimmen Sie die Anzahl der angezeigten Nachkommastellen.

Ändern Sie die *Beschriftung,* wenn Ihnen der Feldname nicht „passt".

Sind Sie es leid, immer wieder das Wort „Herr" zu schreiben, dann legen Sie es als **Standardwert** fest. Bei der Dateneingabe kann der Begriff überschrieben werden.

Durch **Gültigkeitsregeln** begrenzen Sie die Eingabe von Daten auf bestimmte Zahlenbereiche (z. B. >=4000 UND <5000). Bei ungültiger Dateneingabe informiert Access den Benutzer mit einer **Gültigkeitsmeldung**.

Bei *Eingabe erforderlich* „Ja" dürfen diese Zellen auf keinen Fall leer bleiben.

Zwei Kunden mit der gleichen Kundennummer darf es nicht geben. Um jeden Datensatz eindeutig zu kennzeichnen, **indizieren** Sie das Feld durch „Ja (Ohne Duplikate)".

 **Aufgaben**

1. Untersuchen Sie die Eigenschaften der verschiedenen Feldnamen im Tabellenentwurf für die Kundenstammtabelle der Datenbank ⊟ *DB_Allfit2010_1.*

2. Prüfen Sie die Reaktionen von *Access.* Geben Sie in der Tabellenansicht der Kundenstammtabelle eine beliebige neue Adresse ein und vergeben Sie dafür eine bereits in der Datei vorhandene Kundennummer. Die Eingabe kann bei einer Fehlermeldung von Access mit der Taste <Esc> abgebrochen werden.

3. Ersetzen Sie die Postleitzahl einer beliebigen Adresse im Kundenstamm versuchsweise durch eine Zahl mit mehr als 5 Stellen.

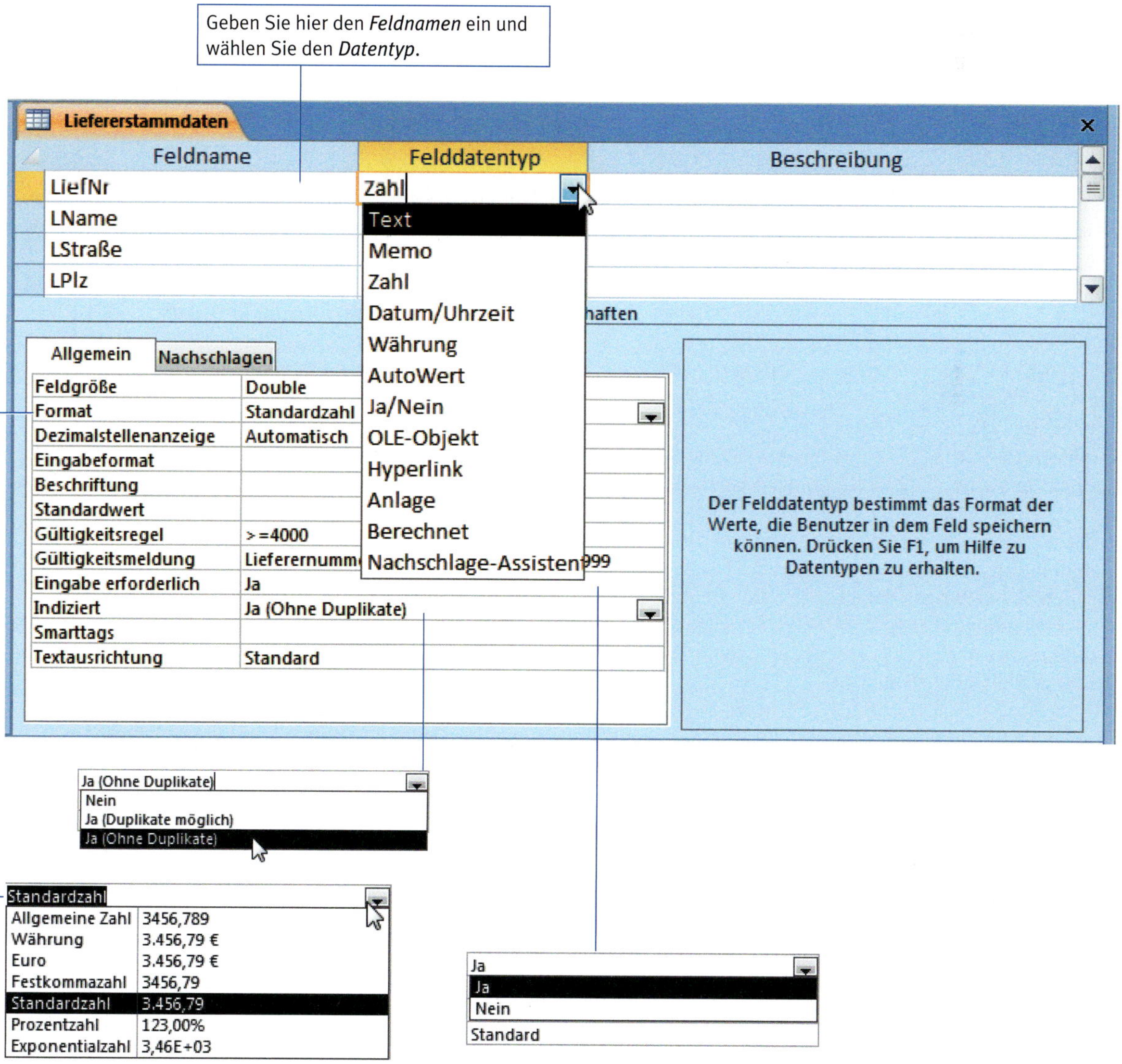

Geben Sie hier den *Feldnamen* ein und wählen Sie den *Datentyp*.

Liefererstammdaten

Feldname	Felddatentyp	Beschreibung
LiefNr	Zahl	
LName		
LStraße		
LPlz		

Felddatentyp-Auswahl:
- Text
- Memo
- Zahl
- Datum/Uhrzeit
- Währung
- AutoWert
- Ja/Nein
- OLE-Objekt
- Hyperlink
- Anlage
- Berechnet
- Nachschlage-Assistent

...haften

Allgemein | Nachschlagen

Feldgröße	Double
Format	Standardzahl
Dezimalstellenanzeige	Automatisch
Eingabeformat	
Beschriftung	
Standardwert	
Gültigkeitsregel	>=4000
Gültigkeitsmeldung	Lieferernumm...
Eingabe erforderlich	Ja
Indiziert	Ja (Ohne Duplikate)
Smarttags	
Textausrichtung	Standard

...999

Der Felddatentyp bestimmt das Format der Werte, die Benutzer in dem Feld speichern können. Drücken Sie F1, um Hilfe zu Datentypen zu erhalten.

Indiziert-Auswahl:
- Ja (Ohne Duplikate)
- Nein
- Ja (Duplikate möglich)
- Ja (Ohne Duplikate)

Format-Auswahl:
Standardzahl	
Allgemeine Zahl	3456,789
Währung	3.456,79 €
Euro	3.456,79 €
Festkommazahl	3456,79
Standardzahl	3.456,79
Prozentzahl	123,00%
Exponentialzahl	3,46E+03

Eingabe erforderlich-Auswahl:
- Ja
- Ja
- Nein
- Standard

Außenhandel

Zu einer richtigen Datenbank gehören natürlich nicht nur die Liefererstammdaten. Auch die anderen Dateien, die im Ein- und Verkauf oder im Lager von Bedeutung sind, gehören dazu. Erst wenn Sie alle wesentlichen Daten in einer Datenbank versammelt haben, können Sie später deren Stärke nutzen, Informationen beliebig miteinander zu verknüpfen und auszuwerten. Die Lieferanten und unser Sortiment müssen also eingebunden werden, um in Zukunft unsere Bestellungen oder unsere Kundenumsätze in eigenen Tabellen zu erfassen.

Gut zu wissen: Bereits in anderen Datenbanken bzw. Programmen vorhandene Daten lassen sich in Access importieren.

Eine neue Tabelle anlegen

Im Registerblatt *Erstellen*, Gruppe *Tabellen* können mit den Befehlen *Tabelle, Tabellenvorlage* oder *Tabellenentwurf* neue Tabellen angelegt werden.

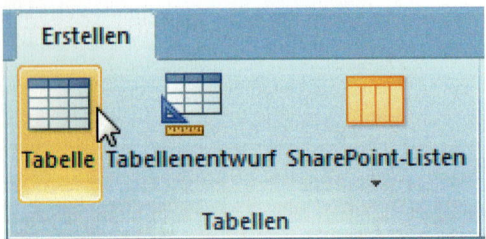

Tabelle: Access erzeugt eine leere Tabelle direkt in der Datenblattansicht. Feldnamen können Sie nach den eigenen Vorstellungen direkt in der Tabelle definieren.

Tabellenentwurf: Access erzeugt eine leere Tabelle direkt in der Entwurfsansicht.

SharePoint-Listen: Eine neue Tabelle an einem zentralen Speicherort anlegen, falls dieser im Unternehmen eingerichtet ist.

Um eine neue *Tabelle* anzulegen, ist es sinnvoll, sofort die *Entwurfsansicht* zu aktivieren. Bestimmen Sie zunächst die gewünschten Feldnamen und Formate für die einzurichtenden Felder. Schließen Sie die Tabelle und geben Sie ihr bei der Speicherabfrage einen Namen. Beantworten Sie die Abfrage *Soll ein Primärschlüssel vergeben werden?* zunächst mit „Nein". Dieser wird wichtig, wenn Tabellen miteinander verknüpft werden, aber dazu kommen wir später.

Eine Tabelle importieren

Für den Datenimport finden Sie die notwendigen Befehle im Registerblatt *Externe Daten*.

Excel/Access: Fertige Tabellen aus anderen Access-Datenbanken oder aus Excel werden in die aktive Datenbank importiert.

Andere Formate (Textdatei und Weitere): Hier können beispielsweise Daten aus anderen Programmen oder reine Textdateien, in denen die Datenfelder durch Tabulatoren oder andere Sonderzeichen getrennt sind, importiert werden.

- Klicken Sie auf den gewünschten Befehl, um den Importvorgang zu starten. Beim Aufbau der Importtabelle hilft Ihnen ein Assistent in mehreren Schritten. **Stellen Sie bei jedem Schritt genau die jeweiligen Parameter ein,** bevor Sie mit den Schaltern *Weiter* oder *OK* den Vorgang fortsetzen.

- Legen Sie im ersten Dialogfeld die zu importierende Datei fest. Stellen Sie dazu den entsprechenden Pfad ein. Hier können Sie auch festlegen, wenn Sie externe Daten dynamisch mit der aktiven Datenbank verknüpfen wollen. Die Bearbeitung und Datenpflege erfolgt dann weiterhin in dem Programm, in dem die Tabelle ursprünglich erstellt wurde.

- In der Regel enthalten die Importtabellen bereits Spaltenüberschriften, die automatisch als Feldnamen in Access übernommen werden.

- Speichern Sie die Daten in einer neuen Tabelle ab und bestimmen Sie auch hier keinen Primärschlüssel.

- Legen Sie einen Namen für die Tabelle fest und beenden Sie den Vorgang über den Schalter *Fertigstellen*.

Die Daten sind nun Bestandteil Ihrer Datenbank.

 **Aufgaben**

1. Erstellen Sie in 🖫 *DB_Allfit2010_1* die neue Tabelle „Liefererstammdaten" mit folgenden Eingaben:

LiefNr:	4001		
Name:	Sporttextilien GmbH		
Straße:	Flachsstraße 19		
Plz:	82319	Ort	Starnberg
Telefon:	0214/12310		

LiefNr:	4002		
Name:	Renner KG		
Straße:	Hüttenstraße 13		
Plz:	51427	Ort	Bergisch Gladbach
Telefon:	02232/27345		

LiefNr:	4003		
Name:	Sportartikel Röder GmbH		
Straße:	Bonner Straße 20		
Plz:	80323	Ort	München
Telefon:	06221/80600		

LiefNr:	4004		
Name:	Sport Berger GmbH		
Straße:	Steinweg 25		
Plz:	74072	Ort	Heilbronn
Telefon:	0611/87000		

LiefNr:	4005		
Name:	Tennissport GmbH		
Straße:	Hassler Straße 8		
Plz:	89073	Ort	Ulm
Telefon:	0228/10089		

LiefNr:	4006		
Name:	Sportartikel Allround GmbH		
Straße:	Sandbüchel 30		
Plz:	50667	Ort	Köln
Telefon:	02671/55005		

LiefNr:	4007		
Name:	Huber Textilien KG		
Straße:	Alexanderstraße 29		
Plz:	97070	Ort	Würzburg
Telefon:	02861/75075		

2. Importieren Sie die Excel-Tabelle 🖫 *Sortimentsliste* aus Ihrem **Access**-Verzeichnis. Sie ist jeweils als Excel-Datei und als Text-Datei gespeichert.

Bestimmen Sie jeweils beim Tabellenimport Felder und die Trennung dieser Felder

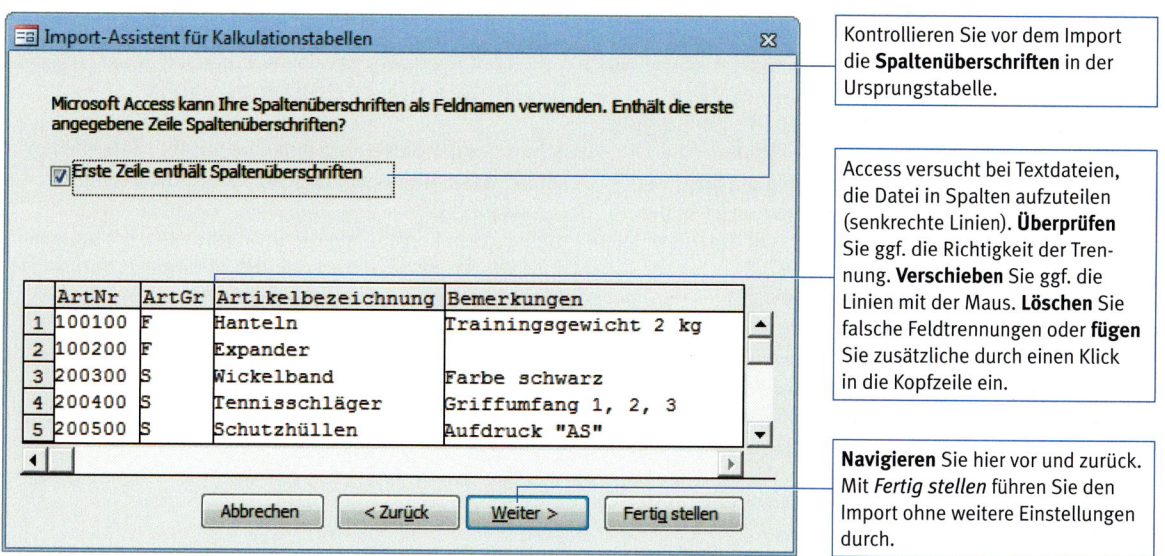

Kontrollieren Sie vor dem Import die **Spaltenüberschriften** in der Ursprungstabelle.

Access versucht bei Textdateien, die Datei in Spalten aufzuteilen (senkrechte Linien). **Überprüfen** Sie ggf. die Richtigkeit der Trennung. **Verschieben** Sie ggf. die Linien mit der Maus. **Löschen** Sie falsche Feldtrennungen oder **fügen** Sie zusätzliche durch einen Klick in die Kopfzeile ein.

Navigieren Sie hier vor und zurück. Mit *Fertig stellen* führen Sie den Import ohne weitere Einstellungen durch.

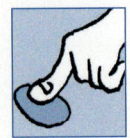

Formulare für den Input

Die Zustimmung der Mitarbeiter der ALLFIT Sportartikel GmbH zur neuen Datenbank fällt sehr verhalten aus. Nicht nur die „Ewiggestrigen" kritisieren, dass die Darstellung weiterhin in unübersichtlichen Tabellen erfolgt. Sie bemängeln, dass die Datensätze nicht vollständig auf dem Bildschirm sichtbar sind. Einzelne Mitarbeiter favorisieren weiterhin Karteikarten, bei denen ein gesamter Datensatz auf einem Kartenformular mit einem Blick zu erfassen ist.

Um diese Skeptiker zu überzeugen, benötigt eine Datenbank also entsprechende „Formulare", die fest mit der Basistabelle verbunden sind. Sie müssen die Datensätze einerseits einzeln übersichtlich darstellen, andererseits es dem Nutzer auch ermöglichen, sie in dieser Ansicht zu bearbeiten oder zu löschen. Kein Problem für Access. Mit Hilfe solcher Formulare werden Informationen übersichtlich dargestellt, Änderungen sind schnell, vor allem aber sicherer möglich.

Formulare in Access

In Access haben Sie verschiedene Möglichkeiten, ein Formular zu erstellen. Angefangen von vorgegebenen Entwürfen bis hin zu ganz eigenständigen Konzeptionen stehen Ihnen im Registerblatt *Erstellen*, Gruppe *Formulare* viele Wege offen.

Formular: Dieser Befehl beinhaltet die schnellste Methode, für die gerade markierte Tabelle ein Formular mit einem vordefinierten Layout zu erstellen. Alle *Felder* aus der zu Grunde liegenden Datenquelle werden in das Formular eingefügt. Sie können es in der ***Layout-*** oder ***Entwurfsansicht*** an Ihre Bedürfnisse anpassen.

Leeres Formular: Wenn das Ergebnis bei der Nutzung von *Formular* nicht Ihren Anforderungen entspricht oder wenn Sie nur einzelne *Felder* einbeziehen möchten, können Sie ein Formular mit dem Tool zum Erstellen von leeren Formularen von Grund auf neu erstellen.

Formularentwurf: Hier müssen alle Elemente individuell eingefügt und formatiert werden.

Erstellen eines Formulars

Um ein individuelles Formular zu erstellen, ist es nicht notwendig, zuerst ein Tabellenobjekt auszuwählen. Wählen Sie stattdessen im Registerblatt *Erstellen* und klicken Sie in der Gruppe *Formulare* auf *Leeres Formular*.

Access öffnet ein neues leeres Formular in der Layoutansicht und zeigt in dem Fenster *Feldliste* die Tabellen der Datenbank mit den darin enthaltenen Feldern an.

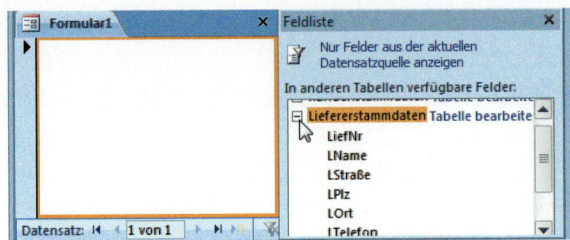

- Öffnen Sie die Liste der von Ihnen gewünschten Tabelle, indem Sie das Pluszeichen aktivieren.

- Fügen Sie die von Ihnen vorgesehenen *Felder* der Tabelle **durch Ziehen oder mit einem Doppelklick** in beliebiger Reihenfolge in das leere Formular ein.

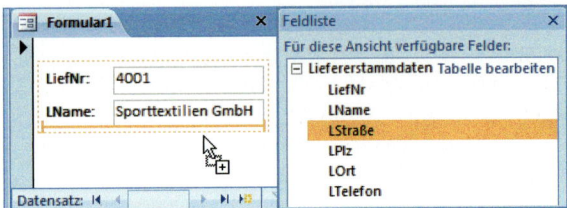

Schließen Sie das neue Formular. Beantworten Sie die Speicherabfrage mit „Ja" und geben Sie in den folgenden Eingabedialog einen sinnvollen Namen ein.

Bearbeiten des Formularentwurfs

Schon bei der Erstellung eines neuen Formulars ist zu sehen, dass Access die Registerkarten um *Formularlayouttools Format* und *Anordnen* erweitert. Mit Hilfe dieser Tools können Sie die Entwürfe aller Formulare der Datenbank auch nachträglich verändern und so Ihren Bedürfnissen anpassen.

Grundsätzlich kann die Bearbeitung in der *Layout-* oder *Entwurfsansicht* durchgeführt werden. Übersichtlicher ist die Arbeit im Layout.

Vielfältige Möglichkeiten für Textformate und Zahlenformate der Felder, für Rahmenlinien und zur farb-
lichen Gestaltung der Felder und des Hintergrundes
finden Sie im Registerblatt **Format**. Markieren Sie die
einzelnen Elemente im Formularentwurf, bevor Sie einen Befehl ausführen.

Alle Elemente lassen sich verschieben und über ihren
Rahmen in der Größe verändern.

Mit den Befehlen der Gruppe *Steuerelemente* bzw. *Kopf-
zeile/Fußzeile* im Register **Entwurf** können Sie ein
neues Element, beispielsweise ein *Logo* oder einen *Titel*,
in das Formular einfügen.

Wichtig: *Vorhandene Felder hinzufügen* der Gruppe
Tools eröffnet Ihnen die Möglichkeit, Ihr Formular auch
nachträglich noch um weitere *Felder* der Basistabelle
zu ergänzen. Markierte Objekte werden mit der Taste
Entfernen gelöscht.

Aufgaben

Öffnen Sie für die weitere Bearbeitung die aktualisierte
Datenbank 🖫 *DB_Allfit2010_2*.

1. Erstellen Sie mit dem Befehl *Leeres Formular* für die
   Tabelle „Kundenstammdaten" ein einspaltiges For-
   mular mit allen Feldern der Basistabelle. Es soll den
   Titel „Kundenstamm" bekommen und unter dem
   Namen „Kundenstammformular" gespeichert
   werden.

   Fügen Sie in der **Layoutansicht** einen Titel, ein Logo
   und das Datum in die Kopfzeile ein und formatieren
   Sie die einzelnen Elemente des Formulars.

2. Richten Sie das „Liefererstammformular" in gleicher
   Weise ein.

3. Der Lieferer 4008 wurde in der Liefererstamm-
   Tabelle vergessen. Geben Sie die Adresse über
   das Formularfenster ein.

LiefNr:	4008		
Name:	Metallverarbeitung GmbH		
Straße:	Burgstraße 41		
Plz:	69115	Ort	Heidelberg
Telefon:	02602/44332		

5. Suchen Sie den **Kunden** Sport Weber.

6. Den Kunden 2036 Sporthaus Druck gibt es nicht
   mehr. Löschen Sie ihn im Formular

**Das Formular bezieht sich auf eine bestimmte Tabelle der Datenbank und zeigt die Felder
eines einzelnen Datensatzes in übersichtlicher Form.**

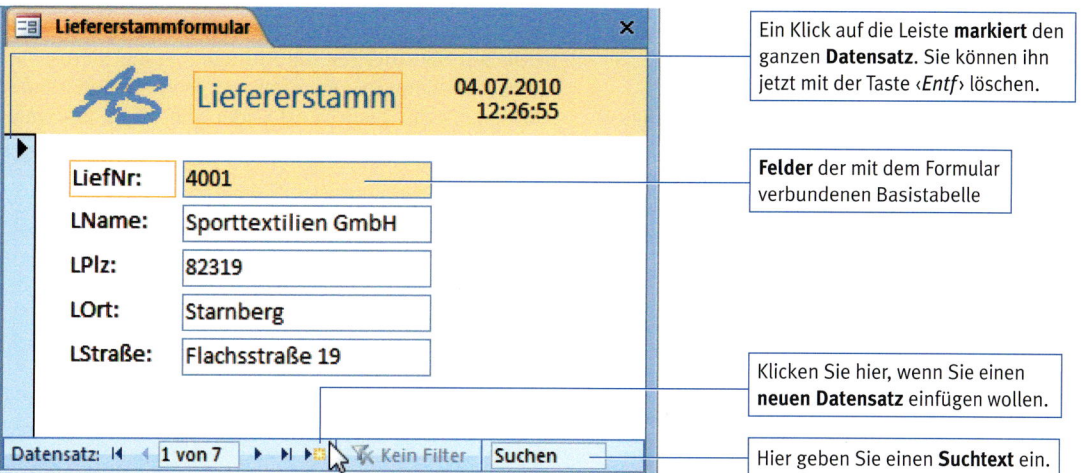

Nachgefragt

Sie haben sich sicher schon darüber geärgert, häufig
gebrauchte Filter immer wieder neu definieren zu
müssen. Wirtschaftlich ist dieses Vorgehen auf keinen
Fall. Das muss auch anders gehen ...

- Für das monatliche Rundschreiben *Aktuelle Kunden-
  information* werden regelmäßig die Anschriften der
  Kaufhäuser bzw. Großkunden aus dem Kundenstamm benötigt.

- Aus einer Absatztabelle sollen wöchentlich die
  aktuellen Absatzzahlen der einzelnen Warengruppen
  aufgelistet werden.

Um eine häufig benötigte Datenauswahl immer wieder
schnell verfügbar zu haben, bietet es sich an, einmalig
so genannte **Abfragen** für diese Aufgaben zu definieren.
Mit Auswahlabfragen werden aus bestimmten Tabellen
nach definierten Kriterien Datensätze herausgesucht
und in Form einer eigenständigen Tabelle zusammengestellt. Im Gegensatz zur Arbeit mit den Filtern
können Abfragen jedoch unter einem eigenen Namen
in der Rubrik *Abfrage* in der Datenbank gespeichert
werden und stehen folglich bei Bedarf sofort wieder zur
Verfügung.

Eine Abfrage, auch „Dynaset" genannt, wird zudem
beim Öffnen aktualisiert, d.h., Änderungen, die zwischenzeitlich an den zu Grunde liegenden Basistabellen
durchgeführt wurden, werden automatisch in die
Abfrage übernommen. Diese Verbindung ist jedoch
keine Einbahnstraße. Auch in der Abfrage vorgenommene Änderungen an den Basisdaten werden zurück
in die Ursprungstabelle geschrieben.

Erstellen einer Auswahlabfrage

Wie alle Objekte in Access basiert auch eine Abfrage
wieder auf einem Entwurf. Sie kann direkt im Entwurfsmodus definiert oder aber mit Hilfe eines Assistenten erstellt werden. Für Anfänger ist es sinnvoll,
zunächst einmal die manuelle Vorgehensweise der
Abfrageerstellung auszuprobieren.

Wählen Sie im Registerblatt
Erstellen, Gruppe *Andere* den Befehl
Abfrageentwurf.
Wählen Sie im Fenster *Tabellen an-
zeigen* aus dem Register *Tabellen* die
Basistabelle für Ihre neue Abfrage durch *Hinzufügen*
aus und schließen Sie den Vorgang.

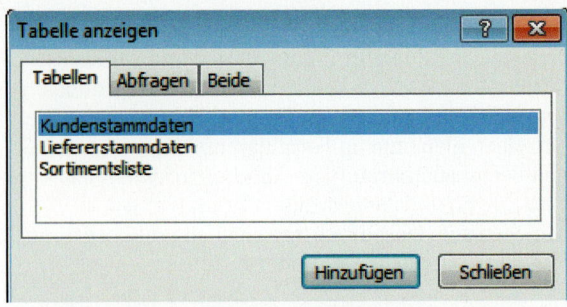

Sie sehen nun den Abfrageentwurf mit den in der ausgewählten Basistabelle vorhandenen Feldnamen.

Eventuell werden nicht alle **Felder** der Basistabelle in
der Abfrage benötigt. Ziehen Sie deshalb mit der Maus
nur die für die Abfrage gewünschten Felder aus der
Feldliste der Tabelle in die leeren Zellen der Zeile *Feld*
oder klicken Sie in die leere Zelle *Feld*, um aus der sich
öffnenden Liste die benötigten Felder auszuwählen.

Um eine Systematik in Ihre Abfrage zu bekommen,
bestimmen Sie eine sinnvolle **Sortierung** der Daten.
Klicken Sie dazu in der Zeile *Sortierung* in eine der
Spalten – z. B. Kundenname – und wählen Sie die Sortierreihenfolge *Aufsteigend* oder *Absteigend*.

Legen Sie entsprechend der Aufgabenstellung in der
Zeile **Kriterien** die Auswahlkriterien für diese Abfrage
mit *logischen Operatoren* fest. Es gelten hier die bekannten Operatoren wie: NICHT; UND, ODER; =, <, >
usw. und die üblichen *Platzhalterzeichen*. Vergeben Sie
beim Schließen des Entwurfs einen Namen für die neue
Abfrage.

Löschen von Auswahlabfragen

Abfragen lassen sich ohne Schaden für den Datenbestand der Basistabelle wieder löschen (dieses gilt
im Übrigen auch für Formulare).

Schließen Sie zunächst die Abfrage und markieren Sie
sie anschließend im Objektfenster. Jetzt können Sie die
Abfrage mit der Taste <Entf> oder über das Kontextmenü der Maus löschen.

Sind Abfragen allerdings selbst wieder die Basis für
weitere Abfragen, werden durch das Löschen die nach-
geschalteten Daten ebenfalls unbrauchbar.

Aufgaben

Sie arbeiten mit der Datenbank ▦ *DB_Allfit2010_2*.

1. Erstellen Sie die Abfrage *Rundschreiben* mit den Anschriften (Name, Straße, PLZ, Ort) aller Großkunden mit dem Schlüssel „K".

2. Erstellen Sie eine Abfrage *Neukunden* mit den Feldern „Kundennummer, Name und Ort" über die Kunden des Verkaufsbezirks „1 und 5", zu denen erst seit dem 1. 1. 2010 eine Geschäftsbeziehung besteht.

3. Probieren Sie weitere Abfragen aus. Die Versuche können Sie problemlos wieder löschen.

Zuerst der Abfrageentwurf für eine Auswahlabfrage, ...

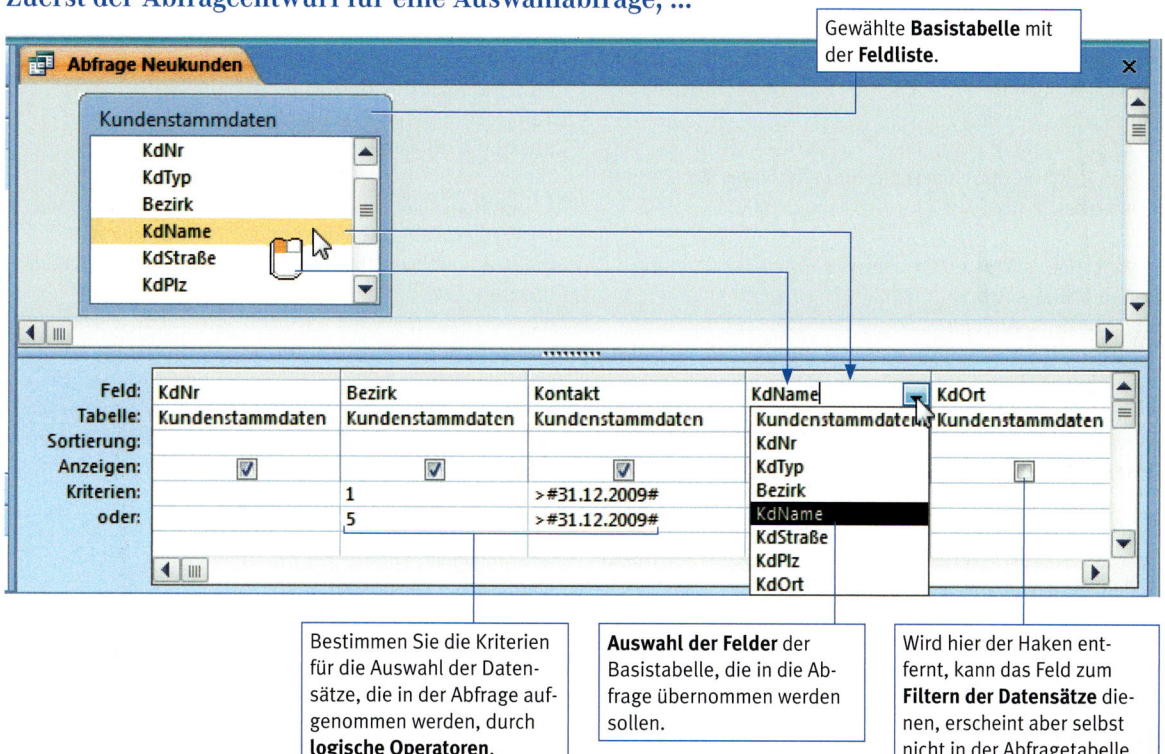

... dann das mögliche Ergebnis

Noch weitere Fragen

Bisher haben Sie die Bestandsdaten der ALLFIT Sportartikel GmbH verwaltet, ergänzt und aktualisiert und
für verschiedene Zwecke in Form von Auswahlabfragen
neu zusammengestellt. Nun liegen die neuen Absatz-
und Umsatzzahlen des Unternehmens für das aktuelle
Jahr vor. Diese geben Aufschluss darüber, wie sich das
Unternehmen entwickelt. Sie zeigen Ihnen ergänzend
zur Gewinn- und Verlustrechnung detailliert die Folgen
unternehmerischer Entscheidungen. Doch Abfragen
können noch mehr!

• Wie hoch ist der Umsatz in den einzelnen Verkaufsbezirken 1 bis 5?

• Wie hoch ist der Absatz bei Tennisschlägern in diesem Jahr?

• Wie viele Kunden haben in diesem Jahr Tischtennis-
schläger bei uns bestellt?

• Wie hoch ist der durchschnittliche Umsatz im Bereich
Sporttextilien?

• Wie hoch ist die Provision der Außendienstmitarbeiter, wenn hierfür 2 % vom Umsatz im jeweiligen
Bezirk vereinbart wurden?

Um Fragen dieser Art zu beantworten, muss Access
nicht nur Daten gezielt filtern, sondern zusätzlich auch
zählen und rechnen.

Zu diesem Zweck fügen Sie in Ihre Abfragen in der
Entwurfsansicht die Zeile *Funktion* ein. Dort lassen sich
dann mit Hilfe verschiedener Formeln umfangreiche
Berechnungen bzw. Auswertungen durchführen.

Erstellung einer Funktionsabfrage

Eine Funktionsabfrage entspricht der Ihnen schon
bekannten reinen Auswahlabfrage. Sie wird in der

gleichen Art und Weise erstellt. Erweitern Sie diese
lediglich um die Zeile *Funktion*.

Erstellen Sie eine neue Abfrage, hier beispielsweise
für die Tabelle *Absatzzahlen* des aktuellen Jahres.

Mit dem Befehl der Registerkarte *Entwurf*,
Gruppe *Einblenden/Ausblenden* erweitern
Sie den Entwurf um eine Zeile, in der Sie so
genannte Aggregatfunktionen einsetzen
können.

In der Entwurfsansicht erscheint nun zwischen *Tabelle*
und *Sortierung* die Zeile *Funktion*, die bei einem Klick
in eine der Spalten erst einmal standardmäßig die
Funktion *Gruppierung* beinhaltet.

Jetzt ist logisches Denken gefragt. Wählen Sie gemäß
Ihrer Zielsetzung die notwendigen Felder der Basis-
tabelle aus und bestimmen Sie für jede Spalte aus der
Funktionsliste die passende Formel.

In diesem Beispiel soll die Anzahl der Aufträge in den
einzelnen Verkaufsbezirken festgestellt werden. Die
Bezirke werden also als **Gruppe** zusammengefasst.
In der zweiten Spalte wird die **Anzahl** der Datensätze
ermittelt, die einen Umsatz enthalten.

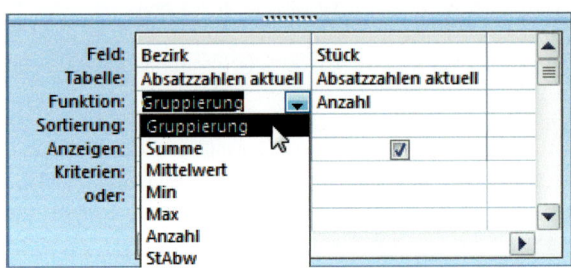

Die Funktionsabfrage in der Tabellenansicht:

Bezirk	AnzahlvonStück
5	196
4	248
3	188
2	217
1	158

Anzahl der Aufträge je Bezirk

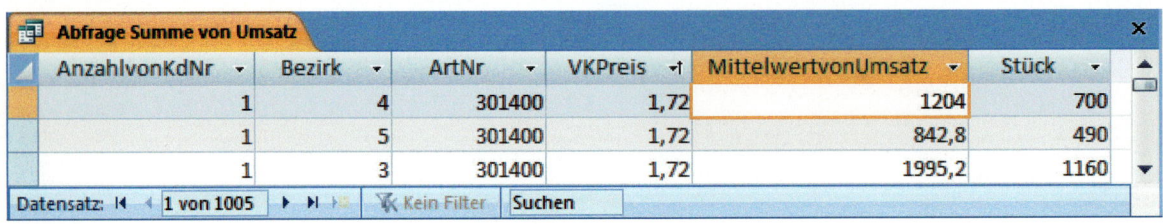

Abfrage Summe von Umsatz

AnzahlvonKdNr	Bezirk	ArtNr	VKPreis	MittelwertvonUmsatz	Stück
1	4	301400	1,72	1204	700
1	5	301400	1,72	842,8	490
1	3	301400	1,72	1995,2	1160

Datensatz: ◄ ◄ 1 von 1005 ► ►► ►* 🖼 Kein Filter | Suchen

Beispiele für Funktionsabfragen

• Wie hoch ist der Umsatz in den einzelnen Bezirken?

Feld:	Bezirk	Umsatz	
Tabelle:	Absatzzahlen	Absatzzahlen	
Funktion:	Gruppierung ▼	Summe	
Sortierung:			
Anzeigen:	☑	☑	☐
Kriterien:			

Mit Hilfe der Funktion *Gruppierung* fassen Sie in diesem Beispiel die Verkaufsbezirke zusammen, sodass jeder Verkaufsbezirk in der Abfrage nur einmal als Gesamtheit dargestellt wird. Die Umsätze dieser Bezirke werden in der zweiten Spalte entsprechend der gebildeten Gruppierung in einer Summe zusammengefasst.

• Wie hoch ist der Umsatz in Köln?

Feld:	KdOrt	Umsatz	
Tabelle:	Absatzzahlen	Absatzzahlen	
Funktion:	Gruppierung	Summe	
Sortierung:			
Anzeigen:	☑	☑	☐
Kriterien:	"Köln"		

Für diese Abfrage sind die Felder *KdOrt* und *Umsatz* von Ihnen auszuwählen. Um nicht alle Städte in die Auswertung einzubeziehen, wird zunächst als Filterkriterium *Köln* eingetragen.

• Wie viele Kundenaufträge aus dem Verkaufsbezirk 5 liegen vor und wie hoch ist der durchschnittliche Umsatz der Aufträge? Die Bezirke werden als Gruppe gesehen. Die Berechnungen erfolgen dann durch Mittelwert und Anzahl.

Feld:	Bezirk	KdNr	Umsatz
Tabelle:	Absatzzahlen	Absatzzahlen	Absatzzahlen
Funktion:	Gruppierung	Anzahl	Mittelwert
Sortierung:			
Anzeigen:	☑	☑	☑
Kriterien:	5		

Berechnete Felder

In einer Abfrage können Sie auch zusätzliche, in der Basistabelle nicht vorhandene Felder (Spalten) definieren. Möglich sind so die Berechnungen von Auswertungen. Es können auch mehrere Felder durch Rechenoperationen miteinander verbunden werden. Dies gilt nicht nur für Funktionsabfragen, sondern auch für einfache Auswahlabfragen.

Tragen Sie die entsprechende Formel **(unbedingt ohne Klammern)** in ein zusätzliches Feld in der Zeile *Feld* ein und wählen Sie mit dem Pfeilschalter die gewünschte Funktion aus (Summe, Mittelwert, Min usw.).

Beträgt z.B. die Handelsspanne im Unternehmen grundsätzlich 25 % vom Umsatz, so lässt sich durch die folgende Formel der Rohgewinn (hier als Summe im Verkaufsbezirk 5) errechnen.

Feld:	Bezirk	Umsatz	Rohgewinn: [Umsatz]*0,25
Tabelle:	Absatzzahlen	Absatzzahl	
Funktion:	Gruppierung	Summe	Summe
Sortierung:			
Anzeigen:	☑	☑	☑
Kriterien:			

• Der Begriff **„Rohgewinn:"** (unbedingt mit Doppelpunkt) ist der Feldname für diese Spalte in der Tabellenansicht.

• **[Umsatz]*0,25** ist die eigentliche Rechenformel.

• **[Umsatz]** in der Formel ist der Name des Feldes aus der Basistabelle, hier *Absatzzahlen*. Er wird durch eckige Klammern [ ] erkennbar gemacht.

In diesem Beispiel werden die einzelnen Verkaufsbezirke als Gruppe zusammengefasst und somit wird erreicht, dass die Summe des Umsatzes und die Summe des Rohgewinnes je Bezirk errechnet werden.

 Aufgaben

Öffnen Sie für die Bearbeitung der folgenden Aufgaben die Datenbank 🖫 *DB_Allfit2010_3*. Diese Datenbank enthält neben den bisherigen Daten auch die Tabelle mit den Absatzzahlen.

1. Erstellen Sie die Abfragen entsprechend den vier Beispielen auf dieser Seite.

2. Wie hoch ist in den einzelnen Verkaufsbezirken der Absatz in Stück und der Umsatz in Euro des Artikels „200800 Badmintonschläger"? Wie hoch ist dabei das durchschnittliche Auftragsvolumen in Euro? Geben Sie dieser Abfrage den Titel *Umsatz Badmintonschläger*.

3. Auf Ihren Umsatz erhalten die Außendienstmitarbeiter aktuell 1,5 % Provision. Erweitern Sie die Abfrage *Umsatz der Verkaufsbezirke* (erstes Beispiel) um das Feld für diese Berechnung.

Schwarz auf Weiß

Mit Ihren Formularen für die Verwaltung der Tabellen haben Sie den Mitarbeitern gezeigt, dass die Arbeit am Bildschirm bequem und übersichtlich sein kann. Gedruckt ist aber das Erscheinungsbild von Tabellen weiterhin nicht zufriedenstellend. Wichtig für das Image eines Unternehmens ist aber auch die Darstellung in Wort und Bild auf Papier.

Berichte bringen Daten übersichtlich zu Papier. Sie fassen zusammen und beschränken sich auf wesentliche Informationen, ohne lange Datenreihen aufzulisten. Unterschiedlichste Tabellen oder Abfragen lassen sich in Form von Berichten für den Ausdruck aufbereiten.

Erstellen eines Berichtes

Wie auch bei der Erstellung von Formularen haben Sie hier mehrere Möglichkeiten, einen Bericht zu erstellen. Grundsätzlich entspricht die Vorgehensweise der bei der Einrichtung von Formularen. Wählen Sie im Registerblatt *Erstellen*, Gruppe *Berichte* die von Ihnen gewünschte Vorgehensweise.

Oft ist es sinnvoll, den Befehl *Bericht* zu wählen, um automatisch eine Mustervorlage zu nutzen. Das Ergebnis können Sie dann später mit den Ihnen schon vertrauten Methoden in der *Layoutansicht* bearbeiten.

Weitergehende Gestaltungsmöglichkeiten bietet Ihnen aber der *Berichts-Assistent*. Vorteilhaft ist bei Letzterem, dass Sie hier die Felder der Basistabelle nach Bedarf auswählen können. In jedem Fall haben Sie sich viel Arbeit erspart und können auch hier noch individuelle Änderungen vornehmen.

Bestimmen Sie in den einzelnen Dialogfeldern des Assistenten zuerst die Tabelle oder Abfrage für den Bericht, wählen Sie dann die zu übernehmenden Felder. In den folgenden Schritten bestimmen Sie nach und nach Layout, Aufbau, Gruppierungen und Seitenlayout.

Änderungen in der Entwurfsansicht

Ein Bericht besteht aus fünf Bereichen, die sich durch Verschieben der Balken vergrößern lassen:

- **Berichtskopf** (wird nur einmal auf der ersten Seite des gesamten Berichtes als Titelblatt ausgedruckt)

- **Seitenkopf** (wiederholt sich auf jeder Seite)

- **Detailbereich** (die Daten der Basistabelle)

- **Seitenfuß** (steht auf jeder Seite)

- **Berichtsfuß** (steht nur einmal auf der letzten Seite)

In den Ansichten *Entwurf* und *Layout* steht Ihnen in der Registerkarte *Entwurf* eine erweiterte Gruppe mit *Steuerelementen* zur Verfügung. **Bezeichnungsfelder** für Texte, grafische Linien und Bilder können Sie in den Entwurf einfügen und mit Hilfe der Ziehpunkte ändern.

 Textfelder sind die wichtigsten Elemente des Berichts. Sie schaffen die Verbindung zu den Daten der Basistabelle und beinhalten deren Feldnamen. Sie werden bei der Erstellung des Berichtes schon automatisch eingefügt. Überlegen Sie gut, welche dieser Felder Sie löschen wollen.

Neuen Textfeldern weisen Sie über den Befehl *Eigenschaftenblatt* unter *Daten* den vorgesehenen Feldnamen der Basistabelle als Steuerelementinhalt zu.

Aufgabe

1. Erstellen Sie einen Bericht für die Tabelle *Liefererstammdaten* der Datenbank *DB_Allfit2010_3* nach dem auf der folgenden Seite dargestellten Muster. Fügen Sie in der Entwurfsansicht die fehlenden Elemente ein.

2. Testen Sie andere Gestaltungsmöglichkeiten und ändern Sie das Layout. Sind Sie mit dem Ergebnis nicht zufrieden, starten Sie einen neuen Versuch. Berichte lassen sich ohne Schaden für die Basisdaten löschen.

Ein guter Entwurf zeigt sich im Druckbild

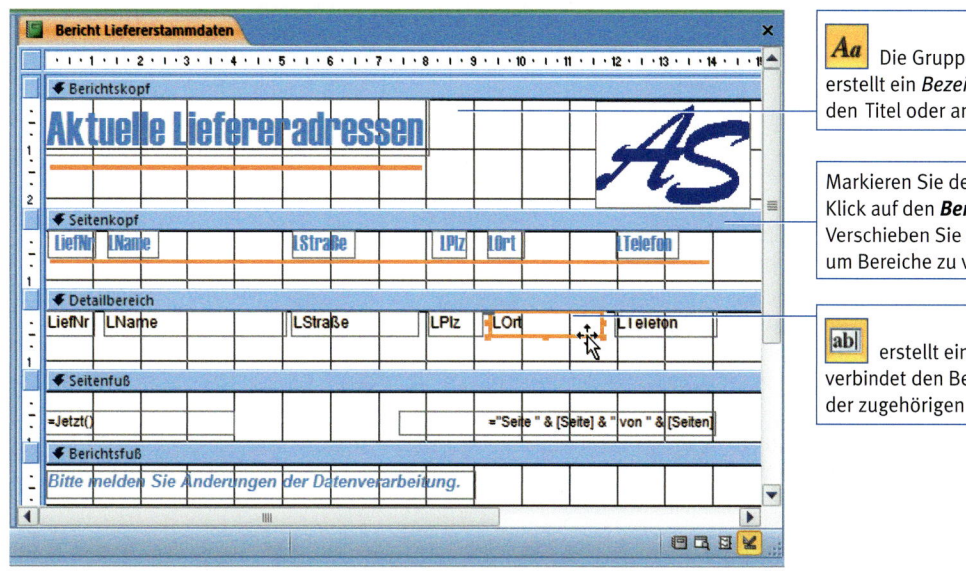

Markieren Sie den Bereich mit einem Klick auf den **Bereichsbalken**. Verschieben Sie diesen mit der Maus, um Bereiche zu vergrößern.

 erstellt ein **Textfeld.** Dieses verbindet den Bericht mit den Daten der zugehörigen Basistabelle.

Lieferstammdaten

Aktuelle Liefereradressen

AS

LiefNr	LName	LStraße	LPlz	LOrt	LTelefon
4001	Sporttextilien GmbH	Flachsstraße 19	82319	Starnberg	0214/12310
4002	Renner KG	Hüttenstraße 13	51427	Bergisch Gladb	02232/27345
4003	Sportartikel Röder GmbH	Bonner Straße 20	80323	München	06221/80600
4004	Sport Berger GmbH	Steinweg 25	74072	Heilbronn	0611/87000
4005	Atletico GmbH	Hassler Straße 8	89073	Ulm	0228/10089
4006	Sportartikel Allround	Sandbüchel 30	50667	Köln	02671/55005
4007	Huber Textilien KG	Alexanderstraße 2	97070	Würzburg	02861/75075
4008	Metallverarbeitung GmbH	Burgstraße 41	69115	Heidelberg	02602/44332

Bitte melden Sie Änderungen der Datenverarbeitung.

Sonntag, 4. Juli 2010   Seite 1 von 1

Der **Berichtskopf** erscheint nur auf der ersten Seite des Berichts.

Der **Seitenkopf** mit dem Spaltentitel erscheint auf jeder Seite des Berichts.

Der **Detailbereich** zeigt die Feldinhalte der Basistabelle entsprechend der in der **Entwurfsansicht** eingefügten *Textfelder*.

Der **Berichtsfuß** erscheint nur auf der letzten Seite des Berichts.

Der **Seitenfuß** jeder Seite enthält das Datum und die Seitenzahl.

Beziehungsweise

Bei dem mittlerweile umfassenden Datenbestand der ALLFIT Sportartikel GmbH entsteht der Eindruck, dass eine Datenbank schlicht nur eine Sammlung von Tabellen darstellt. Die einzelnen Datentabellen beinhalten zum Teil sogar identische Informationen. In der Fachsprache sagt man, die Daten sind „redundant".

- In der Auftragsdatei wird bei jedem Auftrag des Kunden XY der Ort wiederholt, obwohl dieser in der Kundenstammtabelle bereits gespeichert ist.

- In der Artikeldatei erscheinen mehrfach Name und Anschrift desselben Lieferanten, weil dieser mehrere Artikel des Sortimentes liefert.

Bei einer Änderung der Anschrift eines Lieferers müssen also auch die Datensätze in der Artikeldatei aufwändig manuell geändert werden. Ziel einer sinnvollen Nutzung der Daten ist es aber, die Eingabearbeit zu minimieren. Bereits vorhandene Daten und Informationen sollten also immer als Grundlage für weitere Tabellen genutzt werden. Access als **relationale Datenbank** bietet hierfür alle Möglichkeiten.

Um diese zu nutzen, ist es notwendig:

- komplexe Daten sachlogisch in einzelnen übersichtlichen Tabellen zu erfassen.

- jedem Datensatz einen eindeutigen *Primärschlüssel* zu geben. Darunter versteht man ein eindeutiges Merkmal, das einen Datensatz einer Tabelle unverwechselbar kennzeichnet. Besonders gut geeignet sind z. B. Kunden- oder Artikelnummern als Primärschlüssel, weil Namen oder Bezeichnungen sich innerhalb großer Datenmengen wiederholen können.

- in der Abfrage oder im so genannten *Beziehungsfenster* die Verbindung übereinstimmender Feldnamen in den einzelnen Tabellen zu definieren.

In einer Abfrage können dann bei Bedarf die Daten verschiedener Felder aus verbundenen Teiltabellen zu einer dritten Abfragetabelle zusammengeführt werden. Diese Abfrage enthält also Daten aus zwei oder mehr Tabellen.

- Die **Artikelliste** der ALLFIT Sportartikel GmbH enthält alle Informationen über die Artikel. Als Information über den Lieferer ist hier nur dessen Lieferernummer eingetragen.

- Die **Lieferdatei** enthält die Detailangaben Name und Anschrift. Die Lieferernummer dient als eindeutiger Schlüssel zur Identifikation *(Primärschlüssel)*, da sie in einer Tabelle (vom Programm überwacht) nur einmal vergeben werden kann.

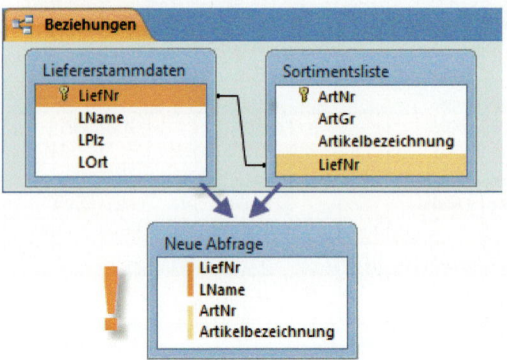

Nach der Definition einer Beziehung zwischen den in beiden Tabellen identisch vorkommenden Feldern für die Lieferernummer lassen sich auch die andere Felder aus beiden Tabellen in einer Abfrage zusammenführen.

Auf diese Weise können Sie beispielsweise durch eine Abfrage die verschiedenen von einem Lieferer bezogenen Artikel feststellen. Lieferernummer **und** Name aus der Lieferantendatei und die Artikelnummer und genaue Artikelbeschreibung der Sortimentsliste werden in einer Tabelle zusammengeführt.

Einen Primärschlüssel definieren

Öffnen Sie die Tabellen 🖫 *Sortimentsliste* und *Liefererstammdaten* (🖫 *DB_Allfit2010_3*) jeweils **in der Entwurfsansicht**.

Markieren Sie den Feldnamen *ArtNr* bzw. *LiefNr* und definieren Sie ihn im Registerblatt *Entwurf* als *Primärschlüssel* der jeweiligen Tabelle. Vor dem Feldnamen wird ein entsprechendes Symbol eingefügt.

Beziehungen zwischen Tabellen erstellen

Die ersten Beziehungen zwischen Tabellen werden in der Entwurfsansicht der jeweiligen Abfrage geschlossen. Hier sollten Sie in der Regel die Verknüpfung der Felder vornehmen.

- Erstellen Sie im Registerblatt *Erstellen*, Gruppe *Andere* eine neue Abfrage.

- Fügen Sie im Fenster *Tabelle anzeigen* die notwendigen Tabellen ein.

- Verknüpfungen werden nun mit Hilfe der Maus erstellt. Ziehen Sie – in unserem Beispiel – das Feld *LiefNr* aus der Tabelle *Liefererstamm* auf das entsprechende Feld *LiefNr* der *Sortimentsliste*. Die Verknüpfung wird durch eine Linie symbolisiert.

Erstellen Sie jetzt wie gewohnt die Abfrage. Alle Felder beider Tabellen können Sie in beliebiger Reihenfolge bei Ihrer Auswahl nutzen.

 Im Register *Entwurf* der *Abfragetools* können bei Bedarf über die Tabellenliste jetzt auch noch weitere Tabellen in die Abfrage eingefügt werden.

Beziehungen löschen

Markieren Sie die Verknüpfungslinie mit der Maus. Mit der Taste <Entf> oder dem Befehl *Löschen* im Kontextmenü der rechten Maustaste wird die Beziehung gelöst.

Beziehungen verwalten

 Eine zweite Möglichkeit für die Arbeit mit Beziehungen bietet das Registerblatt *Datenbanktools* im Fenster *Beziehungen*. Hier können Sie alle Beziehungen der gesamten Datenbank übersichtlich verwalten, erstellen, bearbeiten und weitere Tabellen einfügen. Grundsätzlich könnten auch zwischen bestehenden Abfragen Verbindungen definiert werden.

 Aufgaben

1. Erstellen Sie in der Datenbank DB_Allfit2010_4 die Abfrage *Artikel&Lieferanten*.

2. Erstellen Sie eine Abfrage *Einkaufspreisliste* mit Artikelnummer, Artikelbezeichnung, Lieferernummer und Einkaufspreisen.

3. Untersuchen Sie die Datenbank. Welche Tabellen enthalten redundante Daten?

Neue Abfragen aus verbundenen Tabellen in der Entwurfsansicht erstellen

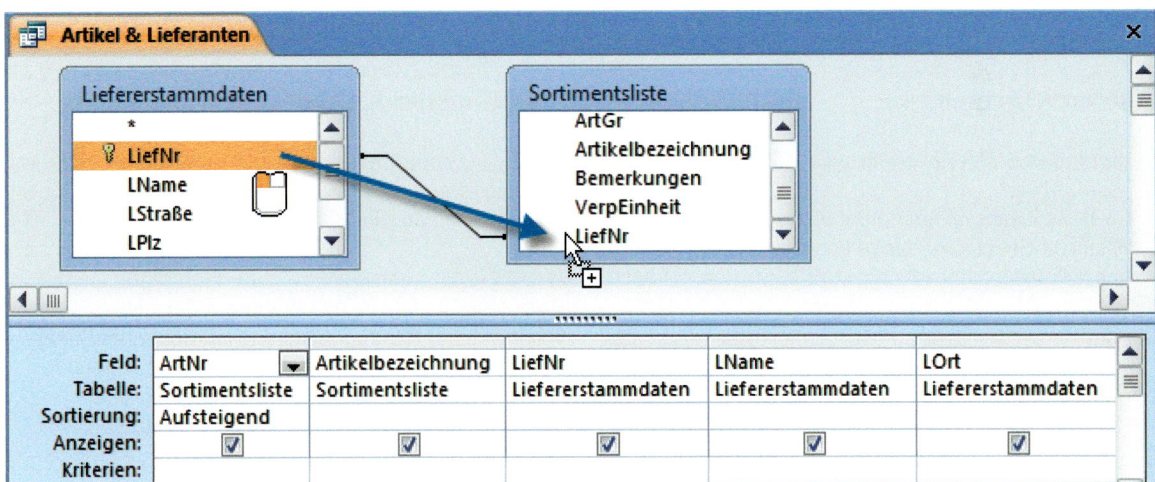

In der Abfragetabelle erscheinen die Datensätze, die zusammengehören

Integer muss man sein

Die Möglichkeit, einzelne Tabellen einer Datenbank zu verbinden und damit den Eingabeaufwand zu reduzieren, stößt auf allgemeine Anerkennung. Aber schon bald werden auch die Grenzen dieses Systems erkennbar.

In der Kundenstammdatei wurden Kunden gelöscht, die in der Absatzstatistik des laufenden Jahres noch aufgeführt bleiben sollen und eventuell ihre Rechnung noch nicht bezahlt haben. In anderen Fällen wurden Lieferanten gelöscht, deren Artikel wir noch auf Lager haben und die folglich noch in der Sortimentsliste vorhanden bleiben sollten.

In großen Datenbanksystemen erhalten Datensätze ein Löschkennzeichen. Vor der Löschung eines Datensatzes wird mit Prüfroutinen in den mit der aktuellen Tabelle verbundenen Dateien abgefragt, ob durch die Löschung Konflikte z.B. in der Finanzbuchhaltung oder der Lagerbestandsdatei entstehen könnten.

Über die Definition der Verknüpfungsart zwischen verschiedenen Tabellen/Abfragen wird die Löschabfrage festgelegt. Bei einem nicht möglichen Löschbefehl erfolgt eine Fehlermeldung.

Referentielle Integrität

Es gibt folgende Beziehungsarten:

- **1:n-Beziehung:** Zu einem Datensatz der Basis- oder Mastertabelle **(1)** können in der verbundenen Tabelle mehrere Datensätze **(∞)** zugeordnet werden.

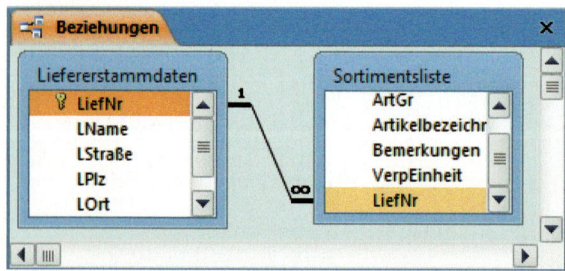

Diese 1:n-Beziehung ist die häufigste Beziehungsart in Datenbanken. So darf ein Lieferant in der Mastertabelle *Liefererstamm*, definiert über die *LiefNr* (die dort auch

als Primärschlüssel definiert ist), nur einmal vorkommen. In der Detailtabelle *Sortimentsliste* kann es dagegen mehrere Artikel mit unterschiedlichen Artikelnummern (*ArtNr* als Primärschlüssel) geben, die dem gleichen Lieferanten zugeordnet sind.

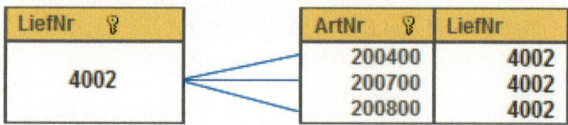

Versucht man nun, einen Lieferanten aus der Mastertabelle mit dem Primärschlüssel zu löschen, lehnt Access diesen Befehl ab, solange noch Daten in der verknüpften Tabelle zu diesem Lieferanten gehören (also etwa noch Artikel von ihm auf Lager sind). So werden „verwaiste" Daten in anderen Tabellen verhindert.

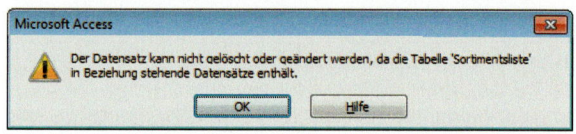

- **1:1-Beziehung:** Weder in der Master- noch in der Detailtabelle dürfen Datensätze mit den verbundenen Feldern mehr als einmal vorkommen.

- **m:n-Beziehung:** In den auf diese Weise verbundenen Tabellen dürfen die Daten der verbundenen Felder mehrfach vorkommen.

Definition der Verknüpfungseigenschaft

Um die Verknüpfungseigenschaft einer Beziehung festzulegen, öffnen Sie im Registerblatt *Datenbanktools* die *Beziehungen* oder die *Abfrage* im *Entwurf*.

 Markieren Sie die Verbindungslinie durch Anklicken mit der linken Maustaste. Klicken Sie auf den Befehl *Beziehung bearbeiten*.

Eine schnellere Möglichkeit zur Bearbeitung der Verknüpfung bietet das Kontextmenü der rechten Maustaste.

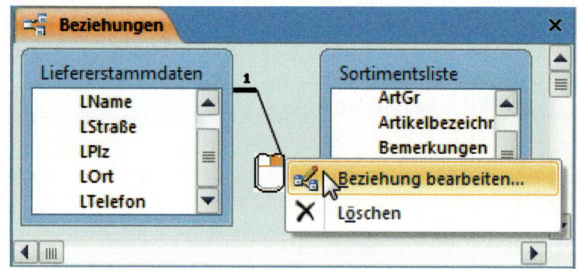

Öffnen Sie nun das Dialogfenster *Beziehungen bearbeiten* und markieren Sie die Anweisung *Mit referentieller Integrität.* Access wird dadurch angewiesen, Eingaben und Löschvorgänge in den verbundenen Tabellen zu überwachen.

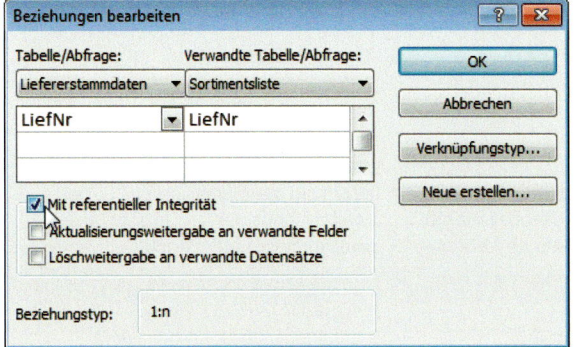

Wenn Sie *Aktualisierungsweitergabe an verwandte Felder* aktivieren, gibt Access Änderungen in der Mastertabelle, z.B. einer *LiefNr*, an die Detailtabelle weiter.

Äußerste Vorsicht ist bei der *Löschweitergabe an verwandte Datensätze* geboten. Wird ein Datensatz in der Mastertabelle entfernt, werden auch die zugehörigen Datensätze der Detailtabelle gelöscht.

Verknüpfungstyp einer Beziehung

Die Definition des Verknüpfungstyps von Beziehungen bestimmt, wie Access bei Abfragen mit verbundenen Tabellen die Datensätze auswählt. Als Beispiel dienen hier die Tabellen „Absatzzahlen" und „Kundenstamm" (siehe Bild rechts).

Im *Kundenstamm* sind noch Kunden enthalten, die in diesem Jahr keine Aufträge erteilt haben, also in den *Absatzzahlen* nicht auftauchen. Versuchen Sie einmal

herauszufinden, um wen es sich dabei handelt! Sicher ist nur, dass in den *Absatzzahlen* dank der Kontrolle des Programms nur Kunden enthalten sind, die auch im *Kundenstamm* geführt werden. Eine Abfrage hilft nicht weiter, weil Access dabei nur die Datensätze auflistet, die in beiden Tabellen vorkommen, also alle Bestellungen und alle Kunden, die bestellt haben.

Um die „Karteileichen" mit einer Abfrage zu finden, muss die Beziehung des Feldes *KdNr* den *Verknüpfungstyp – Verknüpfungseigenschaften 2* erhalten. Die Einstellung *Verknüpfungstyp* lässt sich wie erwähnt bei der Definition einer Beziehung vornehmen – über das Dialogfenster *Beziehungen bearbeiten – Verknüpfungstyp* – oder indem Sie im Abfrageentwurf mit der rechten Maustaste auf die Verbindungslinie zwischen zwei Tabellen/Abfragen klicken und im Kontextmenü *Verknüpfungseigenschaften* aktivieren.

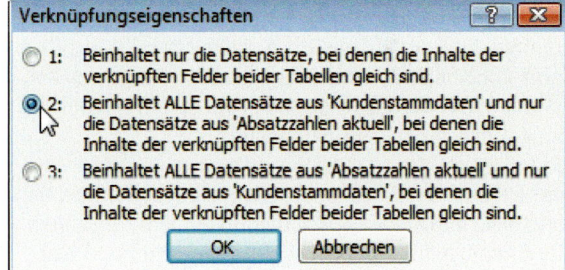

 **Aufgaben**

1. Richten Sie die referentielle Integrität für die Beziehung zwischen *Liefererstamm* und *Sortimentsliste* der Datenbank 🖫 *DB_Allfit_2010_4* ein und testen Sie diese mit einem Löschvorgang im Liefererstamm.

2. Suchen Sie die „Karteileichen" im *Kundenstamm.*

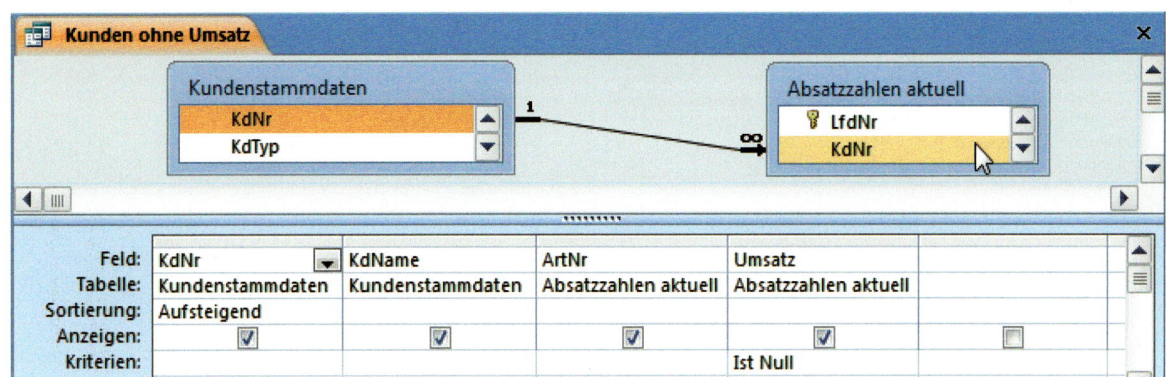

Extrablatt

Kunde schlägt bei Tiefstpreisen zu
Der neue Trend – Verbraucher geizen und prassen zugleich

Trendforscher und Marketing-experten haben festgestellt, dass der Markt für Konsumgüter sich zunehmend polarisiert. Zum einen werden Grundbedürfnisse zu möglichst niedrigen Preisen ge-deckt, andererseits sehen sich viele Kunden als „Erlebniskonsumenten", die sich auch einmal etwas Außerge-wöhnliches leisten.

Sekt oder Selters?
Das Statistische Bundesamt gibt an, dass nur noch ca. 10,5 % des monat-lichen Haushaltsbudgets für Lebens-mittel ausgegeben werden. Anfang der 1990er-Jahre waren dies noch 14,5 %. Gewinner dieses Trends sind die Dis-counter und die Spitzenmarken, Ver-lierer sind die Markenhersteller der zweiten Reihe. Deren Umsatzzahlen geraten stark unter Druck.

Ob die ALLFIT Sportartikel GmbH in diesem Jahr zu den Verlierern oder den Gewinnern gehört, bleibt zu untersuchen. Die volkswirtschaftliche Berg- und Tal-fahrt der Konjunktur und das veränderte Konsumver-halten der Verbraucher hinterlassen in den Büchern der Unternehmen deutliche Spuren.

Das Erkennen der Schwachstellen, ein frühzeitiges Ge-gensteuern und die Anpassung an den Markt erhöhen die Chancen, nicht den Anschluss zu verlieren. Dazu sind Vergleiche mit den Ergebnissen des Vorjahres not-wendig. Diese sind mit Access-Abfragen komfortabel durchführbar.

 Aufgaben

1. Im Verzeichnis 🗁 *Access* finden Sie alle Umsätze des Vorjahres (🖫 *AbsatzzahlenVorjahr*) als Excel-Tabelle. Importieren Sie diese Daten. Erstellen Sie die Abfrage „Umsatzentwicklung" je Kunde in den Verkaufsbezirken, mit der Sie die Entwicklung für jeden einzelnen Kunden in Euro ermitteln.

2. Filtern Sie in einer Abfrage die Kunden, bei denen unser Umsatz in diesem Jahr rückläufig ist.

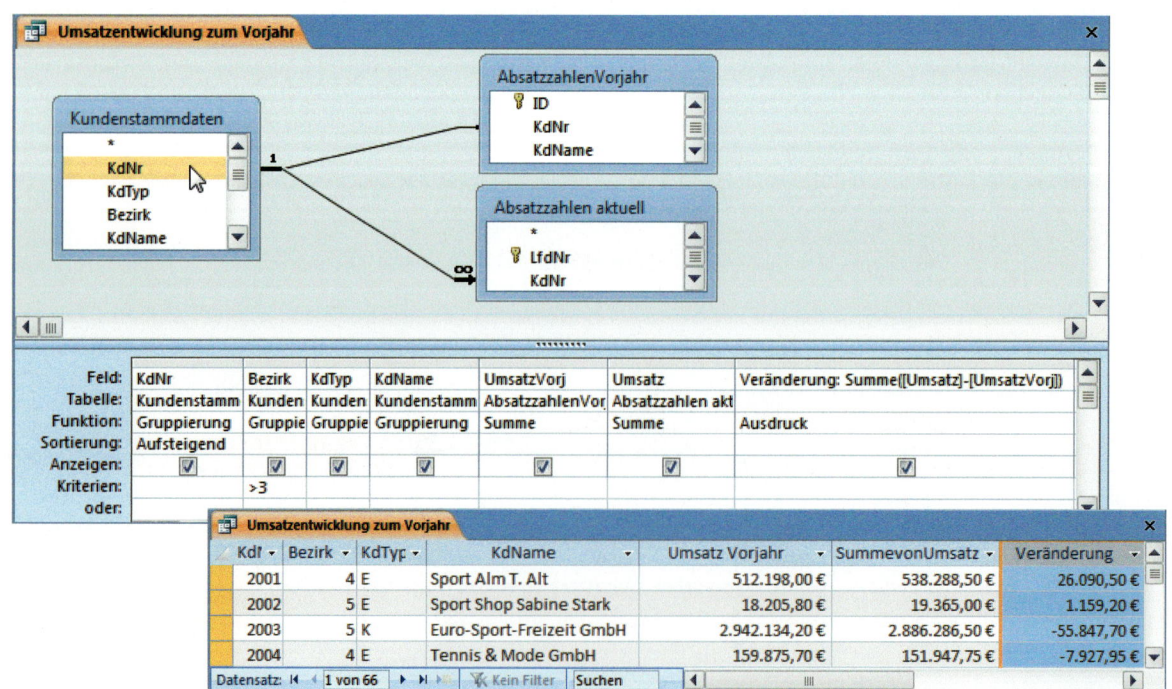

Kapitel 6

Microsoft® PowerPoint® – Visualisieren, Präsentieren

Der langen Rede kurzer Sinn

Sie sollen in der ALLFIT Sportartikel GmbH für eine Besprechung einen Kurzvortrag über aktuelle Marktentwicklungen im **Sportartikelmarkt**, **Trendsportarten** und über die **Umsatzentwicklung ausgewählter Produktgruppen** aus unserem Sortiment vorbereiten und den Teammitgliedern präsentieren. Das setzt zum einen eine umfangreiche Recherche und Informationsbeschaffung und zum anderen natürlich eine gute Auswertung der internen und externen Daten und Fakten voraus.

Gefordert ist danach aber auch eine überzeugende persönliche **Präsentation** Ihrer Ergebnisse. Grundsätzlich sollte der Vortrag von Ihnen natürlich auch schriftlich, zumindest in Form von Stichworten oder Notizen, vorbereitet werden.

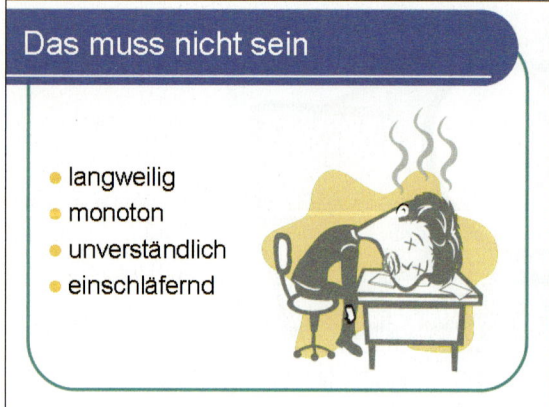

Wie aber wecken Sie das besondere Interesse und die Aufmerksamkeit der Zuhörer und machen ihnen die Kernaussagen Ihres Vortrags, besonders Zahlen, Fakten und statistische Entwicklungen des Marktes auch visuell deutlich und damit verständlicher?

Hier bietet es sich an, die professionelle Hilfe von PowerPoint als Präsentationsprogramm in Anspruch zu nehmen. Es ist besonders gut geeignet, Präsentationen zu Ihrem Referat ohne viel Aufwand zu erstellen. Auf einer Leinwand oder als Bildschirmdemo dargestellt, machen Sie Ihren Vortrag **interessanter**, **abwechslungsreicher** und **verständlicher**. Wie bei allen Office-Produkten können Sie auch hier Ihre Vorkenntnisse aus den anderen Programmen vielfältig nutzen.

Bevor Sie mit der Ihnen gestellten Aufgabe beginnen, sollten Sie aber zuerst einmal das Programm in seiner grundsätzlichen Funktion und in seinen Besonderheiten an einem Beispiel kennen lernen.

Informationen fürs Auge

Bei PowerPoint versteht man unter einer Präsentation ein Folienblatt oder üblicherweise eine Reihe von mehreren Folien auf dem Bildschirm. Die wesentlichen Inhalte eines Vortrags des Referenten, also Vortragenden, werden zusätzlich auch visuell dargestellt.

Diese Folien können am PC-Bildschirm, Beamer oder Whiteboard per Mausklick – wie bei einer Diashow – in einer vorsortierten Reihenfolge vorgeführt werden. Verfügt ein PC über einen TV-Ausgang, ist bei kleinen Zuhörergruppen auch eine Darstellung über ein normales Fernsehgerät durchaus eine gute Möglichkeit.

Steht ein Beamer nicht zur Verfügung, kann eine Präsentation auch mit einem Overhead-Projektor vorgetragen werden. Dazu werden die Blätter auf besonders beschichteten Spezialfolien für Tintenstrahl- bzw. Laserdrucker ausgedruckt.

Elemente einer PowerPoint-Folie

Der besondere Vorteil des Programms besteht darin, dass auf einer Folie verschiedene Elemente frei positioniert werden können: Textfelder, Grafikfelder, Formen, Diagrammfelder und sogar Filmsequenzen und Klangsymbole, die mit Musikdateien verbunden sind. Zahlreiche Designvorlagen und Farbschemata machen es dem Anwender leicht, allen Folien ein einheitliches und einprägsames Gesicht zu geben.

Vorführen einer fertigen Präsentation

Starten Sie die Präsentation im Vollbildmodus mit dem Befehl *Von Beginn an* im Registerblatt *Bildschirmpräsentation*. Alternativ können Sie auch mit der momentan markierten Folie beginnen.

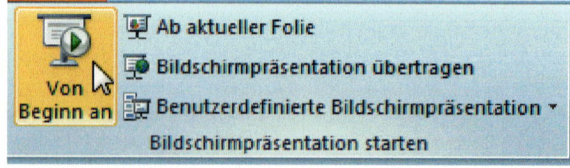

Ein einfacher Mausklick auf den Bildschirm schaltet zur jeweils nächsten Folie weiter. Mit den Pfeiltasten der Tastatur bewegen Sie sich in der Präsentation vor oder bei Bedarf auch wieder zurück. Weitere Steuerungsmöglichkeiten bietet Ihnen das Kontextmenü der rechten Maustaste.

Mit dem entsprechenden Schalter in der Fußzeile des Gliederungsfensters starten Sie die Präsentation, beginnend mit der momentan markierten Folie.

Passen Sie hier auch die Größe der Folien-Darstellung während der Bearbeitung in der Normalansicht an die aktuelle Fenstergröße an.

 Dieser Schalter optimiert die Darstellung.

 Aufgaben

1. Öffnen Sie die 🖫 *Musterpräsentation* auf Ihrer Übungs-CD-ROM und probieren Sie die fertige Präsentation auf dem Bildschirm aus. Testen Sie im Registerblatt *Ansicht* bzw. mit den Schaltern in der Statusleiste des Programmfensters auch die verschiedenen Darstellungsmöglichkeiten *Normal, Foliensortierung* und *Notizenseite* für die Bearbeitung.

2. Die Reihenfolge der „Puzzle-Bilder" stimmt wohl nicht ganz. Bringen Sie die einzelnen Folien in die richtige Reihenfolge.

Die Normalansicht von PowerPoint zeigt das Gliederungs- und das Folienfenster

Im **Gliederungsfenster** (Registerkarten *Gliederung* oder *Folien*) behalten Sie die Übersicht. Hier können Sie die Folien mit Hilfe der Maus verschieben und so die Vortragsreihenfolge ändern.

Im **Folienfenster** ergänzen oder bearbeiten Sie die Elemente (z. B. Text, Grafik) der momentan in der Gliederung markierten Folie.

Notizen und *Stichworte* zu den Folien können Sie zu Ihrer eigenen Übersicht hier einfügen. Im Fenster *Drucken* können Sie Optionen einstellen, um die Notizen auch auszudrucken.

Befehle für *Normalansicht*, *Foliensortierung* und **Start** der Präsentation mit der momentan aktiven Folie

Showtime

Jetzt wird es Zeit, Ihre eigene Präsentation über aktuelle Marktentwicklungen im Sportartikelmarkt, Trendsportarten und über die Umsatzentwicklung ausgewählter Produktgruppen in Angriff zu nehmen.

An erster Stelle steht die Planung Ihres Vortrags mit den wesentlichen Informationen. Bereiten Sie die dafür notwendigen Daten, Tabellen und Grafiken vor. Umsatz- und Absatzzahlen der ALLFIT Sportartikel GmbH finden Sie auf der Übungs-CD-ROM. Anregungen für weitere Recherchen bieten Ihnen die unter *Aufgaben* angeführten Internet-Adressen.

Die inhaltliche Gestaltung ist Ihre Sache

Um die Anordnung der Elemente Titel, Untertitel und Inhaltsfelder (Text- und Grafikfelder usw.) einheitlich zu gestalten, bietet das Programm Ihnen beim Öffnen einer neuen Präsentation und beim Einfügen einer neuen Folie automatisch ein voreingestelltes Layout an.

Über den Befehl *Layout* in der Gruppe *Folien* der Registerkarte *Start* öffnen Sie ein Auswahlfenster, in dem Sie das Aussehen der aktuellen Folie aus einer vom Programm vorgegebenen Mustersammlung verschiedener Layouts bestimmen können.

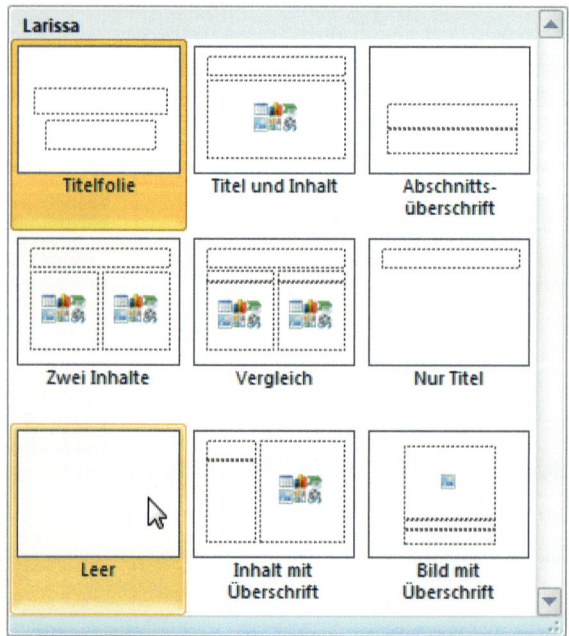

Die auf dem Bildschirm dargestellten Rahmen sind Platzhalter für die verschiedenen Elemente einer Folie, die Sie mit Inhalten füllen können.

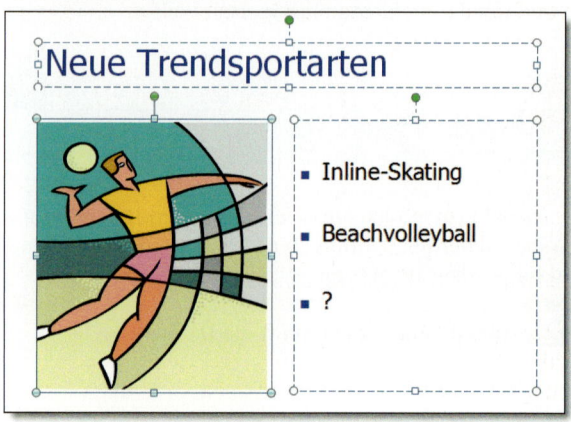

Sie können den Rahmen aller Felder bei Bedarf mit der Maus in ihrer Größe ändern oder ganz verschieben. Nicht benötigte Elemente des Autolayouts lassen sich problemlos löschen.

Eine neue Präsentation gestalten

Die folgende Beschreibung für die Erstellung einer neuen Präsentation bezieht sich auf das konkrete Beispiel auf der nächsten Seite unten.

Starten Sie PowerPoint oder aber bei dem bereits aktiven Programm mit dem Befehl *Neu* im *Register Datei* eine leere Präsentation. Das Programm zeigt Ihnen automatisch das Autolayout für Ihre erste Folie mit vorgegebenen Feldern für einen Titel mit Untertitel.

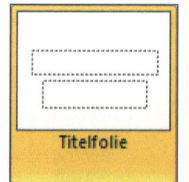

Formulieren Sie hier einen die Zuhörer motivierenden „Aufmacher" mit einem informativen und sachlichen Untertitel.

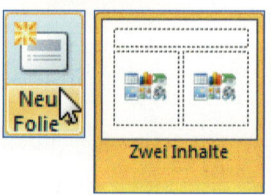

Fügen Sie eine weitere Folie mit *Titel und Inhalt* oder entsprechend Ihrer Vorhaben mit zwei Inhaltsrahmen ein. Das Textfeld nimmt die ersten Stichworte Ihres Vortrags auf. Es wird automatisch als Aufzählung mit Aufzählungszeichen formatiert. Mit den Befehlen der Gruppe *Absatz* können diese, soweit notwendig, verändert oder auch entfernt werden.

Wenn es sinnvoll ist, sollten Sie Ihre Textinhalte mit einem klärenden oder ergänzenden Bild aus Ihren gespeicherten *Grafiken* oder aus der **ClipArt**-Sammlung von Office illustrieren. Ein Bild sagt manchmal mehr als tausend Worte.

Erweitern Sie Ihre Präsentation um zusätzliche Folien (hier: *Titel, Zwei Inhalte*). Die vorbereiteten Grafiken oder Tabellen aus Excel fügen Sie durch *Kopieren* und *Einfügen – Inhalte einfügen…* **als Bild** ein und ergänzen diese durch entsprechende Kommentare.

Ein farblich einheitliches Aussehen der Folienserie erhöht den Aufmerksamkeitswert beim Zuschauer. Wählen Sie in der Registerkarte *Entwurf* mit einem Klick ein Design, Farben oder Hintergründe aus den vorgegebenen Vorlagen aus.

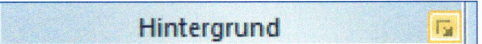

Wer es eher dezenter mag, der weist einer oder allen Folien im Dialogfeld *Hintergrund* nur eine Farbe oder aber Fülleffekte zu.

 **Aufgaben**

1. Beschaffen Sie sich durch eigene Recherchen Informationen und Grafiken über den Sportartikelmarkt. Erstellen Sie aus Ihren internen und externen Informationen die Kernaussagen Ihres Vortrags.

Anregungen für weitere Recherchen bieten Ihnen die folgenden Internet-Adressen:
- **Verband Deutscher Sportfachhandel e.V.**, http://www.vds-sportfachhandel.de
- **ISPO** – Internationale Fachmesse für Sportartikel/Sportmode, München, http://www.ispo.de
- **Fibo** - **Internationale Leitmesse für Fitness, Wellness und Gesundheit**, http://www.fibo.de
- **Statistisches Bundesamt**, http://www.destatis.de

2. Erstellen Sie eine Präsentation einschließlich Kurzvortrag über die aktuellen Entwicklungen am Sportartikelmarkt, über die Umsatzentwicklung der vier ALLFIT-Produktgruppen und einzelner Produkte im letzten Jahr.

Die notwendigen Daten dazu finden Sie in der Excel-Datei ⊞ *Umsatzzahlen*, die Lupe liegt im Verzeichnis 🗁 *Bilder*.

Eine Präsentation besteht aus mehreren Folien, eine Entwurfsvorlage bestimmt das Design

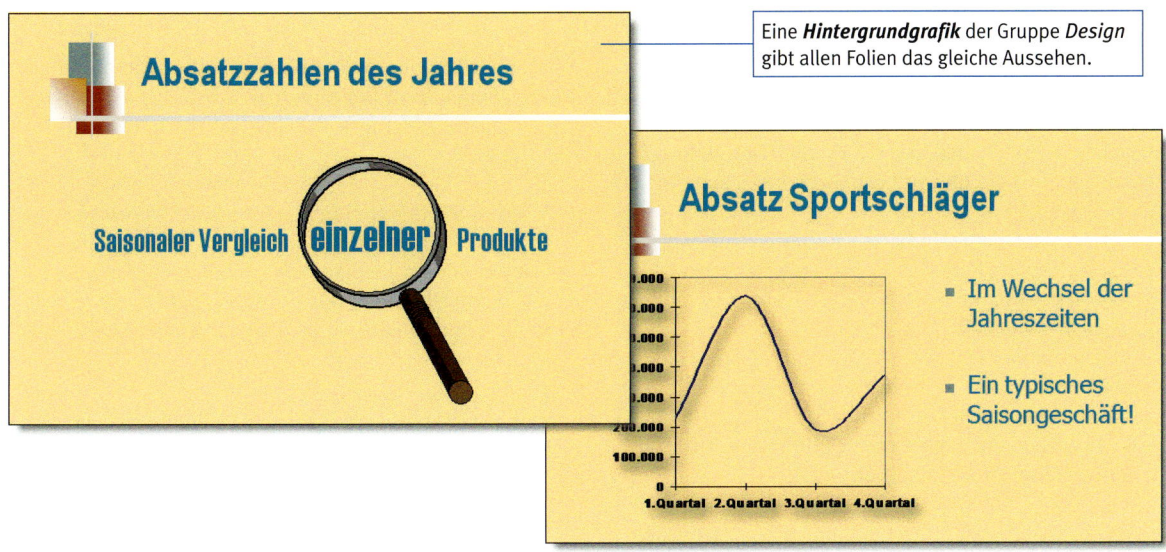

Eine **Hintergrundgrafik** der Gruppe *Design* gibt allen Folien das gleiche Aussehen.

Grundkurs Lernpsychologie

Der Kellner präsentiert die Rechnung, der Musiker seine neue CD. Ein Mitarbeiter einer Bank präsentiert durch sein Auftreten die Seriosität seines Unternehmens und bei einem Vortrag präsentieren Sie den Zuhörern Ihre Informationen und Ihr Wissen. Sie alle haben das gemeinsame Ziel, bei ihrem Vorgehen möglichst souverän und überzeugend zu sein.

Für die Vorbereitung Ihres Vortrags im Rahmen einer Präsentation ist es wichtig, die Informationen und die Art der Darstellung so zu gestalten, dass sie beim Zuhörer Interesse wecken und für ihn klar und verständlich werden. Optisch ansprechende Überblendungen zwischen den Folien und schrittweise Animationen der einzelnen Objekte erhöhen den Aufmerksamkeitswert beim Publikum.

Aber etwas Lernpsychologie muss schon sein. Glaubt man der Wissenschaft, so werden nur 20 % des Gehörten vom Zuhörer als Wissen behalten. Informationen dagegen, die sowohl akustisch als auch visuell aufgenommen werden können, bleiben zu 50 % erhalten. Der Mensch ist ein stark visuell geprägtes Wesen. Bleibt anzumerken, dass „selbst handeln" einen Merkerfolg von bis zu 90 % haben soll.

Die nachfolgenden Grundsätze, Fragestellungen und Regeln zur inhaltlichen Gestaltung von Vorträgen, zum Design Ihrer Präsentationsfolien sowie zu Ihrem persönlichen Auftritt sollen Ihnen helfen, ansprechende und damit auch erfolgreiche Präsentationen durchzuführen.

Auf den Inhalt kommt es an

- Welches Ziel verfolge ich mit meiner Darstellung?
- Was ist für den Zuhörer besonders interessant oder wichtig?
- Welche Informationen habe ich und welche Daten bzw. Informationen muss ich noch beschaffen?
- Was ist schwer zu verstehen und deshalb besonders erklärungsbedürftig?
- Welche meiner Informationen oder Begriffe sind besonders wichtig und sollten deshalb auch als Text explizit hervorgehoben werden?
- Welche Elemente sollen durch Bild oder Grafik für den Zuhörer visualisiert werden?
- Wie können vor allen Dingen Tabellen, Zahlen und Statistiken übersichtlich zusammengefasst werden, um für den Zuhörer verständlich zu sein?

Die Präsentation braucht ein einprägsames Gesicht

- Auf jede Folie gehört zur Orientierung des Zuhörers eine Überschrift.
- Ein farbiger Hintergrund unterstreicht den Text auf einer Seite, sodass er leichter behalten wird.
- Überfrachten Sie die Seiten nicht – 4 bis 5 prägnante Kernaussagen sind genug.
- Haben Sie den Mut zur Lücke. Weniger Inhalt macht die Darstellung verständlicher.
- Rücken Sie Wesentliches in den Mittelpunkt.
- Denken Sie an die **KISS**-Regel: „**K**eep **i**t **s**imple and **s**tupid."

Ihr Auftritt bitte!

- Beginnen Sie Ihren Vortrag mit einer Begrüßung und stellen Sie Ihr Thema vor.
- Sprechen Sie zum Zuhörer und nicht gegen die Projektionswand oder in den PC.
- Erklären Sie die von Ihnen auf den Folien dargestellten Aussagen, Begriffe und Grafiken.
- Vermeiden Sie es, die Folieninhalte nur vorzulesen.

Animationseffekte fürs Auge

Das Wichtigste einer Präsentation ist immer der sachliche Inhalt. Trotzdem kann etwas Show Ihre Überzeugungskraft stärken, wenn sie gezielt und sachgerecht eingesetzt wird. PowerPoint stellt Ihnen ein umfangreiches Instrumentarium von Animationseffekten zur Verfügung, mit dem Sie auf dem Bildschirm ein reines Feuerwerk entzünden können. Gehen Sie aber sparsam und überlegt damit um. Es soll nicht zum Selbstzweck werden.

Überblendungen zwischen den Folien sorgen für einen fließenden Übergang bzw. Wechsel zwischen den einzelnen Seiten. Sie halten das Interesse des Betrachters wach.

- Wählen Sie in der *Folien-* oder *Gliederungsansicht* die Seite, für die eine Überblendung vorgesehen ist.
- Wählen Sie im Register *Übergänge* in der Gruppe *Übergang zu dieser Folie* eine geeignete Form.
- Bestimmen Sie die Geschwindigkeit des Folienüberganges.
-  Entscheiden Sie dann, ob die Folie durch einen Mausklick weitergeschaltet werden soll oder automatisch nach einer voreingestellten Zeit.

•  Der Schalter öffnet den *Animationsbereich* mit der Liste der animierten Elemente. Hier können Sie die Reihenfolge, Art der Animationen und weitere Einstellungen verändern.

Auch die **Animation einzelner Elemente oder von Texten einer Folie** ist in PowerPoint möglich. Damit sollten Sie allerdings sparsam umgehen. Lenken Sie den Zuhörer nicht unnötig ab und orientieren Sie sich bei der Zuweisung am Verlauf Ihres Vortrags.

• Markieren Sie in der *Folienansicht* Ihrer Seite das zu animierende Element oder die Textzeile.
• Das Register *Animationen* beinhaltet vielfältige optische Effekte (*Animationsstile*), die Sie den Elementen zuweisen können. Hier definieren Sie beispielsweise, wie ein Element auf dem Bildschirm erscheinen soll.
• Ergänzt werden diese Stile durch die Bestimmung der *Effektoptionen*.
• Hier legen Sie auch weitere Eckdaten wie Geschwindigkeit, Startoptionen etc. fest.
• Standardmäßig wird eine Animation später im Vortrag durch einen Mausklick aktiviert.

? Aufgabe

1. Testen Sie die Präsentation 🖫 *Feuerwerk* im Ordner 🗁 *PowerPoint* und überarbeiten Sie Ihre Präsentation über die Absatzzahlen der ALLFIT Sportartikel GmbH.

2. [🖳 Video erstellen] Probieren Sie, die Präsentation für eine automatisierte Darstellung über das Register *Datei* unter *Speichern und Senden* als **Video** zu speichern.

Ihr Auftritt

• Bereiten Sie Vortragstexte gründlich vor.
• Stellen Sie eine Begrüßung an den Anfang.
• Vermeiden Sie es, die Folien nur vorzulesen.
• Sprechen Sie den Zuhörer an, nicht die Projektionsfläche.
• Besonders wichtig: Stehen Sie **nicht vor dem Bild!**

Viel Erfolg

Individualität ist gefragt

In den bisherigen Arbeitsschritten in PowerPoint ist es Ihnen sicherlich gelungen, recht ansehnliche und überzeugende Präsentationen zu entwickeln. Das Programm macht es einem durch den Einsatz von vorbereiteten Folienlayouts und Entwurfsvorlagen für das Design wirklich einfach, eigene Ideen schnell in ansprechende und einprägsame Bilder umzusetzen.

Allerdings hat keiner der Programmierer daran gedacht, speziell für die ALLFIT Sportartikel GmbH eine Vorlage zu entwickeln. Auch könnte nach Ihrem Geschmack vielleicht so manche Designvorlage für bestimmte Zuhörerkreise etwas weniger farbenfroh sein.

Wie hier in dieser Titelfolie ist also Individualität bei der optischen Gestaltung der Folien gefragt. Natürlich können Sie mit viel Arbeitsaufwand jede einzelne Folie farblich verändern und mit den immer wiederkehrenden Symbolen versehen. Aber ... können Sie denn mit Ihrer knappen Zeit nichts Besseres anfangen?

Bei PowerPoint gibt es für alle Folien einer Präsentation unsichtbar im Hintergrund so genannte **Masterformate**. Diese Master enthalten die gemeinsamen Grundeinstellungen für alle Folien: Schrift- und Absatzformate, das Hintergrunddesign und Platzhalterpositionen (Bereiche) für Textfelder und Folienelemente.

Hier können Sie neben anderen individuellen Änderungen des Layouts auch Grafiken, z.B. Firmenlogos, einfügen, die auf allen Folien an der gleiche Position angezeigt werden sollen. Der besondere Vorteil liegt auf der Hand: auch später vorgenommene Änderungen im Master passen die Optik der gesamten Präsentation entsprechend an.

Der Folienmaster bestimmt das Design

Beginnen Sie eine neue Präsentation, die automatisch nur die Standardeinstellungen enthält. Bei einer bestehenden Präsentation sollten Sie weitestgehend die Formatierungen entfernen, indem Sie ihr das Foliendesign „Larissa" zuweisen.

Öffnen Sie im Registerblatt *Ansicht* mit dem Befehl *Folienmaster* das Masterformat zur Bearbeitung.

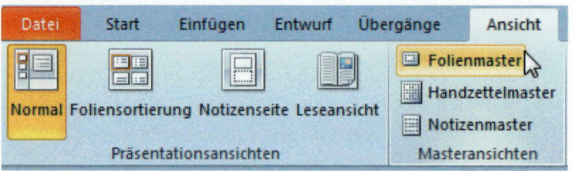

Auf dem Bildschirm sehen Sie den (1) *Folienmaster* für das Design und die untergeordneten Vorlagen für die verschiedenen Layouts bei neuen Folien (Titelfolie, Ein Inhalt usw.) mit den entsprechenden Platzhaltern.

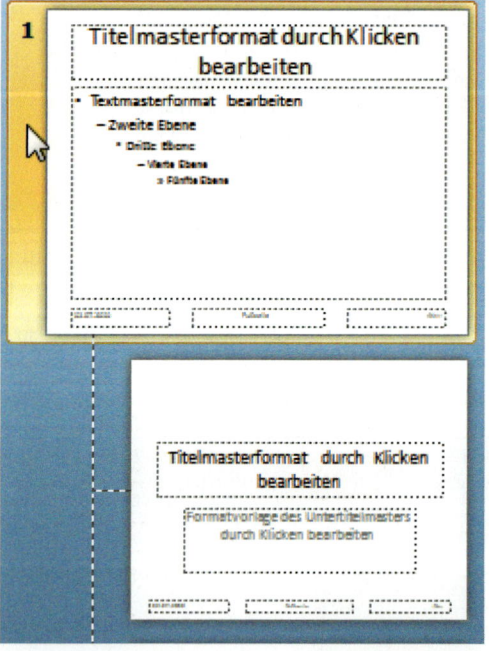

Für Ihre Grafiken benötigen Sie Platz, damit diese nicht durch den Text in den Folien überlagert werden. Ändern Sie den Rahmen für die Größe und Position des *Titelbereichs* und des darunterliegenden *Inhaltsbereichs*. PowerPoint passt bei neuen Folien die Text- und Grafikfelder dann automatisch ein. Formatieren Sie die Schrift entsprechend Ihren Wünschen. **(Verändern Sie dabei nicht den Text selbst!)** Ein ansprechender Hintergrund, Grafiken und Linien geben dem Layout dann den letzten Schliff.

Auch in eine Masterfolie lassen sich alle Arten von Text- und Grafikelementen einfügen.

Geschafft. Für neue Folien haben Sie jetzt Ihr ganz individuelles Standarddesign.

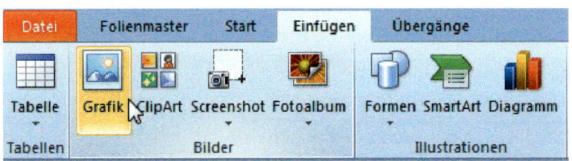

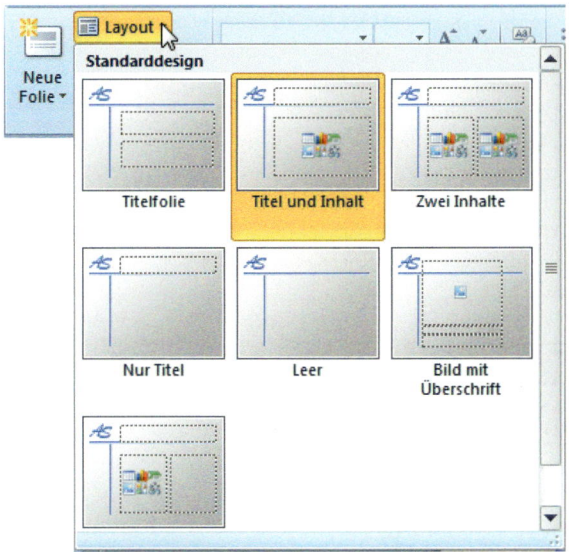

PowerPoint übernimmt die Änderungen des Designs im Master für alle diesem Master untergeordneten Layoutvorlagen-Folien (Titelfolie, Ein Inhalt usw.).

Soweit gewünscht, sind jetzt noch die Platzhalter in den verwendeten Layoutvorlagen anzupassen und die Fußzeile einzurichten.

Fußzeilen einrichten

Die Fußzeile einer Folie von PowerPoint mit Datum und Seitenzahl ist grundsätzlich im Master vorbereitet, aber standardmäßig nicht sichtbar bzw. leer.

Rufen Sie den Dialog für die Einstellungen dieser Zeile mit dem Menübefehl *Kopf- und Fußzeile* im Registerblatt *Einfügen* auf. Aktivieren Sie *Datum und Uhrzeit*, *Foliennummer* und *Fußzeile*, um sie in der Normalansicht sichtbar zu machen.

 Aufgabe

1. Entwickeln Sie als Basis für Präsentationen der ALLFIT Sportartikel GmbH ein Masterformat mit einem individuell gestalteten Folien- und Titelmaster nach Ihren eigenen Vorstellungen.

Der Folienmaster enthält die gemeinsamen Formate und Objekte für alle Folien

Index

Index

Office

class in a box

Handreichungen für den Unterricht

Word, Excel, PowerPoint, Outlook, Access, OneNote und Publisher

Einführungsaufgaben und Unterrichtsprojekte

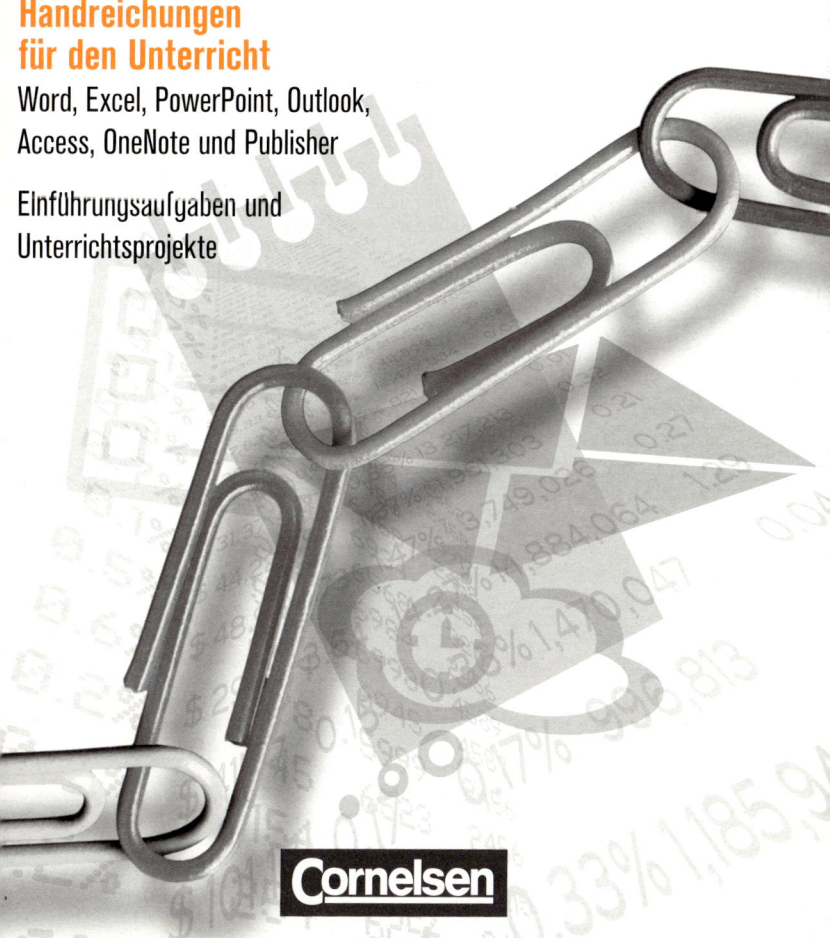

Cornelsen

Projektleitung: Vicente Arioli
Verlagsredaktion: Vicente Arioli, Peter Andreas Sidro
Umschlaggestaltung: klein & halm
Technische Umsetzung: zweiband.media, Berlin

http://www.cornelsen.de/classinabox
http://classinabox.veritas.at

Die Internetadressen und -dateien, die in diesem Lehrwerk angegeben
sind, wurden vor Drucklegung geprüft. Der Verlag übernimmt keine
Gewähr für die Aktualität und den Inhalt dieser Adressen und Dateien
oder solcher, die mit ihnen verlinkt sind.

1. Auflage, 1. Druck 2010

© 2010 Cornelsen Verlag, Berlin

Druck: Druckhaus Berlin-Mitte GmbH

 Inhalt gedruckt auf säurefreiem Papier aus nachhaltiger Forstwirtschaft.

Handreichungen für den Unterricht

Microsoft® Office 2010
class in a box

Word, Excel, PowerPoint, Outlook,
Access, OneNote und Publisher
Einführungsaufgaben und Unterrichtsprojekte

Handreichungen zum Arbeitsbuch und zur Daten-CD-ROM

Reinhard Atzbach

Inhalt   Seite

class in a box
als Materialienpaket für den Unterricht

Dem Konzept „class in a box" liegt die Idee zu Grunde, neben den Arbeitsplatzlizenzen für Microsoft Office Professional Academic 2010 zusätzlich Materialien für den Unterricht zur Verfügung zu stellen. Ziel ist es, an motivierenden, nicht zu kleinschrittigen und teilweise ergebnisoffenen Aufgaben Grundfertigkeiten im Umgang mit Office-Software auszubilden. Die enthaltenen Anleitungen sind einerseits speziell auf die vorliegende Version der Software abgestimmt, geben andererseits aber dem Verständnis grundlegender Arbeitsweisen und Programmstrukturen den Vorzug vor der Verwendung spezieller hersteller- und versionsabhängiger Features.

Das Gesamtpaket beinhaltet:
• Microsoft Office Professional Academic 2010 (Word, Excel, PowerPoint, Access, Outlook, OneNote und Publisher) in Mehrfachlizenz für den Klassenraum,
• ein Arbeitsbuch mit Einführungsaufgaben und kleinen Unterrichtsprojekten zu allen genannten Programmen. Das Arbeitsbuch ist für die Schülerhand bestimmt und kann vom Verlag auch einzeln bezogen werden,
• vorbereitetes Text- und Datenmaterial zu den Aufgaben des Arbeitsbuches auf der CD-ROM,
• Musterlösungen zu den Aufgaben des Arbeitsbuches und Zusatzmaterial für den Einsatz im Unterricht,
• ein Heft mit Anleitungen, das eine schnelle Orientierung in die Funktionen und die Bedienungsphilosophie von Word, Excel und PowerPoint ermöglichen soll. Dieses Heft ist auch als PowerPoint-Präsentation auf der CD-ROM enthalten.
• Die Website *http://www.cornelsen.de/classinabox* bzw. *http://classinabox.veritas.at* mit ergänzenden Materialien.

Das Arbeitsbuch ABS (Einführungsaufgaben und Unterrichtsprojekte für allgemeinbildende Schulen) ist in erster Linie verfasst mit Blick auf die höheren Jahrgänge der Sekundarstufe I (Klasse 7–10). Es sollte in Teilen aber auch früher einsetzbar sein, daneben kann es Anregungen für Übungsaufgaben in höheren Klassen oder für das Selbststudium enthalten.

Die Struktur der CD-ROM im Unterordner Material

- Material
  - ciab_Office2010_ABS
    - Daten
    - Lösungen
    - Zusatzmaterial
  - ciab_Office2010_BBS

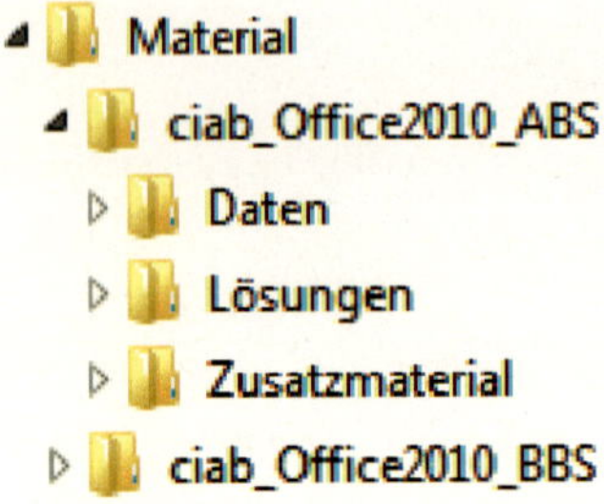

Auf der dem Arbeitsbuch beigelegten Dokumenten-CD-ROM finden Sie:
- ein Programm **start.exe** und eine Startdatei **index.html**, die den CD-ROM-Inhalt über eine Weboberfläche zugänglich macht;
- im Unterordner **Material** die Verzeichnisstruktur **ciab_Office2010_ABS**. Diese enthält:
- im Verzeichnis **Daten**, sortiert nach den Kapiteln des Arbeitsbuches, die Texte, Tabellen, Bilder usw., die zur Bearbeitung der Aufgaben des Arbeitsbuches benötigt werden und die entweder alle gesammelt (Serververzeichnis mit Lesefreigabe) oder von Fall zu Fall einzeln an die Schülerinnen und Schüler ausgehändigt werden können. (Bitte beachten Sie: Für viele der Arbeitsaufträge wird keine vorbereitete Datei benötigt. In diesem Falle handelt es sich bei den im Arbeitsbuch genannten Dateinamen nur um Benennungsvorschläge für die zu erstellenden Dateien.)
- im Verzeichnis **Lösungen** fertige Musterlösungen zu einigen Arbeitsaufträgen. Die Dateinamen korrespondieren mit der jeweiligen Arbeitsbuchseite. Nicht zu allen Aufgaben existieren Musterlösungen.
- im Verzeichnis **Zusatzmaterial** weitere Materialien, die nicht in direktem Zusammenhang mit bestimmten Doppelseiten des Arbeitsbuches stehen, z. B. Folien, Vorschläge für Tests und Ergänzungsmöglichkeiten.

Die Dateien sind in den seit Office 2007 neu eingeführten XML-basierten Formaten (.docx, .xlsx usw.) abgelegt. Sollte auf Ihrem Heimarbeitsplatz noch eine ältere Office-Version im Einsatz sein, so können Sie sich bei Microsoft das Programm *FileFormatConverters. exe* herunterladen, das Ihre Office-Version in Stand setzt, mit den neuen Formaten umzugehen (suchen Sie im Internet nach *Konverter Microsoft Office* oder *Microsoft Office Compatibility Pack*). Bei Bedarf können die meisten Dateien auch ohne Informationsverlust in die älteren Binärformate konvertiert werden, etwa zur häuslichen Weiterarbeit durch die Schülerinnen und Schüler. Hierbei ist allerdings zu bedenken, dass sich das Erscheinungsbild einzelner Befehle und Dialoge ändert, wenn Dokumente im Kompatibilitätsmodus geladen werden.

Konfigurationstipps für Office 2010

Installation

Den Aufgaben des Arbeitsbuches liegt die Standardinstallation von Office Professional Academic 2010 zu Grunde.

Nach Installation und Aktivierung empfiehlt es sich, einige kleine Konfigurationsänderungen vorzunehmen. Sie finden die entsprechenden Dialoge in jedem Programm unter *Datei > Optionen*.

Word-Optionen

Dokumentprüfung >AutoKorrektur-Optionen: Unbedingt entfernen sollten Sie den Haken bei *Jeden Satz mit einem Großbuchstaben beginnen.* Die Einstellung verursacht mehr Fehler als sie vermeidet.

AutoFormat während der Eingabe: Außer der *Ersetzung von geraden Anführungsstrichen durch typographische* und *Listeneintrag wie vorhergehenden formatieren* sollten Sie alle anderen Optionen ausschalten.

PowerPoint-Optionen

Um die Vorführung von Präsentationen auf fremden Computern zu erleichtern, empfiehlt es sich, unter *Datei > Optionen > Speichern* die Option *Schriftarten in die Datei einbetten* zu aktivieren. In der Regel werden Sie den kompletten Zeichensatz einbetten wollen, um spätere Änderungen oder Erweiterungen zu ermöglichen.

Das Einsatzszenario für class in a box Office 2010

Situation

Die meisten unserer Schülerinnen und Schüler bedienen sich auch ohne unterrichtliche Anstöße selbstverständlich der Möglichkeiten, die die Technik bietet. Sie kaufen und tauschen Spiele und Musik. Sie surfen, mailen und chatten.

Der tatsächliche Einsatz des Computers im Kontext schulischer Arbeit geschieht häufig wahllos und unkritisch. Schülerinnen und Schüler probieren Programmfeatures aus, um möglichst grelle Effekte hervorzurufen. Sie bedrucken Berge von Papier mit Informationen, die ihnen als zum Thema passend erscheinen, und überlassen dem Leser das Sichten, Ordnen und Bewerten. Sie blasen Schriftgrößen auf mit dem ausschließlichen Ziel, Seiten zu füllen, und wenn anschließend die Druckerpatrone leer ist, dann dient dies als willkommene Begründung dafür, dass die Hausaufgabe nicht fristgerecht abgeliefert werden kann. Eigentlich sollte man zwar annehmen dürfen, dass ein Kind, das schon im Kindergartenalter zum ersten Mal eine Maus in der Hand gehalten hat, in der 7. Klasse mit einer Textverarbeitung vernünftig umgehen kann. Die Realität sieht aber häufig anders aus.

Zielvorgabe

„Aufgabe der Medienerziehung ist die Förderung eines **kompetenten**, **sinnvollen** und **kritischen** Umgangs mit den Medien. Dazu gehören vor allem der selbstbestimmte und kreative Gebrauch der elektronischen Medien als Informations-, Kommunikations-, Unterhaltungs- und Ausdrucksmittel, aber auch die Entwicklung einer kritischen und zugleich pragmatisch konstruktiven Haltung gegenüber ihren suggestiven Einflüssen."
(Hessischer Lehrplan für den Bildungsgang Gymnasium, Seite 7, Hervorhebung durch den Autor.)

Informationstechnischer Unterricht – gleichgültig, ob er nun als Computerkurs oder Arbeitsgemeinschaft stattfindet oder als thematische Einheit in den Fachunterricht eingebettet ist – darf sich die Faszination des Mediums zu Nutze machen. Aber er muss zielbewusst arbeiten:

- Schülerinnen und Schüler sollen befähigt werden, den Computer in Verbindung mit den Lernzielen der Schule als Informations-, Kommunikations- und Gestaltungswerkzeug einzusetzen.

- Sie sollen den Computer und die Anwendersoftware als Werkzeug und Arbeitsmittel kennen lernen und im Umgang damit Selbstvertrauen und eine gewisse Fingerfertigkeit entwickeln.
- Beim Arbeiten sollen Qualitätsmaßstäbe für Form und Inhalt der Produkte gesetzt werden. Nicht die grelle Gestaltung, sondern die angemessene Präsentation eines Inhalts, nicht die Menge der Informationen, sondern die eigene geistige Leistung sollen im Vordergrund stehen.
- Im Unterricht geht es nicht um Effizienztricks, sondern um die Etablierung von Standardarbeitsweisen und um das Einüben speziell solcher Verfahren, die sich dem Herumprobieren nicht erschließen.

Zur Konzeption des Arbeitsbuches

Das Arbeitsbuch „Einführungsaufgaben und Unterrichtsprojekte" ist gezielt für den Unterrichtseinsatz konzipiert. Es versucht, einen Überblick über den Anwendungszusammenhang der verschiedenen Office-Programme zu vermitteln und lesbare Verfahrensanleitungen mit motivierenden Aufgaben zu verknüpfen. Es ist dabei weder beabsichtigt, einen vollständigen Überblick über alle Funktionen der Office-Programme zu geben, noch wird angestrebt, einen abschließenden Katalog von Wissen und Fertigkeiten zu vermitteln, den man im Sinne einer „Führerscheinprüfung" abfragen könnte. In beiden Fällen würde mehr die Software als die Aufgabe im Vordergrund stehen.

Unsere Schülerinnen und Schüler
- müssen erst einmal über den „normalen" Anwendungskontext eines Programms informiert werden. Die Beispiele, an denen das geschieht, sind alters- und situationsabhängig.
- sollten auf einem überschaubaren Arbeitsgebiet tätig werden. Anstatt wahllos in der unüberschaubaren Funktionspalette eines Programms herumzuklicken, sollte der Fokus zunächst auf einen begrenzten Ausschnitt von Möglichkeiten und Forderungen eingeengt werden.
- brauchen motivierende Aufgaben. Diese sollten möglichst auf ein konkretes, nicht zu umfangreiches Ziel bezogen sein, damit sie sich in den 45- oder 90-Minuten-Rhythmus unseres Unterrichts einpassen lassen, dürfen aber andererseits nicht zu kleinschrittig sein. („Ich bin fertig, was soll ich jetzt machen?")

Im Bewusstsein der Tatsache, dass bei der Arbeit mit dem Schülermaterial immer eine Lehrerin oder ein Lehrer zur Hilfe bereitsteht, wurde im Buch auf lange verbale Erklärungen einfacher Vorgänge und auf erschöpfende Aufzählung aller drohenden Fehler verzichtet. Leistungsfähigere Schülerinnen und Schüler sollten in der Lage sein, die überwiegende Zahl der Einführungsaufgaben am eigenen Rechner zu erarbeiten, ängstliche werden vielleicht Hilfe oder Ermutigung benötigen.

Es ist sinnvoll, zu Beginn eines Kurses oder einer Unterrichtseinheit eine Auswahl zu treffen. Setzen Sie Schwerpunkte, definieren Sie ein Projektziel für einen thematisch orientierten Kurs (z. B. Erstellung eines Readers zum Thema ...) und behandeln Sie auf dem Weg dorthin nur die Programmfeatures, die für dieses Ziel relevant sind.

Auswahlgesichtspunkte

Das Word-Kapitel beschränkt sich zunächst bewusst auf reine Textverarbeitung und klammert die Möglichkeiten grafischer Illustration so lange wie möglich aus. Dem Ziel einer Systematisierung des Wissens über Tastaturfunktionen, Zeichen-, Absatz- und Seitengestaltungsmöglichkeiten würden Illustrationen eher im Weg stehen.

Das zweite Kapitel setzt die im Word-Kapitel erarbeiteten Grundkenntnisse voraus. Es enthält drei Themen, die auch unabhängig voneinander behandelt werden können: den Import und die Nachbearbeitung von Bitmaps, den Umgang mit den Zeichenfunktionen und die Gestaltung von Rahmenseiten mit Publisher. Geht es nur um die Gestaltung einzelner Seiten, so könnte es durchaus sinnvoll sein, begrenzte Unterrichtszeit nicht für eine Einführung in Publisher zu verwenden, sondern seitenorientiert mit Word-Textrahmen zu arbeiten.

Die übrigen Kapitel des Arbeitsbuches können unabhängig voneinander und vom Word-Kapitel genutzt werden.

Die Aufgaben der meisten Kapitel bauen nur am Anfang aufeinander auf. Aus den übrigen Teilen kann eine beliebige Auswahl getroffen werden. Nur das Access-Kapitel sollte als Ganzes behandelt werden, und zwar nur dann, wenn wirklich das Arbeiten mit verknüpften Tabellen beabsichtigt ist. Geht es nur um Such- und Sortierfunktionen, so können ähnliche Aufgaben auch mit Excel bearbeitet werden. Die dem Access-Kapitel zu Grunde liegende Bücherdatenbank wird auch als Excel-File mitgeliefert, die entsprechenden Arbeitsaufgaben liegen als Word-Dokument im Excel-Lehrerverzeichnis.

Das Outlook-Kapitel enthält weniger konkrete Übungsaufgaben als die anderen Kapitel. Funktionen wie Aufgabenliste oder Terminkalender sind mit Schülergruppen, die sich einmal wöchentlich treffen, kaum in einen sinnvollen Anwendungskontext zu stellen. Einen solchen Kontext nur für ein paar Experimente künstlich zu schaffen, lohnt die Mühe nicht.

Denkbar wäre, Schülerinnen und Schüler im Unterricht über die Möglichkeiten und über die tatsächliche Nutzung ihres jeweiligen Webmailers oder Organizers berichten zu lassen. Eine kostenlose Mailadresse mit Zugang über Outlook Web Access wird nicht Einzelnen oder Lerngruppen, sondern nur ganzen Schulen unter *http://liveatedu.de* angeboten.

Features oder Aufgaben?

Häufig wird man vor der Frage stehen, ob man in der vorgegebenen Unterrichtszeit eine Vielzahl von Möglichkeiten vorführen will oder einzelne wichtige Fertigkeiten intensiv trainiert.

Bedienerwissen hat die Schule nur als Mittel zu anderen Zwecken und nur im unbedingt notwendigen Umfang zu vermitteln. Diesen Umfang weiter zu reduzieren, ist Aufgabe der Softwareindustrie, und in dem Maße, wie diese ihre Hausaufgaben macht, kann sich Unterricht auf den Einsatz des Computers zur Lösung solcher Aufgaben konzentrieren, die Schülerinnen und Schüler ohne den Computer auch bewältigen müssten oder wollten.

Im Mittelpunkt des Unterrichts sollte nicht die Anpassung der Schülerinnen und Schüler an eine bestimmte Software, sondern die Auseinandersetzung mit der kommunikativen Gestaltungsaufgabe stehen. Vorgeschrieben werden sollte die Verwendung bestimmter Grundkonzepte, etwa der Einsatz von Tabulatoren in Word oder das absolute Adressieren von Zellen in Excel. Reine Komfortfeatures wie die Auto-Formate für Tabellen dürfen benutzt werden, sie werden im Unterricht aber nicht ausführlich besprochen. Optische Effekte wie der Einsatz von WordArt werden zum Gegenstand kritischer Fragen nach dem Verhältnis von Form und Inhalt und der Orientierung am Geschmack des Adressaten.

Ready-made?

Office bringt eine Unzahl fertiger Vorlagen mit, die man nur noch zweckentsprechend anzupassen braucht. Für das Home-Office mag das praktisch sein. In der Schule jedoch sollte ein ansprechendes Ergebnis, das mit einfachsten Mitteln erzielt wird, höher angesehen werden als die Variation einer fertigen Vorlage. Die souveräne Beherrschung von Standardfunktionen ist in der Regel wichtiger als das Durchspielen eines vorfabrizierten Ablaufs. Nicht jeder grelle Effekt verrät eine geistige Leistung und nicht jedes Abarbeiten einer Assistentenroutine beinhaltet auch einen Lernerfolg.

Methodische Hinweise

Zum Unterrichtsablauf

Das Arbeitsbuch umreißt häufig zu Beginn eines Abschnitts (das ist meist eine Doppelseite) knapp die Anwendungssituation für ein Office-Programm. Für den Unterricht wird diese Einführung nur ein Stichwort liefern, das je nach Alter und Interessenslage der Schülerinnen und Schüler variiert werden muss und mit einem Unterrichtsgespräch verknüpft werden kann.

Es folgen dann kurze Anleitungen, die individuell am Computer nachvollzogen werden können. Unter Umständen können die Schritt-für Schritt-Anleitungen erst einmal vom Lehrer oder von fortgeschrittenen Schülerinnen oder Schülern am Beamer oder Whiteboard vorgeführt werden, bevor sie am Schülercomputer nachvollzogen werden. Die Schülercomputer sollten in dieser Phase ausgeschaltet bleiben, der Versuch, synchron auf vielen Computern zu arbeiten, endet meist im Chaos. Häufig ist es auch sinnvoll, ein Ziel zu definieren und sich von Schülerinnen und Schülern erst einmal ihre privaten Herangehensweise zeigen zu lassen.

Den Abschluss vieler Kapitel bilden Aufgaben und Projektvorschläge, die für längere Einzel- oder Partnerarbeitsphasen geeignet sind. Die

Lehrperson sollte nach einer Einführungsphase und nach Erteilen eines Arbeitsauftrags frei werden für individuelle Hilfestellung. Die Aufgaben des Arbeitsbuches sind deshalb normalerweise so komplex, dass sie längere Einzelarbeitsphasen füllen, und das vorgegebene Text- oder Datenmaterial ist so umfangreich, dass der Einsatz eines Computers einen echten Vorteil gegenüber herkömmlichen Arbeitsweisen verspricht.

Häufig ist die Aufgabenstellung so offen, dass es sich am Schluss der Stunde lohnt, verschiedene Ergebnisse und/oder Verfahren am Beamer oder Whiteboard zu vergleichen und zu bewerten.

Arbeitsmaterialien und Arbeitsergebnisse

Für das Verteilen der Arbeitsmaterialien empfiehlt sich ein schreibgeschütztes Verzeichnis auf dem Server. Ob dort nur von Fall zu Fall die Materialien eingestellt werden oder ob das Datenverzeichnis der CD-ROM komplett auf den Server gelegt wird, muss hier offen bleiben.

Die typische Aufgabe des Arbeitsbuches enthält einen Dateinamen, unter dem das Ergebnis im Arbeitsverzeichnis abzuspeichern ist. Dieses Arbeitsverzeichnis könnte der eigene Stick der Schülerin oder des Schülers sein, auf dem dieser zu Hause weiterarbeitet. Es könnte ein Klassenverzeichnis auf dem Schulserver sein, in das jeder seine Datei – unter individuellem Dateinamen (Deutschprotokoll Max Meier.docx) – zurückspeichert. Und es könnte schließlich ein Klassenordner im Internet bei WindowsLive oder lo-net sein. Dazu gleich mehr.

Natürlich sollten Schülerinnen und Schüler darüber hinaus gelegentlich die Möglichkeit erhalten, ihre Arbeitsergebnisse auszudrucken. Unterricht wird – nicht nur von Schülerinen und Schülern – dort als erfolgreich erlebt, wo er vorzeigbare Ergebnisse hinterlässt. Möglich wären:
- eine Stellwand mit beispielhaften Unterrichtsergebnissen,
- ein Vergleich verschiedener Lösungen zu einer Aufgabe,
- ein einzelnes Arbeitsergebnis zusammen mit einer Beschreibung des Arbeitsablaufs.

Zusammenarbeit im Internet

Office 2010 bietet eine Reihe neuer Möglichkeiten des Informations-
austauschs und der Online-Zusammenarbeit. Bevor man das Internet
als Kommunikationsmedium einsetzt, sollte man die Erfordernisse und
Möglichkeiten überprüfen:

- Vielleicht reicht es, eine Liste mit existierenden Mailadressen zu-
  sammenzustellen. Über eine Outlook-Kontaktgruppe können aktuelle Informationen bequem und schnell verteilt werden.
- Wenn umfangreichere Dateien zur Verfügung gestellt werden sollen,
  empfiehlt sich eventuell die Einrichtung eines Benutzergruppen-
  Verzeichnisses auf der Schulhomepage oder auf Windows-Live und
  die Bekanntgabe von URL und Passwort an die Schülergruppe.
- Wo für überschaubare Zeit in kleineren Gruppe gemeinsam an
  einem Projekt gearbeitet wird (etwa einer Klassenzeitung oder an
  Gruppenreferaten), da bietet sich die Freigabe eines oder mehrerer
  Arbeitsbereiche auf SkyDrive (25 GB kostenloser Speicherplatz) an.
  Das normale Angebot von Hotmail/SkyDrive/msn wird allerdings –
  wie die kostenlosen Angebote anderer Anbieter auch finanziert
  durch Anzeigen, die zu großen Teilen nicht kinderzimmerkompatibel
  sind.
- Wenn jedoch ein Schuladministrator bei live@edu eine Domain und
  eine Userdatenbank für die ganze Schule einrichtet und dieses Angebot über ein so genanntes Cobranding individuell konfiguriert,
  dann lassen sich die Inhalte (Outlook Web Access statt hotmail, msn-
  Blogs, SkyDrive usw.) frei wählen und es werden auch dort die Wer-
  beeinblendungen unterdrückt. Im Vergleich zum ebenfalls werbe-
  freien und für Schulen ebenfalls kostenlosen Angebot von Lehrer
  Online (*lo-net2.de*) bietet live@edu damit zwar weniger Gruppenbil-
  dungsmöglichkeiten an, fordert aber auch weniger Konfigurations-
  arbeit, es bietet zwar weniger Arbeitsvarianten, aber andererseits
  mehr Online-Speicherplatz an.

Probieren lassen oder gängeln?

So wichtig ein planvolles Vorgehen ist, so lähmend kann es sein, die
Bedienung normieren zu wollen. Ob man ein Objekt per Zwischenablage oder durch Ziehen mit gedrückter <Strg>-Taste kopiert, ob man einen Befehl per Menüband, per Kontextmenü oder gar Tastenshortcut

auf den Weg bringt, ob man zum Scrollen die Bildlaufleisten oder das Mausrad benutzt, all das lässt sich nicht mehr vorschreiben und auswendig lernen. Das Ausprobieren, vielleicht sogar das Durchwursteln ist eine elementare Bedienungstechnik geworden. Allein das Ergebnis entscheidet – und dorthin führen viele Wege. Das muss aber nicht heißen, dass man stundenlanges zielloses Herumspielen gestattet.

Schülerinnen und Schüler sollten
- alle Bedienungsweisen (Menüband einschließlich Kontextregister, Kontextmenüs, Maustechniken und Shortcuts) grundsätzlich kennen. Welche sie im Einzelfall benutzen, sollte ihnen überlassen bleiben.
- den Klick auf die Rückgängig-Funktion einplanen. Sie sollten sich angewöhnen, vor größeren Experimenten das bisher Erreichte auf der Festplatte zu sichern.
- Fehlermeldungen, Dialogtexte und Hinweise in der Statuszeile bewusst wahrnehmen und zunehmend selbstständig interpretieren.
- ausdrücklich zur Benutzung des Hilfesystems ermuntert werden.

Das Formulieren geeigneter Suchbegriffe für das Hilfesystem und die Auswahl des vielversprechendsten Angebots aus den Ergebnislisten sollten bei passender Gelegenheit zum Unterrichtgegenstand gemacht werden. Allerdings ist die Suche meist zeitraubend. Die Hilfe von Office 2010 wird großenteils aus dem Internet nachgeladen und behandelt sehr systematisch und kleinschrittig die verschiedenen Funktionen der Software.

Anpassung der Arbeitsumgebung

Zum Glück setzt sich in Schulen immer mehr das Arbeiten in geschützten Konfigurationen durch (PC-Wächter-Karten, mandatorische Benutzerprofile u. Ä.). In solchen Umgebungen sollte durchaus toleriert werden, dass Schülerinnen und Schüler ihre Arbeitsumgebung an ihre Bedürfnisse anpassen. In anderen Umgebungen muss man das Herumspielen schlicht verbieten. Veränderungen können nicht nur Auswirkungen auf den nächsten Arbeitsschritt haben, sondern unter Umständen das gesamte Verhalten des Programms verändern und den nächsten Benutzer vor vielleicht unlösbare Probleme stellen. Im Übrigen erleichtern gleich konfigurierte Rechner auch die schnelle Hilfestellung durch die Lehrerin oder den Lehrer. Veränderungen sollten sich schon deswegen auf ein Minimum beschränken.

Kritischer Anspruch?

In allgemeinbildenden Schulen sollte der Einsatz von Standardsoftware nicht in erster Linie unter dem Gesichtspunkt der Einübung von Fertigkeiten erfolgen. Der Einfluss des Werkzeugs auf das Produkt soll thematisiert werden, Arbeitsweisen der Software sollen transparent gemacht werden und ein kritischer Blick auf die Veränderungen der Arbeitswelt, die durch solche Software erzwungen oder begünstigt wird, soll die Arbeit mit dem Programm begleiten.

Im Arbeitsbuch sind Ansätze dazu an vielen Stellen vorhanden. So zeigen etwa die Kapiteleinleitungen die Office-Programme in einem Anwendungszusammenhang. Sie sollen im Unterricht Gespräche über das Einsatzspektrum des jeweiligen Programms initiieren.

- Wer kauft ein solches Programm? Für welche Aufgaben setzt er es ein?
- Wie sind die gegebenen Aufgaben ohne Computerhilfe lösbar, wie sind sie früher gelöst worden?
- Welche Erfahrungen haben die Schülerinnen und Schüler bereits mit ähnlichen Programmen gemacht?
- Was können sie oder glauben sie zu können? Wo sind sie unsicher, was möchten sie lernen?

Nach der Unterrichtseinheit können ähnliche Fragen aufgegriffen werden:

- Wie unterscheidet sich computergestützte Arbeit von anderen Arbeitsweisen?
- Ist der Leistungsdruck durch den Computereinsatz kleiner, ist die Fehlertoleranz des Gesamtumfeldes größer geworden?
- Hätte man die Aufgaben von Hand schneller erledigen können? Wo liegt dann der Vorteil des Computereinsatzes?
- Macht die Arbeit mit dem Programm Spaß?
- Welche Macken hat das Programm? Wo reagiert es unerwartet?
- Haben die Schülerinnen und Schüler etwas gelernt, was ihnen wichtig erschien? Gibt es Aufgaben, für die sie das Programm in Zukunft einsetzen werden?

Projektleitung: Vicente Arioli
Verlagsredaktion: Vicente Arioli, Peter Andreas Sidro
Umschlaggestaltung: klein & halm
Technische Umsetzung: zweiband.media, Berlin

http://www.cornelsen.de/classinabox
http://classinabox.veritas.at

Die Internetadressen und -dateien, die in diesem Lehrwerk angegeben
sind, wurden vor Drucklegung geprüft. Der Verlag übernimmt keine
Gewähr für die Aktualität und den Inhalt dieser Adressen und Dateien
oder solcher, die mit ihnen verlinkt sind.

1. Auflage, 1. Druck 2010

Druck: Druckhaus Berlin-Mitte GmbH

 Inhalt gedruckt auf säurefreiem Papier aus nachhaltiger Forstwirtschaft.

Handreichungen für den Unterricht

Microsoft® Office 2010
class in a box

Word, Excel, Access, Outlook, PowerPoint
für kaufmännische Problemstellungen

Informationen zum Arbeitsbuch und zur Daten-CD-ROM

Manfred Scharffe
Udo Grunewald

Inhalt

class in a box
als Materialienpaket für Ausbildung und Unterricht

Dem Konzept „class in a box" liegt die Idee zu Grunde, neben den Arbeitsplatzlizenzen für Microsoft Office 2010 zusätzlich berufsübergreifende Materialien für den Unterricht und für eine selbstständige Einarbeitung zur Verfügung zu stellen.

Das Gesamtpaket beinhaltet:

- Microsoft Office Professional Academic 2010
- Arbeitsbuch mit Informationen, Hilfestellungen und Aufgaben
- Basisdaten einer Modellunternehmung auf der Daten-CD-ROM
- Vorbereitete Aufgaben und Musterlösungen auf der Daten-CD-ROM
- Übersichtsheft mit grundsätzlichen Befehlen und Einstellungen in Office als Kopiervorlagen

Diese Materialien ermöglichen es, selbstständig Lösungen für betriebswirtschaftliche Problemstellungen mit Hilfe von Word, Excel, Access, Outlook und PowerPoint zu erarbeiten. Ziel ist es, an konkreten, betriebswirtschaftlich relevanten Inhalten den Umgang mit Datenverarbeitungsprogrammen in der von den Lehrplänen geforderten Tiefe zu erlernen. Das Kapitel 4 (Excel) enthält im Gliederungspunkt 4.5 zusätzlich Erarbeitungsmöglichkeiten komplexerer Funktionen und eine Kurzeinweisung in die Arbeit mit Makros und dem VBA-Code.

Das Übersichtsheft, das auch als PowerPoint-Präsentation auf der Daten-CD-ROM vorliegt, dient der Unterstützung der Lehrerinnen und Lehrer oder der Ausbilderinnen und Ausbilder.

Datenverarbeitung in der beruflichen Ausbildung

In berufsbildenden Schulen für Wirtschaft und Verwaltung und in der betrieblichen Ausbildung gehört die Unterrichtung in Datenverarbeitung mittlerweile zum Alltag jedes Bildungsganges.

In den Lehrplänen (Industrie, Großhandel, Bürokaufleute und Kaufleute für Bürokommunikation u. a.) wird die Anwendung der Datenverarbeitung als integrierter Bestandteil des Unterrichts in den Fächern

Allgemeine Wirtschaftslehre (Wirtschafts-und Soziallehre), Spezielle Betriebswirtschaftslehre (Geschäftsprozesse) und Rechnungswesen (Steuerung und Kontrolle) ausdrücklich gefordert. Unterricht findet im Fach Datenverarbeitung – nach einer Einführung in der Unterstufe – in der Mittel- und Oberstufe als eigenständiges Fach i.d.R. nicht mehr statt. Es erfolgt eine Einbindung in Geschäftsprozesse bzw. in die Lernfelder.

Im informationswirtschaftlich orientierten Unterricht (je nach Bundesland in ein spezielles Unterrichtsfach integriert, beispielsweise Bürowirtschaft oder Informationswirtschaft), der sich mit den Informationszusammenhängen in einem Unternehmen auseinandersetzt, ist der Einsatz von aktuellen Informationssystemen für eine praxisgerechte Ausbildung zwingend.

Die Frage, ob didaktische Software professionellen Programmen vorgezogen werden oder parallel zu ihnen eingesetzt werden sollte, ist durch die schulische Praxis weitgehend entschieden. Die Lehrpläne geben bei Textverarbeitung, Tabellenkalkulation und Datenbanken professioneller Standard-Software den Vorzug. Allerdings wird auch im Einzelfall unter Berücksichtigung des Faches, der Schülergruppe und der Komplexität der Programme eine Entscheidung zu Gunsten einer didaktischen Software getroffen.

Dank des zunehmenden Ausstattungsniveaus der Bildungseinrichtungen sind jedoch in den letzten Jahren deutliche Veränderungen zu beobachten und Windows-Programme aus der schulischen Ausbildung nicht mehr wegzudenken.

Ziel beruflicher Ausbildung

Ziel beruflicher Ausbildung ist die Hinführung der Lernenden zu beruflicher Handlungskompetenz, der Befähigung zu fachgerechter, persönlich durchdachter und sozial verantwortlicher Arbeit. Berufliche Handlungskompetenz beinhaltet nach Auffassung des Deutschen Bildungsrates sowohl Fach-, Human- und Sozialkompetenz als auch Methoden- und Lernkompetenz.

Um diese beruflichen Fähigkeiten zu erreichen bedarf es auch im Bereich der Datenverarbeitung konkreter Unterrichtsinhalte, an denen

sich die Zielerreichung messen lässt. Dies kann bei der Arbeit mit Standardsoftware wie Word, Excel oder Access nicht auf das Handling der Programme beschränkt sein, nach dem Motto „Welcher Knopf ist zu drücken, wenn ...?". Vielmehr müssen die Schülerinnen und Schüler mit konkreten Problemsituationen aus beruflichen Handlungsfeldern konfrontiert werden, die verschiedene Kompetenzbereiche ansprechen und deren Lösung sie mit Hilfe der Programme erproben können.

Der betriebswirtschaftliche Aspekt steht dabei im Vordergrund; die automatisierte Datenverarbeitung bietet lediglich die notwendige Unterstützung.

Es ist daher sinnvoll, für die kaufmännische Ausbildung ein Arbeitsbuch zu konzipieren, das spezifisch auf die Lernsituationen der Betroffenen zugeschnitten ist. Die Orientierung an konkreten Problemstellungen der betrieblichen Praxis erhöht die Akzeptanz eines Programmeinsatzes von Seiten der Schülerinnen und Schüler und steigert ihre Motivation.

Inhalte der Ausbildung in Datenverarbeitung

Der Einzug der Datenverarbeitung in die Arbeitswelt hat zu einschneidenden Veränderungen der Tätigkeiten geführt und wird dies mit der Weiterentwicklung der technischen Möglichkeiten sowohl der Hardware als auch der Software auch in Zukunft tun:

- Übernahme von Routinetätigkeiten durch ein komplexes digitales Informationssystem und damit Veränderung der Arbeitsabläufe,

- Zusammenführung bisher getrennt durchgeführter Aufgaben und damit Veränderung der klassischen betrieblichen Funktionsbereiche,

- Erhöhung der Kommunikations- und Kooperationsanforderungen und damit Veränderung im Mitarbeiterverhalten,

- Zunahme von Kontrolle und Transparenz der Arbeitshandlungen und damit Veränderung in der Vernetzung von Informationen.

Von modernen Mitarbeiterinnen und Mitarbeitern im kaufmännischen Bereich wird verlangt, dass sie sich problemlos in den neuen komplexen Informationssystemen zurechtfinden und die betrieblichen Datenbestände ökonomisch sinnvoll zu nutzen wissen.

Die kaufmännische Ausbildung muss sich diesen Veränderungen stellen und neue Fragen in ihre Unterrichtsinhalte einbinden:

- Wie kann der Zugriff auf die betrieblichen Daten erfolgen (Datenbeschaffung)?

- Wie können die gewonnenen Daten bearbeitet werden (Datenverarbeitung)?

- Wie kann eine Sicherung des umfangreichen Datenmaterials erfolgen (Datensicherung)?

- Wie erfolgt die Ausgabe/Bereitstellung als „Handlungsprodukt"?

Daneben müssen sich Ausbildungsinhalte auch zunehmend mit Entwicklungen von Kooperations- und Kommunikationsformen auseinandersetzen. Mit Hilfe der Aufgabenstellungen des Arbeitsbuches sollen die komplexen betrieblichen Informationszusammenhänge abgebildet und problematisiert werden. Die Schülerinnen und Schüler arbeiten selbstständig an Lösungsansätzen, präsentieren und begründen Vorgehensweisen und individuelle Entscheidungen. Fertige Lösungen (Black-Box-Lösungen) führen nicht zum gewünschten Erfolg.

Die Inhalte des Arbeitsbuches sind vorwiegend aus dem Arbeitsbereich der kaufmännischen Sachbearbeiterinnen und Sachbearbeiter gewählt, weil sie

- Problemstellungen beinhalten, die typisch für alle Arten von Unternehmungen sind,

- die wesentlichen Anwendungsmöglichkeiten der Programme abbilden können,

- für Lernende betriebswirtschaftlich leicht zugänglich sind.

Handlungsorientierung und Prozessorientierung als Unterrichtskonzeption

Die Einführung in eine neue Software impliziert, dass die Lernenden sich das Programm durch praktischen Handlungsvollzug erarbeiten. Auch im Bereich der automatisierten Datenverarbeitung zeigt der handlungsorientierte Ansatz entscheidende Vorzüge gegenüber anderen Unterrichtskonzeptionen (z. B. dem lernzielorientierten Ansatz).

Voraussetzung ist, dass die Schülerinnen und Schüler

1. sich mit der Aufgabenstellung identifizieren können und

2. diese nicht einen isolierten Fachinhalt hat, sondern komplexe berufsbezogene Handlungssituationen beinhaltet.

Dabei orientieren sich diese Situationen an gängigen kaufmännischen Geschäftsprozessen in Unternehmen. Anhand einer komplexen betrieblichen Situationen und eines einheitlichen Datenkranzes im Arbeitsbuch können die Schülerinnen und Schüler

- die Ausgangslage analysieren und das Handlungsziel festlegen (Orientierung),

- eine Handlungskonzeption entwickeln (Planung und Entscheidung),

- die geplanten Arbeitsschritte mit Hilfe von Microsoft Office 2010 durchführen (Durchführung),

- das Handlungsergebnis kontrollieren (Kontrolle und Reflexion).

Um eine betriebliche Ausgangssituation zu analysieren und die Zielkonzeption festzulegen, bedarf es gerade bei der Arbeit mit Excel oder Access eines umfangreichen Datenmaterials.

Ein für alle Problemstellungen einheitlicher Datenkranz (Modellbetrieb) erleichtert den Schülerinnen und Schülern den Zugang und die Identifikation mit der jeweiligen Handlungssituation. Zusätzlich eröffnen sich hieraus Möglichkeiten, im Rahmen von Lernfeldern wenigstens zeitweilig fächerübergreifend zu arbeiten.

Dem Arbeitsbuch sind die Ausgangsdaten einer Modellunternehmung, der ALLFIT Sportartikel GmbH, zu Grunde gelegt. Den Schwerpunkt der betrieblichen Situationsaufgaben machen dabei die Prozesse Auf-

tragsabwicklung und Warenwirtschaft (Korrespondenz, Warenbeschaffung, -lagerung und -verkauf) aus, bei denen eine besonders intensive Datenverarbeitung stattfindet.

Für die Entwicklung einer Handlungskonzeption zur zielgerichteten und unterrichtsökonomischen Bearbeitung (Unterrichtsstundentakt) der betrieblichen Problemstellungen sind den Schülerinnen und Schülern Leitaufgaben bzw. -fragen vorgegeben. Diese lassen jedoch, falls betriebswirtschaftlich sinnvoll oder programmtechnisch möglich, unterschiedliche Konzeptionen und Ergebnisse zu.

Die Evaluation der Lösungswege erfolgt durch einen Ausdruck der Arbeitsergebnisse. Eine Reflexion sollte ebenfalls dokumentiert und in einer Arbeitsmappe zusammengefasst werden.

Lehrer-/Schülerrolle

Der Aufbau des Arbeitsbuches ist auf Kompetenzerwerb und auf eine weitgehende Schülerselbstständigkeit ausgerichtet. Durch praktischen Handlungsvollzug erarbeiten sich die Schülerinnen und Schüler die erforderliche Fachkompetenz im grundlegenden Umgang mit den Programmen Word, Excel und Access sowie Basiskenntnisse bei den Anwendungen Outlook und PowerPoint.

Lehrerinnen und Lehrer stehen als Berater und Ansprechpartner bereit. In bestimmten Phasen des Unterrichts, z.B. bei der Abstimmung einer Handlungskonzeption, kann ein lehrerzentrierter Unterricht sinnvoll sein. Durch die enge Verknüpfung von betriebswirtschaftlichen Problemen mit der Datenverarbeitung werden Ansätze zur Methodenkompetenz in Lernfeldern erarbeitet.

Die Kooperations- und Kommunikationsfähigkeit wird dank Partnerarbeit, Kleingruppenarbeit oder gruppenübergreifender Abstimmung der Arbeitsergebnisse gefördert und führt zu größerer Sozialkompetenz der Schülerinnen und Schüler. Sie lernen, sich mit anderen rational und verantwortungsbewusst auseinanderzusetzen und zu verständigen.

Das Arbeitsbuch kann somit einen wichtigen Beitrag dazu leisten, die Lernenden zu beruflicher Handlungskompetenz zu führen. Es berück-

sichtigt die Lernfelddidaktik in der kaufmännischen Ausbildung, indem es kaufmännische Inhalte mit Kenntnissen der Datenverarbeitung/Informatik verknüpft und folglich Anregungen für eine Fächerintegration bietet.

Didaktisch-methodische Hinweise zum Arbeitsbuch

Das Arbeitsbuch ist so aufgebaut, dass es die Schülerinnen und Schüler über handlungsorientiertes Lernen zu beruflicher Handlungskompetenz führen kann. Die konkreten betrieblichen Situationen sind so komplex und fächerübergreifend bzw. berufsfeldorientiert gestaltet, dass sie vom Umfang her motivierend sind und einen erfolgreichen Lernprozess ermöglichen.

Das Arbeitsbuch folgt aus diesem Grund nicht in erster Linie der jeweiligen Programm-Systematik und erhebt keinen Anspruch auf eine vollständige Bearbeitung der Programmfunktionen im jeweiligen Lernbereich. Neben den allgemeinen Grundfunktionen werden die Programmbefehle vorrangig angewendet, die zur Lösung der vorliegenden Betriebssituation nötig sind.

Die selbstständige und individuelle Auseinandersetzung der Schülerinnen und Schüler mit den Programmen des Office-Paketes wird dadurch erleichtert, dass bei aufgeschlagenem Arbeitsbuch

• auf der linken Seite vorzugsweise eine betriebliche Handlungssituation beschrieben ist, ergänzt durch Leitaufgaben zur zielgerichteten Arbeit mit den teilweise sehr umfangreichen Programmfunktionen,

• vorzugsweise auf der rechten Seite selektiv Lösungshilfen angeboten werden, die die Programme in dieser Situation anbieten.

Lästiges Hin- und Herblättern wird so vermieden.

Zur Vermeidung unnötiger Datenerfassungsarbeit wird auf der beigefügten Daten-CD-ROM Übungsmaterial zu verschiedenen Aufgabenstellungen zur Verfügung gestellt. Im Arbeitsbuch ist dies durch das Speicher-Symbol 🖫 gekennzeichnet. Lösungen bzw. Beispiele zu den Aufgaben sind im Lehrer-Verzeichnis abgelegt.

Die Dateistruktur der Daten-CD-ROM
im Unterordner Material

- ▲ 📁 Allfit_Daten_und_Bilder
  - 📁 Access
  - ▷ 📁 Bilder
  - 📁 Excel
  - 📁 PowerPoint
  - 📁 Word
- ▲ 📁 Allfit_Loesungen
  - 📁 Access_Loesung
  - 📁 Excel_Loesung
  - 📁 PowerPoint_Loesung
  - 📁 Word_Loesung

Es bietet sich an, das umfangreiche Material der Daten-CD-ROM und des Arbeitsbuches (z. B. Bilanz, Gewinn- und Verlustrechnung, Kundenstammdatei, Artikeldatei, Preislisten, Absatzstatistik oder Umsatzstatistik) auch als Grundlage für zusätzliche Arbeitsschritte oder Auswertungen zu nutzen. Speziell im Excel-Teil bieten die Aufgabenstellungen weitergehende Anregungen zum Einsatz des Programms in betrieblichen Handlungssituationen und helfen den Lernenden dabei, Routine bei den unterschiedlichen Arbeitsschritten zu entwickeln.

Nach dem traditionellen Unterrichtsprinzip „vom Leichten zum Schweren" erfolgt die Erarbeitung der Programme Word, Excel und Access gewöhnlich in der hier aufgeführten systematischen Reihenfolge. Geht man jedoch von der Lernfelddidaktik aus, ist eine so strenge Vorgehensweise nicht sinnvoll und auch nicht möglich, da Unterrichtsinhalte situationsgerecht erarbeitet werden sollen. Die Datenverarbeitung soll ja den Schülerinnen und Schülern als Lernmittel für die Lösung umfangreicher betrieblicher Situationen dienen.

Für Nutzer ohne Vorkenntnisse in den Standard-Programmen werden zu Beginn der Kapitel zu Word und auch zu Excel jeweils grundle-

gende Funktionen beschrieben. Dies eröffnet die Möglichkeit, den Unterricht mit Anwendungen in Excel oder Word zu beginnen bzw. als eigenständige Grundkurse durchzuführen. Die sich daran anschließenden Seiten behandeln Lösungsansätze für komplexere betriebliche Handlungssituationen, die sich aus dem Wirtschaftslehre-Unterricht ergeben.

Das Kapitel zu Access setzt auf jeden Fall Vorkenntnisse voraus und sollte erst nach einer Einführung in eines der anderen Programme behandelt werden.

Systemkonfiguration und *Backstage-Bereich*

Eine Stärke der Windows-Applikationen liegt in der Vielzahl von Befehlen und Funktionen und ihren umfangreichen Anwendungsmöglichkeiten. Die Bedienerführung ist bei den verschiedenen Programmen weitgehend identisch.

In der Regel können identische Ergebnisse auf unterschiedlichen Lösungswegen erreicht werden:

- über die durch den Nutzer veränderbare Schnellstartleiste im linken oberen Bildschirmbereich,

- über die Icons des Menübandes mit den Schaltflächengruppen,

- über die Kontextmenüs der rechten Maustaste,
- über Shortcuts.

Jeder Anwender kann seine individuelle Arbeitsweise wählen.

Für die unterrichtliche Praxis bringen diese Wahlmöglichkeiten gleichzeitig erhebliche Nachteile. Schülerinnen und Schüler verlieren anfangs leicht die Übersicht angesichts der Informationsfülle. Zudem können durch notwendiges Experimentieren mit den alternativen Lösungsmöglichkeiten Grundeinstellungen des Systems verändert werden. Beim Neustart werden dann diese geänderten Konfigurationen geladen und können Probleme für nachfolgende Lerngruppen verursachen.

Zur Sicherung des Systems bzw. zur übersichtlichen Gestaltung der Bildschirmoberfläche sollte deshalb erwogen werden, im Anfangsunterricht die Einstellmöglichkeiten im so genannten Backstage-Bereich besonders herauszustellen. Die verschiedenen Fenster dieses Bereiches befinden sich unter der Schaltfläche *Datei – Optionen*. Das Übersichtsheft kann dabei unterstützend eingesetzt werden.

Besonders zu berücksichtigen waren dabei:

Unter *Allgemein*

- *Livevorschau* aktivieren oder deaktivieren.

- *Minisymbolleiste* für die Auswahl anzeigen.

- *Quickinfo-Format* für den Umfang der Anzeige der Featurebeschreibung bei der Arbeit mit den Programmen einstellen.

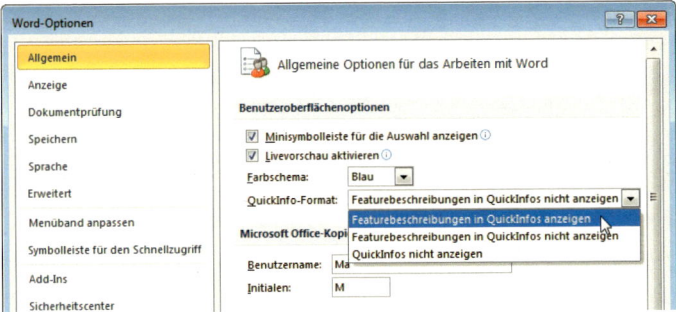

Unter *Erweitert*

- Anzeige der *Formatierungszeichen* auf dem Bildschirm in Word (Absatzmarken, Tabstoppzeichen, Leerzeichen usw.).

- Anzeigen der *Bearbeitungszeile* in Excel.

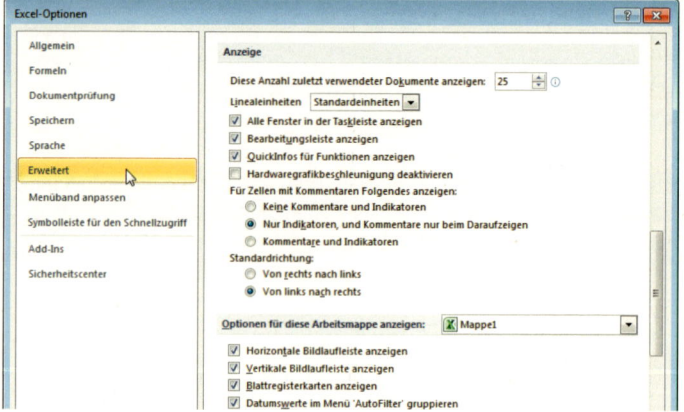

Speichern der Schüler-Dateien

Die unterrichtliche Praxis zeigt, dass Schülerdateien bei nicht ver-
netzten Systemen sehr häufig in den verschiedensten Verzeichnissen
des PC gespeichert werden.

Dieser „Wildwuchs" von Daten lässt sich weitestgehend begrenzen,
indem:

- entweder Dateien von Schülerinnen und Schülern von vornherein
  von externen Datenträgern eingelesen und auch gesichert werden

- oder die Office-Programme grundsätzlich auf ein eigenes dafür
  eingerichtetes Arbeitsverzeichnis zugreifen, das die Schülerdateien
  aufnimmt, die irrtümlich ohne Pfadangabe auf der Festplatte gespeichert werden.

Dieses Arbeitsverzeichnis wird über die Schaltfläche *Datei – Optionen
– Speichern* festgelegt.

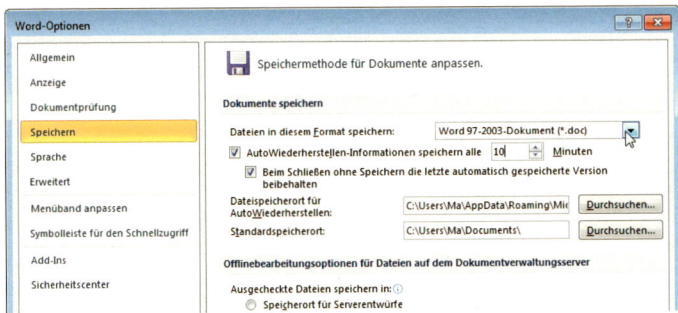

Hier sollte auch entschieden werden, in welchem Format die Dateien standardmäßig gespeichert werden sollen. Soweit in der Schule Rechner mit unterschiedlichen Office-Versionen existieren oder die Schülerinnen und Schüler Daten im privaten Bereich weiterverwenden oder weiterverarbeiten, sollte das Speicherformat *Word 97-2003-Dokument (*.doc)* bzw. *Excel 97-2003-Dokument (*.xls)* Verwendung finden.

Die Datendateien der CD-ROM haben grundsätzlich das Format von Office 2010 (*.docx, *.xlsx, *.pptx usw.) und müssen gegebenenfalls entsprechend mit *Speichern unter...* in das vorhergehende Dateiformat konvertiert werden.

Ältere Office-Versionen können aber auch mit dem Programm FileFormatConverters.exe in Stand gesetzt werden. Sie können es auf der Internetseite von Microsoft® kostenfrei herunterladen.

Office

class in a box

Handreichungen für den Unterricht

Word, Excel, Access, Outlook, PowerPoint
für kaufmännische Anwendungen

Cornelsen

Willkommen im neuen Office
Word, Excel und PowerPoint im Überblick

Textwerkstatt

Zahlenlabor

Hörsaal

Der Zentralschalter – Das Datei-Menü

- Das **Menüregister *Datei*** ist in allen Programmen in gleicher Weise vorhanden. Es enthält Befehle, die die Datei als Ganzes betreffen.

- Ein Klick auf die Schaltflächen öffnet zusätzliche Auswahlfenster mit weiteren Optionen.

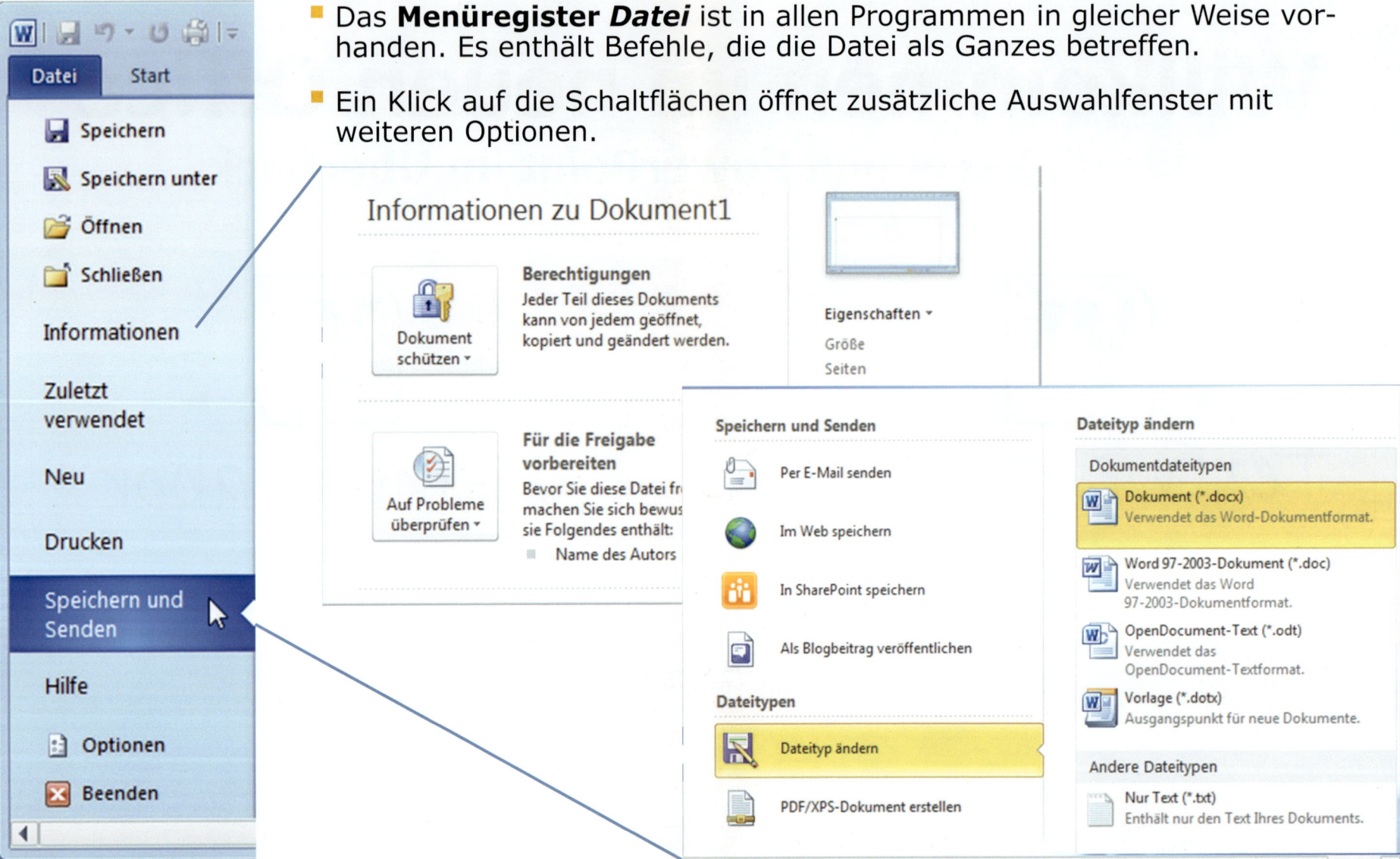

2

Dokument1 - Micr

Datei | Start

Symbolleiste für den Schnellzugriff anpassen

- Neu
- Öffnen
- ✓ Speichern
- E-Mail
- ✓ Schnelldruck
- Seitenansicht und Drucken
- Rechtschreibung und Grammatik
- ✓ Rückgängig
- ✓ Wiederholen
- Tabelle zeichnen
- Zuletzt verwendete Datei öffnen
- **Weitere Befehle...**
- Unter dem Menüband anzeigen

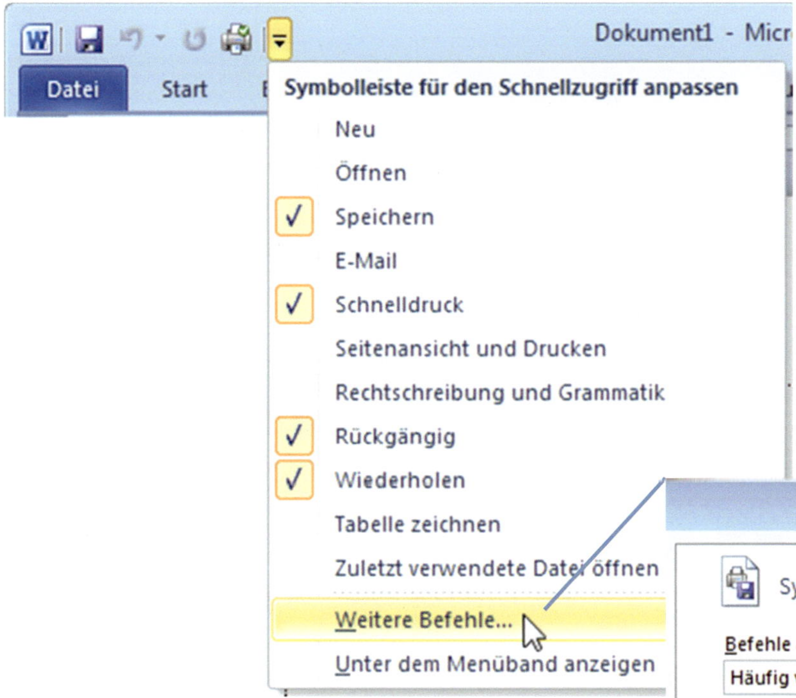

- Ein Klick auf den Pfeil öffnet das Auswahlfeld mit häufig genutzten Befehlen.

- ✓ Die Aktivierung fügt den Befehl der Schnellstartleiste hinzu.

- *Weitere Befehle...* öffnet einen umfassenden Auswahl-Dialog.

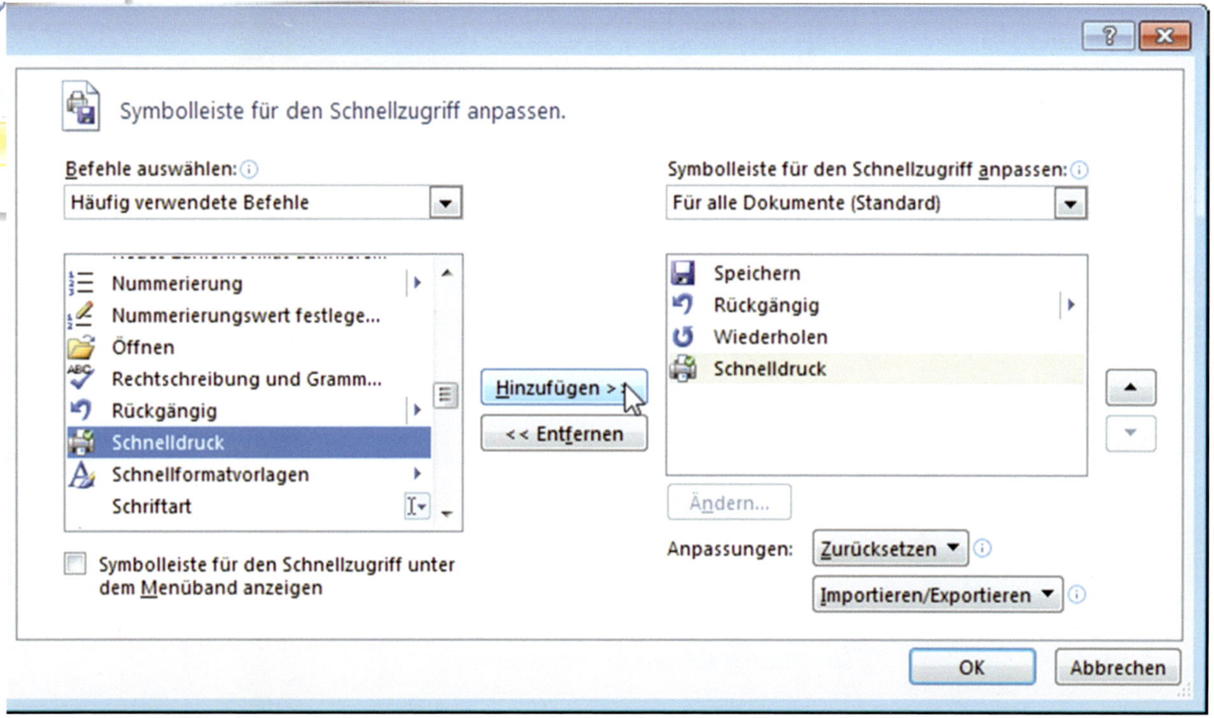

Symbolleiste für den Schnellzugriff anpassen.

Befehle auswählen: ⓘ

Häufig verwendete Befehle

- ⅟≣ Nummerierung ▸
- ✎ Nummerierungswert festlege...
- 📂 Öffnen
- ABC Rechtschreibung und Gramm... ▸
- ↺ Rückgängig ▸
- 🖶 Schnelldruck
- A̲ Schnellformatvorlagen ▸
- Schriftart I▾

Symbolleiste für den Schnellzugriff anpassen: ⓘ

Für alle Dokumente (Standard)

- 💾 Speichern
- ↺ Rückgängig ▸
- ↻ Wiederholen
- 🖶 Schnelldruck

Hinzufügen >

<< Entfernen

☐ Symbolleiste für den Schnellzugriff unter dem Menüband anzeigen

Ändern...

Anpassungen: Zurücksetzen ▾ ⓘ

Importieren/Exportieren ▾ ⓘ

- Markieren Sie den gewünschten Befehl.

- Übernehmen Sie den Befehl mit *Hinzufügen>>* in die Symbolleiste.

- ▲ ▼ Ändern Sie die Reihenfolge nach Ihren Wünschen.

OK | Abbrechen

- Unter dem Register **Datei** befindet sich die Backstage-Ansicht mit dem Menü **Optionen**.
Hier lässt sich das Verhalten jedes Office-Programmes individuellen Wünschen anpassen.

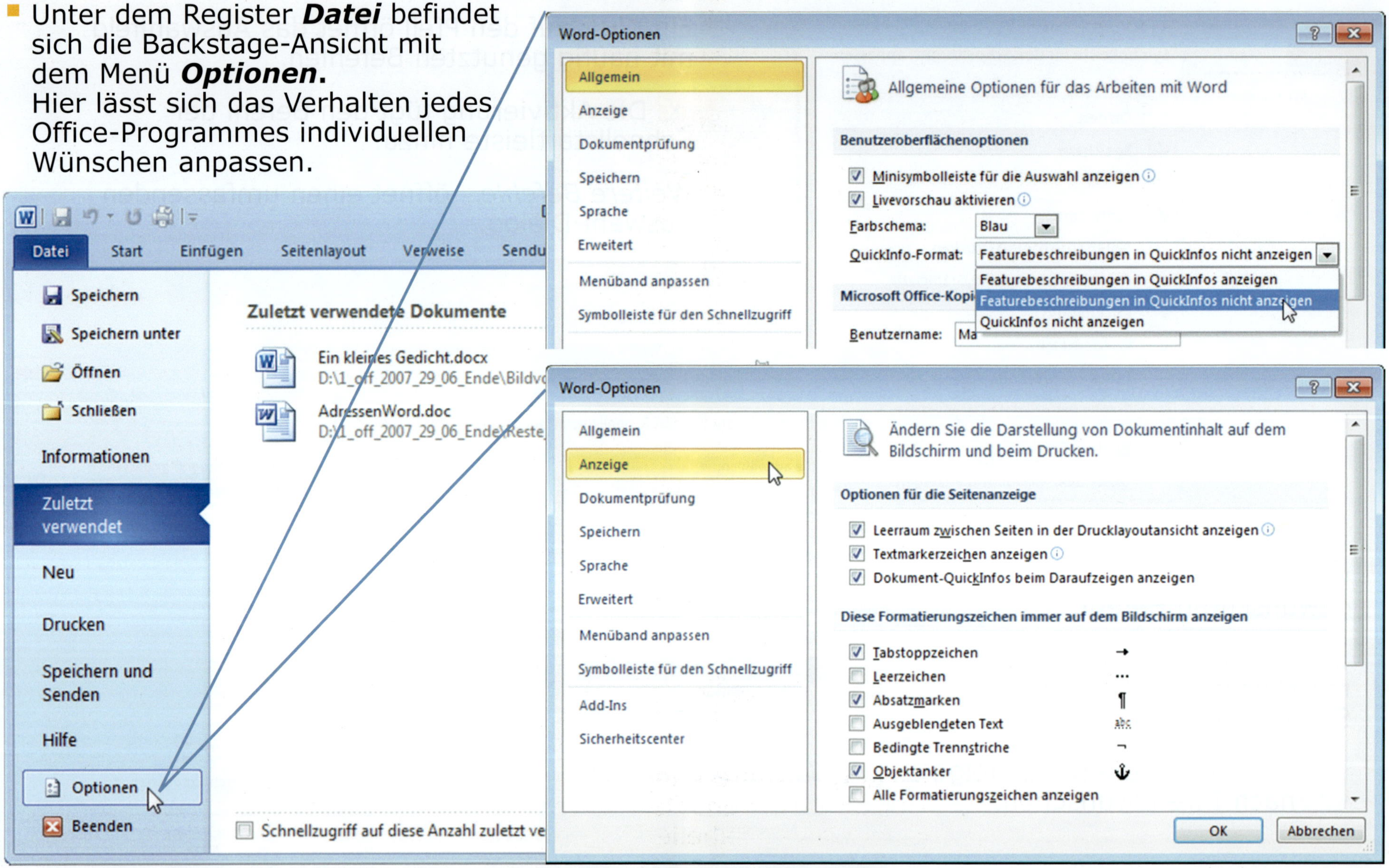

Word-Optionen

Allgemein	Allgemeine Optionen für das Arbeiten mit Word
Anzeige	
Dokumentprüfung	**Benutzeroberflächenoptionen**
Speichern	☑ Minisymbolleiste für die Auswahl anzeigen ⓘ
Sprache	☑ Livevorschau aktivieren ⓘ
Erweitert	Farbschema: Blau ▾
	QuickInfo-Format: Featurebeschreibungen in QuickInfos nicht anzeigen ▾
Menüband anpassen	Featurebeschreibungen in QuickInfos anzeigen
Symbolleiste für den Schnellzugriff	**Microsoft Office-Kopi** Featurebeschreibungen in QuickInfos nicht anzeigen
	QuickInfos nicht anzeigen
	Benutzername: Ma

Datei Start Einfügen Seitenlayout Verweise Sendu

- Speichern
- Speichern unter
- Öffnen
- Schließen

Informationen

Zuletzt verwendet

Neu

Drucken

Speichern und Senden

Hilfe

- Optionen
- Beenden

Zuletzt verwendete Dokumente

Ein kleines Gedicht.docx
D:\1_off_2007_29_06_Ende\Bildvo

AdressenWord.doc
D:\1_off_2007_29_06_Ende\Reste

☐ Schnellzugriff auf diese Anzahl zuletzt ve

Word-Optionen

Allgemein	Ändern Sie die Darstellung von Dokumentinhalt auf dem Bildschirm und beim Drucken.
Anzeige	
Dokumentprüfung	**Optionen für die Seitenanzeige**
Speichern	☑ Leerraum zwischen Seiten in der Drucklayoutansicht anzeigen ⓘ
Sprache	☑ Textmarkerzeichen anzeigen ⓘ
Erweitert	☑ Dokument-QuickInfos beim Daraufzeigen anzeigen
Menüband anpassen	**Diese Formatierungszeichen immer auf dem Bildschirm anzeigen**
Symbolleiste für den Schnellzugriff	☑ Tabstoppzeichen →
Add-Ins	☐ Leerzeichen ⋯
Sicherheitscenter	☑ Absatzmarken ¶
	☐ Ausgeblendeten Text
	☐ Bedingte Trennstriche ¬
	☑ Objektanker ⚓
	☐ Alle Formatierungszeichen anzeigen

OK Abbrechen

Schaltfläche **Datei** *(Backstage-Ansicht)*

Menüband

Registerkarte *Start*

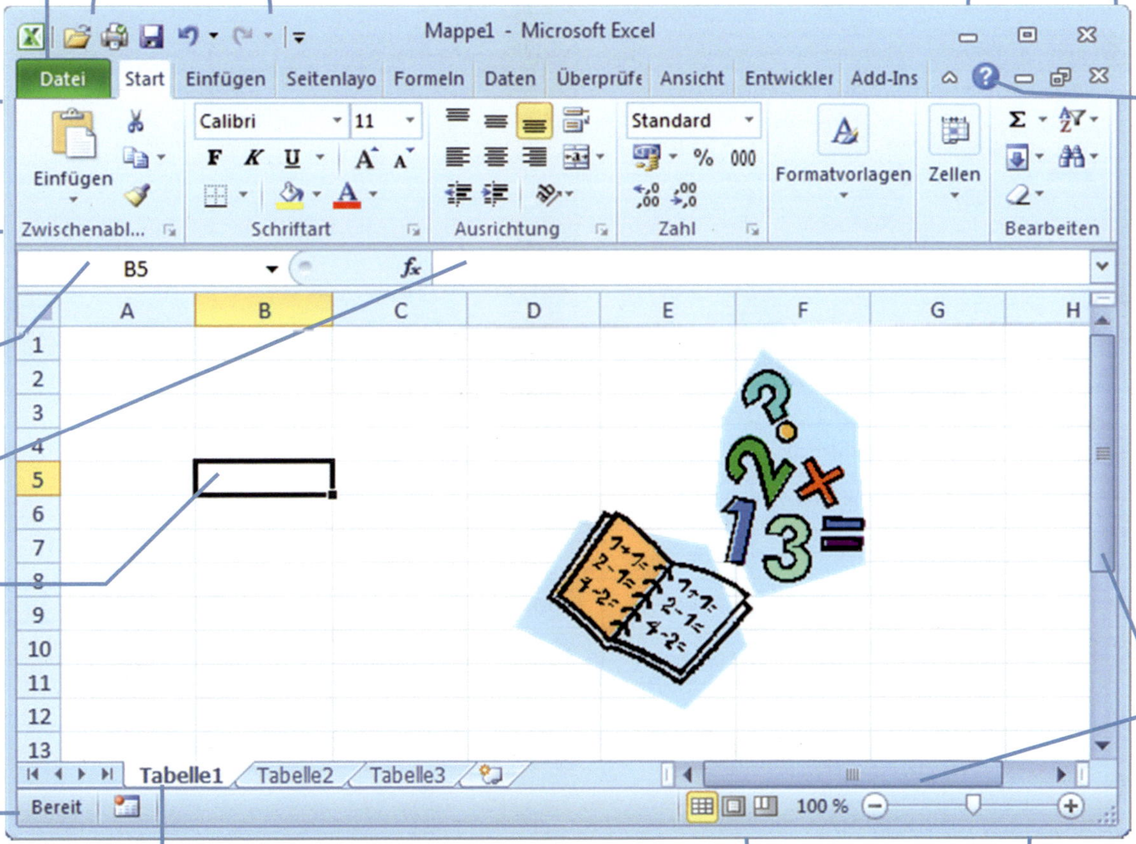

Name der **aktiven Zelle**

Eingabefeld

Zellzeiger auf aktiver Zelle

Statusleiste

Schnellstartleiste, erweiterbar durch Benutzer

Excel-Fenster *minimieren / maximieren / schließen*

Hilfe

Mappe1 - Microsoft Excel

Datei | Start | Einfügen | Seitenlayo | Formeln | Daten | Überprüfe | Ansicht | Entwickler | Add-Ins

Calibri | 11

F K U | A A

Standard

% 000

Einfügen

Zwischenabl... | Schriftart | Ausrichtung | Zahl | Formatvorlagen | Zellen | Bearbeiten

B5 | fx

A | B | C | D | E | F | G | H

1
2
3
4
5
6
7
8
9
10
11
12
13

Tabelle1 | Tabelle2 | Tabelle3

Bereit | 100 %

Bildlauf-leisten

Eine Excel-**Arbeitsmappe** kann mehrere **Tabellenblätter** enthalten. Das letzte Register fügt ein leeres Tabellenblatt hinzu.

Ansichten und **Zoom**

Spaltenbreite einstellen

Zellen verbinden:
Start | Ausrichtung |

Zellen drehen:
Start | Ausrichtung |

Seitenränder einstellen

Schriftfarbe:
Rechtsklick |

Folie illustrieren:
Einfügen | ClipArt

Schriftgröße:
Rechtsklick | 10

Zeilenhöhe einstellen

Zelle einfärben:
Rechtsklick |

Erst Text eingeben, dann Tabelle gestalten

Text zentrieren:
Rechtsklick |

Zelle einrahmen:
Rechtsklick |

Zeilenumbruch:
Start | Ausrichtung |

Seitenlayout wählen:
Ansicht | Seitenlayout

Excel-Fenster:

77_Stundenplan.xlsx - Microsoft Excel

Datei | Start | Einfügen | Seitenlayout | Formeln | Daten | Überprüfen | Ansicht

C3 — fx Mathematk

Klicken Sie hier, um eine Kopfzeile hinzuzufügen

Stundenplan

	Mo	Di	Mi	Do	Fr
8:00 8:45	Mathematk	Englisch	Politik	Englisch	Chemie
8:50 9:35	Religion	Deutsch	Mathematik	Deutsch	Englisch
9:50 10:35	Arbeitslehre	Sport	Physik	Kunst	Mathematik
10:40 11:25	Arbeitslehre	Sport	Englisch	Kunst	Deu
11:40 12:25	Physik	Mathematik	Deutsch	Geschichte	Politik
12:30 13:15	Geschichte	Chemie	Religion		

Stundenplan | Rohfassung

Bereit | Seite: 1 von 1 | 100 %

Excel-Tabellen sehen nicht nur schön aus:

- Jede einzelne Zelle kann bei Excel einen **Text** ('Jungen), eine **Zahl** (13) oder eine **Formel** (=13+17)/2) enthalten.

- Eine Formel für Berechnungen beginnt immer mit einem **Gleichheitszeichen** (=).

- Formeln bestehen aus Zahlen (27, -11,29), Rechenbefehlen (+,-,*,/ ,^), Klammern () und Funktionen (z.B. SUMME()).

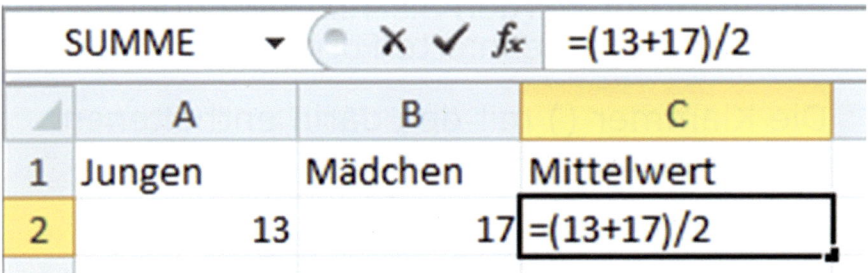

- An Stelle einer Zahl kann eine Formel auch einen **Bezug** zu einer anderen Zelle enthalten.

- Die **Bearbeitungszeile** zeigt die Formel.

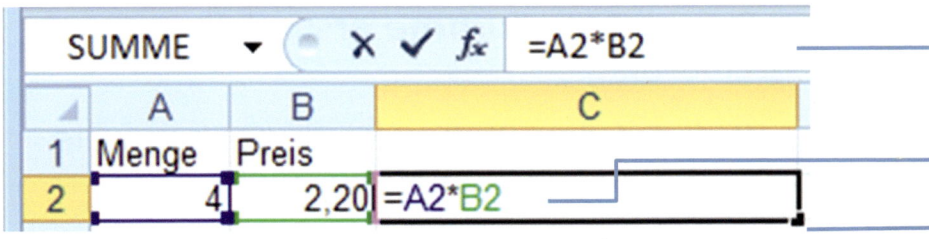

- **Bezüge** hebt Excel farbig hervor.

- Nach Bestätigung mit der Return-Taste erscheint in der Zelle C2 das Ergebnis 8,80.

- Absolute Zahlen und Zellbezüge können zusammen in einer Formel verwendet werden.

- Für die Klammersetzung gelten die allgemeinen Regeln der Mathematik.

C1	▼		f_x	=(B1+SUMME(A1:A3))*3,14
	A	B		C
1	3	11		65,94
2	5			
3	2			

- **Funktionen** werden als Text geschrieben und beinhalten vordefinierte Formeln.

- Die Klammer () mit den darin enthaltenen **Argumenten** gehört zwingend dazu.

- Argumente können Sie
einzeln aufzählen =SUMME(3;5;9)
oder als Zellbereich angeben =SUMME(A1:C3)

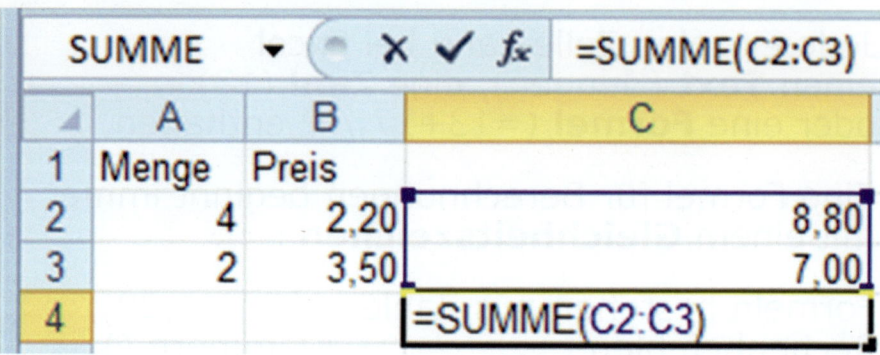

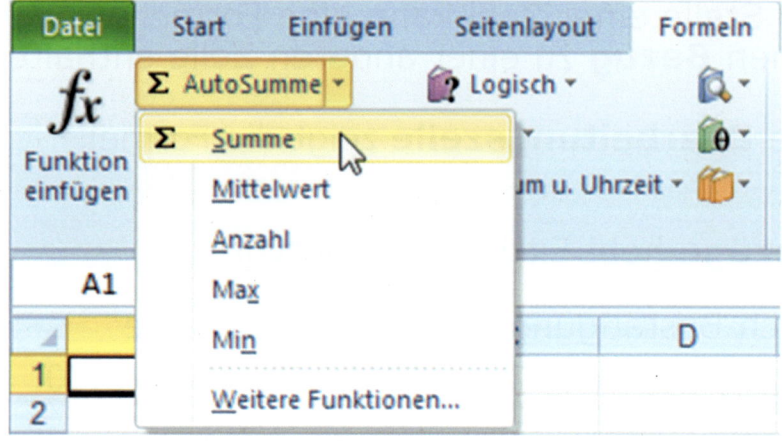

- Der Befehl **AutoSumme** erspart Ihnen viel Schreibarbeit.

- Ein Klick auf den Pfeil ermöglicht Ihnen die Auswahl aus weiteren Funktionen.

- Excel denkt mit und rahmt mögliche Zellbereiche ein.

- Ändern Sie den Bereich oder bestätigen Sie die Auswahl.

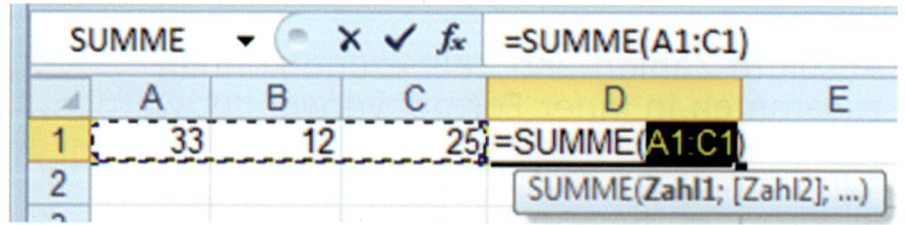

- Das **Format** ändert die Darstellung der Zelle.

- Im Zahlenformat einer Zelle können auch **Einheiten** enthalten sein (€,%), oder beliebig definiert werden (z.B. km/h).

- Der numerische Wert für Berechnungen wird durch das Zahlenformat nicht beeinflusst.

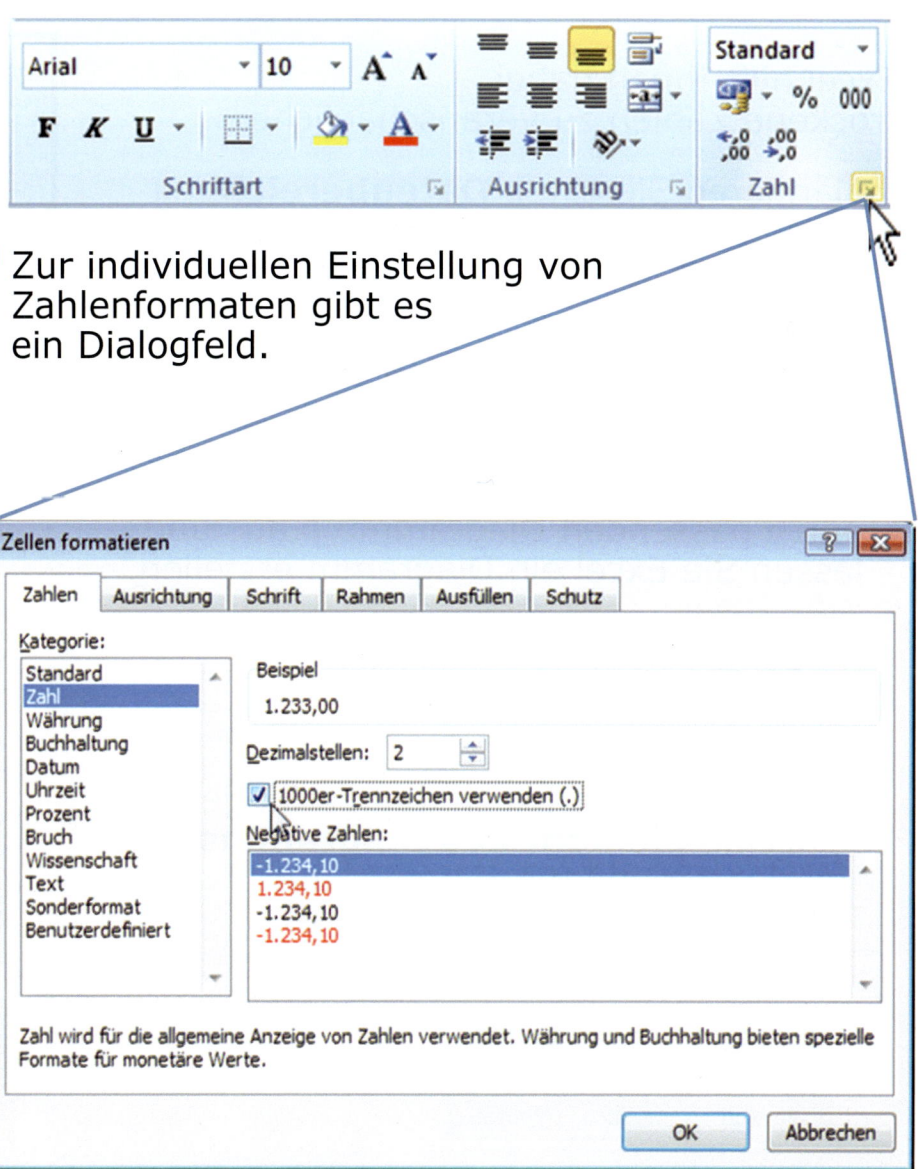

- Zur individuellen Einstellung von Zahlenformaten gibt es ein Dialogfeld.

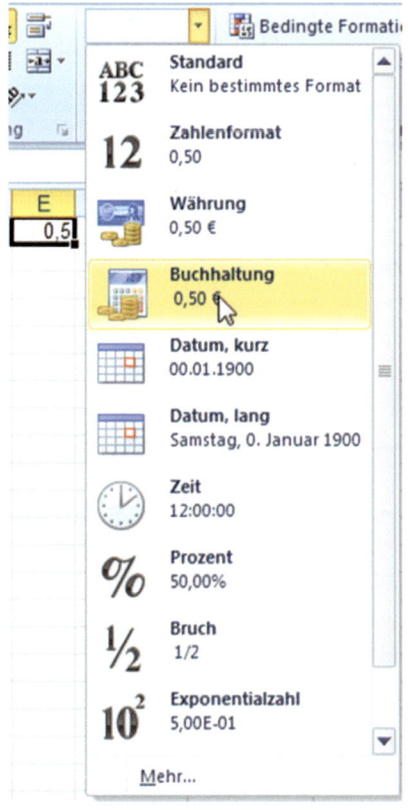

- Dezimalstellen können schnell hinzugefügt oder entfernt werden.

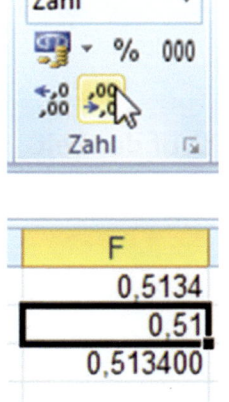

Excel hilft Ihnen dabei, trockene Zahlen zu veranschaulichen:

	Hosenträger	Ledergürtel
1945	377	326
1960	502	290
1975	490	341
1990	426	559
2007	167	601

- Markieren Sie einen **Datenbereich** mit Spalten- und Zeilenüberschriften, der sich für ein Diagramm eignet.

  Tipp: Mit Hilfe der <Strg>-Taste lassen sich auch unzusammenhängende Ausschnitte einer Tabelle markieren.

- Wählen Sie auf dem Menüband **Einfügen** einen passenden Diagrammtyp aus und lassen Sie Excel ein Diagramm erstellen.

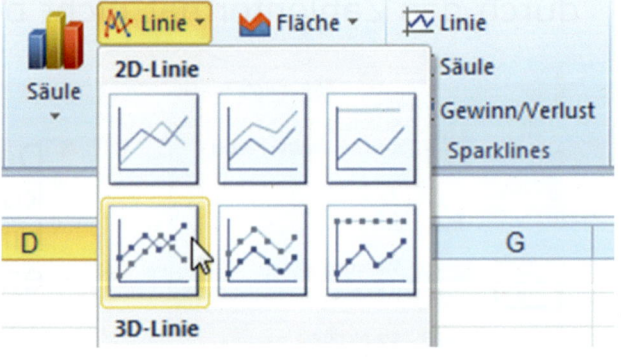

- Im Entwurf von Excel können Sie jedes einzelne **Element des Diagramms** markieren und mit Hilfe der drei Kontextregister *Diagrammtools* ausgestalten und nachbearbeiten.

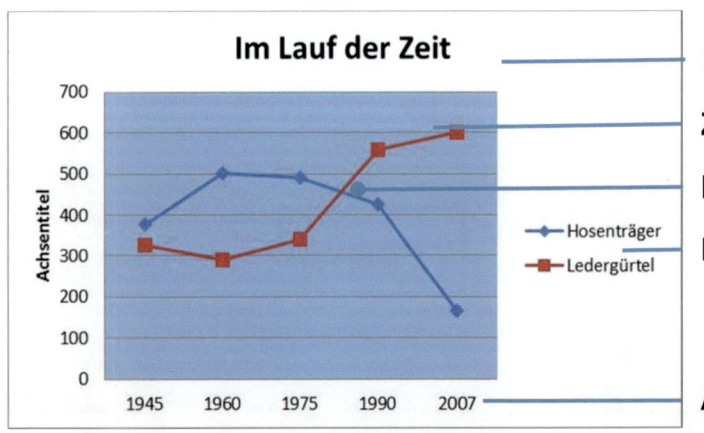

Diagrammtitel

Zeichnungsfläche

Datenreihe

Legende

Achsenbeschriftung

Excel hilft beim Verwalten von Listen: Befindet sich der Zellzeiger in einer zusammenhängenden Liste, so erkennt Excel deren Bereich und erlaubt es, die Liste unabhängig von anderen Bereichen zu sortieren, zu filtern oder auszuwerten.

- Listen enthalten pro Zeile einen **Datensatz**. Gleiche **Felder** der Datensätze stehen in der gleichen Spalte. Die erste Zeile enthält meist die **Feldnamen**.

	A	B	C	D	E	F	G
1							
2		Bezirk	KdNr	KdTyp	KdName	KdOrt	Umsatz
3		4	2001	E	Sport Alm T. Alt	München	8.000
4		5	2002	E	Sport Shop Sabine	Augsburg	23.000
5		5	2003	K	Euro-Sport-Freizeit	München	4.000
6		1	2009	E	Tennis & Golf GmbH	Bonn	11.000
7		1	2010	E	Insider Sport GmbH	Köln	6.000
8		1	2011	E	Exclusiv Sport GmbH	Köln	3.000

- **Sortieren:** Datensätze nach einem Feldinhalt gruppieren und in alphabetische oder numerische Reihenfolge bringen

- **Filtern:** Elemente der Liste heraussuchen, die eine bestimmte Bedingung erfüllen

- **Teilergebnisse:** Zählen, wie viele Kunden aus welchem Ort kommen oder Umsätze getrennt nach Orten aufaddieren

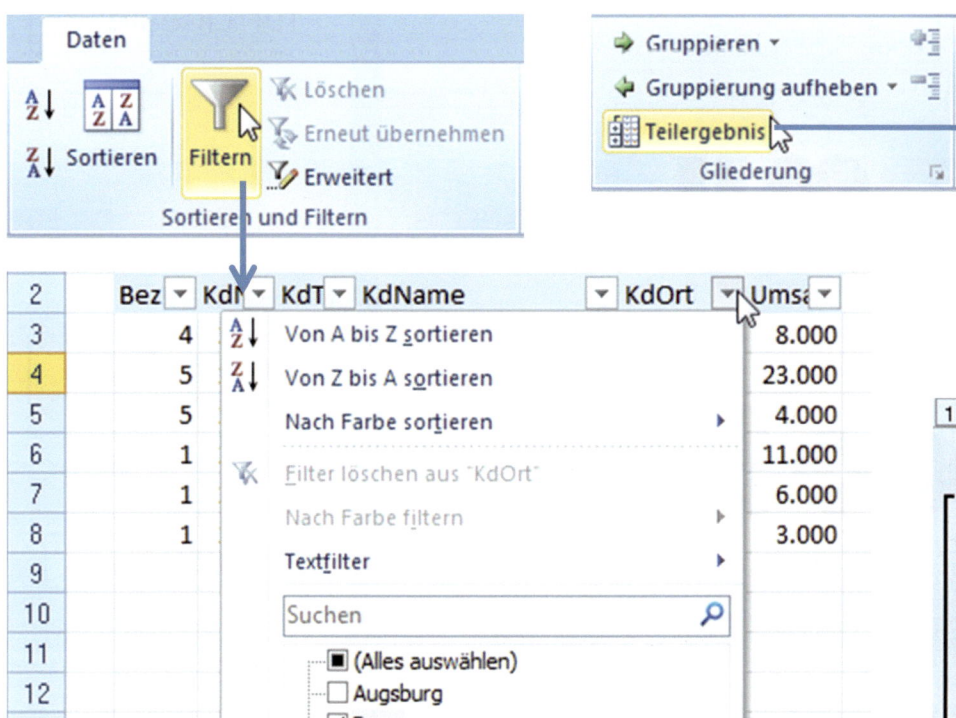

1 2 3		A	B	C	D	E	F	G
	1							
	2		Bezirk	KdNr	KdTyp	KdName	KdOrt	Umsatz
	3		5	2002	E	Sport Shop Sabine	Augsburg	23.000
	4						**Augsburg Ergebnis**	23.000
	5		1	2009	E	Tennis & Golf GmbH	Bonn	11.000
	6						**Bonn Ergebnis**	11.000
	7		1	2010	E	Insider Sport GmbH	Köln	6.000
	8		1	2011	E	Exclusiv Sport GmbH	Köln	3.000
	9						**Köln Ergebnis**	9.000

Kleines Word-Wörterbuch

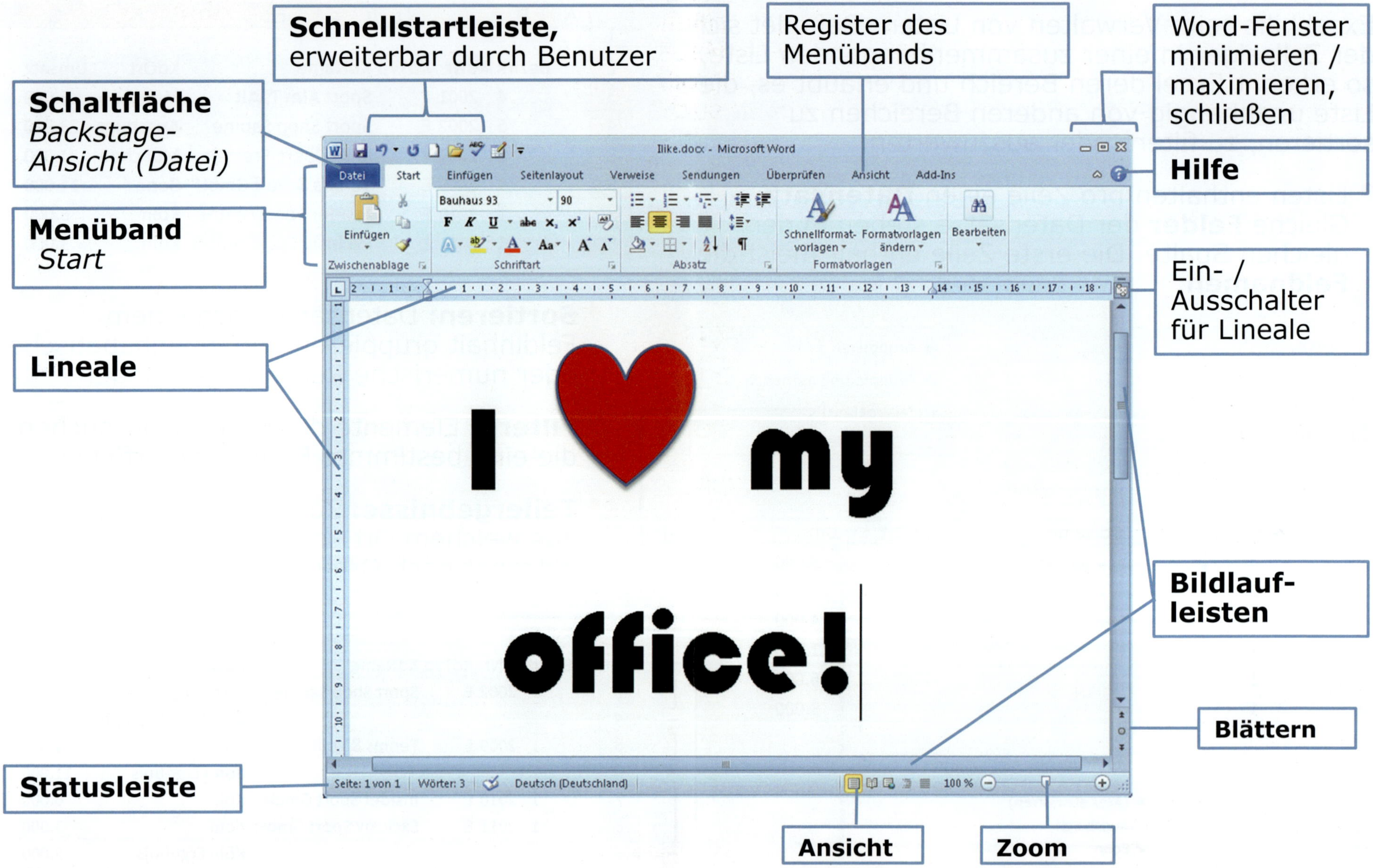
Schnellstartleiste, erweiterbar durch Benutzer
Register des Menübands
Word-Fenster minimieren / maximieren, schließen
Schaltfläche *Backstage-Ansicht (Datei)*
Hilfe
Menüband *Start*
Lineale
Ein- / Ausschalter für Lineale
Bildlauf-leisten
Blättern
Statusleiste
Ansicht
Zoom
Ilike.docx - Microsoft Word
Datei
Start
Einfügen
Seitenlayout
Verweise
Sendungen
Überprüfen
Ansicht
Add-Ins
Bauhaus 93
90
Einfügen
Zwischenablage
Schriftart
Absatz
Schnellformatvorlagen
Formatvorlagen ändern
Formatvorlagen
Bearbeiten
I my office!
Seite: 1 von 1
Wörter: 3
Deutsch (Deutschland)
100 %

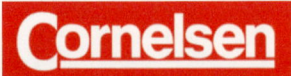

Einfaches Anklicken des **Registers** wählt das entsprechende **Menüband**.

Nach Auswahl eines Menübands kann man mit dem Mausrad durch die Register scrollen, z.B. um einen Befehl zu suchen.

Ein Doppelklick schließt das Menüband. Von jetzt an wird sie auf Anforderung ein- und gleich wieder ausgeblendet.

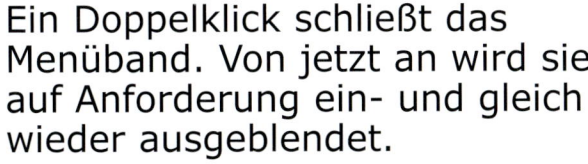

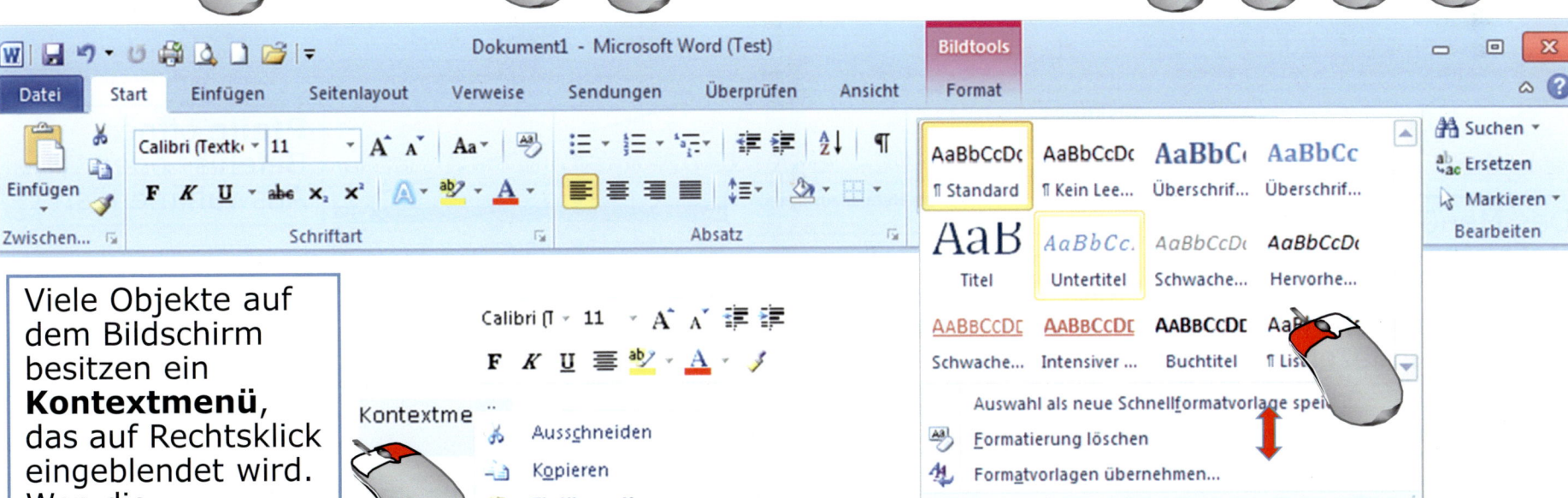

Viele Objekte auf dem Bildschirm besitzen ein **Kontextmenü**, das auf Rechtsklick eingeblendet wird. Wen die zusätzliche **Minisymbolleiste** zu oft stört, der kann sie in den Word-Optionen auch ausschalten.

Einige Schaltflächen öffnen einen ganzen **Katalog** mit Formatierungs-vorschlägen. Durch Ziehen an der Unterkante lässt sich die Auswahl verkleinern und die Übersicht oft verbessern.

Zu jeder **Registerkarte** (Start, Seitenlayout, ...) gehört ein individuelles Menüband. Entwicklertools erscheinen nur, wenn sie in den *Optionen* freigegeben sind. Beim Anklicken mancher Objekte erscheinen im Fensterrahmen spezielle **Kontextregister.**

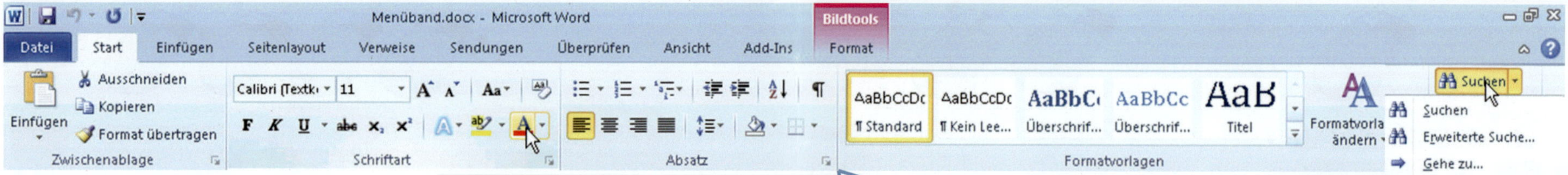

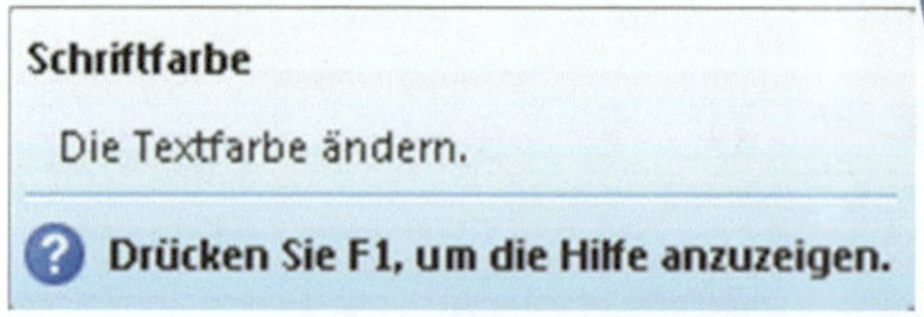

Pfeile öffnen Befehls- oder Auswahlmenüs.

Das Menüband ist in **Befehlsgruppen** gegliedert. Bei Platzmangel werden nur die Gruppen angezeigt.

Über **Schaltflächen** zeigt der Mauszeiger den **Befehlsnamen** und eine kurze Hilfe.

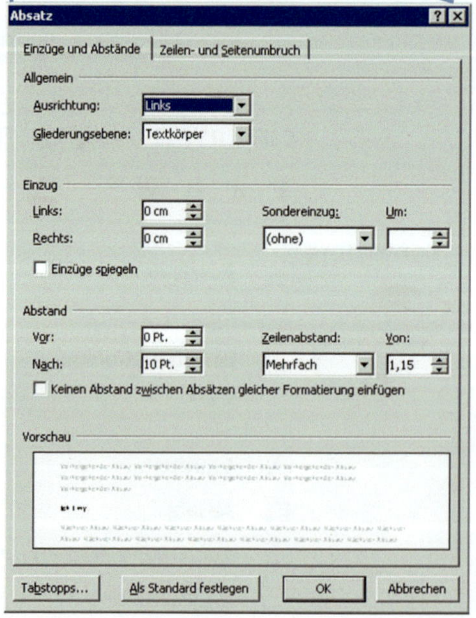

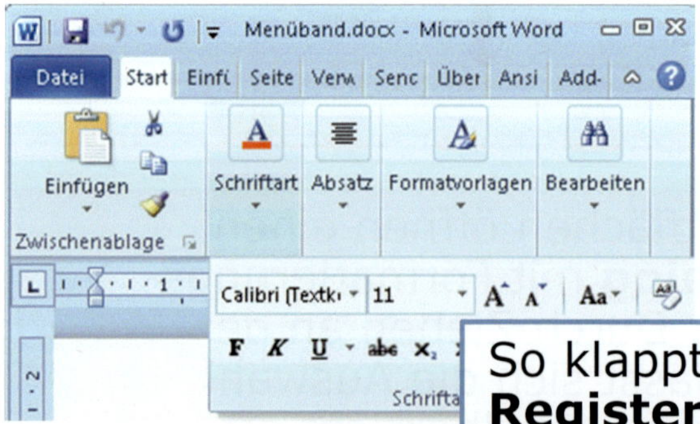

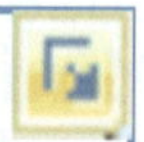

In vielen Gruppen gibt es einen **Dialog** zum Feintuning.

So klappt die Verständigung:
Register | Gruppe | Befehl
Start | Schriftart | Schriftfarbe

Textgliederung und -bearbeitung

Word hält Werkzeuge bereit, um unterschiedliche Teile eines Textes zu verwalten und zu bearbeiten.

Zeichen
- korrigieren, suchen, ersetzen
- Schriftart, Schriftgröße, Farbe festlegen
- formatieren (fett, kursiv, unterstrichen)
- hochstellen, tiefstellen, verzieren (Initial)

Wort
- markieren (Doppelklick), umstellen
- Textbausteine einfügen
- Textmarken setzen, Hyperlinks anspringen
- Rechtschreibprüfung

- markieren (im Rand), verschieben, Zeichen formatieren

Zeile

Satz
- markieren (Strg+Klick)
- umstellen, formatieren, markern
- Grammatikprüfung

- Umbruch

Spalte

Absatz
- markieren (Dreifachklick), sortieren
- Ausrichtung (Blocksatz), Einzüge, Rahmen
- Tabulatoren, Tabellen, Rahmen
- Zeilen- und Absatzabstand
- Nummerierung, Gliederung

- Rahmen, Hintergrund
- Bilder positionieren
- Umbruch
- Seitennummerierung

Seite

Abschnitt
- Seitenaufbau, Hoch- oder Querformat
- Kopfzeile, Fußzeile
- Spaltensatz
- Zeilennummerierung

Buch
- Kapitelnummerierung
- Inhaltsverzeichnis, Index
- Layout

1. Geben Sie zunächst einfach nur den Text ein – ohne jede Formatierung:

Die Welt hinter den Buchstaben

Die neue Produktion der „Schattenfänger"

Dass Lesen nicht nur spannend, sondern auch gefährlich sein kann, zeigt die Arbeitsgruppe Schwarzes Theater. Was harmlos beginn, endet in verwegenen Abenteuern, die ein junges Mädchen bestehen muss, um ihren kleinen Bruder aus den Händen des finsteren Herrschers der Unterwelt zu retten.

Das müssen Sie gesehen haben!

2. Weisen Sie den Absätzen des Textes statt Schriftarten Formatvorlagen zu:

Die Welt hinter den Buchstaben

Die neue Produktion der „Schattenfänger"

Dass Lesen nicht nur spannend, sondern auch gefährlich sein kann, zeigt die Arbeitsgruppe Schwarzes Theater. Was harmlos beginn, endet in verwegenen Abenteuern, die ein junges Mädchen bestehen muss, um ihren kleinen Bruder aus den Händen des finsteren Herrschers der Unterwelt zu retten.

Das müssen Sie gesehen haben!

3. Ersetzen Sie Standard-Formatvorlagensatz durch einen passenderen:

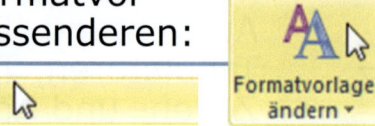

DIE WELT HINTER DEN BUCHSTABEN

DIE NEUE PRODUKTION DER „SCHATTENFÄNGER"

Dass Lesen nicht nur spannend, sondern auch gefährlich sein kann, zeigt die Arbeitsgruppe Schwarzes Theater. Was harmlos beginn, endet in verwegenen Abenteuern, die ein junges Mädchen bestehen muss, um ihren kleinen Bruder aus den Händen des finsteren Herrschers der Unterwelt zu retten.

DAS MÜSSEN SIE GESEHEN HABEN!

4. Experimentieren Sie mit anderen Farben und Schriftarten:

DIE WELT HINTER DEN BUCHSTABEN

DIE NEUE PRODUKTION DER „SCHATTENFÄNGER"

Dass Lesen nicht nur spannend, sondern auch gefährlich sein kann, zeigt die Arbeitsgruppe Schwarzes Theater. Was harmlos beginn, endet in verwegenen Abenteuern, die ein junges Mädchen bestehen muss, um ihren kleinen Bruder aus den Händen des finsteren Herrschers der Unterwelt zu retten.

DAS MÜSSEN SIE GESEHEN HABEN!

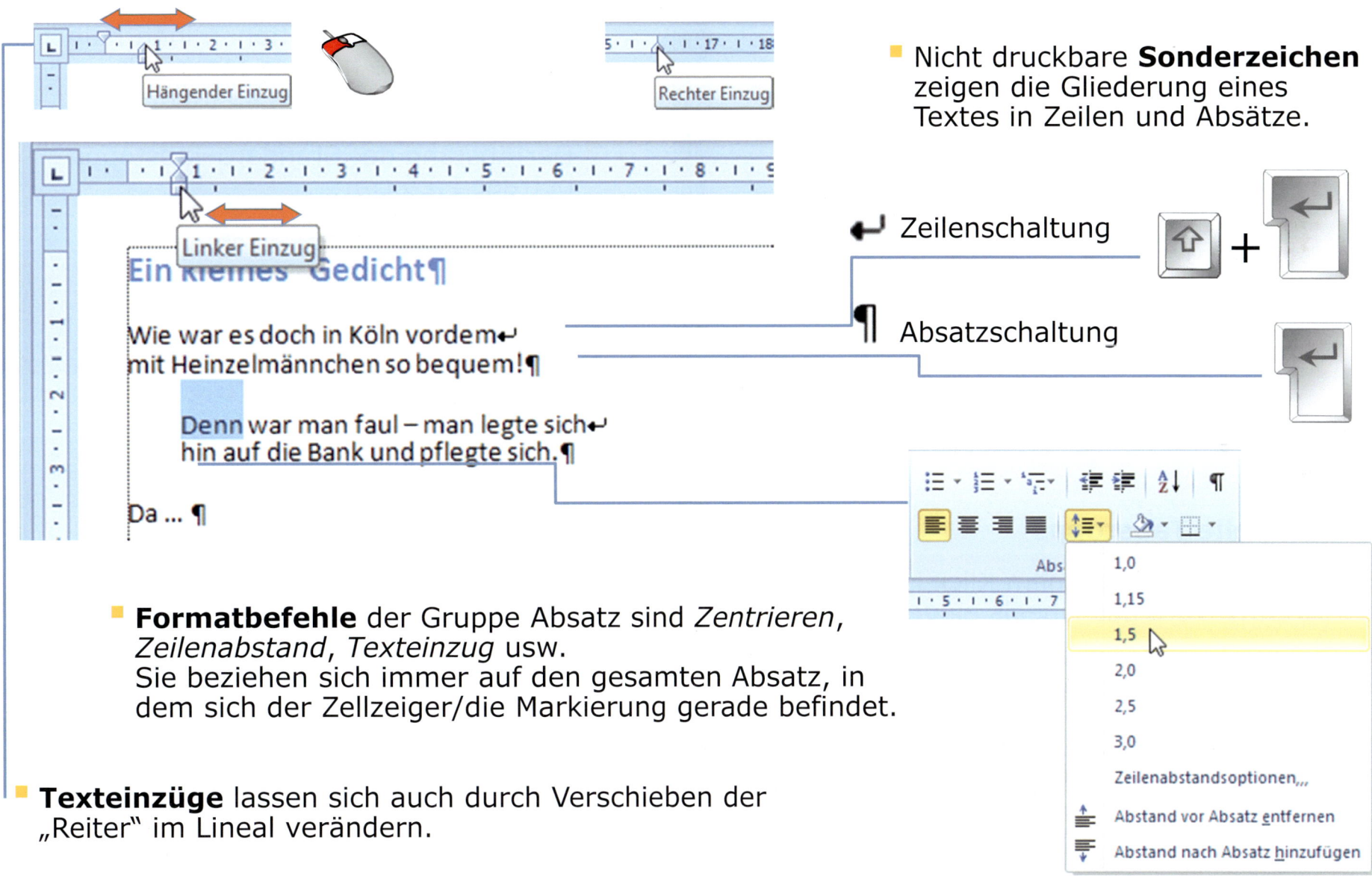

- Nicht druckbare **Sonderzeichen** zeigen die Gliederung eines Textes in Zeilen und Absätze.

↵ Zeilenschaltung

¶ Absatzschaltung

- **Formatbefehle** der Gruppe Absatz sind *Zentrieren*, *Zeilenabstand*, *Texteinzug* usw.
  Sie beziehen sich immer auf den gesamten Absatz, in dem sich der Zellzeiger/die Markierung gerade befindet.

- **Texteinzüge** lassen sich auch durch Verschieben der „Reiter" im Lineal verändern.

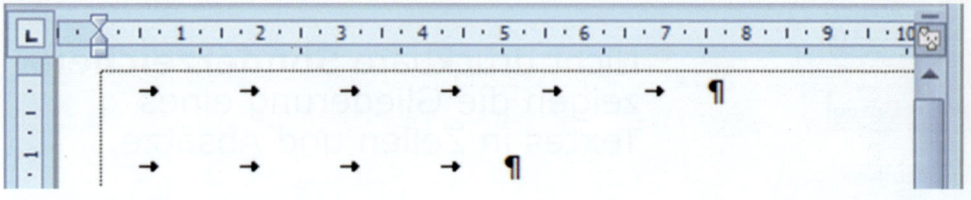

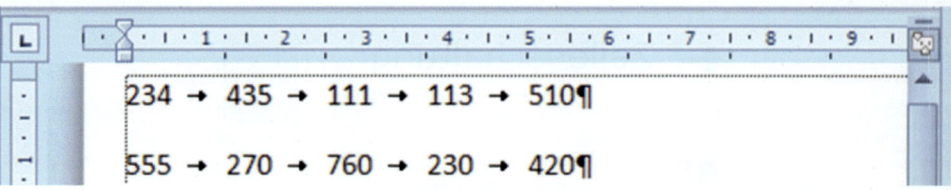

- **Tabstopps** sind Positionen innerhalb einer Zeile, die mit der Taste **Tab** angesprungen werden können.

- Der Abstand der Standard-Tabstopps beträgt 1,25 cm.

- Der Text wird automatisch an diesen Positionen ausgerichtet.

Individuelle Tabstopps

- Die **Form** wird mit einem Klick im **Tabulatorfeld** des Lineals eingestellt.

- Ein Klick auf das Lineal **setzt** den Tabulator auf die Position.

- **Verschieben** im Lineal und **Löschen/ entfernen** erfolgt mit der Maus.

Formen

⌊	linksbündig	⌐	zentriert
⌋	rechtsbündig	⌐	dezimal

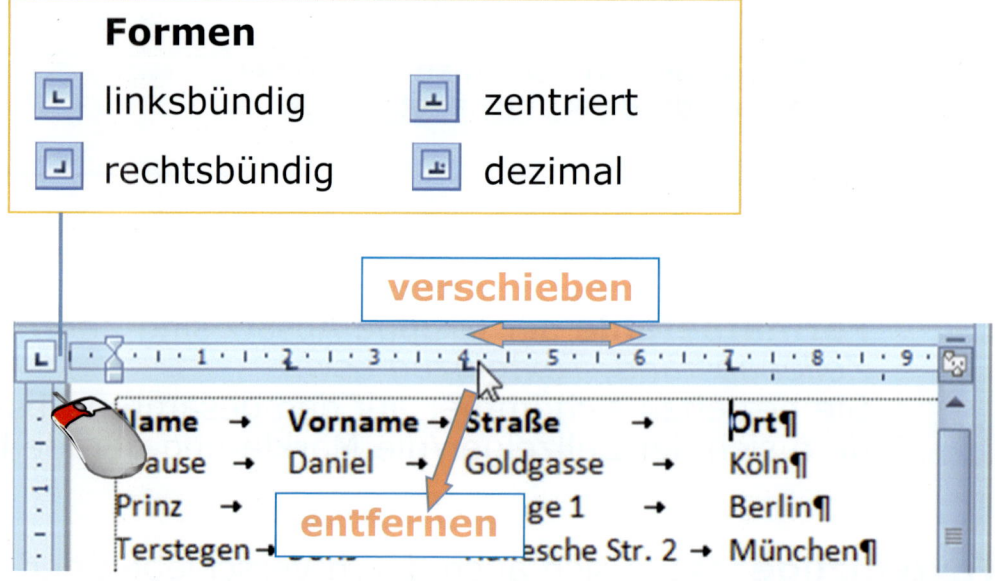

- PowerPoint ist das Präsentationsprogramm im Microsoft Office. Es macht aus einem trockenen Referat einen lebendigen Vortrag.

- PowerPoint hilft bei der Gliederung und erleichtert spätere Anpassung und Umstellung eines Vortrags.

- Es unterstützt den Vortragenden bei der Visualisierung seiner Inhalte und erleichtert dem Zuhörer die Konzentration.

Das PowerPoint-Fenster ist dreigeteilt:
- Im **Hauptfenster** wird die Folie erstellt.
- Links kann man die **Gliederung** verändern.
- Unten notiert man **Notizen** für den mündlichen Vortrag.

Die Folge der Register entspricht dem Ablauf der Arbeit:
- **Einfügen** von Inhalten,
- Gestaltung eines optischen **Entwurf**s,
- **Animation** des Ablaufs,
- Erproben und Vorführen der **Bildschirmpräsentation**.

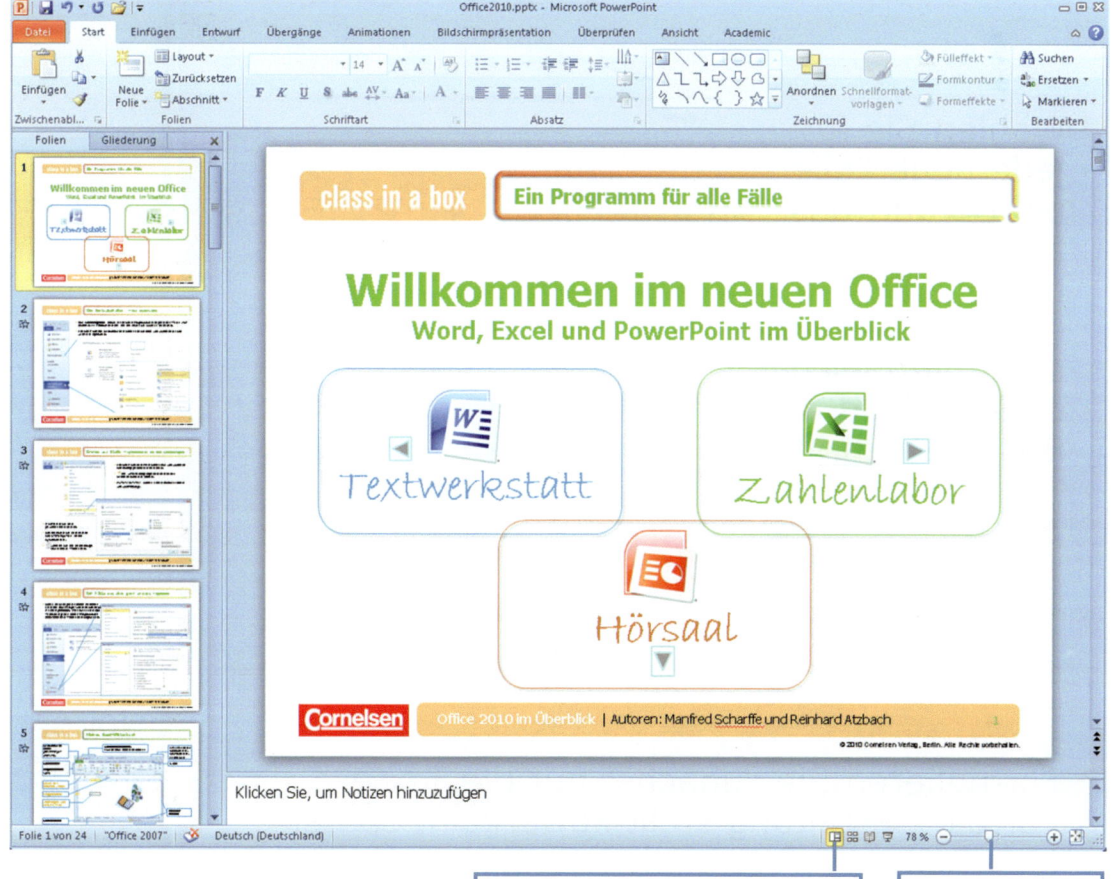

Schnelle Vorschau

Zoom

- Geben Sie Ihrer Präsentation einen flotten Titel und einen sachlichen Untertitel.

- Wählen Sie für jede neue Folie ein Layout, das zum Inhalt passt, z.B.: eine Aufzählung, einen Vergleich oder ein Bild mit Bildunterschrift.

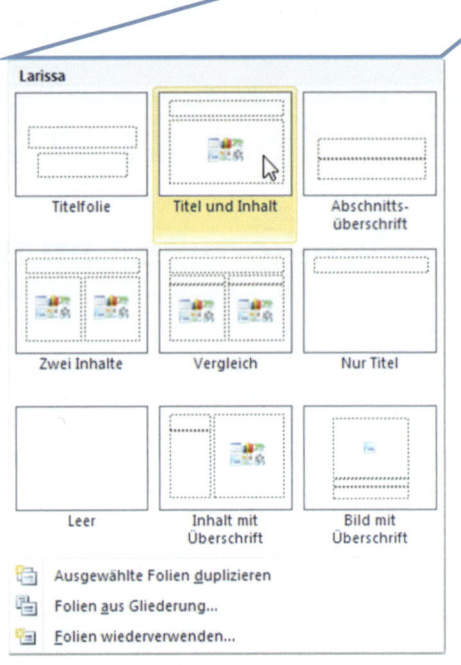

- Formulieren Sie zunächst nur die Texte. Für die Gestaltung stellt PowerPoint später eine Reihe professioneller Designs bereit.

- Notieren Sie sich bei jeder Folie gleich die Details, die Sie mündlich vortragen wollen.

  Unter Datei | Drucken können Sie sich eine Notizenseiten-Version der Folie ausdrucken.

Lesen Sie keine Folien vor, sondern konzipieren Sie Folien als Konzentrat.

Entscheiden Sie sich bei jeder Aufzählung für eine der folgenden Möglichkeiten und mischen Sie innerhalb einer Aufzählung nicht:

Aufzählung von ganzen Sätzen:	**... von Stichpunkten (Verbalstil):**	**... von Gegenständen (Nominalstil):**
Ratschläge für einen schlechten Redner (nach Tucholsky):	Der Redner sollte versuchen,	Eine Rede besteht aus
▪ Fang nie mit dem Anfang an, sondern immer drei Meilen vor dem Anfang.	▪ beim Vortrag nicht die Leinwand, sondern seine Zuhörer anzusehen,	▪ einer kurzen Einleitung,
▪ Jeder Zuhörer kann sich mühelos zehn verschiedene Zahlen behalten.	▪ klar und deutlich zu artikulieren,	▪ einem oder mehreren Hauptteilen,
▪ Achte nicht auf die Wellen, die aus dem Publikum zu dir zurückkommen.	▪ seine Zuhörer nicht zu überreden, sondern ihnen Zeit zum Denken zu lassen.	▪ dem Schluss.

Tipp: Die vollautomatisch vergebenen Aufzählungspunkte können Sie unter *Start | Absatz* ☰▾ ausschalten. Den Absatzeinzug mit hängender erster Zeile können Sie im Lineal korrigieren:

Tipp: Die mitunter lästige automatische Großschreibung am Anfang von Aufzählungspunkten lässt sich im Menüregister *Datei | Optionen | Dokumentprüfung | AutoKorrektur-Optionen* abschalten.

Nicht jede Folie braucht eine **Illustration**.
Wenn Sie aber eine Folie illustrieren, dann sollte die Illustration einen **zusätzlichen Aspekt** liefern.

Nachteile | Vorteile

Leichter Einstieg

Mehr Mühe

Roter Faden

Mehr Technik

Sicherer Erfolg

Illustrieren Sie die Problematik der Entscheidung...

Einfügen | ClipArt | Suchen nach „Entscheidung"
(Office.com-Inhalte berücksichtigen)

... oder verpacken Sie Ihre Sicht der Situation in eine symbolische Darstellung.

Einfügen | SmartArt | Beziehung | Balance

Wenn der Text steht, wählen Sie im Register *Entwurf* ein einheitliches **Design** für die Präsentation. Es sollte zu Ihnen passen und dem Thema, dem Anlass und dem Publikum gerecht werden.

Fortgeschrittene Benutzer können ein einheitliches Design ihrer Folienserie auch dadurch erreichen, indem sie

- individuell gestaltete Folien **duplizieren**
- Folien aus anderen Präsentationen **wiederverwenden**
- neue Designs von Grund auf entwickeln (Aufbau, Schriftart, Hintergrund, Logo, Fußzeile,…) und als **Folienmaster** in die Serie einfügen.

Zum Schluss können Sie versuchen, Ihre Folien dezent zu animieren.
Sie sollten dabei keinesfalls zu dick auftragen.
Grelle Effekte lenken vom Inhalt ab und stören beim Vortragen.

Folienübergänge

- Am einfachsten ist es, wenn Sie im Register *Übergänge* einen passenden Folienübergang auswählen und für alle Folien übernehmen.

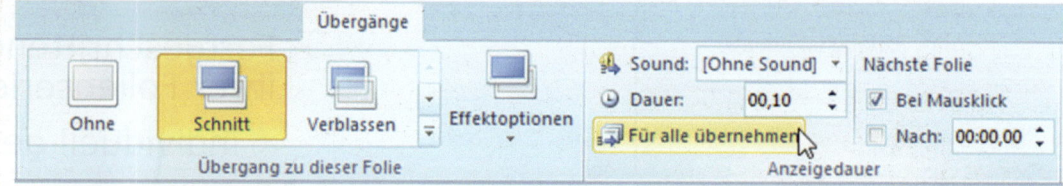

Einzelne Folienelemente animieren

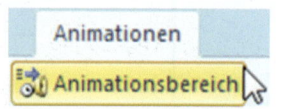

- Auf einigen Folien mag es sinnvoll sein, nicht alle Elemente sofort zu zeigen, sondern erst parallel zum Vortrag einzublenden.

- Markieren Sie Elemente, die später erscheinen sollen und legen Sie unter *Animationen | Animation hinzufügen* fest, wann und wie sie eingeblendet werden (in der Regel: *Starten: Beim Klicken*).

- Bei Aufzählungen können Sie jeden Punkt zeitgesteuert oder auf Klicken einzeln erscheinen lassen.

- Sollen mehrere Elemente zusammen eingeblendet werden (z.B. ein Textfeld und die dazugehörige Illustration), so wählen Sie beim ersten Element *Beim Klicken* und bei den anderen Elementen *Mit Vorheriger*.